高校入試

合格BON!

GOUKAKU

わかるまとめと
よく出る問題で
合格力が上がる

5科

Gakken

合格に近づくための

高校入試の勉強法

まず何から始めればいいの？

スケジュールを立てよう！

入試本番までにやることは，

STEP ① **中1から中3までの復習**
STEP ② まだ中3の内容で習っていないことがあれば，その予習
STEP ③ 受験する学校の過去問対策

です。①から順に進めていきましょう。まず，この３つを，入試本番の日にちから逆算して，「10月までに中１・中２の復習を終わらせる」，「12月中に３年分の過去問を解く」などの**大まかなスケジュール**を立ててから，１日のスケジュールを立てます。

１日のスケジュールは，学校がある日と休日で分けて，学校がある日は１日５時間，休日は１日10時間(休憩は除く)というように**勉強する時間を決めます。**曜日ごとに朝からのスケジュールを立てて，それを表にして部屋に貼り，その通りに行動できるようにがんばってみましょう！　部活を引退したり，入試が近づいてきたりと，状況が変わったときや，勉強時間を増やしたいときには**スケジュールを見直しましょう。**

60-90分
勉強したら、
10分
休憩しよう！

㊞ 1日のスケジュール　(部活引退後の場合)

	6:00	7:00	8:00	9:00	10:00	11:00	12:00	13:00	14:00	15:00	16:00	17:00	18:00	19:00	20:00	21:00	22:00	23:00
平日	起床朝食	勉強					学校					勉強		夕食休憩	塾		自由時間	睡眠
休日	睡眠	起床朝食			勉強			昼食休憩		勉強				夕食休憩	勉強		自由時間	睡眠

自分に合った勉強法がわからない…どうやればいいの？

勉強ができる人のマネをしよう！

成績がよい友達や先輩，きょうだいの勉強法を聞いて，マネしてみましょう。勉強法はたくさんあるので，一人だけではなくて，何人かに聞いてみるとよいですね。その中で，自分に一番合いそうな勉強法を続けてみましょう。例えば，

・間違えた問題のまとめノートを作る
・公式など暗記したいものを書いた紙をトイレに貼る
・毎朝10分，漢字テストをする

などがあります。

◎鎌倉仏教
浄土宗 ─→ 法然
浄土真宗 ─→ 親鸞

㊞ まとめノート

家だとすぐ集中力が切れちゃう…

まずは15分間やってみよう!

集中力が無いまま，だらだら勉強しても意味がありません。**タイマーを用意しましょう**。まずは，15分でタイマーをセットして，その間は問題を解く。15分たったら5分間休憩。終わったらまた15分…というように，短い時間から始めましょう。タイマーが鳴っても続けられそうだったら，少し時間をのばして…と，どんどん時間をのばしていきましょう。60分間持続してできることを目標にがんばりましょう！

勉強する環境を変えることもよい方法です。例えば，家の机の周りを片づけたり，図書館に行くなど場所を変えてみたり。睡眠時間が短い場合も集中できなくなるので，早く寝て，早く起きて勉強するのがオススメです。

勉強のモチベーションを上げるにはどうすればいいの?

1教科をとことんやってみよう!

例えば，どれか１教科の勉強に週の勉強時間の半分を使って，とことんやってみましょう。その教科のテストの点数が上がって自信になれば，ほかの教科もがんばろうという気持ちになれます。また，入試までの長い期間のモチベーションを保つために，志望する高校の制服を着た自分や，部活で活躍する自分をイメージしてみるとよいでしょう。

[高校入試 合格BON! 5科]を使った勉強のやり方

夏から始める	【1周目】全教科の**必ず出る! 要点整理**を読んで，**基礎力チェック問題・高校入試実戦力アップテスト**を解く。 【2周目】1周目で間違えた問題をもう一度解く。 【3周目】苦手な教科の**高校入試実戦力アップテスト**をもう一度解く。時間があれば得意な教科にも取り組む。
秋から始める	【1周目】全教科の**必ず出る! 要点整理**を読んで，**高校入試実戦力アップテスト**を解く。 【2周目】苦手な教科の**高校入試実戦力アップテスト**をもう一度解く。時間があれば得意な教科にも取り組む。
直前から始める	苦手な教科の**高校入試実戦力アップテスト**を解く。 時間があれば得意な教科にも取り組む。

5科の攻略法

英語

POINT 1 英単語をしっかり覚える！

当たり前ですが，まず英単語が頭に入っていないと，英文を読むことができません。難しい単語をたくさん覚える必要はありません。**教科書に載っている単語や熟語をしっかり覚えましょう**。また，この本や入試の過去問を解いたときに，わからなかった単語をメモしておいて，それを単語カードにまとめましょう。**わからない単語をそのままにしないこと**が，大切です。

POINT 2 長文読解は解く前に問題をチェック！

入試では長文読解から文法や単語についても問われることがほとんどです。長文読解を解くときのポイントは，**文章を読む前に問題に目を通すことです。** 問題に目を通すことで，おおまかな流れを確認することができます。問題に出てくる登場人物を○で囲んだり，単語に気をつけて読んだりすることで，文章を理解しやすくなります。この本の模擬学力検査問題や入試の過去問で試してみましょう。

数学

POINT 1 できるようになるまで，何度もくり返し解く！

数学は計算の方法や公式が身体に染み込むまで解きましょう。たくさんの問題を解く必要はありません。間違えた問題を，できるようになるまで解けばよいです。また，そのときに大切なことは，**解き直しでは答えをただ写して終わりにしない**ということです。例えば，ノートの右半分は空けておいて，そこに間違えた問題をもう一度解き直したり，忘れていた公式をメモしたりすると，見やすくてよいでしょう。その解き直しをするためにも，**途中式をしっかり残しておくこと**が大切です。

POINT 2 図形やグラフの問題は手を動かす！

平面図形や立体図形，関数のグラフの問題が苦手な人も多いと思います。図形やグラフの問題は，ただその図をながめるのではなく，**手を動かしましょう**。例えば平面図形の問題であれば，∠ABC は 60° などの問題に書かれている情報を図に書き込んだり，相似がわかりにくければ図形の向きをそろえて対応する辺や角をわかりやすくしたりすることで，解きやすくなります。また，証明問題が苦手だからといって空欄にするのはもったいないです。部分点がもらえる場合もあるので，全部書けなくても，わかっているところだけでも書くようにしましょう。

国語

POINT 1 読解問題は文章の形式ごとにポイントをおさえる！

読解問題は小説や随筆などの**文学的文章**，論説文などの**説明的文章**に分かれます。それぞれの特徴をおさえて，文章のポイントを確認します。この本には文章を読むときの要点がまとめられているので，要点に注意して読む練習をしましょう。

POINT 2 古文は1日１つ読もう！

高校入試の古文の問題で細かい文法が問われることは少ないですが，歴史的仮名遣いや係り結びなどの文法の基本知識は，しっかりおさえておきましょう。古文の文章に慣れることが大切です。少しでもよいので，**毎日古文の文章を音読**するようにしましょう。

理科

POINT 1 実験問題は流れをつかもう！

実験問題も高校入試では多く扱われます。実験問題では，手順や道具の使い方をしっかりおさえておきましょう。学校でやった実験のプリントを見直して，**手順や道具の注意点，使い方**などを確認するとよいでしょう。

POINT 2 計算問題にひるむな！

理科で計算問題が出てくると，難しそうに見えますが，**計算自体は小学校の算数レベルで簡単**です。まずは公式や解き方を参考にしながら，自分で式を作ってみましょう。**計算問題は同じパターンの問題が多い**ので，くり返し問題を解いて練習すれば，問題にも慣れてきます。

社会

POINT 1 関連づけて覚えよう！

社会で暗記をするときには，１つ１つの用語をバラバラに覚えるのではなく，**関連のある用語をいくつかまとめて覚える**ようにしましょう。見やすいように表に書くのがオススメです。できごとの順番を問う問題も多いので，関連する事柄（文化や外交など）を年表にまとめながら流れをつかむのも大事です。

POINT 2 記述問題は難しく考えすぎない！

記述問題の練習は,解き直しのときに解答を丸写しするのがよい方法です。**解答では簡潔に記述がまとめられている**ので，参考になります。自分の書いた答えと比較して，何が足りなかったかを確認し，丸写しした文のポイントになるところを○で囲むなどして，次に同じ問題を解いたときに自分で書けるようにする工夫をしましょう。

CONTENTS

もくじ

高校入試問題の掲載について

●問題の出題意図を損なわない範囲で，解答形式を変更したり，問題や写真の一部を変更・省略したりしたところがあります。
●問題指示文，表記，記号などは全体の統一のため，変更したところがあります。
●解答・解説は，各都道府県発表の解答例をもとに，編集部が作成したものです。

合格まで、完全サポート！

使い方

合格に近づくための 高校入試の勉強法

まず読んで，勉強の心構えを身につけましょう。

必ず出る！ 要点整理

入試に出る要点がわかりやすくまとまっており，3年分の内容が総復習できます。重要！は必ずおさえましょう。

セットで使おう！

基礎力チェック問題

要点の理解度を確かめる問題です。

高校入試実戦力アップテスト

主に過去の入試問題から，実力のつく良問を集めています。

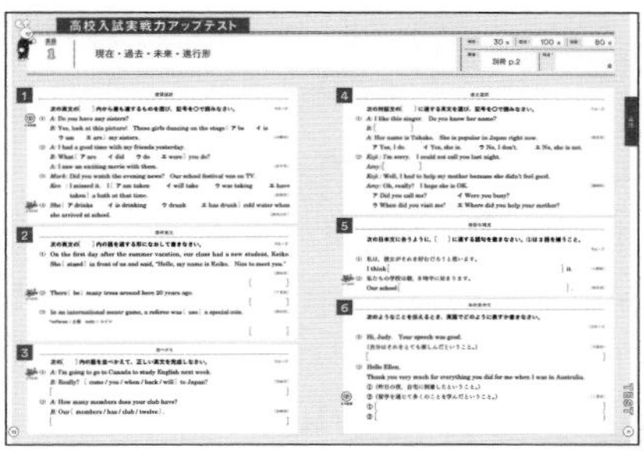

- よく出る！ 入試に頻出の問題
- ミス注意 間違えやすい問題
- ハイレベル 特に難しい問題

模擬学力検査問題

実際の入試の形式に近い問題です。入試準備の総仕上げのつもりで挑戦しましょう。

別冊

解答と解説

巻末から取り外して使います。くわしい解説やミス対策が書いてあります。間違えた問題は解説をよく読んで，確実に解けるようにしましょう。

音声再生アプリ「マイオトモ」

英語のリスニング問題の音声は，音声再生アプリ「マイオトモ」を使用して再生できます。右記へアクセスしてアプリをスマホにダウンロードしてご利用ください。このマーク 01 のトラック番号を再生してください。なお，入試問題のリスニング音声は学研プラス編集部が製作したものです。

https://gakken-ep.jp/extra/myotomo/

※音声を端末にダウンロードすればオフラインでも利用可能です。
※スマホをお持ちでない方は上記 URL から音声ファイルを PC などにダウンロードすることも可能です。

1 現在・過去・未来・進行形

必ず出る！要点整理

❶ 現在と過去の文：be 動詞

(1) **形**…am, are, is, was, were。主語と現在か過去かによって使い分ける。

I was busy yesterday.（私はきのう忙しかった。）

(2) **疑問文**…be 動詞を主語の前に出す。

Is she from China?（彼女は中国の出身ですか。）

Were you at home yesterday?（あなたはきのう家にいましたか。）

(3) **否定文**…be 動詞のあとに not をおく。

This isn't (=is not) my book.（これは私の本ではありません。）

He wasn't (=was not) with us then.（彼はそのとき私たちといっしょにいませんでした。）

❷ 現在の文：一般動詞

(1) **主語が I, you, 複数**…like, play など，そのままの形（語尾に s をつけない形）で使う。

We like music very much.（私たちは音楽が大好きです。）

(2) **主語が 3 人称単数**…likes, plays など，語尾に s（3 人称単数・現在形）のついた形を使う。

He plays soccer very well.（彼はサッカーがとても上手です。）

(3) **疑問文**…主語が 3 人称単数なら does を，それ以外のときは do を使う。

Do you have a computer?（あなたはコンピューターを持っていますか。）

Does she speak（動詞は原形（変化しないもとの形））Japanese?（彼女は日本語を話しますか。）

(4) **否定文**…don't (=do not), doesn't (=does not) を動詞の前におく。

She doesn't like（原形）dogs.（彼女は犬が好きではありません。）

❸ 過去の文：一般動詞

(1) **過去形の形**…語尾に ed をつける動詞と，不規則に変化する動詞がある。

(規則動詞) I played tennis yesterday.（私はきのうテニスをしました。）

(不規則動詞) He went to China last year.（彼は昨年，中国に行きました。）

(2) **疑問文**…〈Did ＋主語＋動詞の原形〜?〉の形。

Did you study（原形）English last night?（あなたは昨夜英語を勉強しましたか。）

(3) **否定文**…didn't (= did not) を動詞の前におく。動詞は原形。

She didn't come（原形）to the party.（彼女はパーティーに来ませんでした。）

参考

be 動詞の使い分け

主語	現在	過去
I	→ am	was
3 人称単数	→ is	was
you / 複数	→ are	were

参考

s のつけ方

原形の語尾	つけ方
ふつう	→ -s
o, s, x, ch, sh	→ -es
子音字＋y	→ y を ies

注意

3 人称単数・現在形

go（行く） → goes
study（勉強する）→ studies
teach（教える） → teaches
watch（見る） → watches
have（持っている） → has

注意

一般動詞の形

一般動詞の**疑問文・否定文**では，動詞は主語に関係なく必ず原形を使う。

参考

ed のつけ方

原形の語尾	つけ方
ふつう →	-ed enjoyed, visited
e で終わる →	-d liked, lived, arrived
子音字＋y →	y を ied studied, tried, carried
短母音＋子音字	→子音字を重ねて -ed stopped, dropped

学習日 /

出題傾向

主語や時制に合う動詞の形が，語形変化や適語選択で問われる。過去形は不規則動詞を中心に覚えておく。疑問文は問答形式で出る。

❹ 未来の文

(1) **be going to**…〈be going to ＋動詞の原形〉で,「〜するつもりだ」。

I'm going to visit Kyoto this summer.（私はこの夏,京都を訪れます。）

Are you going to call him tonight?（あなたは今晩，彼に電話しますか。）

(2) **will**…〈will ＋動詞の原形〉で，「〜(する)だろう」「〜します」。

He'll be a good teacher.（彼はよい教師になるでしょう。）
（He'll = He will）

❺ 進行形の文

(1) **進行形の形**…〈be 動詞＋動詞の -ing 形〉。

重要！

現在 ➡ 〈am, are, is ＋〜ing〉で，**「〜しているところだ」**

過去 ➡ 〈was, were ＋〜ing〉で，**「〜しているところだった」**

He is running in the park now.（彼は今，公園を走っています。）

I was watching TV then.（私はそのときテレビを見ていました。）

(2) **疑問文・否定文**…作り方はふつうの be 動詞の文の場合と同じ。

Was it raining in Kyoto?（京都は雨が降っていましたか。）

They weren't practicing tennis.（彼らはテニスを練習していませんでした。）
（weren't = were not）

❻ 過去の文でよく使われる副詞語句

過去を表す語句…・yesterday（きのう）

- last week（先週）
- last year（昨年）
- a week ago（1 週間前に）
- three days ago（3 日前に）

よく出る！

重要不規則動詞

go（行く）	→	went
have（持っている）	→	had
do（する）	→	did
make（作る）	→	made
speak（話す）	→	spoke

参考

未来の否定文

- I'm not going to go out.（私は外出しません。）
- He won't〔will not〕come.（彼は来ないでしょう。）

注意

動詞の -ing 形

play（する）	→	playing
write（書く）	→	writing
run（走る）	→	running
study（勉強する）	→	studying

参考

未来を表す語句

- tomorrow（あす）
- next week（来週）
- next year（来年）
- someday（いつか）

Q. 基礎力チェック問題

解答はページ下

（　）内から適する語を選べ。

(1) My father（is / are / has）busy on Mondays.

(2) I（am / was / were）happy last Sunday.

(3)（Is / Do / Does）he live in Tokyo?

(4) He's（play / plays / playing）tennis now.

(5) She（be / is / will）going to visit Kyoto.

(6) He'll（is / be / going）here soon.

（　）内の文に書きかえよ。

(7) He has a new camera.（疑問文）
[　　　] he [　　　] a new camera?

(8) She gets up at six.（過去の文）
She [　　　] up at six.

(9) They sat under the tree.（過去進行形）
They [　　　] [　　　] under the tree.

A. (1) is (2) was (3) Does (4) playing (5) is (6) be (7) Does, have (8) got (9) were, sitting

英語

英語 1

現在・過去・未来・進行形

1

適語選択

次の英文の[　　]内から最も適するものを選び，記号を○で囲みなさい。 (4点×4)

ミス注意 (1) *A:* Do you have any sisters?

B: Yes, look at this picture!　These girls dancing on the stage [ア be　イ is　ウ am　エ are] my sisters. [沖縄県]

(2) *A:* I had a good time with my friends yesterday.

B: What [ア are　イ did　ウ do　エ were] you do?

A: I saw an exciting movie with them. [岩手県]

(3) *Mark:* Did you watch the evening news?　Our school festival was on TV.

Ken　: I missed it.　I [ア am taken　イ will take　ウ was taking　エ have taken] a bath at that time. [長野県]

よく出る! (4) She [ア drinks　イ is drinking　ウ drank　エ has drunk] cold water when she arrived at school. [神奈川県]

2

語形変化

次の英文の[　　]内の語を適する形になおして書きなさい。 (4点×3)

(1) On the first day after the summer vacation, our class had a new student, Keiko. She [stand] in front of us and said, "Hello, my name is Keiko.　Nice to meet you." [静岡県]

[　　　　　　]

よく出る! (2) There [be] many trees around here 20 years ago. [千葉県]

[　　　　　　]

(3) In an international soccer game, a referee was [use] a special coin. [秋田県]

*referee：主審　coin：コイン

[　　　　　　]

3

並べかえ

次の[　　]内の語を並べかえて，正しい英文を完成しなさい。 (6点×2)

よく出る! (1) *A:* I'm going to go to Canada to study English next week.

B: Really?　[come / you / when / back / will] to Japan? [宮崎県]

[　　　　　　　　　　　　　　　　　　　　　　　　　　　　]

(2) *A:* How many members does your club have?

B: Our [members / has / club / twelve]. [宮崎県]

[　　　　　　　　　　　　　　　　　　　　　　　　　　　　]

時間： 30 分	配点： 100 点	目標： 80 点
解答： 別冊 p.2	得点： 点	

4 適文選択

次の対話文の[　　]に適する英文を選び，記号を○で囲みなさい。 (7点×2)

(1) *A:* I like this singer.　Do you know her name?

B: [　　　　　　]

A: Her name is Takako.　She is popular in Japan right now. [徳島県]

ア Yes, I do.　**イ** Yes, she is.　**ウ** No, I don't.　**エ** No, she is not.

(2) *Koji :* I'm sorry.　I could not call you last night.

Amy: [　　　　　　]

Koji : Well, I had to help my mother because she didn't feel good.

Amy: Oh, really?　I hope she is OK. [福岡県]

ア Did you call me?　**イ** Were you busy?

ウ When did you visit me?　**エ** Where did you help your mother?

5 適語句補充

次の日本文に合うように，[　　]に適する語句を書きなさい。(1)は3語を補うこと。 (8点×2)

(1) 私は，彼女がそれを好むだろうと思います。

I think [　　　　　　　　　　　　] it. [大阪府]

よく出る! (2) 私たちの学校は朝，8時半に始まります。

Our school [　　　　　　　　　　　　]. [岐阜県・改]

6 条件英作文

次のようなことを伝えるとき，英語でどのように表すか書きなさい。 (10点×3)

(1) Hi, Judy.　Your speech was good.

(自分はそれをとても楽しんだということ。) [大阪府]

[　　　　　　　　　　　　　　　　　　]

(2) Hello Ellen,

Thank you very much for everything you did for me when I was in Australia.

① (昨日の夜，自宅に到着したということ。)

ミス注意 ② (留学を通じて多くのことを学んだということ。) [三重県]

① [　　　　　　　　　　　　　　　　　　]

② [　　　　　　　　　　　　　　　　　　]

英語

2 疑問詞・いろいろな文型

必ず出る！ 要点整理

❶ 疑問詞：what, which, who, whose

疑問詞	意味	
what	「何(を)」「何の」	What's this?（これは何ですか。）（= What is） What sports do you like? （あなたは何のスポーツが好きですか。）
which	「どれ〔どの〕」「どちら(の)」	Which bag is yours? （どちらのバッグがあなたのですか。）
who	「だれ(が)」	Who's that boy?（= Who is） （あの少年はだれですか。）
whose	「だれの(もの)」	Whose bike is that? （あれはだれの自転車ですか。）

❷ 疑問詞：when, where, why, how

(1) **when**…「いつ」。

When did you visit Okinawa?（あなたはいつ沖縄を訪れましたか。）

(2) **where**…「どこに〔で, へ〕」。

Where do you live?（あなたはどこに住んでいますか。）

(3) **why**…「なぜ」。

Why did you stay home?（あなたはなぜ家にいたのですか。）

(4) **how**…「どうやって」「どのようで」「どのくらい」。

How do you come to school?（あなたはどうやって学校に来ますか。）

How's the weather in New York?（ニューヨークの天気はどうですか。）（= How is）

❸ There is〔are〕～. の文

(1) **形と意味**…〈There ＋ be 動詞＋主語 ….〉で「…に～がある〔いる〕」。

重要！
There is ＋**単数主語**＋場所を表す語句.
There are ＋**複数主語**＋場所を表す語句.
…に～がある〔いる〕。

There are some boys in the room.（部屋には少年が何人かいます。）

(2) **疑問文**…be 動詞を there の前に出す。

Is there a post office near here?（この近くに郵便局はありますか。）

参考

時刻などをたずねる文

・**時刻**
What time is it?
（何時ですか。）
— It's nine.（９時です。）

・**曜日**
What day is it today?
（きょうは何曜日ですか。）
— It's Friday.（金曜日です。）

・**日付**
What's the date today?
（きょうは何月何日ですか。）
— It's July 3.（７月３日です。）

参考

Why ～? の答え方

Why did you stay home?
・「**理由**」を答える
Because I had a cold.
（かぜをひいていたからです。）
・「**目的**」を答える
To do my homework.
（宿題をするためです。）

よく出る！

How ＋形容詞〔副詞〕

How many ～? →数
How old ～? →年齢, 古さ
How long ～? →長さ, 期間
How often ～? →頻度
How much ～? →値段, 量

参考

There is ～. の否定文

be 動詞のあとに not を入れて, There is〔are〕 not ～. で表す。
・There isn't a picture on the wall.
（壁には絵はかかっていません。）

出題傾向

疑問詞の使い分けが問答形式で問われる。 SVOO・SVOC の文，命令文，There is ～. の文は，形と意味・語順を押さえておくこと。

学習日 ／

❹ 命令文，Let's ～. の文

⑴ **ふつうの命令文**…動詞の原形で文を始めて，「～しなさい」の意味。

Study much harder.（もっとより一生けんめいに勉強しなさい。）

Be quiet, please.（静かにしてください。）
（Be：be 動詞の原形）

⑵ **否定の命令文**…〈Don't ＋動詞の原形　～.〉で,「～してはいけない」。

Don't run in the room.（部屋の中を走ってはいけません。）

⑶ **Let's ～. の文**…〈Let's ＋動詞の原形　～.〉で，「～しましょう」。

Let's play soccer.（サッカーをしましょう。）

❺ いろいろな文型

⑴ **SVC**…〈主語＋動詞＋補語〉。動詞は become, look, sound など。

He became a teacher.（彼は先生になりました。）
（He：S／became：V／a teacher：C　became：become の過去形）

She looks very happy.（彼女はとてもうれしそうに見えます。）

⑵ **SVOO**… 〈主語＋動詞＋目的語（人）＋目的語（物）〉 の形。

He told me the way.（彼は私に道順を教えてくれました。）
（He：S／told：V／me：O／the way：O　told：tell の過去形）

⑶ **SVOC**…〈主語＋動詞＋目的語＋補語〉。動詞は call, make など。

We call her Sachi.（私たちは彼女をサチと呼んでいます。）
（We：S／call：V／her：O／Sachi：C）

⑷ **make を使った 2 つの文型**

① **SVOO**…「…に～を作ってやる」

My mother made me a cake.（母は私にケーキを作ってくれました。）

② **SVOC**…「…を～にする」

The news made me happy.（その知らせは私を幸せにしました。）

注意

look like ＋名詞

look のあとに名詞がくるときは，〈look like ＋名詞〉。

・He looks like his father.
（彼は父親に似ています。）

よく出る!

SVOO の動詞

give	（…に～を与える）
show	（…に～を見せる）
tell	（…に～を話す,教える）
ask	（…に～をたずねる）
make	（…に～を作ってやる）

参考

SVO ＋ to ＋人

SVOO の〈人＋物〉の語順を入れかえて，〈物＋ to ＋人〉の形で書きかえられる。

He gave me a pen.
→ He gave a pen to me.
※動詞が make, buy などの場合，前置詞は for を使う。

Q. 基礎力チェック問題

解答はページ下

（　）内から適する語を選べ。

⑴ (Who / Whose) is this boy? — It's Tom.
⑵ (When / What) do you study? — After dinner.
⑶ (Where / How) do you go there? — By bus.
⑷ (Why / Where) do you live? — In Nagoya.
⑸ (Is / Do / Be) kind to old people.
⑹ (Not / Don't / Doesn't) speak Japanese.

（　）内の語句を並べかえよ。

⑺ They (the boy / call / Ken).
⑻ I'll (you / the picture / show).
⑼ (a cat / is / there) on the bed.

同じ内容にせよ。

⑽ He gave me this book.
He gave this book [　　　　] me.

A. ⑴ Who ⑵ When ⑶ How ⑷ Where ⑸ Be ⑹ Don't ⑺ call the boy Ken ⑻ show you the picture ⑼ There is a cat ⑽ to

高校入試実戦力アップテスト

英語 2

疑問詞・いろいろな文型

1

適語選択

次の英文の[　　]内から最も適するものを選び，記号を○で囲みなさい。 (4点×4)

(1) [ア When　イ Which　ウ Why　エ How] do you have for breakfast, rice or bread?

＊bread：パン　[神奈川県]

よく出る！ (2) *Mark:* I want to join the open day of Shinshu City High School in September.

[ア When　イ Where　ウ Why　エ How] can I get there?

Emi : Why don't you take the city bus?　＊open day：学校公開日　[長野県]

よく出る！ (3) The new library near the station [ア looks　イ sees　ウ gives　エ takes] great.

[神奈川県]

よく出る！ (4) *Rena* : When is her birthday?

Batbayar: It will be next month. Will you [ア give　イ hold　ウ know　エ like] me a good idea about a present?　[大阪府]

2

適文選択

次の対話文や英文の[　　]に適する英文や語句を選び，記号を○で囲みなさい。 (6点×3)

(1) *Takashi* : I'm not good at learning English words. Please tell me how to learn English words.

Mr. Smith: [　　　　　] try to learn English words?

Takashi : When I find a difficult word, I usually look it up in an English-Japanese dictionary and write the Japanese meaning in my notebook.　[千葉県]

ア How do you usually　イ Where do you often

ウ How many times do you usually　エ Why do you often

(2) I will [　　　　　] me until the exam is over.　[大阪府]

ア keep to watch the DVDs from I want away

イ watch the DVDs I keep away from want to

ウ keep the DVDs I want to watch away from

エ watch the DVDs to keep I want from away

(3) *Jenny:* Hi, Shota. [　　　　　]

Shota: I talked with our new ALT. He's nice!

Jenny: Wow, really? I want to see him soon.　[富山県]

ア Where are you from?　イ Why are you so excited?

ウ Which is your room?　エ What are you going to do?

時間：	30 分	配点：	100 点	目標：	80 点
解答：	別冊 p.2	得点：	点		

3

並べかえ

次の[　　]内の語を並べかえて，正しい英文を完成しなさい。 (6点×5)

(1) [do / food / like / what / you]? ［長崎県］

[　　　　　　　　　　　　　　　　　　　　　　　]

(2) *A:* Takeshi, I'm making a dog house now.　Can [a / give / hand / me / you]?

B: Sure.　I'm coming. ［島根県］

[　　　　　　　　　　　　　　　　　　　　　　　]

よく出る!

(3) *A:* I've just arrived in Kyoto.　I want to see everything!

B: Oh, how [you / long / going / to / stay / are] here?

A: For seven days. ［沖縄県］

[　　　　　　　　　　　　　　　　　　　　　　　]

ミス注意

(4) *A:* I want to practice the guitar.　But I don't have one.

B: OK.　You can use mine.　I'll [it / to / bring / you] tomorrow. ［愛媛県］

[　　　　　　　　　　　　　　　　　　　　　　　]

よく出る!

(5) *A:* Yesterday was Kaoru's birthday.

B: Did you do something for her?

A: I made a cake for her.　She [eating / happy / looked / she / was / when] it. ［富山県］

[　　　　　　　　　　　　　　　　　　　　　　　]

4

適語補充・英作文

次の(1)は[　　]に適する語を補うこと。(2)〜(4)は日本文を英語にしなさい。 ((1)6点，(2)〜(4)10点×3)

(1) *Emma:* Yuji, you speak English very well.

[　　　][　　　][　　　][　　　] do you have in a week?

Yuji　: We have four English classes.　I enjoy studying English at school! ［鹿児島県］

よく出る!

(2) 京都には古いお寺がたくさんあります。 ［佐賀県］

[　　　　　　　　　　　　　　　　　　　　] in Kyoto.

(3) 好きな小説家（author）はだれですか。 ［三重県・改］

[　　　　　　　　　　　　　　　　　　　　　　　]

(4) 彼らは，家でそれらをどのように使うのですか。 ［山梨県］

[　　　　　　　　　　　　　　　　　　　　　　　]

3 不定詞・動名詞・分詞

必ず出る！ 要点整理

1 不定詞：基本 3 用法

(1) **不定詞の形**…主語や時制に関係なく，〈to ＋動詞の原形〉の形。

(2) **名詞的用法**…「～すること」の意味で，動詞の目的語になる。

I like to read books.（私は本を読むのが好きです。）
（to read：目的語）

(3) **副詞的用法**…「～するために」の意味で，動詞を修飾する。

I got up early to go fishing.（私はつりに行くために早く起きました。）
（to go → got up：修飾）

(4) **形容詞的用法**…「～するための」「～すべき」の意味で，うしろから名詞や something などの代名詞を修飾する。

I have a picture to show you.（私はあなたに見せる写真を持っています。）
（to show → picture：修飾）

He wants something to drink.（彼は何か飲み物をほしがっています。）
（to drink → something：修飾）

2 不定詞：いろいろな用法

(1) **how to** ～…「～のしかた」「～する方法」の意味。

I don't know how to get to the station.（私は駅への行き方を知りません。）

(2) **〈動詞＋人＋ to ～〉**…ask, tell, want などの動詞を使う。

重要！

ask ＋人＋ to ～	➡「(人)に～するように頼む」
tell ＋人＋ to ～	➡「(人)に～するように言う」
want ＋人＋ to ～	➡「(人)に～してもらいたい」

I asked him to help me.（私は彼に私を手伝ってくれるように頼みました。）
（him：代名詞は目的格に）

I want you to play the piano.（私はあなたにピアノを弾いてほしい。）

(3) **〈動詞＋人＋動詞の原形〉の文**…let, help, make などの動詞を使う。
（動詞の原形：原形不定詞という）

重要！

let ＋人＋動詞の原形	➡「(人)に～させてやる」
help ＋人＋動詞の原形	➡「(人)が～するのを手伝う」
make ＋人＋動詞の原形	➡「(人)に～させる」

Let me introduce myself.（私に自己紹介させてください。）

He helped her carry the books.（彼は彼女が本を運ぶのを手伝いました。）

(4) **It … (for ―) to ～.**…「～することは(―にとって)…だ」。

It's easy for me to send e-mails.（メールを送ることは私には簡単です。）
（me：代名詞は目的格）

(5) **too … to ～**…「あまりに…すぎて～できない」。

He was too tired to walk.（彼は疲れすぎていて歩けませんでした。）

よく出る！

〈動詞＋不定詞〉

want to ～（～したい）
like to ～（～するのが好きだ）
begin to ～（～し始める）
try to ～（～しようとする）

参考

補語になる用法

・**不定詞が補語**
My dream is to be a singer.（私の夢は歌手になることです。）

参考

理由・目的を表す用法

・I'm glad to see you.
（あなたに会えてうれしい。）
・Why did you go there?
―To see my friend.
（なぜそこに行ったのですか。
―友だちに会うためです。）

参考

〈疑問詞＋ to ～〉の形

what to ～
→ 何を～したらよいか

when to ～
→ いつ～したらよいか

where to ～
→ どこで～したらよいか

くわしく！

let と make のちがい

let は，相手が望むことを「させてやる」，make は，強制的に「させる」。
・My mother made me clean the room.
（母は私に部屋をそうじさせました。）

学習日　　／

出題傾向

不定詞は適語選択，語順整序，英作文など，さまざまな形式で問われる。
動名詞と不定詞，現在分詞と過去分詞の使い分けも大切。

❸ 動名詞

⑴ **形と用法**…動名詞は動詞の -ing 形で，「～すること」の意味を表し，名詞と同じように動詞の目的語などになる。

I like listening to music.（私は音楽を聞くのが好きです。）

We enjoyed playing tennis.（私たちはテニスをして楽しみました。）

⑵ **前置詞の目的語**…前置詞のあとに続く動詞は，動名詞になる。

He left without（前置詞） eating lunch.（彼は昼食を食べないで出発しました。）

I'm interested in（前置詞） collecting stamps.（私は切手収集に興味があります。）

⑶ **動名詞と不定詞**…目的語にどちらをとるかは動詞で決まる。

	動　詞
動名詞だけ	enjoy（楽しむ），finish（終える），stop（やめる）など
不定詞だけ	want（欲する），hope（望む），wish（願う）など
両方	like（好む），begin（始める），start（始める）など

❹ 分詞の形容詞用法

⑴ **分詞の形容詞用法**…現在分詞や過去分詞は名詞を修飾する。

⑵ **現在分詞**…〈名詞＋現在分詞（動詞の -ing 形）＋語句〉の形で，「～している…」の意味。

Who's the boy standing over there?（あそこに立っている少年はだれですか。）
（standing over there が boy を修飾）

The girl playing tennis is Ann.（テニスをしている女の子はアンです。）
（playing tennis が girl を修飾）

⑶ **過去分詞**…〈名詞＋過去分詞＋語句〉の形で，「～された…」の意味。
不規則動詞の過去分詞 p.21

This is a book written by Soseki.（これは漱石によって書かれた本です。）
（written by Soseki が book を修飾）

The pictures taken by him are beautiful.（彼が撮った写真はきれいです。）
（taken by him が pictures を修飾）

参考

主語・補語になる用法

- **動名詞が主語**
  Playing tennis is fun.
  （テニスをするのは楽しい。）
- **動名詞が補語**
  My hobby is cooking.
  （私の趣味は料理をすることです。）

よく出る！

〈前置詞＋動名詞〉

before ～ing
（～する前に）
after ～ing
（～したあとに）
without ～ing
（～しないで）
be good at ～ing
（～するのが得意だ）
be interested in ～ing
（～することに興味がある）
How about ～ing?
（～するのはどうですか。）

参考

前から修飾する形

現在分詞や過去分詞が**単独**で名詞を修飾するときは，**名詞の前**におかれる。

- a sleeping baby
  （眠っている赤ん坊）
- a used car（中古車）

Q. 基礎力チェック問題

解答はページ下

（　）内から適する語句を選べ。

⑴ He likes（play / to play）baseball.

⑵ I went there（to see / seeing）Mary.

⑶ I have nothing（doing / to do）now.

⑷ He's good at（swim / swimming）.

⑸ Let me（try / to try）.

⑹ This is a car（made / making）in Japan.

（　）内の語を並べかえよ。

⑺ I didn't（do / know / to / what）next.

⑻ It was（her / easy / for / to）speak English.

⑼ I want（to / you / come）with me.

（　）内の語を適する形にかえよ。

⑽ My aunt（live）in Gifu sent me a picture.

⑾ The book（write）by him is interesting.

A. ⑴ to play ⑵ to see ⑶ to do ⑷ swimming ⑸ try ⑹ made ⑺ know what to do ⑻ easy for her to ⑼ you to come ⑽ living ⑾ written

高校入試実戦力アップテスト

英語 3

不定詞・動名詞・分詞

1

適語選択

次の英文の［　　］内から最も適するものを選び，記号を○で囲みなさい。 (2点×6)

(1) Well, last Saturday, I watched a TV program about three Japanese people ［ ア work　イ works　ウ worked　エ working ］ in other countries. ［新潟県］

(2) It was hard ［ ア in　イ by　ウ under　エ for ］ him to talk in English. ［山口県・改］

(3) *A:* Thank you for your help.
B: No problem. I'm so happy ［ ア to help　イ help　ウ helped　エ can help ］ you. ［沖縄県］

よく出る!
(4) *A:* Do you have a pet?
B: Yes. I have a cat. How about you?
A: Well, I have a dog ［ ア said　イ spoken　ウ called　エ talked ］ *Pochi*.
What's the name of your cat?
B: It's *Tama*. She's very cute. ［岩手県］

(5) *Paul* : I want to play the guitar well like you. Could you teach me ①［ ア what　イ able　ウ want　エ how ］ to play it?
Tetsu: Sure. Let's practice together! You can come to my house this Saturday. I'll also ②［ ア listen　イ ask　ウ have　エ speak ］ my mother to join us.
Paul : That's nice! Thank you. ［山口県］

アドバイス ☞ ②は「（人）に～するように頼む」という動詞をさがす。

2

語形変化

次の英文の［　　］内の語を適する形になおして書きなさい。ただし，変化しないこともあります。 (4点×4)

(1) I used English a lot and enjoyed ［ talk ］ with him. ［香川県］
［　　　　］

ミス注意
(2) On Monday of the next week, just before ［ go ］ to the gym, I said to Keiko, "You didn't join the volleyball practice yesterday. Will you join it today?" ［静岡県］
［　　　　］

(3) Aya didn't have her cellphone then, so I let her ［ use ］ mine.
［　　　　］

(4) This is a famous painting ［ see ］ in a museum in France. ［長野県］
［　　　　］

時間：30分　配点：100点　目標：80点

解答：別冊 p.3　得点：　　点

3 並べかえ

次の[　　]内の語(句)を並べかえて，正しい英文を完成しなさい。 (6点×6)

(1) *A:* I practiced baseball very hard.
B: Oh, did you?
A: I'm so tired. Could you give [drink / me / something / to]? [岩手県]
[　　　　　　　　　　　　　　　　]

ミス注意 (2) *Yuki :* Mary, what are you doing here?
Mary: I'm [at / boy / looking / playing / the] soccer over there. He is so cool.
Yuki : Oh, that's Kenta. He plays soccer very well. [岐阜県]
[　　　　　　　　　　　　　　　　]

よく出る! (3) My mother [to / come / me / wants] home early today. [栃木県]
[　　　　　　　　　　　　　　　　]

(4) He [them / to / teaches / how] grow rice and vegetables well. [新潟県]
[　　　　　　　　　　　　　　　　]

(5) Let's [give / farmers / some oranges / ask / to] to us. [和歌山県]
[　　　　　　　　　　　　　　　　]

(6) A good speech will [to / too / make / be / difficult]. [岡山県]
[　　　　　　　　　　　　　　　　]

4 英作文

次の日本文を英語にしなさい。 (9点×4)

(1) 私は長い間そこに滞在するために午前中に家を出発したいです。 [愛媛県]
[　　　　　　　　　　　　　　　　]

よく出る! (2) 私には学ぶべきことがたくさんあります。
[　　　　　　　　　　　　　　　　]

(3) 私はすばらしいものを人々に見せることを楽しむでしょう。 (2)(3) [青森県]
[　　　　　　　　　　　　　　　　]

よく出る! (4) 私は異文化を理解することは大切だと思います。 [三重県・改]
[　　　　　　　　　　　　　　　　]

英語

4 比較・受け身

必ず出る！ 要点整理

❶ 比較級の文

(1) **比較変化**…形容詞・副詞には原級（もとの形）・比較級・最上級の形がある。ふつうは〈原級＋er, est〉の形で，長い語は〈more, most＋原級〉の形。

	原級	比較級	最上級
ふつう	tall	taller	tallest
長い語	popular	more popular	most popular

good や well は，better, best と不規則に変化する。

(2) **比較級の文**…〈比較級＋ than …〉で「…より～」。

Tom is taller than Bob.（トムはボブより背が高い。）

(3) **〈like ～ better than …〉**…「…より～のほうが好きだ」。

I like winter better than summer.（私は夏より冬のほうが好きです。）

❷ 最上級の文

(1) **最上級の文**…〈the ＋最上級＋ of〔in〕…〉で「…の中でいちばん～」。

This is the newest of the four.（これは 4 つの中でいちばん新しい。）
（of the four：〈of ＋複数〉）

Bill swims the fastest in his class.（ビルはクラスでいちばん速く泳ぎます。）
（in his class：〈in ＋範囲・場所〉）

(2) **〈like ～ the best of〔in〕…〉**…「…の中で～がいちばん好きだ」。

I like this CD the best of all.（私は全部の中でこの CD がいちばん好きです。）

❸ as ～ as … の文

(1) **〈as ＋原級＋ as …〉の文**…「…と同じくらい～」。

He is as old as my brother.（彼は私の兄〔弟〕と同じ年齢です。）

(2) **〈not as ＋原級＋ as …〉の文**…「…ほど～でない」。

Cathy isn't as tall as you.（キャシーはあなたほど背が高くありません。）

❹ 比較の文の同意表現

(1) **比較級→比較級**

Mike is older than Ben.（マイクはベンより年上です。）

= Ben is younger than Mike.（ベンはマイクより年下です。）

(2) **〈not as ＋原級＋ as〉→比較級**

Sarah can't swim as well as Lisa.（サラはリサほど上手に泳げません。）

= Lisa can swim better than Sarah.（リサはサラより上手に泳げます。）

参考

er, est のつけ方

原級の語尾	つけ方
ふつう	-er, -est
e で終わる	-r, -st
子音字＋ y	y を ier, iest
短母音＋子音字	子音字を重ねて er, est

注意

more, most をつける語

beautiful（美しい）
difficult（難しい）
interesting（おもしろい）
important（大切な）

参考

疑問詞で始まる文

- Which is larger, Tokyo or Chiba?（東京と千葉ではどちらが大きいですか。）
- Who is the tallest in your family?（あなたの家族でだれがいちばん背が高いですか。）

参考

〈比較級＋ than any other ＋単数名詞〉→最上級

Jim is taller than any other student in this class.（ジムはこのクラスのどの生徒よりも背が高いです。）
= Jim is the tallest student in this class.（ジムはこのクラスでいちばん背が高い生徒です。）

出題傾向

比較級・最上級の形が，適語選択や語形変化などで問われる。受け身の文は，いろいろな問題形式で〈be 動詞＋過去分詞〉の形が問われる。

学習日 ／

5 受け身の文

(1) **形**…〈be 動詞＋過去分詞〉。be 動詞は主語と時制で使い分ける。

重要！
現在 ➡〈**is / am / are** ＋過去分詞〉⇒「**～される，～されている**」
過去 ➡〈**was / were** ＋過去分詞〉⇒「**～された，～されていた**」

English is used in this country.（この国では英語が使われています。）

This house was built 50 years ago.（この家は 50 年前に建てられました。）

(2) **行為者**…「～によって」は〈**by** ＋行為者〉の形。

This letter was written by him.（この手紙は彼によって書かれました。）
　him：代名詞は目的格に

6 受け身の疑問文・否定文

(1) **受け身の疑問文**…〈be 動詞＋主語＋過去分詞～？〉の形。

Is this book read in your country?（この本はあなたの国で読まれていますか。）

— Yes, it is.（はい，読まれています。）

What language is used here?（ここでは何語が使われていますか。）
　What language：〈疑問詞＋名詞〉が主語

— Chinese and English are.（中国語と英語です。）

(2) **受け身の否定文**…〈be 動詞＋ not ＋過去分詞〉の形。

This song isn't known in Japan.（この歌は日本では知られていません。）

(3) **連語的な受け身**…**by 以外の前置詞**を使うことに注意。

Kate is interested in Japan.（ケイトは日本に興味があります。）

参考

能動態

動作を受けるものを主語にした文を受け身〔受動態〕，動作をするものを主語にした文を能動態という。

よく出る！

不規則動詞の過去分詞

speak（話す）→ **spoken**
make（作る）→ **made**
write（書く）→ **written**
read（読む）→ **read**[red]
see（見る）→ **seen**
build（建てる）→ **built**

参考

by ～の省略

行為者を示す必要がないときは，by ～は省略される。

注意

連語的な受け身

be surprised at〔by〕～
（～に驚く）
be covered with ～
（～でおおわれている）
be made of〔from〕～
（～でできている）

英語

Q. 基礎力チェック問題

解答はページ下

次の語の比較級と最上級を書け。

(1) big [　　　] [　　　]
(2) well [　　　] [　　　]
(3) interesting [　　　] [　　　]

（　）内から適する語を選べ。

(4) It was the (easy / easier / easiest) of all.
(5) I'm as (old / older / oldest) as you.
(6) I like dogs (well / better / best) than cats.
(7) English is (speak / spoke / spoken) here.
(8) Is he (call / called / calls) Uncle Sam?

（　）内の語を適する形にかえよ。

(9) This flower is (beautiful) than that one.
(10) I got up the (early) in my family.
(11) This car is usually (use) by my mother.

A. (1) bigger, biggest (2) better, best (3) more interesting, most interesting (4) easiest (5) old (6) better (7) spoken (8) called (9) more beautiful (10) earliest (11) used

英語 4

比較・受け身

1

適語選択

次の英文の［　　］内から最も適するものを選び，記号を○で囲みなさい。 (4点×5)

(1) My family has five people, and I'm the tallest [ア in　イ of　ウ than　エ by] my family.

(2) I saw a big fish behind a rock. I waited for a chance for a long time, and finally I caught it! It was [ア big　イ bigger　ウ biggest　エ more big] than any fish that Takashi caught. ［栃木県］

よく出る! (3) *A:* Do you know this book?
B: Yes. It's *Kusamakura*. It [ア is written by　イ was written by　ウ is writing　エ was writing] *Natsume Soseki* more than 100 years ago. ［熊本県］

ミス注意 (4) I'm thinking about my sister's birthday. Her birthday party [ア holds　イ will hold　ウ will be held　エ was held] next month. ［大阪府］

(5) Kate went into a shop. She found two nice dresses. She liked the white dress better, but it was much [ア as　イ more　ウ many　エ most] expensive than the red one.

2

語形変化

次の英文の［　　］内の語を適する形になおして書きなさい。 (4点×5)

(1) We sometimes do *janken* when we start a game. It's [know] by many people in Japan. ［秋田県］

[　　　　]

ミス注意 (2) Now I have one question. Is Ibaraki [hot] than New York in summer? ［茨城県］

[　　　　]

(3) *Naoko:* Sindy, look at that. It's the [old] house in this city.
Sindy : I can feel its history. ［山口県］

[　　　　]

よく出る! (4) *A:* Have you seen the new movie yet?
B: Yes. It was the [good] one I've ever seen. ［千葉県］

[　　　　]

(5) *A:* What language is [speak] in that country?
B: Spanish is.

[　　　　]

時間： 30 分	配点： 100 点	目標： 80 点
解答： 別冊 p.4	得点： 点	

3

並べかえ

次の[　　]内の語(句)を並べかえて，正しい英文を完成しなさい。(1)は使わない語が1語あります。(5)(6)は日本語に合う英文になるように並べかえなさい。 (5点×6)

ミス注意 (1) *A:* Who is [tennis / the / of / best / in / player] the five?
B: Aya is.　She won the city tournament last month.　＊ tournament：トーナメント [神奈川県]
[　　　　　　　　　　　　　　　　　　　　　　　　　　　　　　]

(2) *A:* The movie was boring.
B: Well, it [as / as / impressive / not / was] the movie we saw last week. [島根県]
[　　　　　　　　　　　　　　　　　　　　　　　　　　　　　　]

(3) The buildings he designs are beautiful and eco-friendly.　So, [by / he / respected / is] the people around him.　＊ eco-friendly：環境にやさしい [新潟県]
[　　　　　　　　　　　　　　　　　　　　　　　　　　　　　　]

よく出る! (4) *Ben* : I like baseball.　What [like / sport / the best / you / do]?
Jane: I like volleyball.　I don't play it, but I like watching volleyball games. [高知県]
[　　　　　　　　　　　　　　　　　　　　　　　　　　　　　　]

よく出る! (5) そのタワーは50年以上前に建てられました。
The tower [years / 50 / more / ago / built / than / was].
[　　　　　　　　　　　　　　　　　　　　　　　　　　　　　　]

(6) その経験から，私は自分の国について学ぶことは，他の国について学ぶことと同じくらい大切だと思いました。
From that experience, I thought that learning about our own country [as / learning / was / other / important / countries / as / about]. [香川県]
[　　　　　　　　　　　　　　　　　　　　　　　　　　　　　　]

4

英作文

次の日本文を英語にしなさい。 (10点×3)

(1) 清水寺（Kiyomizu-dera Temple）は日本で最も有名な寺だと思います。 [佐賀県・改]
[　　　　　　　　　　　　　　　　　　　　　　　　　　　　　　]

(2) この歌は多くの若者によって歌われています。
[　　　　　　　　　　　　　　　　　　　　　　　　　　　　　　]

ミス注意 (3) 日本は，外国からの訪問者たちにとって最も人気のある国の1つである。 [京都府・改]
[　　　　　　　　　　　　　　　　　　　　　　　　　　　　　　]

英語

5 現在完了形・関係代名詞・間接疑問文

必ず出る！ 要点整理

❶ 現在完了形：継続

(1) **現在完了形**…〈**have〔has〕＋過去分詞**〉の形。

(2) **「継続」の用法**…「ずっと～している」「ずっと～だ」。

I have lived here for ten years.（私はここに 10 年間ずっと住んでいます。）

He has been busy since last month.（彼は先月からずっと忙しい。）
（has：主語が 3 人称単数のとき）

(3) **疑問文**…have〔has〕を主語の前に出す。

Has he lived here for long?（彼はここに長い間住んでいるのですか。）

(4) **否定文**…**have〔has〕のあとに not** をおく。

I haven't seen him since last month.（私は先月から彼に会っていません。）
（haven't =have not）

(5) **現在完了進行形**…〈**have〔has〕been ＋動詞の -ing 形**〉の形。

We have been playing tennis for three hours.
（私たちは 3 時間ずっとテニスをしています。）

❷ 現在完了形：経験

(1) **「経験」の用法**…「（今までに）～したことがある」。

I have visited my uncle many times.
（私は何回もおじを訪ねたことがあります。）

(2) **have〔has〕been to ～**…「～へ行ったことがある」。

I have been to Kyoto twice.（私は京都に 2 回行ったことがあります。）

(3) **疑問文・否定文**…疑問文では **ever**，否定文では **never** をよく使う。

Has he ever climbed Mt. Fuji?（彼は富士山に登ったことがありますか。）

I have never seen a koala.（私は 1 度もコアラを見たことがありません。）
（I have =I've）

How many times have you read the book?
（あなたはその本を何回読んだことがありますか。）

❸ 現在完了形：完了

(1) **「完了」の用法**…「～したところだ」「～してしまった」。

I've just finished my homework.（私はちょうど宿題を終えたところです。）
（I've =I have）

(2) **疑問文・否定文**…**yet**（疑問文で「もう」，否定文で「まだ」）をよく使う。

Have you finished lunch yet?（あなたはもう昼食を食べましたか。）

She hasn't finished the work yet.（彼女はまだその仕事を終えていません。）

注意

for ～と since ～

for ＋期間
for a week（1 週間） for a long time（長い間）
since ＋起点
since yesterday（きのうから） since 2000（2000 年から）

くわしく！

「継続」と現在完了進行形

現在完了形の「継続」は，live や be などの「状態」を表す動詞で「ずっと～している，～だ」というときに使う。現在完了進行形は，run や play などの「動作」を表す動詞で継続を表すときに使う。

参考

疑問文の答え方

現在完了形の疑問文には have〔has〕を使って答える。

Have〔Has〕＋主語＋過去分詞 ～?

Yes, ～ have〔has〕.
No, ～ haven't〔hasn't〕.

参考

期間をたずねる

・How long have you lived here?（あなたはここにどれくらい住んでいるのですか。）

注意

経験でよく使う語句

before（以前に）
often（しばしば）
once（1 度）
～ times（～回）

学習日

出題傾向

現在完了形は〈have〔has〕+過去分詞〉の形と意味が適語補充，英作文などで出る。
関係代名詞は who と which の使い分けが中心。

❹ 関係代名詞：主格

(1) **種類…who, that, which** があり，先行詞と格によって使い分ける。

(2) **主格の関係代名詞…**〈先行詞＋ **who, that, which** ＋動詞〜〉。
└関係代名詞以降の語句によって修飾される(代)名詞

I know the man who〔that〕 came to see you yesterday.
（先行詞・人）
(私はきのうあなたに会いに来た男性を知っています。)

This is a bird which〔that〕 sings a lot.（これはよくさえずる鳥です。）
（先行詞・動物）

❺ 関係代名詞：目的格

(1) **目的格の関係代名詞…**〈先行詞＋ **that, which** ＋主語＋動詞〜〉。

She is a girl that everyone likes.（彼女はみんなが好きな女の子です。）
（先行詞・人）
This is a picture which〔that〕 he took.（これは彼が撮った写真です。）
（先行詞・物）

(2) **関係代名詞の省略…**目的格の関係代名詞は省略できる。

The movie I saw last Sunday was interesting.
└関係代名詞の which または that が省略されている
(私がこの前の日曜日に見た映画はおもしろかった。)

❻ 間接疑問文

(1) **間接疑問文…what, when, why** などの疑問詞で始まる疑問文が，know などの動詞の目的語として文の一部になっているもの。

(2) **語順…**〈**know** など＋疑問詞＋主語＋動詞〜〉。
疑問詞のあとはふつうの文と同じ語順

I know what he wants.（私は彼が何をほしがっているのか知っています。）

(3) **疑問詞が主語のとき…**〈疑問詞＋動詞〜〉の語順。

I don't know what is in the box.（私は何が箱の中にあるのか知りません。）

! 注意

動詞の形

関係代名詞のあとの動詞の現在形は，先行詞の人称・数に一致する。
the boys who are running
the girl who has a dog

参考

名詞を修飾する節

〈主語＋動詞〜〉の形の節が名詞のあとにおかれて，〈名詞＋主語＋動詞〜〉の形でうしろから前の名詞を修飾する用法がある（接触節）。形の上では目的格の関係代名詞を省略した文と同じ。
This is a picture I took.
（これは私が撮った写真です。）

くわしく!

〈tell ＋人＋疑問詞＋主語＋動詞〜〉

〈tell ＋人〉のあとに疑問詞で始まる間接疑問文が続くこともある。
She told me who he was.
（彼女は私に彼がだれか教えてくれました。）

Q. 基礎力チェック問題

解答はページ下

（ ）内の語を適する形にかえよ。

(1) He has（be）in Canada for five years.
(2) Have you（know）Aki for a long time?
(3) The bus hasn't（leave）yet.

（ ）内から適する語を選べ。

(4) He has（lives / lived）here for three years.
(5) I've been busy（for / since）yesterday.
(6)（Do / Did / Have）you ever seen the man?
(7) I（didn't / wasn't / haven't）written it yet.
(8) I have a dog（what / which）runs fast.
(9) The boy（which / that）you saw was Bill.

（ ）内の語を並べかえよ。

(10) He has（running / for / been）an hour.
(11) I wonder（bag / what / in / is / the）.

A. (1) been (2) known (3) left (4) lived (5) since (6) Have (7) haven't (8) which (9) that (10) been running for (11) what is in the bag

英語

高校入試実戦力アップテスト

英語 5

現在完了形・関係代名詞・間接疑問文

1

適語選択

次の英文の[　　]内から最も適するものを選び，記号を○で囲みなさい。 (4点×3)

(1) My grandfather lives in Osaka, and I [ア don't see　イ was seeing　ウ was seen　エ haven't seen] him for two months. [神奈川県]

(2) You have lived in Japan [ア at　イ for　ウ with　エ since] last month.

(3) My mother hangs *noren* [ア how　イ who　ウ when　エ which] are good for each season. (2)(3) [静岡県]

2

語形変化

次の英文の[　　]内の語を適する形になおして書きなさい。 (4点×2)

よく出る!
(1) I have never [be] to Japan. [　　　　] [茨城県]

(2) I know a little about it. But I've never [try] it. [　　　　] [秋田県]

3

適文選択

次の英文の[　　]に適するものを選び，記号を○で囲みなさい。 (5点×4)

(1) The boy [　　　　] is my brother.

ア who the contest won twice　イ won who the contest twice

ウ who won the contest twice　エ won the contest twice who

(2) I want to know [　　　　] every day.

ア that singer practices how many hours　イ how many hours practices that singer

ウ that singer how many hours practices　エ how many hours that singer practices

ミス注意
(3) The present [　　　　] to get for a long time. (1)〜(3) [大阪府]

ア she gave me I was wanted the one　イ was the one I wanted she gave me

ウ she gave me was the one I wanted　エ was she gave me the one I wanted

よく出る!
(4) *Takeshi:* Have you done the homework for next week's science class?

Nancy : Yes. I wrote about cutting too many trees. How about you?

Takeshi: [　　　　] I'm going to write about waste in the sea. [福岡県]

ア I have no homework for the class.　イ I haven't done it.

ウ I wrote it last week.　エ I will do your homework soon.

アドバイス ☞ Takeshi は「これから書くこと」を話している。

時間：30 分 | 配点：100 点 | 目標：80 点

解答：別冊 p.4 | 得点： 点

4

並べかえ

次の[　　]内の語(句)を並べかえて，正しい英文を完成しなさい。 (5点×6)

(1) In the English class, you found [couldn't / who / a boy / speak] English well and you helped him. [山口県]

[　　　　　　　　　　　　　　　　　　　　]

(2) *A:* How [you / been / long / swimming / have]?

B: For three hours.

[　　　　　　　　　　　　　　　　　　　　]

ミス注意 (3) *A:* Which team is going to win?

B: I don't know.　I've [an / exciting / never / such / watched] game like this before.

[島根県]

[　　　　　　　　　　　　　　　　　　　　]

よく出る! (4) *Shiho:* Mr. Yamada will visit your house today, right?

Jack : Yes, but I don't [when / arrive / he / know / will]. [高知県]

[　　　　　　　　　　　　　　　　　　　　]

(5) *A:* That's a beautiful picture!

B: Thank you.　It was taken by my brother who lives in India.

A: [do / is / know / this place / you / where]?

B: I don't know.　I'll ask him later. [富山県]

[　　　　　　　　　　　　　　　　　　　　]

ミス注意 (6) *A:* What's the matter?

B: I have lost my pen.

A: Is it in your bag?

B: No.　[am / for / I / looking / must / the pen] be in my room. [岩手県]

[　　　　　　　　　　　　　　　　　　　　]

5

英作文

次の日本文を英語にしなさい。 (10点×3)

(1) 私は父にもらった本を読み終えました。 [三重県・改]

[　　　　　　　　　　　　　　　　　　　　]

よく出る! (2) 私は彼に一度も会ったことがありません。

[　　　　　　　　　　　　　　　　　　　　]

(3) 私は異なる言語を話している多くの人々を見ました。 [香川県]

[　　　　　　　　　　　　　　　　　　　　]

英語

6 いろいろな品詞・仮定法

必ず出る！ 要点整理

❶ 名詞

(1) **名詞の複数形**…book → books / child → **children**。
He has a lot of CDs.（彼はたくさんのCDを持っています。）

(2) **物質名詞**…**cup** や **glass** などを使って量を表す。
Would you like another cup of tea?（お茶をもう1杯いかがですか。）

❷ 代名詞

(1) **人称代名詞**…「主格」「所有格」「目的格」の3つの形がある。

主　格	**He** is my friend.（彼は私の友だちです。）	主語になる形
所有格	This is **his** bag.（これは彼のバッグです。）	所有を表す形
目的格	I know **him** well.（私は彼をよく知っています。）	目的語になる形

(2) **「〜のもの」**…**mine，yours，his，hers，ours，theirs**。
Is that bag yours?（あのバッグはあなたのものですか。）

(3) **不定代名詞**…**one** や **some** など。人や物，数量をばく然と示す代名詞。
I've lost my pen, so I want a new one.
（ペンをなくしたので，新しいのがほしい。）
Some of the boys can't swim.（少年たちの中には泳げない者もいます。）
「何人か」

❸ 形容詞・副詞

(1) **形容詞の2用法**…〈形容詞＋名詞〉と〈主語＋ be 動詞＋形容詞〉。
This is an easy question for him.（これは彼にとってやさしい問題です。）
This question is easy for him.（この問題は彼にはやさしい。）
I'm sure (that) he will come here.
└「きっと〜だと思う」
（私はきっと彼はここに来ると思います。）

(2) **数と量**…数と量で使い分けるものがある。

重要！
数… **many** birds（たくさんの鳥），**a few** people（数人の人々）
量… **much** water（たくさんの水），**a little** money（少しのお金）

(3) **副詞の用法**…動詞，形容詞や他の副詞を修飾する。
He speaks English very well.（彼はとてもじょうずに英語を話します。）
I usually get up at six thirty.（私はふつう6時30分に起きます。）

参考

複数形の作り方

単数形の語尾		つけ方
ふつう	→	-s
-s, -x, -ch, -sh	→	-es
子音字＋y	→	y を ies

不規則に変化する名詞		
man	→	men
woman	→	women
child	→	children

注意

代名詞の格変化

主格	所有格	目的格
I	my	me
you	your	you
he	his	him
she	her	her
it	its	it
we	our	us
they	their	them

よく出る！

代名詞 it の特別用法

it は**天気・時・明暗・距離**などを表す文の主語として使われる。
・**It's** sunny.（晴れています。）

注意

頻度を表す副詞の位置

ふつう，be 動詞のあと，一般動詞の前におかれる。
・I'm **always** busy.
（私はいつも忙しい。）

出題傾向

学習日 ／

名詞の複数形や代名詞の格変化が語形変化・適語選択などの形で問われる。
前置詞・接続詞は意味と文中での使い分けが大切。

❹ 前置詞

(1) **「時」を表す前置詞…at, on, in。**

at ＋時刻	at six（６時に）/ at noon（正午に）
on ＋曜日, 日付	on Sunday（日曜日に）/ on March 5（３月５日に）
in ＋月, 季節, 年	in May（５月に）/ in fall（秋に）/ in 2022（2022 年に）

(2) **「場所」を表す前置詞…at, in, on, under, near** など。
at school（学校で）/ at home（家で）/ in Tokyo（東京で）/
on the wall（壁に）/ under the desk（机の下に）/ near here（この近くに）

❺ 接続詞・仮定法

(1) **and / but / or** …「～と…，そして」/「しかし」/「それとも, または」。
He is old, but he looks young.（彼は年をとっているが，若く見えます。）

(2) **that**…「～ということ」。〈that ＋主語＋動詞～〉の形で，know, think などの動詞の目的語になる。接続詞の that は省略できる。
I think (that) he's friendly.（私は，彼は親しみやすいと思います。）
（(that)：省略できる）

(3) **when / if / because**…「～のとき」/「もし～ならば」/「～なので」。
When I was young, I lived in Osaka.（私は若い頃，大阪に住んでいました。）
I'll help you if you're busy.（もしあなたが忙しいのなら，私が手伝いましょう。）

(4) **仮定法…〈If ＋主語＋動詞の過去形，主語＋ would〔could〕＋動詞の原形 ～.〉**の形。現在の事実に反することを仮定する。
If I were you, I would go there.
└─ be 動詞はふつう were を使う
（もし私があなたなら，そこに行くのですが。）

参考

「時」を表す前置詞

for an hour（１時間）
during the winter（冬の間）
before dinner（夕食の前に）
after dinner（夕食のあとに）
by ten o'clock（10 時までに）
until tomorrow（明日まで）

参考

〈命令文，and〔or〕～.〉

・Hurry up, and you'll catch the bus.
（急ぎなさい，そうすればバスに間に合います。）
・Hurry up, or you'll miss the bus.
（急ぎなさい，そうしないとバスに遅れます。）

くわしく!

仮定法

〈I wish ＋主語＋（助）動詞の過去形～.〉の形もある。
I wish I could run faster.（もっと速く走れればいいのになあ。）

Q. 基礎力チェック問題

解答はページ下

（ ）内の語を適する形にかえよ。

(1) How many (child) do you have?
(2) He visits many (country) every year.
(3) We have six (class) on Mondays.
(4) Who's that girl? Do you know (she)?
(5) The cap on the desk is (he).
(6) If I (be) rich, I could buy the car.

[ ] に適する語を下から選べ。

(7) We have no school [ ] Saturdays.
(8) He goes [ ] school [ ] bus.
(9) I get up [ ] seven [ ] the morning.
(10) I stayed home [ ] it was raining.
(11) I know [ ] he can play tennis.
〔to, on, in, by, at, that, because〕

A. (1) children (2) countries (3) classes (4) her (5) his (6) were (7) on (8) to, by (9) at, in (10) because (11) that

英語

高校入試実戦力アップテスト

英語 6

いろいろな品詞・仮定法

1

適語選択

次の英文の［　　］内から最も適するものを選び，記号を○で囲みなさい。 (5点×6)

(1) I wanted to watch that TV program yesterday, ［ア because　イ but　ウ if　エ or］ I had no time to watch it. ［鳥取県］

(2) In Japan, winter is usually from ［ア July　イ April　ウ December　エ September］ to February. ［徳島県］

よく出る!
(3) *A:* Wow!　That's a cool bike!　Whose bike is that?
B: It's ［ア my　イ me　ウ mine　エ I］.　I bought it last week. ［沖縄県］

(4) I don't have a brother.　If I ［ア have　イ had　ウ have had　エ having］ a brother, I would ask him to help me with my homework.

(5) *A:* You started learning the piano, right?　When do you have piano lessons?
B: Well, I have piano lessons ［ア with　イ for　ウ on　エ under］ weekends. ［福島県］

(6) *A:* What time do you usually start to study and take a bath?
B: I usually start to study at seven o'clock and take a bath at nine thirty.
A: So you take a bath ［ア after　イ before　ウ between　エ during］ you study, right?
B: Yes. ［岩手県］

(アドバイス) ☞ B の発言内の「時間」に注目。

2

文の並べかえ

次の英文の［　　］には，下の 4 つの英文が入る。意味が通るようにア～エの英文を並べかえなさい。 (10点)

My favorite food is *ikinari-dango*.　It is one of the famous sweets in Kumamoto. Its name has the word "*ikinari*" in it.　Do you know why? ［　　　　］ My grandmother often makes it for me in a short time when I visit her.

ア You may know *ikinari* means "suddenly," but it also means "easily" in Kumamoto's dialect.
イ There are a few reasons.
ウ I will talk about one of them.
エ So if someone suddenly visits you, you can cook *ikinari-dango* easily and serve it quickly. ［熊本県］

* ***ikinari-dango***：いきなり団子　**sweets**：お菓子　**dialect**：方言　**serve**：(食事などを) 出す

［　　］→［　　］→［　　］→［　　］

時間：30分 | 配点：100点 | 目標：80点

解答：別冊 p.5 | 得点：　点

3 適語補充

次の英文の意味が通るように[　　]に適する語を書きなさい。 (6点×3)

ミス注意 (1) *Student:* I learned a new word. If a child is a boy, he is a "son" to his father and mother.
Teacher: Yes. If a child is a girl, she is a "[　　]". [　　　] [山形県]

(2) *A:* What [　　] do people speak in Brazil?
B: They speak Portuguese. [　　　]

よく出る！ (3) *A:* Tell me about your country Australia.
B: It's the sixth largest country in the world and [　　] for koalas.
[　　　] (2)(3) [島根県]

4 並べかえ

次の[　　]内の語(句)を並べかえて，正しい英文を完成しなさい。ただし，(1)は使わない語が1語あります。 (8点×3)

(1) Greg, I'm sure you'll be busy. Do you [you'll / have / think / enough / many] time to check everything in the school? [兵庫県]
[　　　]

(2) *Kevin* : Have you ever been to the city library?
Takuma: No. We [of / can't / a map / there / get / without] this city. [山形県]
[　　　]

よく出る！ (3) *Takashi:* Hi, Mike. I'm going to study for the test with my friend on Saturday. Would you like to join us?
Mike : I'd love to. When will you start?
Takashi: About ten o'clock.
Mike : I have to clean my room, so I will [call / I / leave / when / you] my house.
[岐阜県]
[　　　]

5 英作文

次の日本文を英語にしなさい。 (9点×2)

(1) 昨日は，雨が降っていたので，家で過ごしました。 [三重県・改]
[　　　]

(2) もし私があなただったら，彼と英語で話すのになあ。
[　　　]

英語

7 助動詞・会話表現

必ず出る！ 要点整理

❶ can, may, must

(1) **助動詞の用法と意味**…助動詞は動詞の前におき，主語が何であっても形は変わらない。あとの動詞は必ず原形。

助動詞	意味	言いかえ
can	～できる	be able to
may	～してもよい，～かもしれない	
must	～しなければならない，～にちがいない	have〔has〕 to

He can speak English well.（彼は英語を上手に話せます。）
（speak：原形）

(2) **疑問文**…助動詞を主語の前に出す。答えの文にも助動詞を使う。

Can she play the guitar?（彼女はギターを弾けますか。）

— Yes, she can.（はい，弾けます。）/ No, she can't.（いいえ，弾けません。）

(3) **否定文**…助動詞のあとに **not** を入れる。

❷ Can I ～? / Can you ～? / Shall I〔we〕 ～?

(1) **Can〔May〕 I ～?**…「～してもよいですか」（許可を求める）。
（May：ていねいな表現になる）

Can I ask you a question?（質問してもいいですか。）

— Sure.（いいですよ。）/ Of course.（もちろん。）

(2) **Can you ～?**…「～してくれますか」（依頼）。

Can you help me?（私を手伝ってくれますか。）— OK.（いいですよ。）

(3) **Shall I〔we〕 ～?**…「～しましょうか」（申し出・提案）。

Shall I close the window?（私が窓を閉めましょうか。）

— Yes, please.（はい，お願いします。）

Shall we have lunch together?（いっしょに昼食を食べましょうか。）

— Yes, let's.（はい，そうしましょう。）

❸ have to ～

(1) **〈have〔has〕 to ＋動詞の原形〉**…「～しなければならない」。

He has to do his homework.（彼は宿題をしなければなりません。）
（has to：主語が3人称単数のとき）

(2) **疑問文**…**Do〔Does〕 … have to ～?** で「～しなければなりませんか」。

Do I have to stay home?（私は家にいなければなりませんか。）

— No, you don't (have to).（いいえ，その必要はありません。）

注意

短縮形

助動詞＋not	短縮形
cannot	→ can't
will not	→ won't
must not	→ mustn't

参考

should

should は「～したほうがよい」や「～すべきだ」という意味を表す。

・You should practice harder.（あなたはもっと一生けんめい練習すべきです。）

参考

Could you ～?

依頼のとき，Can you ～? の can の代わりに could を使うと「**～していただけますか**」とよりていねいな表現になる。

注意

must と have to ～

肯定文は両方とも「～しなければならない」の意味だが，否定文は意味が異なる。
must not ～は「～してはいけない」と禁止を表す。
don't〔doesn't〕 have to ～は「～する必要はない」。

出題傾向

学習日 ／

助動詞の意味と用法が適語選択や補充問題で問われる。 とくに問答文に注意。
会話表現は対話文読解の中で適する文を選ぶ形で必出。

❹ 提案・誘いの表現

(1) **How about ～?…「～はどうですか」**
How about playing tennis after school?
(放課後にテニスをするのはどうですか。)

(2) **Why don't you〔we〕～?…「～してはどうですか〔しませんか〕」**
Why don't we go shopping tomorrow? (明日買い物に行きませんか。)

(3) **Would you like ～?…「～はいかがですか」**
Would you like some coffee? (コーヒーはいかがですか。)

(4) **Would you like to ～?…「～するのはどうですか」**
Would you like to come with us? (私たちといっしょに行きませんか。)

❺ 会話表現

電話	Hello.　This is Ken. (もしもし，健です。) May I speak to Tom(, please)? (トムをお願いします。) — Speaking. (私です。) / I'm sorry he's out. (あいにく彼は出かけています。)
買い物	May I help you? (いらっしゃいませ。) How about this one? (こちらはいかがですか。) How much is it? (いくらですか。)
道案内	Excuse me. Could you tell me the way to the station? (すみません。駅へ行く道を教えていただけますか。) — Sure. Go straight and turn right at the first corner. (はい。まっすぐ行って，最初の角を右に曲がります。)

参考

言いかえ

～してくれませんか
Can you ～? = Please ～.
～しましょうか
Shall we ～? = Let's ～.

参考

その他の会話表現

- Would you like some tea?
(お茶はいかがですか。)
- How do you like Japan?
(日本はいかがですか。)
- What's wrong?
(どうしましたか。)
- That's too bad.
(それはいけませんね。)
- Thank you. (ありがとう。)
— You're welcome.
(どういたしまして。)
- I'm sorry.　・Excuse me.
(ごめんなさい。) (すみません。)
- Why don't we play tennis?
(テニスをしませんか。)
— Sounds good.
(いいですね。)
- 〔電話で〕Can I leave a message? (伝言をお願いできますか。)

Q. 基礎力チェック問題

解答はページ下

[　] に適する語を入れよ。

(1) [　　　] I come in? (入ってもいいですか。)
(2) I [　　　] go now. (もう行かねばなりません。)
(3) [　　　] you help me? (手伝ってくれますか。)
(4) [　　　] I help you? (手伝いましょうか。)
(5) We don't [　　　] to clean the room.
(私たちは部屋をそうじする必要はありません。)

(　) に適する答えの文を下から選べ。

(6) Thank you very much. — (　　　)
(7) Hello.　May I speak to Jim? — (　　　)
(8) How are you? — (　　　)
(9) I'm sorry I'm late. — (　　　)

〔ア I'm fine.　　イ That's all right.
ウ Speaking.　　エ You're welcome.〕

A. (1) May〔Can〕 (2) must (3) Can〔Will, Could〕 (4) Shall (5) have (6) エ（イも可） (7) ウ (8) ア (9) イ

英語

高校入試実戦力アップテスト

英語 7

助動詞・会話表現

1 適文選択

次の対話文が成り立つように，[　　]に適する英文を選び，記号を○で囲みなさい。 (8点×5)

(1) *Kanako:* Can I use your umbrella, Mom?
Mother : Where is yours?
Kanako: I could not find it and I have to go to school now.
Mother : [　　　　　]
Kanako: Thank you.　I'll try to find mine again when I come home.　[福岡県]
ア I have to bring yours to work.　イ I can use yours today because you gave it to me.
ウ You can't go to school today.　エ I have two, so you can take this one today.

(2) *A:* Excuse me.　Do you need any help?
B: Yes, please.　I want to go to this park.　Where am I on this map?
A: Let's see.　[　　　　　]　It takes only five minutes from here.　[徳島県]
ア I don't know where it is.　イ I should go down this street.
ウ You can ask anyone else.　エ We are near this temple.

よく出る!
(3) *Akira :* Why do we have to study English in school?　I don't think we will use English in Japan.
David: [　　　　　]　There are many people who visit Japan from other countries. If you speak English, you can talk to them.
Akira : I see.　Please teach me English because I'm not good at it.
David: Sure.　[富山県]
ア Do you agree?　イ I agree with you.
ウ I don't agree with you.　エ I have to agree.

(4) *A:* Excuse me.　[　　　　　]
B: I'm sorry my friend is coming soon.
A: OK.　[北海道]
ア Can I use this seat?　イ Here's your ticket.
ウ It's important for me to go there.　エ What can I do for you?

(5) *A:* Hey, Mike.　Our baseball team got the trophy.
B: Really?　[　　　　　]　Tell me more about it.　[福島県]
ア Guess what!　イ You are welcome.
ウ I'm sorry to buy that.　エ What a surprise!

時間：	30 分	配点：	100 点	目標：	80 点
解答：	別冊 p.6	得点：	点		

2 適語句選択・適語補充

(1)(2)は[　　]に適する記号を○で囲みなさい。(3)は[　　]に適する語を書きなさい。 ((1)(2)5点×2 (3)8点)

よく出る！ (1) *A:* Should I bring something to the party?
B: Everything is ready, so you [　　　　　] bring anything.
ア must　　**イ** should　　**ウ** don't have to　　**エ** didn't　　[熊本県]

(2) 〔留学生の Tom に「自分は本物の歌舞伎を見たことがない」と伝えたあとの出来事〕
Tom looked surprised and said, "Kabuki has a long history. It is one of the traditional Japanese cultures. So I thought all Japanese knew about kabuki." I felt very sad because I [　　　　　] answer the question from him well.
ア could　　**イ** could not　　**ウ** must　　**エ** must not　　[香川県・改]

よく出る！ (3) *A man:* Excuse me. Could you tell me the way to the nearest station?
Kaori : Sure. Go down this street and [　　　　　] right at the next corner. You'll find it on your left.
A man: Thank you.　　[鳥取県]

3 対話文完成

次の(1)～(4)に入れるのに最も適するものを選び，記号で答えなさい。 (5点×4)

〔On the phone〕
A: Have you finished the report for our English class?
B: Yes, I have. But it was really difficult. [　(1)　]
A: Not yet. [　(2)　]
B: OK. [　(3)　]
A: Well, I can't choose a country to write about.
B: OK. [　(4)　]　　[福島県]

ア How can I help you?　　**イ** Can you help me with my report?
ウ How about you?　　**エ** Let's choose it together.

(1) [　　　　　]　(2) [　　　　　]　(3) [　　　　　]　(4) [　　　　　]

4 英作文

次の日本文を英語にしなさい。 (11点×2)

(1) あなたに1つ質問してもいいですか。　　[大阪府・改]
[　　　　　　　　　　　　　　　　　　　　　　　　　　]

(2) 明日の午後，私たちはどこで会いましょうか。
[　　　　　　　　　　　　　　　　　　　　　　　　　　]

英語

8 リスニング

必ず出る！ 要点整理

❶ 絵を選ぶ問題

選択肢の物とその数や位置関係，人物ならどんな行動をしているかなどに注意して聞き取る。

01 例題 読まれる英文を聞き，その内容に合う絵を選びなさい。

ア

イ

ウ

(1) 数を表す語や on, in, under などの場所を表す前置詞に注意。

(2) today, yesterday, tomorrow などの時を表す語にも注意。

(3) 何をしているか，どう使うかなどを聞き分ける。

読まれる英文 We usually use this to cut paper. (私たちはふつうこれを紙を切るために使います。)

答え ア

❷ 質問の答えを選ぶ問題

「いつ」「どこで」「だれが」「何を」したかに注意して聞き取る。

02 例題 読まれる英文と質問を聞き，その質問の答えを選びなさい。

ア By train. イ By bike.

ウ By bus. エ Walk.

(1) today, yesterday, tomorrow などの時を表す語句に注意して，行動を聞き取る。

(2) 疑問詞に注意して，何が問われているかを聞き取る。

読まれる英文 I usually go to school by bike. It was rainy yesterday, so I took the bus to school.

Question: How did the boy go to school yesterday?

(私はたいていは自転車で学校に行きます。昨日は雨だったので，私はバスに乗って学校に行きました。質問：男の子は昨日，どのようにして学校に行きましたか。)

答え ウ

よく出る！

よく使われる文

物の配置や行動などを表すときは，次の文がよく使われる。

- There are two books on the desk. (机の上に本が2冊あります。)
- The boy is running over there. (男の子はむこうを走っています。)
- I usually walk to school. (私はたいていは学校に歩いて行きます。)

参考

場所を表す前置詞

- **on** (～の上に)
- **in** (～の中に)
- **under** (～の下に)
- **by** (～のそばに)
- **between** (～の間に)

よく出る！

よく使われる文

人物の行動をたずねる質問文では，次のような文がよく出る。

- What did the boy do yesterday morning? (男の子は昨日の朝，何をしましたか。)
- What is the girl going to do next? (女の子は次に何をするつもりですか。)
- What are they talking about? (彼らは何について話していますか。)

参考

おもな疑問詞

- **when** (いつ)
- **where** (どこ)
- **who** (だれ)
- **why** (なぜ)
- **how** (どうやって，どんな状態で)

学習日 ／

出題傾向

英文や対話文を聞いて，その内容に合う絵や内容についての質問の答えを選ぶ問題，対話文の最後の応答を選ぶ問題のほかに，英語の質問に日本語や英語を書いて答える問題もある。

❸ 対話文の応答を選ぶ問題

「誘う」「申し出る」「許可を求める」などの会話表現をマスターする。

03 例題 読まれる対話文を聞き，最後のチャイム音の部分に入る文を選びなさい。

ア That's a good idea.　イ I'm fine, thank you.
ウ How about this one?　エ It was exciting.

直前の文をしっかり聞き取り，適する応答を選ぶ。

読まれる英文 A: Hi, Cathy. What did you do last Saturday? B: I read a new book by my favorite writer. A: How was it? B: (チャイム)

（A：やあ，キャシー。この前の土曜日は何をした？ B：大好きな作家の新しい本を読んだよ。 A：どうだった？ B：(チャイム)）

答え **エ**

❹ 英語で書いて答える問題

「いつ」「どこで」「何を」するかなどに注意して聞き取る。

04 例題 読まれる英文を聞き，ハイキングのメモを完成させなさい。

Date:（ ア ）23

Meeting Time and Place: At 8:00 in front of the（ イ ）

月日，場所，数などのキーワードを英語で書く。

読まれる英文 Our hiking trip is on September 23. We'll take the 8:15 train to Midori Park. So, let's meet at 8:00 in front of the station.

（ハイキングは9月23日です。8時15分の電車に乗ってミドリ公園まで行くので，8時に駅の前で会いましょう。）

答え **ア September イ station**

よく出る！

誘い・提案の表現

- How about ～ing?（～するのはどうですか。）
- Why don't you ～?（～してはどうですか。）
- Would you like to ～?（～するのはどうですか。）

応じ方

- That's a good idea.（それはいい考えです。）
- I'd love to.（喜んで。）
- Sure.（いいですよ。）

くわしく！

自分のことについて答える質問文

- Which season do you like the best and why?（どの季節がいちばん好きですか。そして，なぜですか。）
- What do you say to your friend when she looks sad?（友達が悲しそうに見えるとき，彼女に何と言いますか。）
- What do you usually do when you have free time?（あなたは自由時間があるとき，たいてい何をしますか。）

LISTENING

リスニング実戦テク

放送前から試験は始まっている!

リスニング問題はふつう，英語の試験の最初に行われる。問題用紙にかかれている選択肢の絵や英語などには，英文を聞くときに役立つ情報やヒントがたくさん含まれている。英文が読まれる前に目を通して，何が問われそうなのか予想しておくと，集中して聞くポイントをしぼることができる。時計やカレンダーなどのある問題では，特に，時刻や日付を正確に聞き取ろう。

高校入試実戦力アップテスト

英語 8

リスニング

1

05 内容に合う絵の選択

英文や対話文が読まれます。その内容に合う絵を選び，記号を○で囲みなさい。 (6点×5)

(1) ア  イ  ウ  エ 

［茨城県］

よく出る!

(2) （図書館にて）

ア  イ  ウ  エ 

［熊本県］

(3) ア  イ  ウ  エ 

［沖縄県］

よく出る!

(4) ア 

イ 

ウ 

エ 

［愛媛県］

(5) ア  イ  ウ  エ 

［滋賀県］

2

06 質問に合う答えの選択

英文や対話文とその内容についての質問が読まれます。質問の答えとして適するものを選び，記号を○で囲みなさい。 (8点×3)

(1) ア On Sunday, November 22.　イ On Monday, November 23.
ウ On Tuesday, November 24.　エ On Wednesday, November 25.

［新潟県］

時間：	30分	配点：	100点	目標：	80点
解答：	別冊 p.6	得点：	点		

よく出る！ (2) ア The hamburger shop. イ The hospital.
ウ The flower shop. エ The library. ［山梨県］

ミス注意 (3) ア About the woman wearing a red sweater.
イ About the woman walking with a boy.
ウ About the woman wearing glasses.
エ About the woman eating at the restaurant. ［三重県］

3 07 適切な応答文の選択

2人の対話が読まれます。対話の最後のチャイム音のところに入る表現として適するものを選び，記号を○で囲みなさい。 (8点×3)

(1) ア I don't know your name. イ Yukiko is my friend.
ウ I am from Japan. エ Suzuki, I'm Suzuki Yukiko. ［奈良県］

よく出る！ (2) ア I have been there three times. イ I have just come here.
ウ I visited it last year. エ I went there at three o'clock. ［岩手県］

(3) ア Yes, I did so at the station. イ No, I'm fine, thank you.
ウ Well, you can take a bus there. エ Then, the train was late again. ［山口県］

4 08 適切な英語の記述

留学生のYokoが，滞在先のホストファミリーから家の決まり（house rule）や週末の過ごし方について，英語で説明を受けています。その説明を聞いて(1)，(2)に答えなさい。 (11点×2)

(1) Yokoが受けた説明の内容から，ホストファミリーがしてほしくないこととして，適するものを選び，記号を○で囲みなさい。 ［岡山県］

ア 自分の部屋を週2回掃除すること イ 夜10時に風呂に入ること
ウ 夕方6時に帰宅すること エ 自分の部屋で楽器を演奏すること

よく出る！ (2) 説明の最後にホストファミリーからたずねられた質問に対して，どのように答えますか。あなたがYokoになったつもりで，書き出しに続けて，［ ］に10語以上の英語を書き，英文を完成させなさい。ただし，2文以上になってもかまいません。

I like [ ].

1 数と式の計算

必ず出る！ 要点整理

❶ 正負の数の計算

(1) **加法**

同符号の２数の和 ➡ **絶対値の和**に**共通の符号**をつける。

異符号の２数の和 ➡ **絶対値の差**に**絶対値の大きいほうの符号**をつける。

(2) **減法** ➡ **ひく数の符号を変えて**，**減法を加法に直して**計算する。

(3) **乗法・除法**

同符号の２数の積・商 ➡ **絶対値の積・商**に**正の符号**をつける。

異符号の２数の積・商 ➡ **絶対値の積・商**に**負の符号**をつける。

重要！

(4) 四則の混じった式の計算は，次の順序で計算する。

①かっこの中・累乗 ➡ ②乗法・除法 ➡ ③加法・減法

❷ 式の計算

(1) **多項式の加法・減法**

＋(　)…そのままかっこをはずす。

－(　)…かっこの中の**各項の符号を変えて**，かっこをはずす。

(2) **単項式の乗法・除法**

乗法 ➡ **係数の積**に，**文字の積**をかける。

除法 ➡ **分数の形**にするか，**逆数を使って乗法に直す**。

(3) **(数)×(多項式)の加減** ➡ かっこをはずし，同類項をまとめる。

❸ 式の展開

(1) **多項式×多項式**　$(a+b)(c+d)=\underset{①}{ac}+\underset{②}{ad}+\underset{③}{bc}+\underset{④}{bd}$

重要！

(2) **乗法公式**

①$(x+a)(x+b)=x^2+(a+b)x+ab$

②$(x+a)^2=x^2+2ax+a^2$

③$(x-a)^2=x^2-2ax+a^2$

④$(x+a)(x-a)=x^2-a^2$

注意

かっこのはずし方

＋(＋■)＝＋■
＋(－■)＝－■
－(＋■)＝－■
－(－■)＝＋■

くわしく！

３つ以上の数の積･商の符号

負の数が ｛偶数個→＋　奇数個→－

注意

累乗の計算

● $-a^2=-(a\times a)$
● $(-a)^2=(-a)\times(-a)$

例 $-3^2=-(3\times3)=-9$
$(-3)^2=(-3)\times(-3)=9$

よく出る！

分配法則

● $a(b+c)=ab+ac$
● $a(b-c)=ab-ac$

よく出る！

分数の形の式の計算

例 $\dfrac{3x-y}{2}-\dfrac{x-4y}{3}$
$=\dfrac{3(3x-y)}{6}-\dfrac{2(x-4y)}{6}$
$=\dfrac{3(3x-y)-2(x-4y)}{6}$
$=\dfrac{9x-3y-2x+8y}{6}$
$=\dfrac{7x+5y}{6}$

参考

多項式の乗法部分を展開し，同類項をまとめる。

例 $(x+2)^2-(x+3)(x-3)$
$=x^2+4x+4-(x^2-9)$
$=x^2+4x+4-x^2+9$
$=4x+13$

学習日 ／

出題傾向

数や式の計算は必ず出題される。かっこをはずすときの符号の変化や計算の順序に注意して，確実に得点することが大切。

❹ 因数分解と素因数分解

重要！

(1) 因数分解の基本は共通因数をくくり出すこと。

$mx+my+mz=m(x+y+z)$

(2) **因数分解の公式**…乗法公式の左辺と右辺を入れかえると，因数分解の公式ができる。

(3) **素因数分解の手順**

①わり切れる素数で順にわっていく。
（小さい素数から順にわるとよい。）

②商が素数になったらやめる。

③わった素数と最後の商を積の形で表す。

例

$$\begin{array}{r|r} 2 & 90 \\ \hline 3 & 45 \\ \hline 3 & 15 \\ \hline & 5 \end{array}$$

$90=2\times3^2\times5$

❺ 平方根の計算　($a>0$, $b>0$)

(1) **乗法・除法**

● $\sqrt{a}\times\sqrt{b}=\sqrt{a\times b}$　　● $\dfrac{\sqrt{a}}{\sqrt{b}}=\sqrt{\dfrac{a}{b}}$

(2) **加法・減法**

● $m\sqrt{a}+n\sqrt{a}=(m+n)\sqrt{a}$　● $m\sqrt{a}-n\sqrt{a}=(m-n)\sqrt{a}$

重要！

(3) **分母の有理化**　$\dfrac{a}{\sqrt{b}}=\dfrac{a\times\sqrt{b}}{\sqrt{b}\times\sqrt{b}}=\dfrac{a\sqrt{b}}{b}$

くわしく！

因数分解の公式

① $x^2+(a+b)x+ab$
$=(x+a)(x+b)$

② $x^2+2ax+a^2=(x+a)^2$

③ $x^2-2ax+a^2=(x-a)^2$

④ $x^2-a^2=(x+a)(x-a)$

よく出る！

等式の変形

等式をある文字について解く場合は，**解く文字以外は数とみて，方程式を解く方法と同じように式を変形する。**

例 $2x-3y=6$ を y について解く。

$2x-3y=6$

$2x$ を移項すると，

$-3y=-2x+6$

両辺を -3 でわると，

$y=\dfrac{2}{3}x-2$

数学

Q. 基礎力チェック問題

解答はページ下

(1) $(-3)+(-6)$　[　　　]

(2) $(-8)-(-5)$　[　　　]

(3) $(-2)\times(+7)$　[　　　]

(4) $4\times(-3)^2$　[　　　]

(5) $-9-6\div(-3)$　[　　　]

(6) $(a-5b)-(3a-4b)$　[　　　]

(7) $(-4x)\times(-9xy)$　[　　　]

(8) $(x+4)(x-7)$　[　　　]

(9) $(x+5)^2$　[　　　]

(10) $(x+8)(x-8)$　[　　　]

(11) $\sqrt{20}-\sqrt{5}$　[　　　]

(12) $\sqrt{3}\times\sqrt{12}$　[　　　]

(13) $\sqrt{8}-\dfrac{6}{\sqrt{2}}$　[　　　]

(14) x^2+x-20 を因数分解しなさい。
[　　　]

(15) 84 を素因数分解しなさい。
[　　　]

(16) $\dfrac{3a-4b}{2}=6$ を，a について解きなさい。
[　　　]

A. (1) -9　(2) -3　(3) -14　(4) 36　(5) -7　(6) $-2a-b$　(7) $36x^2y$　(8) $x^2-3x-28$　(9) $x^2+10x+25$　(10) x^2-64　(11) $\sqrt{5}$　(12) 6　(13) $-\sqrt{2}$　(14) $(x+5)(x-4)$　(15) $84=2^2\times3\times7$　(16) $a=\dfrac{4}{3}b+4$

高校入試実戦力アップテスト

数学 1

数と式の計算

1 数の計算

次の計算をしなさい。 (3点×6)

(1) $-3-(-7)$ ［栃木県］

［　　　　］

(2) $-3-(-8)+1$ ［山形県］

［　　　　］

(3) $\dfrac{3}{4}\div\left(-\dfrac{5}{6}\right)$ ［宮崎県］

［　　　　］

(4) $3-7\times(5-8)$ ［愛知県・改］

［　　　　］

ミス注意 (5) $(-2)^2-(-6^2)\times\dfrac{2}{3}$ ［京都府］

［　　　　］

(6) $-9+(-2)^3\times\dfrac{1}{4}$ ［千葉県］

［　　　　］

2 式の計算

次の計算をしなさい。 (4点×6)

よく出る! (1) $3(2a-3)-4(a-2)$ ［富山県］

［　　　　］

(2) $\dfrac{3x+2y}{5}-\dfrac{x-3y}{3}$ ［神奈川県］

［　　　　］

(3) $15a^3b^2\div\dfrac{5}{2}ab^2$ ［滋賀県］

［　　　　］

(4) $(-4x)^2\div12xy\times9xy^2$ ［山形県］

［　　　　］

(5) $(a+5)(a-3)-(a+4)(a-4)$ ［京都府］

［　　　　］

(6) $(2x+1)^2-(2x-1)(2x+3)$ ［愛知県・改］

［　　　　］

3 因数分解

次の式を因数分解しなさい。 (4点×4)

(1) x^2-x-12 ［三重県］

［　　　　］

(2) x^2-4y^2 ［兵庫県］

［　　　　］

(3) $3a^2-24a+48$ ［京都府］

［　　　　］

(4) $(x+6)^2-5(x+6)-24$ ［神奈川県］

［　　　　］

時間：	30 分	配点：	100 点	目標：	80 点
解答：	別冊 p.8	得点：	点		

4 平方根の計算

次の計算をしなさい。 (4点×4)

(1) $6\sqrt{3}-\sqrt{27}-\sqrt{12}$ ［鳥取県］

［　　　］

(2) $\dfrac{12}{\sqrt{6}}+\sqrt{42}\div\sqrt{7}$ ［千葉県］

［　　　］

(3) $(\sqrt{6}+\sqrt{3})^2$ ［大分県］

［　　　］

(4) $\dfrac{6-\sqrt{18}}{\sqrt{2}}+\sqrt{2}(1+\sqrt{3})(1-\sqrt{3})$ ［大阪府］

［　　　］

5 数と式の計算の利用

次の問いに答えなさい。 ((1)(2)(3)6点×3，(4)8点)

(1) A地点からB地点まで，はじめは毎分60 mでa m歩き，途中から毎分100 mでb m走ったところ，20分以内でB地点に到着した。この数量の関係を不等式で表しなさい。 ［栃木県］

［　　　］

よく出る! (2) $\sqrt{\dfrac{540}{n}}$ が自然数となるような，最も小さい自然数nの値を求めなさい。 ［神奈川県］

［　　　］

ハイレベル (3) $x=\dfrac{\sqrt{5}+1}{\sqrt{2}}$，$y=\dfrac{\sqrt{5}-1}{\sqrt{2}}$ のとき，x^2-xy+y^2 の値を求めなさい。 ［東京都立立川高］

［　　　］

(4) 2つの続いた奇数3，5について，5^2-3^2を計算すると16になり，8の倍数となる。このように，「2つの続いた奇数では，大きい奇数の平方から小さい奇数の平方をひいた差は，8の倍数となる。」ことを文字nを使って証明しなさい。ただし，証明は「nを整数とし，小さい奇数を$2n-1$とすると，」に続けて完成させなさい。 ［長崎県］

［**［証明］** nを整数とし，小さい奇数を$2n-1$とすると，

］

数学

TEST

数学

2 方程式

必ず出る！ 要点整理

❶ 1次方程式の解き方

重要！

(1) **1次方程式の解き方**

①文字の項を左辺に，数の項を右辺に移項する。

②整理して，$ax=b$ の形にする。

③両辺を x の係数 a でわる。

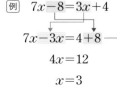

例 $7x-8=3x+4$

$7x-3x=4+8$

$4x=12$

$x=3$

(2) **いろいろな1次方程式の解き方**

● **かっこのある方程式**

➡ 分配法則を使って，かっこをはずす。

● **係数に小数をふくむ方程式**

➡ 両辺に10，100，…をかけて，係数を整数に直す。

● **係数に分数をふくむ方程式**

➡ 両辺に分母の最小公倍数をかけて，係数を整数に直す。

重要！

(3) **比例式の性質**　$a:b=c:d$ ならば，$ad=bc$

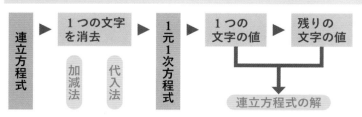

❷ 連立方程式の解き方

連立方程式 ▶ 1つの文字を消去（加減法・代入法） ▶ 1元1次方程式 ▶ 1つの文字の値 ▶ 残りの文字の値

1つの文字の値・残りの文字の値 → 連立方程式の解

❸ 2次方程式の解き方

(1) **平方根の考え方を利用する解き方**

● $ax^2=b$ の形 ➡ $x=\pm\sqrt{\dfrac{b}{a}}$　● $(x+a)^2=b$ の形 ➡ $x=-a\pm\sqrt{b}$

重要！

(2) **2次方程式 $ax^2+bx+c=0$ の解の公式…** $x=\dfrac{-b\pm\sqrt{b^2-4ac}}{2a}$

重要！

(3) (2次式)＝0 の形に整理し，左辺を因数分解して，

$(x-a)(x-b)=0$ ならば，$x=a$，$x=b$ を利用して解く。

よく出る！

等式の性質

$A=B$ ならば，

❶ $A+C=B+C$

❷ $A-C=B-C$

❸ $AC=BC$

❹ $\dfrac{A}{C}=\dfrac{B}{C}\ (C\neq 0)$

注意

8や $3x$ を移項するとは考えずに，符号をふくめて，-8 や $+3x$ を移項すると考えるとよい。

くわしく！

連立方程式の加減法

例 $\begin{cases}5x+2y=8 & \cdots\cdots①\\ 4x+3y=5 & \cdots\cdots②\end{cases}$

①×3　$15x+6y=24$

②×2　$-)\ 8x+6y=10$

$7x\quad\ =14$

$x=2$

$x=2$ を①に代入して，

$5\times2+2y=8$

$2y=-2$

$y=-1$

連立方程式の代入法

例 $\begin{cases}4x-3y=16 & \cdots\cdots①\\ y=x-5 & \cdots\cdots②\end{cases}$

②を①に代入して，

$4x-3(x-5)=16$

$4x-3x+15=16$

$x=1$

$x=1$ を②に代入して，

$y=1-5=-4$

参考

$A=B=C$ の形の連立方程式の解き方

$A=B=C$ の形の連立方程式は，次のいずれかの組み合わせをつくって解けばよい。

$\begin{cases}A=B\\ A=C\end{cases}$　$\begin{cases}A=B\\ B=C\end{cases}$　$\begin{cases}A=C\\ B=C\end{cases}$

学習日 ／

出題傾向

方程式の文章題では，単に答えを求めるだけでなく，方程式の立式や方程式を解く過程などを答えさせる問題が増えている。

❹ 方程式の利用

方程式をつくる
- ❶問題中の数量の間の関係を見つける。
- ❷どの数量を x や y で表すかを決める。
- ❸数量の間の関係を方程式で表す。

❹ **方程式を解く**

❺ **解を検討する** — 方程式の解が，問題にあっているかどうか調べる。

例 十の位の数と一の位の数の和が 7 である 2 けたの自然数がある。この自然数の十の位の数と一の位の数を入れかえた自然数は，もとの自然数より 27 大きくなる。もとの自然数を求める。

❶❷ もとの自然数の十の位の数を x，一の位の数を y とすると，もとの自然数は $10x+y$，入れかえた自然数は $10y+x$ と表せる。

❸ 十の位の数と一の位の数の和から，$x+y=7$ ……①

2 つの自然数の大きさの関係から，

$10y+x=10x+y+27$，$x-y=-3$ ……②

❹ ①，②を連立方程式として解くと，$x=2$，$y=5$

❺ この解は問題にあっている。よって，もとの自然数は 25

よく出る!

方程式の解と文字の値

例 x についての方程式 $x^2+ax+b=0$ の解が -2 と 3 であるときの a，b の値を求める。

方程式に $x=-2$，$x=3$ をそれぞれ代入して，

$(-2)^2+a\times(-2)+b=0$

$4-2a+b=0$ ……①

$3^2+a\times3+b=0$

$9+3a+b=0$ ……②

①，②を連立方程式として解くと，$a=-1$，$b=-6$

参考

いろいろな整数の表し方

m，n を整数とする。

偶数…$\boldsymbol{2m}$，奇数…$\boldsymbol{2n+1}$

a の倍数…$\boldsymbol{an}$

p でわると q 余る数…$\boldsymbol{pn+q}$

連続する 3 つの整数…$\boldsymbol{n,\ n+1,\ n+2}$ $(\boldsymbol{n-1,\ n,\ n+1})$

十の位が x，一の位が y の 2 けたの自然数…$\boldsymbol{10x+y}$

数学

Q. 基礎力チェック問題

解答はページ下

(1)〜(3)は，1 次方程式を解きなさい。(4)，(5)は，比例式を解きなさい。

(1) $4x-2=6$ [ ]

(2) $x-15=6x$ [ ]

(3) $5x+6=2x-9$ [ ]

(4) $x:10=6:15$ [ ]

(5) $4:3=x:9$ [ ]

次の連立方程式を解きなさい。

(6) $\begin{cases}3x-y=9\\4x+y=5\end{cases}$ [ ]

(7) $\begin{cases}2x+3y=7\\6x+5y=1\end{cases}$ [ ]

(8) $\begin{cases}5x+9y=6\\y=x-4\end{cases}$ [ ]

次の 2 次方程式を解きなさい。

(9) $3x^2=15$ [ ]

(10) $2(x-1)^2=6$ [ ]

(11) $x^2+3x-2=0$ [ ]

(12) $x^2+x-20=0$ [ ]

(13) $x^2+12x+36=0$ [ ]

A. (1) $x=2$ (2) $x=-3$ (3) $x=-5$ (4) $x=4$ (5) $x=12$ (6) $x=2$，$y=-3$ (7) $x=-4$，$y=5$ (8) $x=3$，$y=-1$ (9) $x=\pm\sqrt{5}$ (10) $x=1\pm\sqrt{3}$ (11) $x=\frac{-3\pm\sqrt{17}}{2}$ (12) $x=4$，$x=-5$ (13) $x=-6$

高校入試実戦力アップテスト

数学 2

方程式

1

1 次方程式

次の 1 次方程式を解きなさい。(4)は比例式を解きなさい。 (4点×4)

(1) $4x+3=x-6$ ［沖縄県］

［　　　］

(2) $3(2x-5)=8x-1$ ［福岡県］

［　　　］

(3) $\dfrac{2x+9}{5}=x$ ［熊本県］

［　　　］

(4) $5:(9-x)=2:3$ ［栃木県］

［　　　］

2

連立方程式

次の連立方程式を解きなさい。 (4点×4)

よく出る! (1) $\begin{cases} 5x-4y=9 \\ 2x-3y=5 \end{cases}$ ［21 埼玉県］

［　　　］

(2) $\begin{cases} 2x+y=11 \\ y=3x+1 \end{cases}$ ［北海道］

［　　　］

ミス注意 (3) $\begin{cases} 2x+4y=3 \\ \dfrac{3}{10}x-\dfrac{1}{2}y=1 \end{cases}$ ［東京都立国立高］

［　　　］

(4) $2x+3y-5=4x+5y-21=10$ ［京都府］

［　　　］

3

2 次方程式

次の 2 次方程式を解きなさい。 (4点×6)

(1) $(x+2)^2=7$ ［愛知県・改］

［　　　］

(2) $x^2-11x+28=0$ ［富山県］

［　　　］

よく出る! (3) $3x^2-7x+1=0$ ［三重県］

［　　　］

(4) $(x+1)(x-1)=3(x+1)$ ［愛知県・改］

［　　　］

(5) $(x+1)(x+4)=2(5x+1)$ ［長崎県］

［　　　］

(6) $(x+4)^2-6(x+4)+7=0$ ［東京都立八王子東高］

［　　　］

時間： 30 分	配点： 100 点	目標： 80 点
解答： 別冊 p.8	得点： 点	

4 方程式の文章題

次の問いに答えなさい。 ((1)8点，(2)(3)(4)12点×3)

(1) ある中学校の生徒の人数は126人で，126人全員が徒歩通学か自転車通学のいずれか一方で通学しており，徒歩通学している生徒と自転車通学している生徒の人数の比は5：2である。このとき，自転車通学している生徒の人数を求めなさい。 ［福島県］

［　　　］

(2) ある道の駅では，大きい袋と小さい袋をあわせて40枚用意し，すべての袋を使って，仕入れたりんごをすべて販売することにした。まず，大きい袋に5個ずつ，小さい袋に3個ずつ入れたところ，りんごが57個余った。そこで，大きい袋は7個ずつ，小さい袋は4個ずつにしたところ，すべてのりんごをちょうど入れることができた。大きい袋をx枚，小さい袋をy枚として連立方程式をつくり，大きい袋と小さい袋の枚数をそれぞれ求めなさい。ただし，途中の計算も書くこと。 ［栃木県］

［　　　］

よく出る！ (3) ある中学校では，遠足のため，バスで，学校から休憩所を経て目的地まで行くことにした。学校から目的地までの道のりは98 kmである。バスは，午前8時に学校を出発し，休憩所まで時速60 kmで走った。休憩所で20分間休憩した後，再びバスで，目的地まで時速40 kmで走ったところ，目的地には午前10時15分に到着した。このとき，学校から休憩所までの道のりと休憩所から目的地までの道のりは，それぞれ何kmか。方程式をつくり，計算の過程を書き，答えを求めなさい。 ［静岡県］

［　　　］

(4) 右の図のような，縦4 cm，横7 cm，高さ2 cmの直方体Pがある。直方体Pの縦と横をそれぞれx cm($x>0$)長くした直方体Qと，直方体Pの高さをx cm長くした直方体Rをつくる。直方体Qと直方体Rの体積が等しくなるとき，xの方程式をつくり，xの値を求めなさい。ただし，途中の計算も書くこと。 ［栃木県］

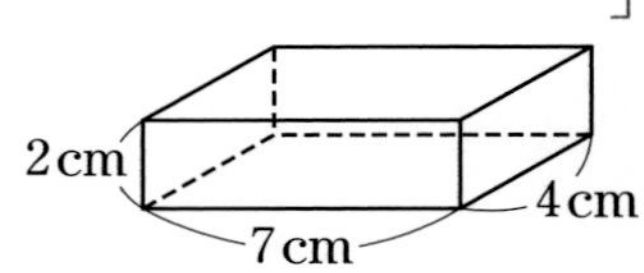

［　　　］

数学

TEST

数学

3 関数

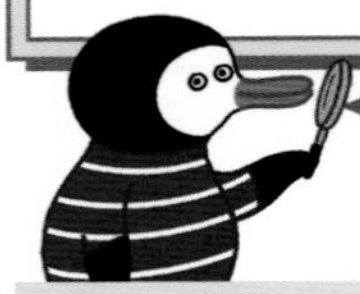

必ず出る！ 要点整理

❶ 比例と反比例

重要！ (1) **比例の式**…$y=ax$　($a\neq0$)
　（a ← 比例定数）

(2) **比例のグラフ**
…$y=ax$ のグラフは，
原点を通る直線。

●$a>0$…右上がり

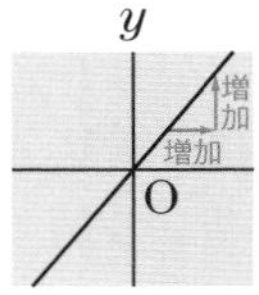

●$a<0$…右下がり

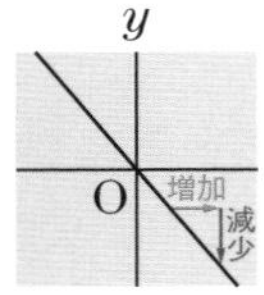

重要！ (3) **反比例の式**…$y=\dfrac{a}{x}$　（a ← 比例定数）　($a\neq0$)

(4) **反比例のグラフ**
…$y=\dfrac{a}{x}$ のグラフは，
双曲線。
（なめらかな 2 つの曲線）

●$a>0$

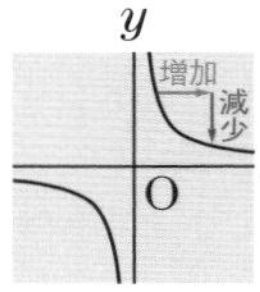

●$a<0$

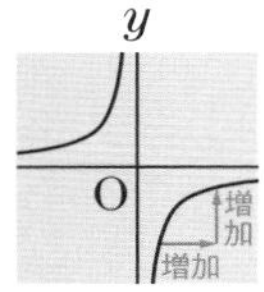

❷ 1 次関数

重要！ (1) **1 次関数の式**…$y=ax+b$　($a\neq0$)

(2) **1 次関数のグラフ**…$y=ax+b$ のグラフは，
傾き a ← x が 1 増加したときの y の増加量
切片 b ← グラフと y 軸の交点 $(0,\ b)$ の y 座標
の直線。

●$a>0$ のとき，**右上がりの直線**。
●$a<0$ のとき，**右下がりの直線**。

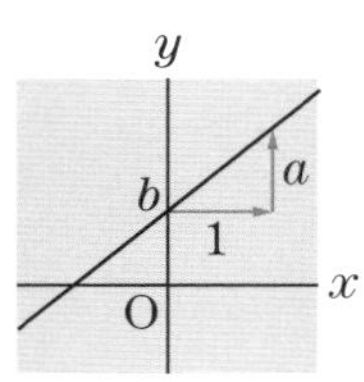

重要！ (3) **変化の割合**$=\dfrac{y\text{ の増加量}}{x\text{ の増加量}}$

1 次関数 $y=ax+b$ の**変化の割合は一定で，a に等しい。**

(4) **2 直線の交点の座標**
2 直線 $y=ax+b$，$y=cx+d$ の交点 P の座標は，連立方程式 $\begin{cases} y=ax+b \\ y=cx+d \end{cases}$ の解。
解が $x=p$，$y=q$ ならば，$P(p,\ q)$

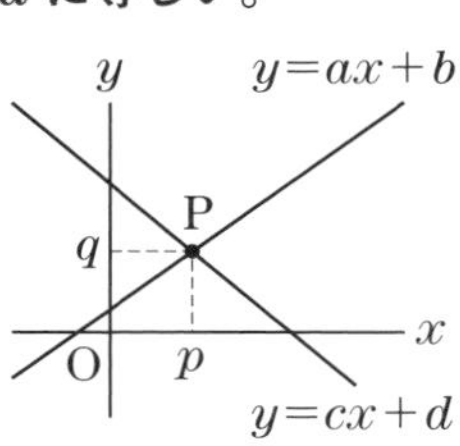

参考

対称な点の座標

点 $(a,\ b)$ と，
●x 軸について対称な点
　$(a,\ -b)$
●y 軸について対称な点
　$(-a,\ b)$
●原点について対称な点
　$(-a,\ -b)$

中点の座標

2 点 $(a,\ b)$ と $(c,\ d)$ を結ぶ線分の中点の座標は，
$\left(\dfrac{a+c}{2},\ \dfrac{b+d}{2}\right)$

例　2 点 $A(2,\ 1)$ と $B(4,\ 3)$ を結ぶ線分 AB の中点 M の座標は，
$\left(\dfrac{2+4}{2},\ \dfrac{1+3}{2}\right)=(3,\ 2)$

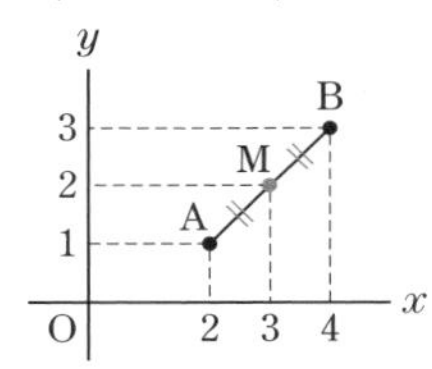

よく出る！

直線の式の求め方

[**求め方①**]
求める式を $y=ax+b$ とおき，通る 2 点の座標をそれぞれ代入して，a，b についての連立方程式をつくり，解く。
[**求め方②**]
2 点の座標から直線の傾きを求め，$y=$(傾き)$\times x+b$ とおく。この式に通る点の座標を代入して，b の値を求める。

よく出る！

平行な 2 直線の傾き

2 直線 $y=ax+b$，$y=cx+d$ が平行であるとき，この **2 直線の傾きは等しい**。すなわち，$a=c$ である。

出題傾向

☞ 関数のグラフと図形との融合問題がよく出題される。
関数の知識だけでなく，図形の性質をしっかり理解していないと解けない。

学習日 ／

❸ 2乗に比例する関数

重要！

(1) **y が x の2乗に比例する関数の式**…$y=ⓐx^2$ ($a≠0$)
└比例定数

(2) **関数 $y=ax^2$ のグラフ**
…原点を通り，y 軸について対称な放物線。
- $a>0$ のとき，
  x 軸の上側にあり，上に開いた形。
- $a<0$ のとき，
  x 軸の下側にあり，下に開いた形。

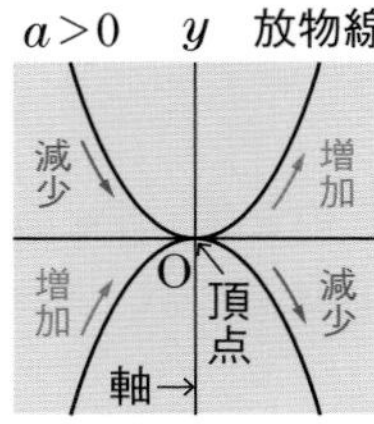

(3) **関数 $y=ax^2$ の変域**
関数 $y=ax^2$ で，x の変域に0をふくむとき，
- $a>0$ ならば，
  $x=0$ のとき，最小値 $y=0$
- $a<0$ ならば，
  $x=0$ のとき，最大値 $y=0$

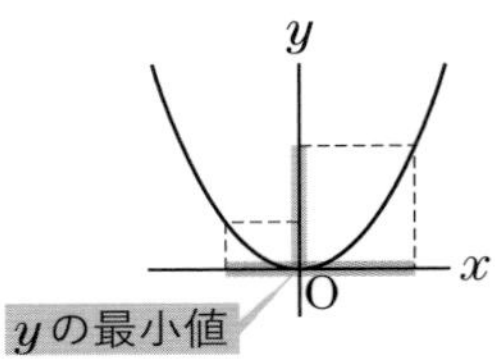

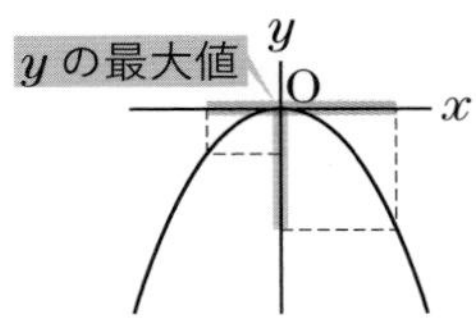

(4) **関数 $y=ax^2$ の変化の割合**
…関数 $y=ax^2$ の変化の割合は，**一定ではない。**

参考

比例定数とグラフの開き方

比例定数 a の絶対値が大きいほど，グラフの開き方は小さくなる。

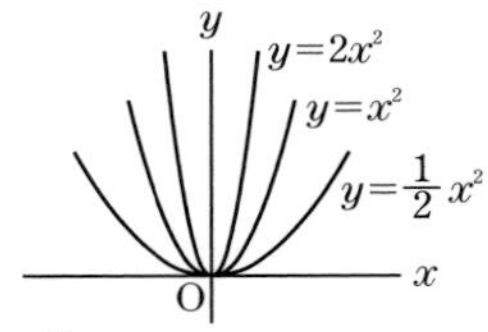

くわしく！

例 関数 $y=2x^2$ で，x の値が
- 1から3まで増加するときの変化の割合は，
  $\frac{2\times3^2-2\times1^2}{3-1}=\frac{18-2}{2}=8$
- 2から4まで増加するときの変化の割合は，
  $\frac{2\times4^2-2\times2^2}{4-2}=\frac{32-8}{2}=12$

参考

放物線と直線との交点

放物線 $y=ax^2$ と軸に平行でない直線 $y=bx+c$ との交点の x 座標は，2次方程式
$ax^2=bx+c$ の解である。

Q. 基礎力チェック問題

解答はページ下

(1) y は x に比例し，$x=3$ のとき $y=-6$ である。y を x の式で表しなさい。 [　　　　]

(2) y は x に反比例し，$x=2$ のとき $y=4$ である。y を x の式で表しなさい。 [　　　　]

(3) グラフの傾きが3で，点(2，−1)を通る1次関数の式を求めなさい。 [　　　　]

(4) グラフが2点(3，−2)，(−1，6)を通る1次関数の式を求めなさい。 [　　　　]

(5) y は x の2乗に比例し，$x=2$ のとき $y=12$ である。y を x の式で表しなさい。 [　　　　]

(6) 関数 $y=x^2$ で，x の変域が $-3≦x≦2$ のとき，y の変域を求めなさい。 [　　　　]

(7) 関数 $y=x^2$ で，x の値が2から5まで増加するときの変化の割合を求めなさい。 [　　　　]

A。(1)$y=-2x$ (2)$y=\frac{8}{x}$ (3)$y=3x-7$ (4)$y=-2x+4$ (5)$y=3x^2$ (6)$0≦y≦9$ (7)7

数学

高校入試実戦力アップテスト

数学 3

関数

1

関数の式

次の問いに答えなさい　((1)(2)(4)8点×3, (3)4点×2)

(1) 右の図のように，2点A(2, 6)，B(8, 2)がある。直線 $y=ax$ のグラフが，線分AB上の点を通るとき，a の値の範囲を求めなさい。［和歌山県］

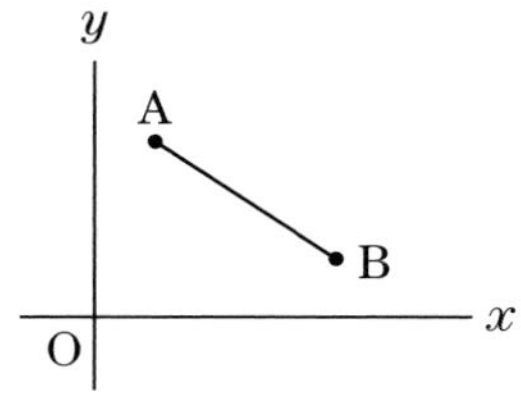

［　　　　］

(2) y が x に反比例し，$x=\frac{4}{5}$ のとき，$y=15$ である関数のグラフ上の点で，x 座標と y 座標がともに正の整数となる点は何個あるか，求めなさい。［愛知県］

［　　　　］

(3) 右の表は，関数 $y=ax^2$ について，x と y の関係を表したものである。このとき，a の値および表の b の値を求めなさい。［滋賀県］

表

x	…	-6	…	4	…
y	…	b	…	6	…

$a=$［　　　　］，$b=$［　　　　］

よく出る！(4) 関数 $y=ax^2$（a は定数）と $y=6x+5$ について，x の値が1から4まで増加するときの変化の割合が同じであるとき，a の値を求めなさい。［愛知県］

［　　　　］

2

直線と図形

右の図のように，2直線 ℓ，m があり，ℓ，m の式はそれぞれ $y=\frac{1}{2}x+4$，$y=-\frac{1}{2}x+2$ である。ℓ と y 軸との交点，m と y 軸との交点をそれぞれA，Bとする。また，ℓ と m との交点をPとする。このとき，次の問いに答えなさい。［福島県］

((1)4点，(2)6点×2)

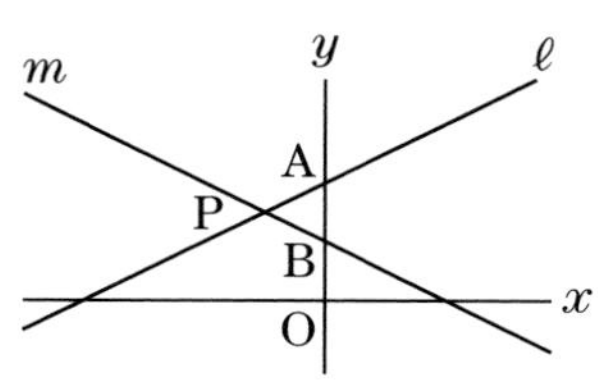

よく出る！(1) 点Pの座標を求めなさい。

［　　　　］

(2) y 軸上に点Qをとり，Qの y 座標を t とする。ただし，$t>4$ とする。Qを通り x 軸に平行な直線と ℓ，m との交点をそれぞれR，Sとする。

① $t=6$ のとき，△PRSの面積を求めなさい。

［　　　　］

② △PRSの面積が△ABPの面積の5倍になるときの t の値を求めなさい。

［　　　　］

時間：	30 分	配点：	100 点	目標：	80 点
解答：	別冊 p.9	得点：	点		

3

1 次関数の利用

H 市の工場では，2 種類の燃料 A，B を同時に使って，ある製品を作っている。燃料 A，B はそれぞれ一定の割合で消費され，燃料 A については，1 時間あたり 30 L 消費される。また，この工場では，燃料自動補給装置を導入して，無人で長時間の自動運転を可能にしている。この装置は，燃料 A，B の残量がそれぞれ 200 L になると，ただちに，15 時間一定の割合で燃料を補給するように設定されている。右の図は，燃料 A，B について，「ある時刻」から x 時間後の燃料の残量を y L として，「ある時刻」から 80 時間後までの x と y の関係をグラフに表したものである。このとき，次の問い答えなさい。

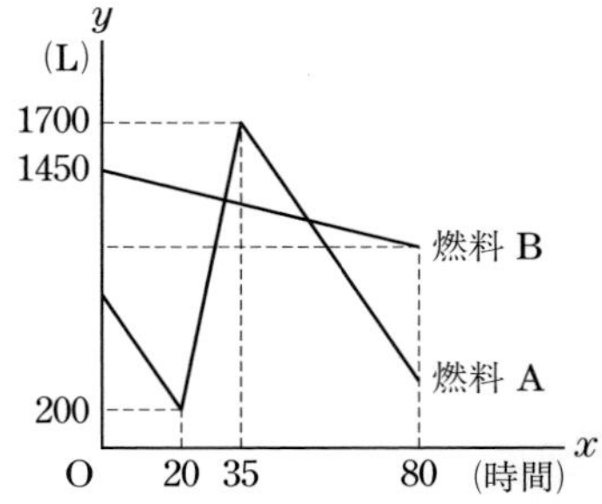

［茨城県］ ((1)4点，(2)(3)8点 × 2)

(1) 「ある時刻」の燃料 A の残量は何 L であったか求めなさい。 ［　　　］

(2) 「ある時刻」の 20 時間後から 35 時間後までの間に，燃料 A は 1 時間あたり何 L 補給されていたか求めなさい。 ［　　　］

(3) 「ある時刻」から 80 時間後に燃料 A，B の残量を確認したところ，燃料 A の残量は燃料 B の残量より 700 L 少なかった。このとき，燃料 B が「ある時刻」からはじめて補給されるのは「ある時刻」から何時間後か求めなさい。 ［　　　］

4

直線と放物線

右の図のように，関数 $y=ax^2$ …㋐のグラフと関数 $y=3x+7$ …㋑のグラフとの交点 A があり，点 A の x 座標が -2 である。このとき，次の問いに答えなさい。

［三重県］ (8点 × 4)

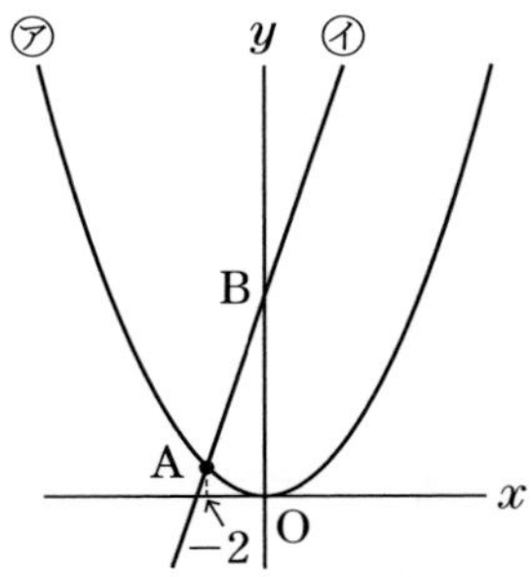

(1) a の値を求めなさい。 ［　　　］

(2) ㋐について，x の変域が $-2 \leqq x \leqq 3$ のときの y の変域を求めなさい。 ［　　　］

(3) ㋑のグラフと y 軸との交点を B とし，㋐のグラフ上に x 座標が 6 となる点 C をとり，四角形 ADCB が平行四辺形になるように点 D をとる。

① 点 D の座標を求めなさい。 ［　　　］

② 点 O を通り，四角形 ADCB の面積を 2 等分する直線の式を求めなさい。ただし，原点を O とする。 ［　　　］

数学

4 図形の計量

必ず出る！ 要点整理

❶ おうぎ形の計量

半径 r，中心角 $a°$ のおうぎ形の弧の長さを ℓ，面積を S とすると，

弧の長さ… $\ell=2\pi r\times\dfrac{a}{360}$

面積……… $S=\pi r^2\times\dfrac{a}{360}$　または，$S=\dfrac{1}{2}\ell r$

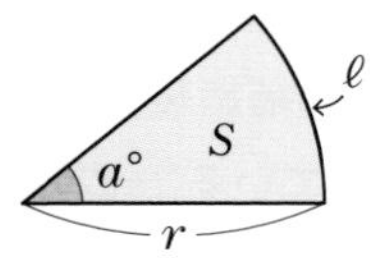

❷ 図形と角

重要！ (1) **平行線の性質**

2 直線が平行ならば，{ 同位角は等しい。 錯角は等しい。

図 1

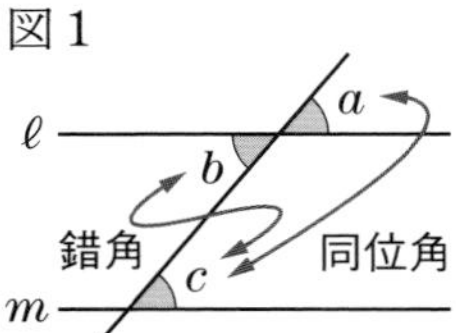

例　図 1 で，$\ell \parallel m$ ならば，{ $\angle a=\angle c$ ← 同位角 ／ $\angle b=\angle c$ ← 錯角 }

重要！ (2) **三角形の内角と外角**

三角形の内角の和…180°

三角形の外角は，それととなり合わない 2 つの内角の和に等しい。

図 2

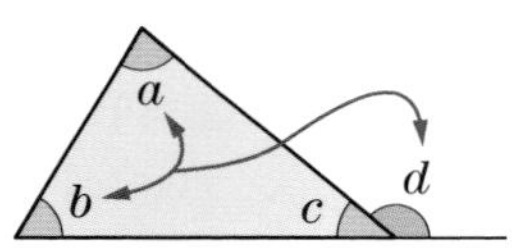

例　図 2 で，$\angle a+\angle b+\angle c=180°$，$\angle a+\angle b=\angle d$

(3) **多角形の角**

多角形の内角の和… n 角形の内角の和は，$180°\times(n-2)$

多角形の外角の和…360°

❸ 円周角

重要！ (1) **円周角の定理**

1 つの弧に対する円周角の大きさは一定であり，その弧に対する中心角の大きさの半分である。

図 3

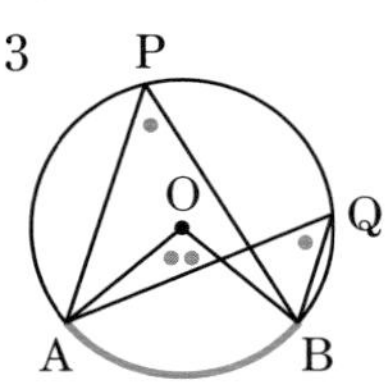

例　図 3 で，$\angle APB=\angle AQB=\dfrac{1}{2}\angle AOB$

(2) 半円の弧に対する円周角…90°

図 4

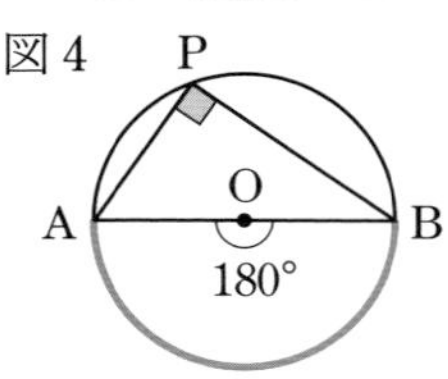

例　図 4 で，$\angle APB=\dfrac{1}{2}\times180°=90°$

よく出る！

対頂角は等しい

右の図で，
$\angle a=\angle c$
$\angle b=\angle d$

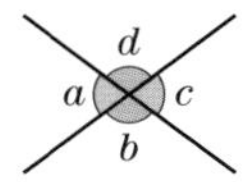

よく出る！

補助線の活用

下の図で，$\angle x$ の大きさは，補助線 ―― をひくと，$\angle x=\angle a+\angle b$ で求められる。

[補助線のひき方①]

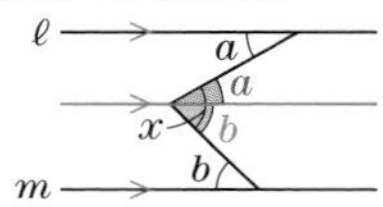

[補助線のひき方②]

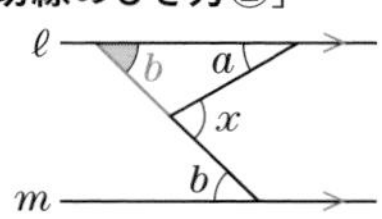

参考

正多角形の内角と外角

● 正 n 角形の 1 つの内角の大きさ… $\dfrac{180°\times(n-2)}{n}$

● 正 n 角形の 1 つの外角の大きさ… $\dfrac{360°}{n}$

よく出る！

円と接線のつくる角

円の接線は，**接点を通る半径に垂直**である。

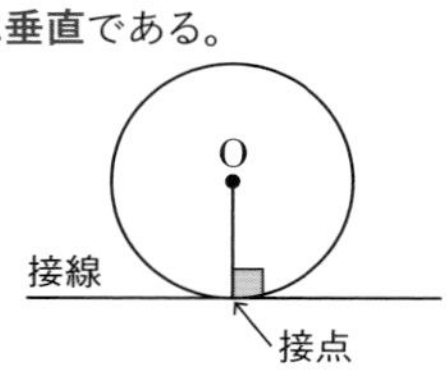

出題傾向

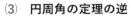

図形の角の性質や円周角の定理は，角度を求める問題で利用される。
また，証明問題でも角度が等しいことを導くために，よく使われる。

⑶ **円周角の定理の逆**

2点P，Qが直線ABについて同じ側にあって，∠**APB**＝∠**AQB**ならば，4点**A**，**B**，**P**，**Q**は1つの円周上にある。

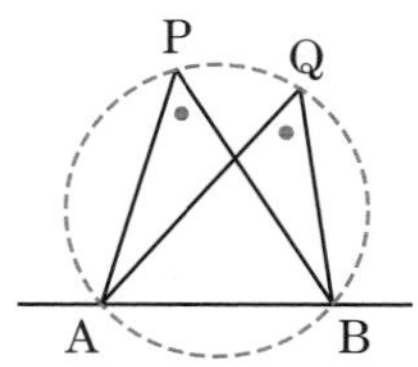

よく出る！

円外の1点からその円にひいた**2つの接線の長さは等しい。**

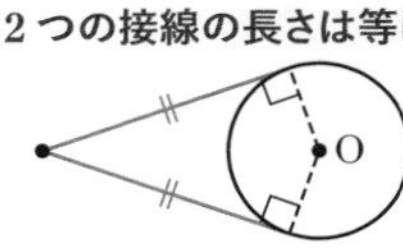

❹ 立体の計量

⑴ **角柱・円柱の表面積と体積**

- **角柱・円柱の表面積＝側面積＋底面積×2**
- **角柱・円柱の体積＝底面積×高さ**

⑵ **角錐・円錐の表面積と体積**

- **角錐・円錐の表面積＝側面積＋底面積**
- **角錐・円錐の体積＝$\frac{1}{3}$×底面積×高さ**

重要！

円柱の体積
… $V=\pi r^2 h$

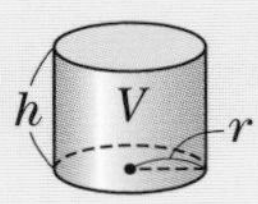

円錐の体積
… $V=\frac{1}{3}\pi r^2 h$

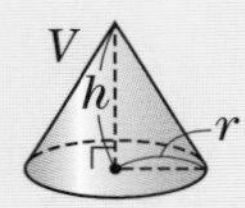

⑶ **球の表面積と体積**

半径をr，表面積をS，体積をVとすると，
球の表面積…$S=4\pi r^2$
球の体積……$V=\frac{4}{3}\pi r^3$

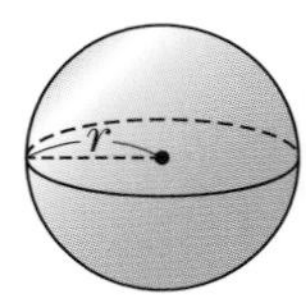

くわしく！

円柱の表面積

底面の半径をr，高さをh，表面積をSとすると，

$S=\underline{2\pi rh}+\underline{2\pi r^2}$
側面積　底面積×2

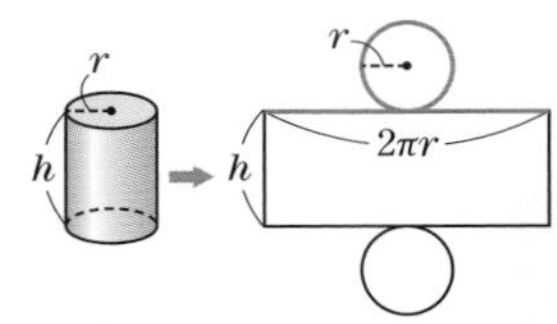

円錐の表面積

底面の半径をr，母線をℓ，表面積をSとすると，

$S=\underline{\pi r\ell}+\underline{\pi r^2}$
側面積　底面積

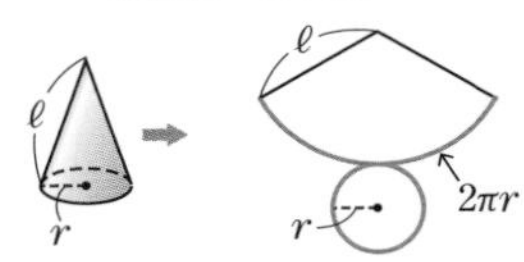

Q. 基礎力チェック問題

解答はページ下

右の図で，ℓ∥m である。

(1) ∠xの大きさを求めなさい。　[　　　]

(2) ∠yの大きさを求めなさい。　[　　　]

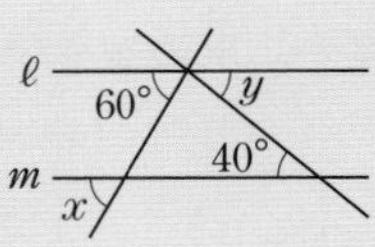

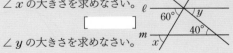

右の図で，点Oは円の中心である。

(3) ∠xの大きさを求めなさい。　[　　　]

(4) ∠yの大きさを求めなさい。　[　　　]

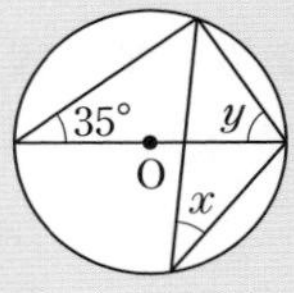

右の図の円錐について，答えなさい。

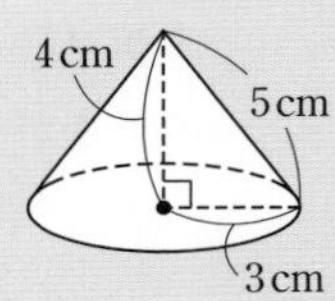

(5) 展開図で，側面のおうぎ形の中心角の大きさを求めなさい。　[　　　]

(6) 表面積を求めなさい。　[　　　]

(7) 体積を求めなさい。　[　　　]

次の問いに答えなさい。

(8) 半径2cmの球の表面積と体積を求めなさい。
表面積[　　　]，体積[　　　]

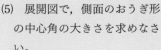

A. (1)60°　(2)40°　(3)35°　(4)55°　(5)216°　(6)24πcm²　(7)12πcm³　(8)表面積…16πcm²，体積…$\frac{32}{3}\pi$cm³

高校入試実戦力アップテスト

数学 4

図形の計量

1

図形の角

次の問いに答えなさい。 (8点×3)

よく出る! (1) 次の図で，$\angle x$ の大きさを求めなさい。

① $\ell \parallel m$ ［栃木県］

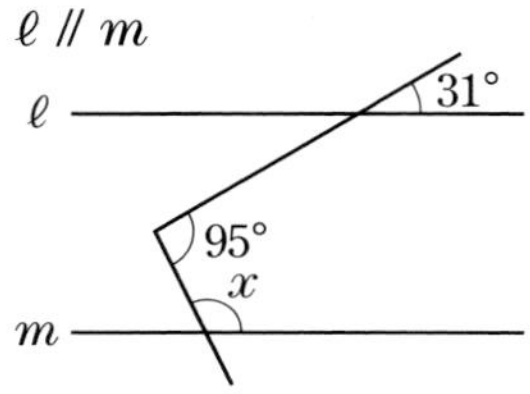

［　　　　］

② ［21 埼玉県］

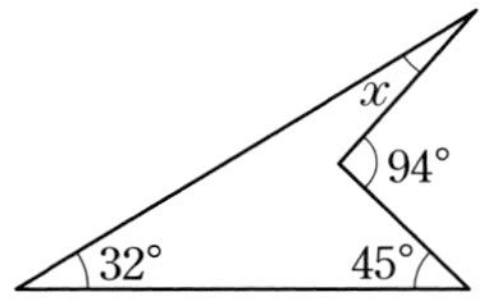

［　　　　］

(2) 右の図で，五角形 ABCDE は正五角形であり，点 F は対角線 BD と CE の交点である。x の値を求めなさい。 ［岐阜県］

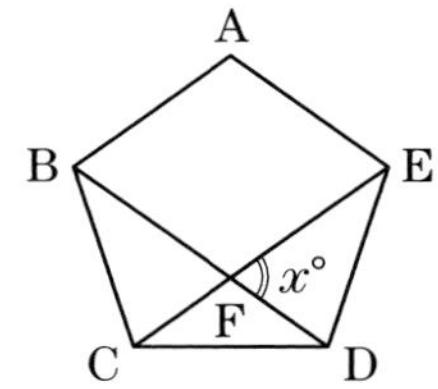

［　　　　］

2

円周角の定理

次の問いに答えなさい。 ((1)5点×2，(2)(3)8点×2)

よく出る! (1) 次の図で，$\angle x$ の大きさを求めなさい。

① ［兵庫県］

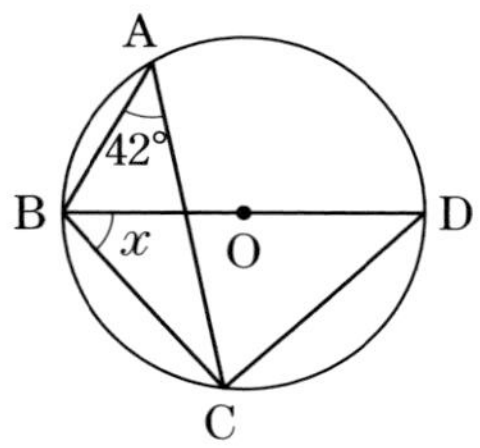

［　　　　］

② AD//BC ［神奈川県］

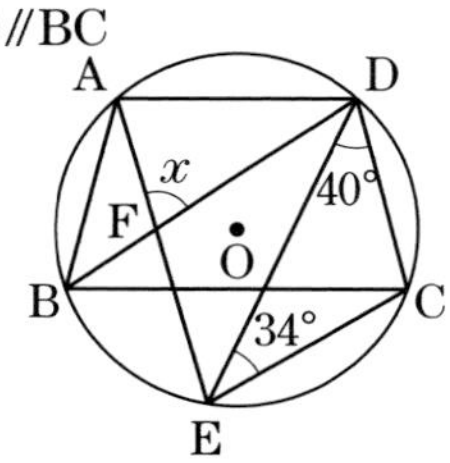

［　　　　］

(2) 図で，C，D は AB を直径とする半円 O の周上の点であり，E は直線 AC と BD との交点である。半円 O の半径が 5 cm，弧 CD の長さが 2π cm のとき，$\angle$CED の大きさは何度か，求めなさい。

［愛知県］

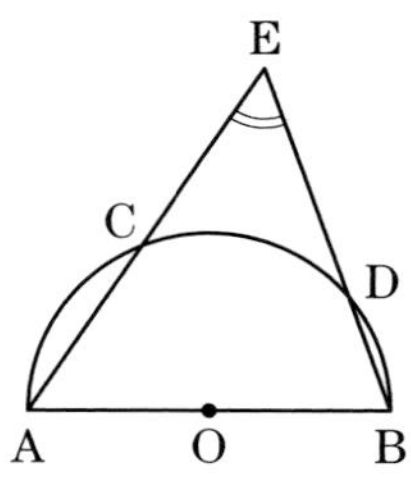

［　　　　］

(3) 右の図で，3 点 A，B，C は円 O の周上の点であり，半直線 PA，PB は接線である。このとき，$\angle$APB の大きさを求めなさい。

［岩手県］

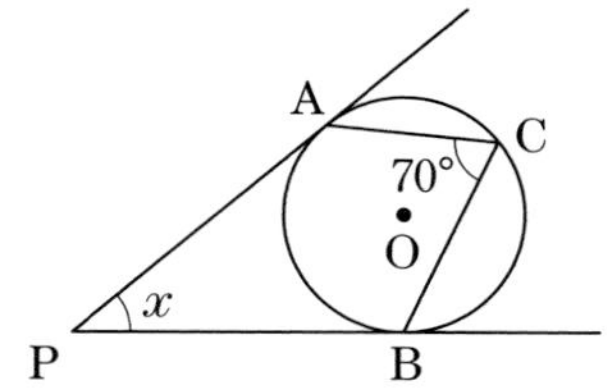

［　　　　］

時間：	30 分	配点：	100 点	目標：	80 点
解答：	別冊 p.10	得点：	点		

3

円周角の定理の逆

右の図の$\angle x$の大きさを求めなさい。 （10点）

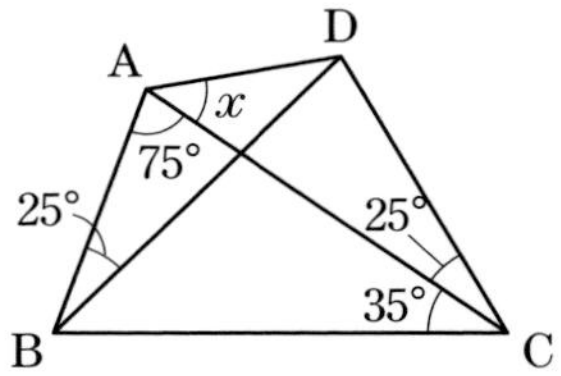

［　　　　］

4

立体の表面積と体積

次の問いに答えなさい。 （10点×4）

よく出る！
(1) 右の図のような，底面の半径が2 cm，母線の長さが8 cmの円錐の側面積を求めなさい。 ［福島県］

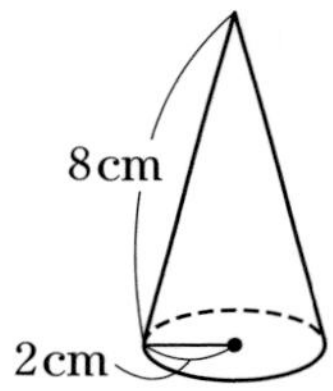

［　　　　］

(2) 右の図のように，底面の半径が2 cm，体積が24π cm^{3}の円柱がある。この円柱の高さを求めなさい。 ［北海道］

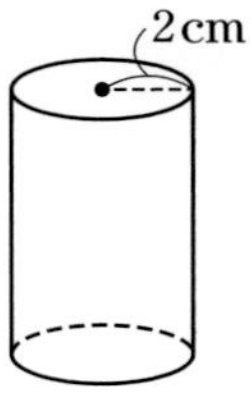

［　　　　］

(3) 展開図が右の図のようになる三角柱の体積を求めなさい。 ［東京工業大学附属科学技術高］

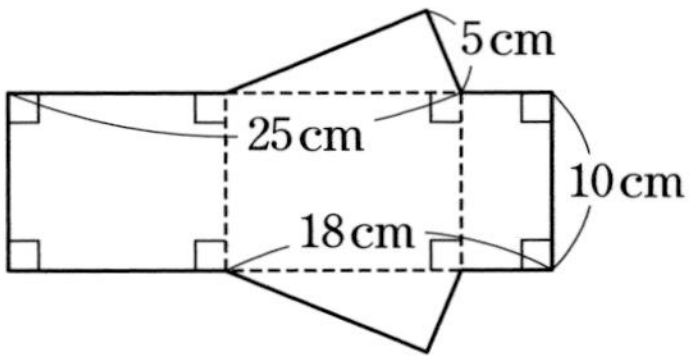

［　　　　］

ハイレベル
(4) 右の図において，影のついた部分の図形を，直線ℓを軸として1回転させてできる立体の体積を求めなさい。 ［立教新座高］

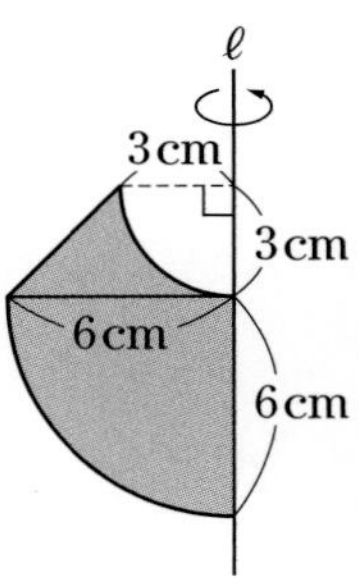

［　　　　］

数学

TEST

数学

5 図形と証明

必ず出る！ 要点整理

❶ 作図

(1) **線分 AB の垂直二等分線**

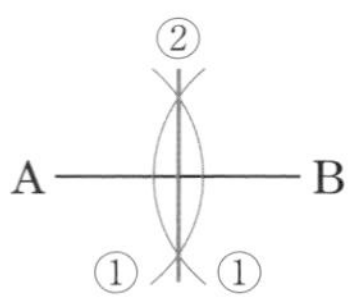

(2) **∠AOB の二等分線**

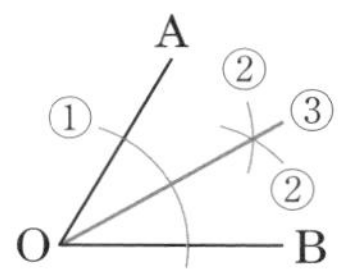

(3) **点 P を通る直線 ℓ の垂線**

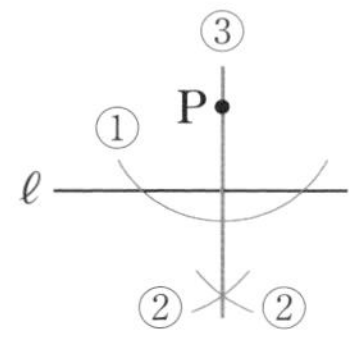

❷ 図形の移動

(1) **平行移動**

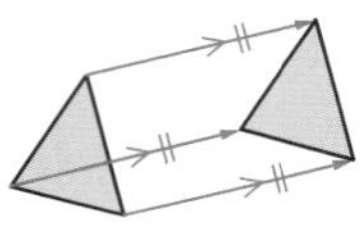

(2) **回転移動**

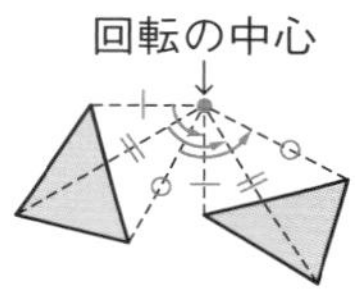

(3) **対称移動**

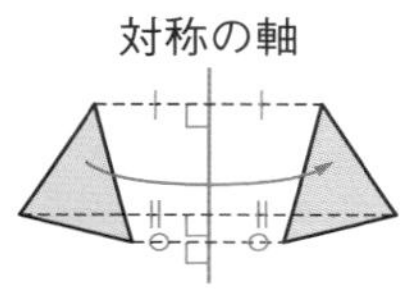

❸ 投影図

立体を正面から見た図を**立面図**，真上から見た図を**平面図**といい，立面図と平面図を組み合わせて表した図を**投影図**という。

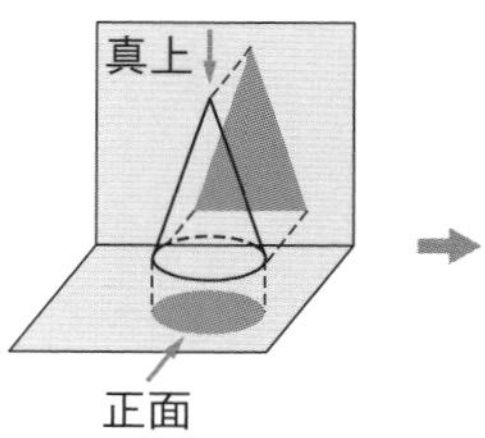

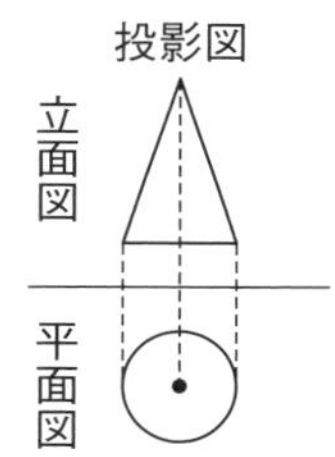

❹ 三角形

重要！

(1) **三角形の合同条件**

① **3 組の辺がそれぞれ等しい。**

AB=DE，BC=EF，CA=FD

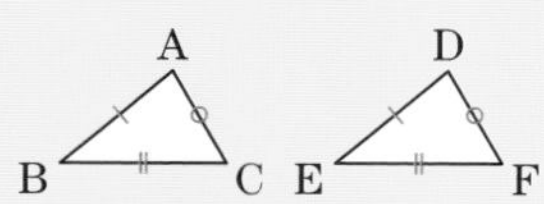

② **2 組の辺とその間の角がそれぞれ等しい。**

AB=DE，BC=EF，∠B=∠E

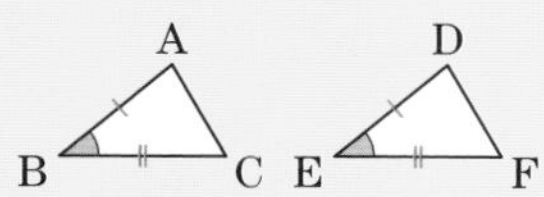

③ **1 組の辺とその両端の角がそれぞれ等しい。**

BC=EF，∠B=∠E，∠C=∠F

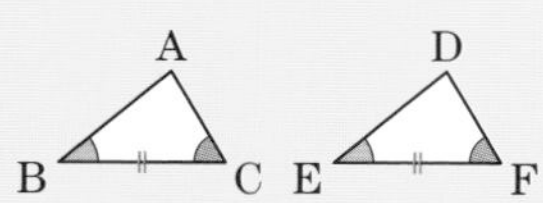

よく出る！

2 点から距離が等しい点

2 点 A，B からの距離が等しい点は，**線分 AB の垂直二等分線上にある。**

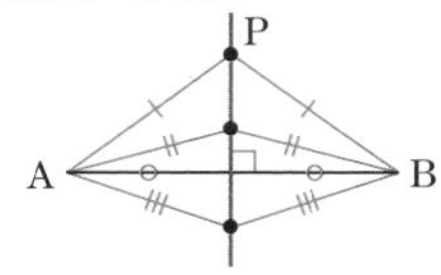

2 辺から距離が等しい点

角の 2 辺 OA，OB からの距離が等しい点は，**∠AOB の二等分線上にある。**

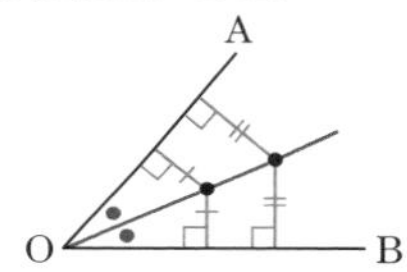

注意

まちがえやすい三角形の合同条件

- 「2 組の辺と 1 つの角」だけでは，合同とはいえない。**その間の角**という条件が必要である。

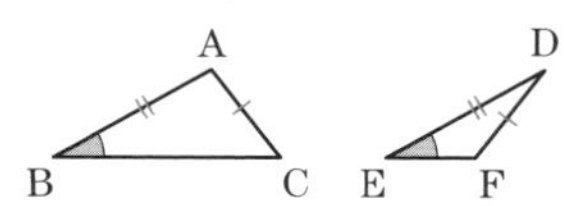

上の図で，AB=DE，AC=DF，∠B=∠E だが，△ABC と△DEF は合同ではない。

- 「1 組の辺と 2 つの角」だけでは，合同とはいえない。**その両端の角**という条件が必要である。

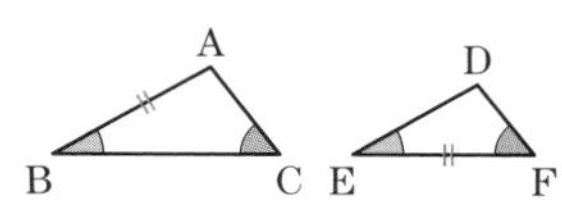

上の図で，AB=EF，∠B=∠E，∠C=∠F だが，△ABC と△DEF は合同ではない。

出題傾向

学習日　／

図形の証明問題では，記述問題が出題される。定義，定理，性質など根拠となることがらを明確に示して，論理的に記述すること。

重要！

(2)　**二等辺三角形**…２つの辺が等しい三角形（定義）

[二等辺三角形の性質]

①底角は等しい。

②頂角の二等分線は，底辺を垂直に２等分する。

(3)　**直角三角形の合同条件**

①斜辺と１つの鋭角がそれぞれ等しい。

∠C＝∠F＝90°, AB＝DE, ∠B＝∠E

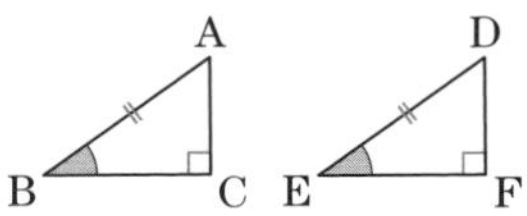

②斜辺と他の１辺がそれぞれ等しい。

∠C＝∠F＝90°, AB＝DE, AC＝DF

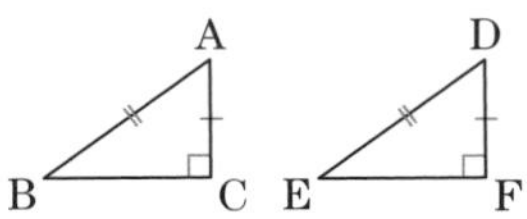

５ 平行四辺形

重要！

(1)　**平行四辺形**…２組の対辺がそれぞれ平行な四角形（定義）

[平行四辺形の性質]

①２組の対辺はそれぞれ等しい。

②２組の対角はそれぞれ等しい。

③対角線はそれぞれの中点で交わる。

(2)　**平行四辺形になるための条件**

平行四辺形の定義と性質①，②，③の他に「**１組の対辺が平行でその長さが等しい**」を加えた５つ。

よく出る！

二等辺三角形になるための条件

２つの角が等しい三角形は，**等しい２つの角を底角とする二等辺三角形である。**

参考

平行四辺形のとなり合う内角の和は180°

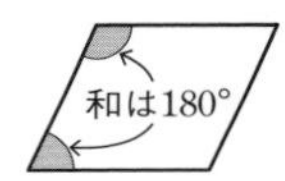

参考

特別な平行四辺形の対角線の性質

●長方形
…対角線の**長さが等しい。**

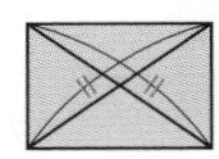

●ひし形
…対角線は**垂直に交わる。**

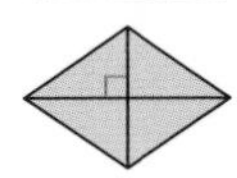

●正方形
…対角線の**長さが等しく，垂直に交わる。**

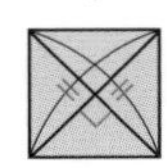

数学

Q. 基礎力チェック問題

解答はページ下

右の図で，AO＝DO，AB∥CD のとき，△ABO≡△DCO であることを証明しなさい。

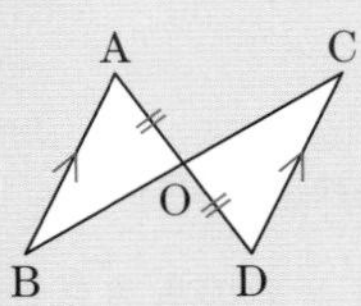

[証明]　△ABO と△DCO において，仮定から，AO＝[(1)　　　]　……①

対頂角は等しいから，∠AOB＝∠[(2)　　　]…②

AB∥CD で，錯角は等しいから，

∠OAB＝∠[(3)　　　]　……③

①，②，③より，[(4)　　　　　　　　]がそれぞれ等しいから，△ABO≡△DCO

次の問いに答えなさい。

(5)　右の図で，AB＝AC，AC＝DC である。∠x，∠y の大きさを求めなさい。　∠x＝[　　　]，∠y＝[　　　]

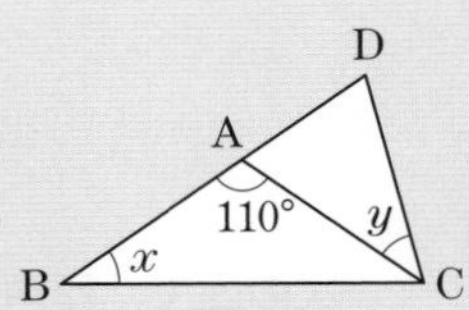

(6)　右の図で，四角形 ABCD は平行四辺形，AB＝AE である。∠x，∠y の大きさを求めなさい。　∠x＝[　　　]，∠y＝[　　　]

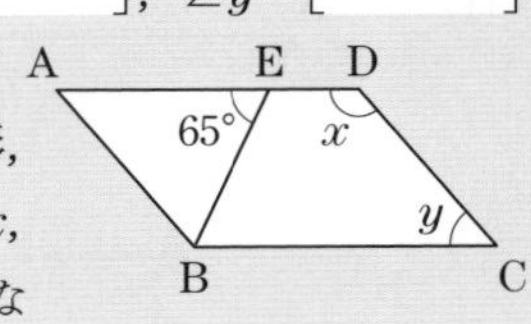

A　(1)DO　(2)DOC　(3)ODC　(4)１組の辺とその両端の角　(5)∠x＝35°，∠y＝40°　(6)∠x＝130°，∠y＝50°

高校入試実戦力アップテスト

数学 5

図形と証明

1 作図

次の作図をしなさい。ただし，定規とコンパスを使って作図し，作図に使った線は残しておくこと。 (10点×2)

(1) 右の図で，点 A を通り，直線 ℓ に接する円のうち，半径が最も短い円を，作図しなさい。 ［三重県］

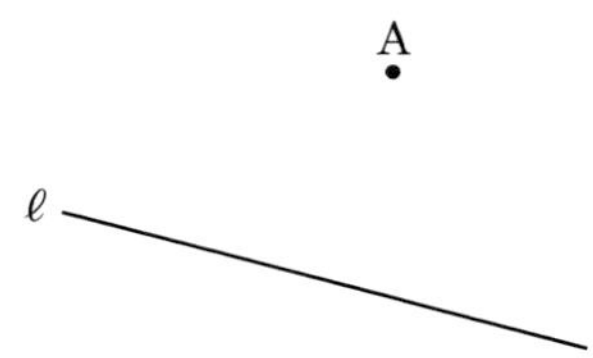

(2) よく出る! 右の図のように，△ABC がある。下の【条件】の①，②をともに満たす点 P を作図しなさい。

【条件】 ［山形県］

> ① 点 P は，直線 AC と直線 BC から等しい距離にある。
> ② 点 P は，△ABC の外部にあり，∠APB＝90° である。

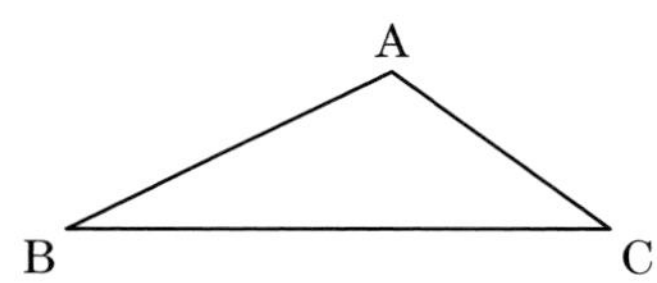

2 投影図

次の投影図で表される立体の見取図をかきなさい。 (5点×2)

(1)

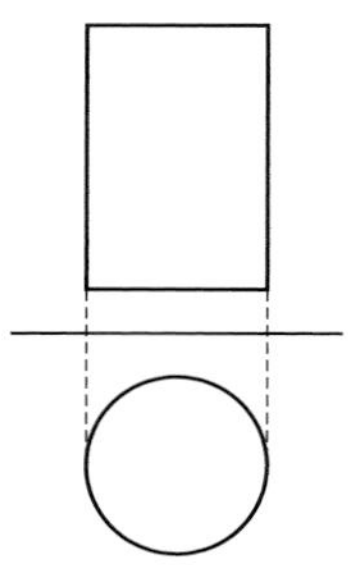

(2)

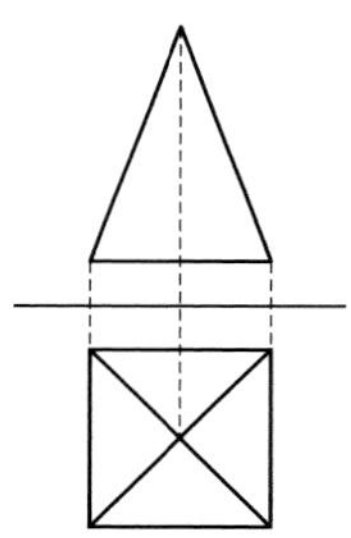

3 二等辺三角形と平行四辺形の性質

次の図で，四角形 ABCD は平行四辺形である。∠x の大きさを求めなさい。 (5点×2)

(1) ［佐賀県］

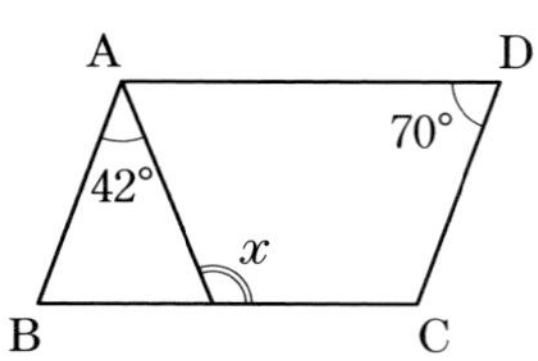

［　　　］

(2) CD＝CE ［和歌山県］

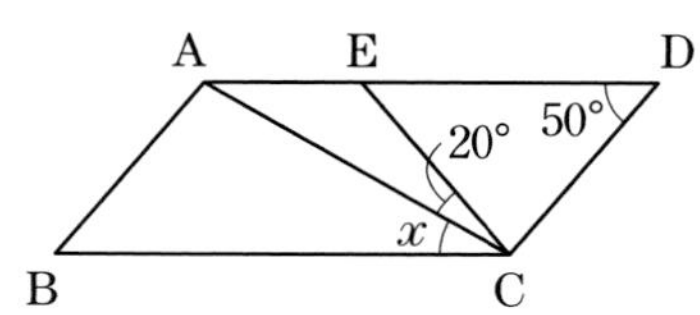

［　　　］

時間：30 分　配点：100 点　目標：80 点

解答：別冊 p.10　得点：　点

4

三角形の合同

よく出る！

右の図のように，AD // BC の台形 ABCD があり，対角線 AC，BD の交点を E とする。線分 BE 上に点 F を，BF＝DE となるようにとる。点 F を通り，対角線 AC に平行な直線と辺 AB，BC との交点をそれぞれ G，H とする。このとき，AD＝HB を証明しなさい。

［北海道・改］（20点）

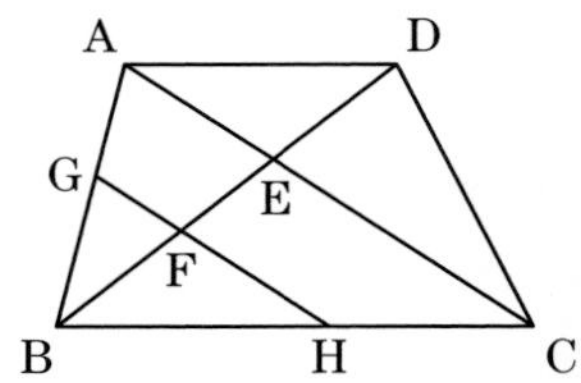

［証明］

5

直角三角形の合同

右の図のように，平行四辺形 ABCD の頂点 A，C から対角線 BD に垂線をひき，対角線との交点をそれぞれ E，F とする。このとき，△ABE≡△CDF であることを証明しなさい。

［20 埼玉県］

（20点）

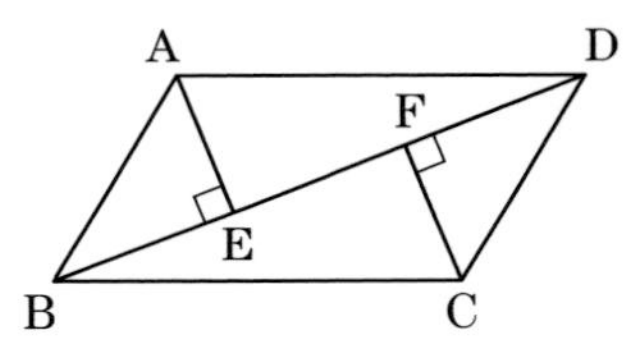

［証明］

6

平行四辺形になるための条件

右の図のように，平行四辺形 ABCD の対角線の交点を O とし，線分 OA，OC 上に，AE＝CF となる点 E，F をそれぞれとる。このとき，四角形 EBFD は平行四辺形であることを証明しなさい。

［19 埼玉県］（20点）

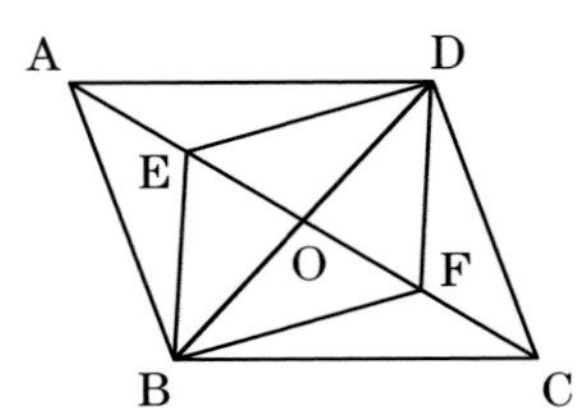

［証明］

数学

TEST

数学

6 相似な図形と三平方の定理

必ず出る！ 要点整理

❶ 相似な図形

重要！

三角形の相似条件

①3組の辺の比がすべて等しい。

$a:a'=b:b'=c:c'$

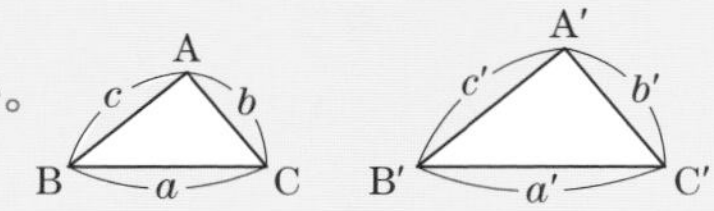

②2組の辺の比とその間の角がそれぞれ等しい。

$a:a'=c:c'$，$\angle B=\angle B'$

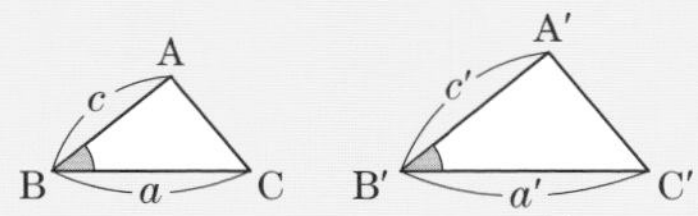

③2組の角がそれぞれ等しい。

$\angle B=\angle B'$，$\angle C=\angle C'$

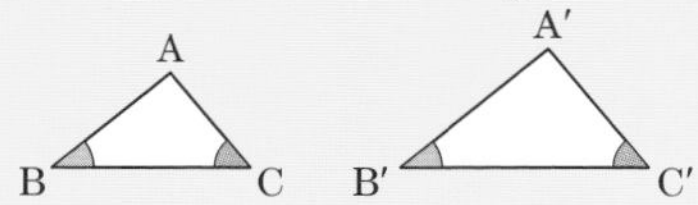

❷ 平行線と線分の比

(1) **平行線と線分の比の定理**

右の図で，3直線 ℓ，m，n が平行であるとき，**AB：BC＝A′B′：B′C′**

また，**AB：AC＝A′B′：A′C′**

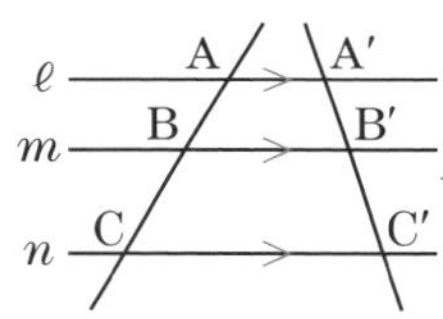

(2) **三角形と比の定理**

右の図で，DE // BC ならば，

①AD：AB＝AE：AC＝DE：BC
②AD：DB＝AE：EC

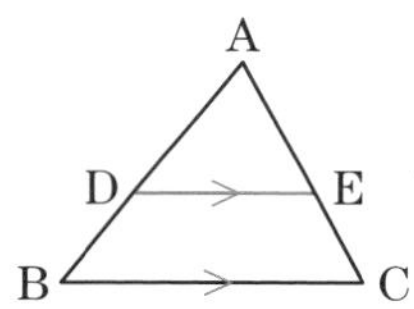

(3) **中点連結定理**

△ABC の2辺 AB，AC の中点をそれぞれ M，N とするとき，

MN // BC，MN＝$\frac{1}{2}$BC

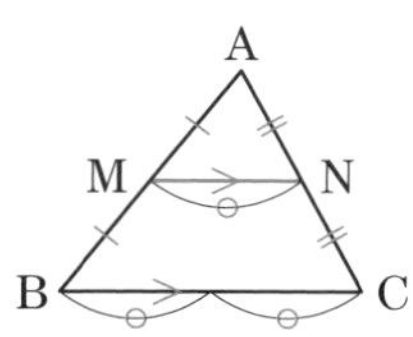

❸ 相似な図形の計量

(1) **相似な平面図形の周の長さの比・面積の比**

相似比が $m:n$ ならば，
- 周の長さの比は $m:n$
- 面積の比は $m^2:n^2$

(2) **相似な立体の表面積の比・体積の比**

相似比が $m:n$ ならば，
- 表面積の比は $m^2:n^2$
- 体積の比は $m^3:n^3$

よく出る！

相似な図形の性質

相似な図形では，
①対応する線分の長さの比はすべて等しい。
②対応する角の大きさはそれぞれ等しい。

くわしく！

下の図の場合でも，平行線と線分の比の定理は成り立つ。

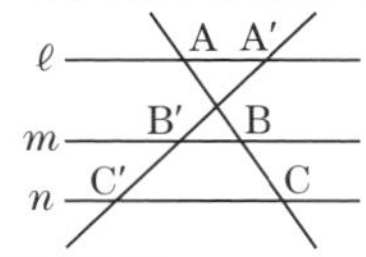

注意

三角形と比の定理の①と②を混同しないように

AD：DB＝AE：EC
＝~~DE：BC~~
としないように注意する。

参考

三角形の内角の二等分線と辺の比

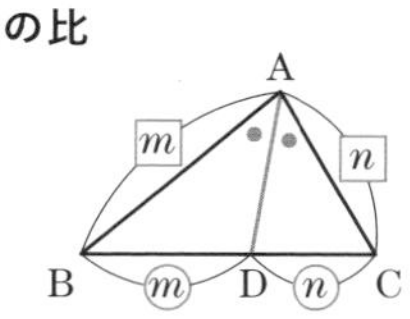

AB：AC＝BD：DC＝$m:n$

くわしく！

下の図の円錐 P と円錐 Q が相似であるとき，相似比は，
6：9＝2：3

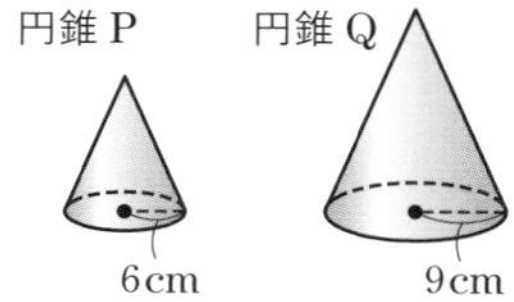

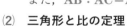

表面積の比…$2^2:3^2=4:9$
体積の比…$2^3:3^3=8:27$

学習日

出題傾向

三角形の相似や三平方の定理を利用して，平面図形や立体の線分の長さを求める問題や，面積や体積を求める問題が出題される。

❹ 三平方の定理

重要！

(1) **三平方の定理** ← ピタゴラスの定理ともいう。

直角三角形の直角をはさむ２辺の長さを a，b，斜辺の長さを c とすると，$a^2+b^2=c^2$

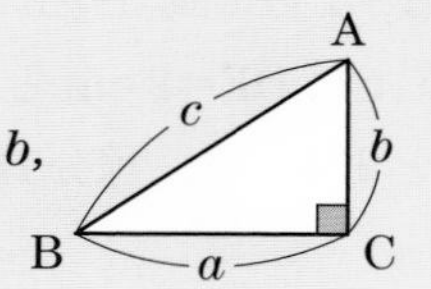

(2) **三平方の定理の逆**

３辺の長さが a，b，c の三角形で，$a^2+b^2=c^2$ が成り立てば，その三角形は，**長さ c の辺を斜辺とする直角三角形である。**

(3) **特別な直角三角形の３辺の比**

●鋭角が 30°，60° の直角三角形

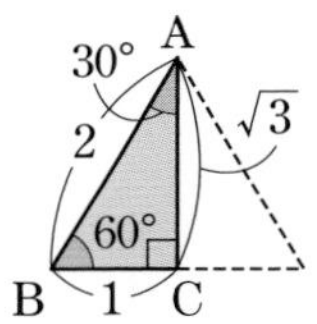

AB：BC：CA＝2：1：$\sqrt{3}$

●直角二等辺三角形

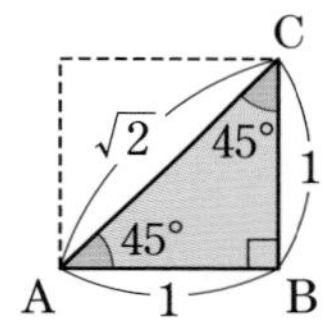

AB：BC：CA＝1：1：$\sqrt{2}$

(4) **直方体の対角線の長さ**

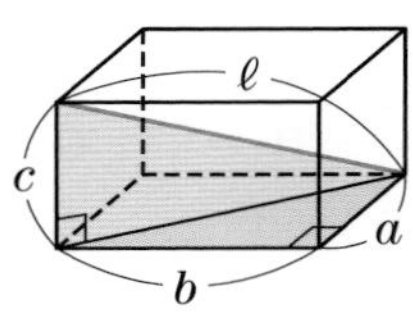

$\ell=\sqrt{a^2+b^2+c^2}$

(5) **円錐の高さ**

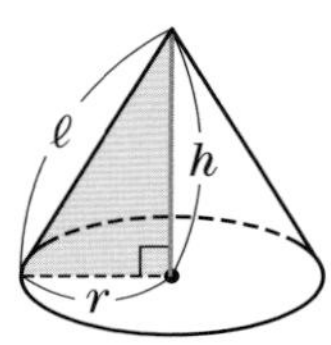

$h=\sqrt{\ell^2-r^2}$

よく出る!

平面図形への応用

●長方形の対角線の長さ

$\ell=\sqrt{a^2+b^2}$

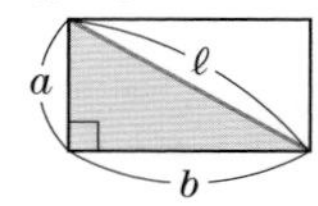

●座標平面上の２点間の距離

$AB=\sqrt{(x_2-x_1)^2+(y_2-y_1)^2}$

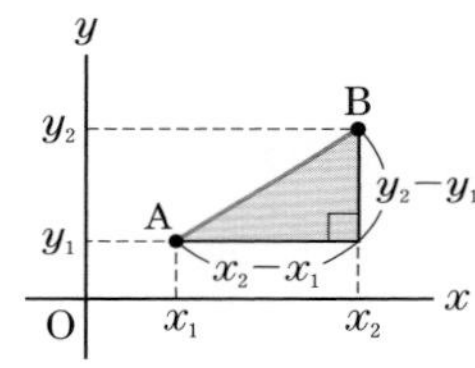

●円の弦の長さ

$AB=2\sqrt{r^2-d^2}$

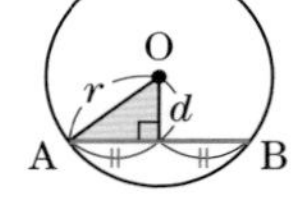

●円の接線の長さ

$PA=\sqrt{d^2-r^2}$

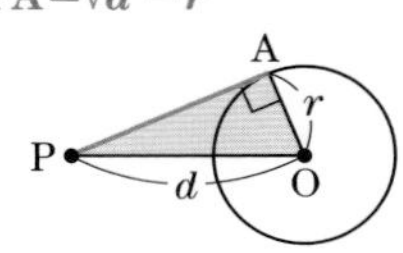

Q. 基礎力チェック問題

解答はページ下

右の図で，∠ABC＝∠ACD である。

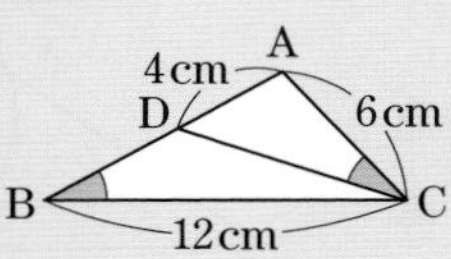

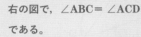

(1) △ABC と相似な三角形を答えなさい。
また，そのとき使った相似条件を答えなさい。

相似な三角形［　　　　］

相似条件［　　　　］

(2) 線分 DC の長さを求めなさい。［　　　　］

(3) 線分 DB の長さを求めなさい。［　　　　］

次の問いに答えなさい。

(4) 次の図で，x の値を求めなさい。

①

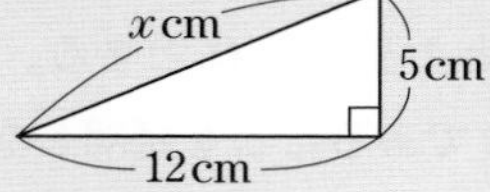

［　　　　］

②

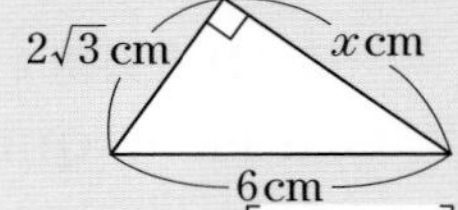

［　　　　］

(5) １辺が 5 cm の正方形の対角線の長さを求めなさい。［　　　　］

(6) １辺が 8 cm の正三角形の高さを求めなさい。［　　　　］

A。(1)相似な三角形…△ACD，相似条件…2組の角がそれぞれ等しい　(2)8 cm　(3)5 cm　(4)①$x=13$　②$x=2\sqrt{6}$　(5)$5\sqrt{2}$ cm　(6)$4\sqrt{3}$ cm

数学 6

相似な図形と三平方の定理

1

三角形と比・中点連結定理

次の問いに答えなさい。 （10点×3）

(1) 右の図の四角形 ABCD は，1 辺の長さが 6 cm のひし形である。辺 AB の中点を E とし，辺 AD 上に DF＝2 cm となるように点 F をとる。直線 CD，EF の交点を G とするとき，線分 DG の長さを求めなさい。

［岩手県］

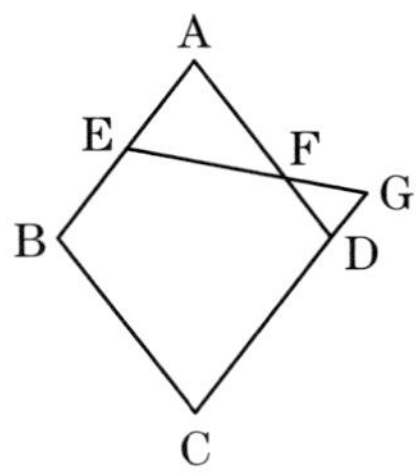

［　　　　］

(2) 右の図のように，AB＝6 cm，BC＝9 cm，CA＝8 cm の △ABC がある。∠A の二等分線が辺 BC と交わる点を D とするとき，線分 BD の長さは何 cm か。 ［長崎県］

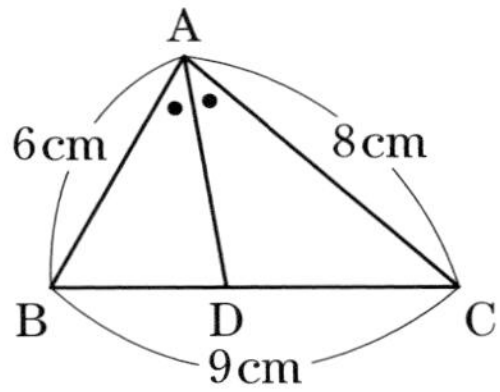

［　　　　］

(3) 右の図の四角形 ABCD において，E，F，G はそれぞれ AD，BD，BC の中点である。AB＝DC，∠ABD＝20°，∠BDC＝56° とするとき，∠FEG の大きさを求めなさい。 ［城北高］

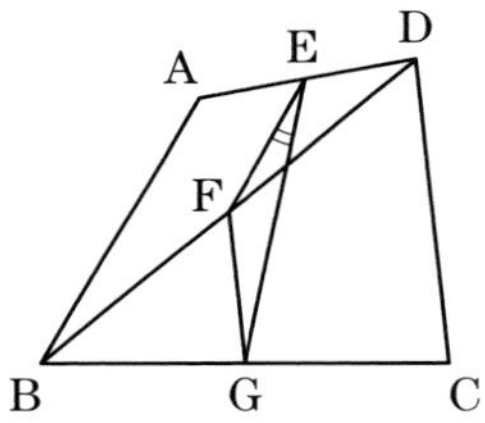

［　　　　］

2

三角形の相似

よく出る!

右の図のように，AB を直径とする円 O と，点 B で接する直線 ℓ がある。C は円周上の点であり，直線 CO と円周との交点のうち，点 C 以外の交点を D とする。直線 AC と直線 ℓ との交点を P，直線 AD と直線 ℓ との交点を Q とする。このとき，△CPE∽△QDE であることを証明しなさい。

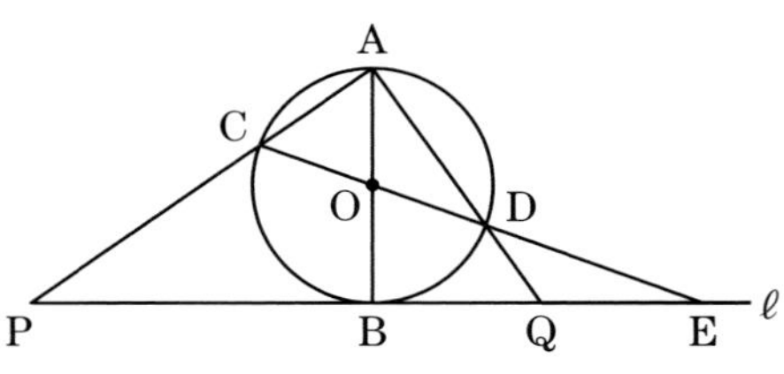

［石川県・改］（16点）

［証明］

時間：	30 分	配点：	100 点	目標：	80 点
解答：	別冊 p.11	得点：	点		

3

相似と三平方の定理

ハイレベル

右の図のように，AB＝1 cm，AD＝2 cm の長方形 ABCD と ∠CAE＝90° の直角三角形 CAE がある。線分 ED と AB，AC の交点をそれぞれ F，G とする。次の問いに答えなさい。

［青山学院高］（9点×3）

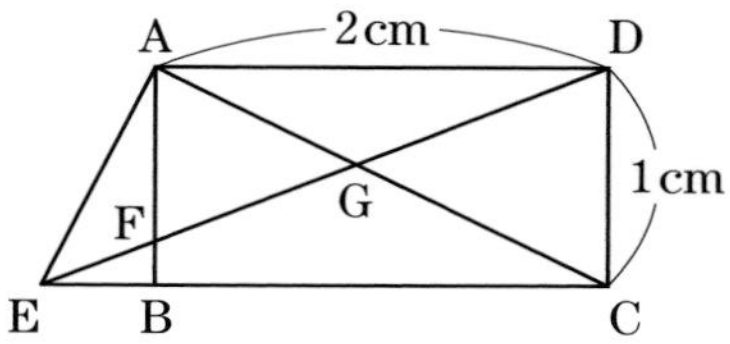

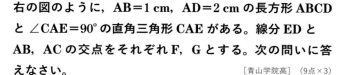

(1) AE の長さを求めなさい。

［　　　　］

(2) FG：GD を最も簡単な整数の比で表しなさい。

［　　　　］

(3) 四角形 FBCG の面積を求めなさい。

［　　　　］

4

空間図形と三平方の定理

右の図 1 のように，頂点が A，高さが 12 cm の円錐の形をした容器がある。この容器の中に半径 r cm の小さい球を入れると，容器の側面に接し，A から小さい球の最下部までの長さが 3 cm のところで止まった。次に，半径 $2r$ cm の大きい球を容器に入れると，小さい球と容器の側面に接して止まり，大きい球の最上部は底面の中心 B にも接した。また，図 2 は，図 1 を正面から見た図である。このとき，次の問いに答えなさい。ただし，円周率は π とし，容器の厚さは考えないものとする。

［富山県］（9点×3）

図 1

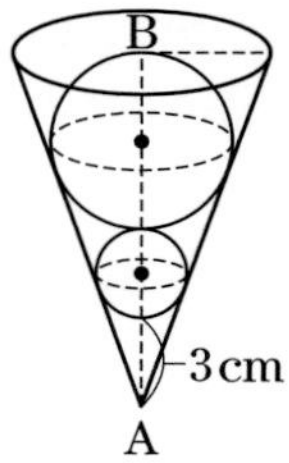

図 2

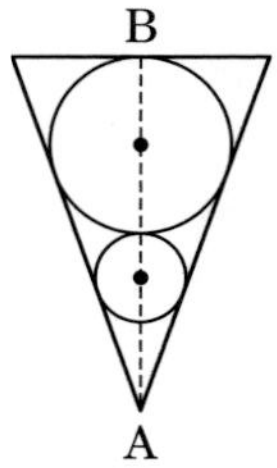

(1) r の値を求めなさい。

［　　　　］

(2) 容器の底面の半径を求めなさい。

［　　　　］

(3) 大きい球が容器の側面に接している部分の長さを求めなさい。

［　　　　］

数学

7 確率とデータの活用

必ず出る！ 要点整理

1 確率

重要！ (1) **A の起こる確率**… $p=\frac{a}{n}$ ← ことがら A の起こる場合の数 / ← 起こりうるすべての場合の数

(2) **起こらない確率**

A の起こる確率を p とすると，**A の起こらない確率＝$1-p$**

2 いろいろな場合の数の求め方

場合の数を求めるときは，**樹形図**((1), (2))**や表**((3), (4))**を利用**して，もれなく，重なりなく数え上げる。

(1) **並べ方の場合の数**

例 A，B，C の 3 人の並び方は 6 通り。

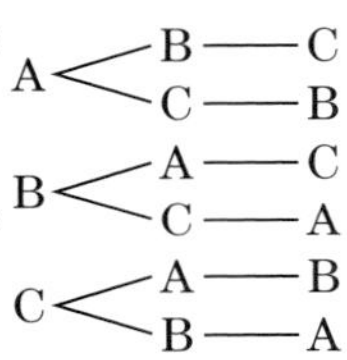

(2) **3 枚の硬貨の表と裏の出方**

例

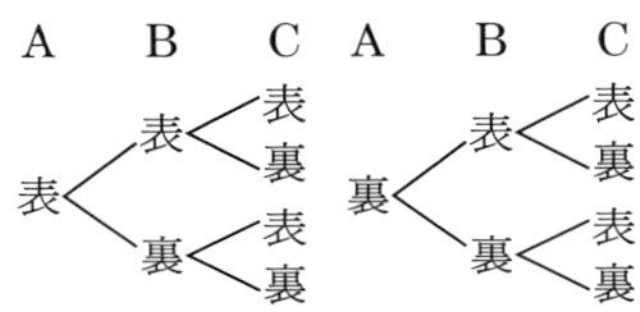

表と裏の出方は 8 通り。

(3) **2 つのさいころの目の出方**

例 目の和が 5 になるのは，右の表の○の数で 4 通り。

大＼小	1	2	3	4	5	6
1				○		
2			○			
3		○				
4	○					
5						
6						

(4) **組み合わせの場合の数**

例 A，B，C，D の 4 人から 2 人を選ぶ選び方は，右の表の○の数で 6 通り。

	A	B	C	D
A	＼	○	○	○
B		＼	○	○
C			＼	○
D				＼

3 データの整理と分析

(1) **累積度数**…最初の階級からその階級までの度数の合計。

重要！ (2) **相対度数＝$\frac{\text{その階級の度数}}{\text{度数の合計}}$**

例 15 m 以上 20 m 未満の階級の相対度数は，$\frac{6}{25}=0.24$

(3) **累積相対度数**…最初の階級からその階級までの相対度数の合計。

ハンドボール投げの記録

階級(m)	度数(人)	累積度数(人)
以上 未満		
10 ～ 15	3	3
15 ～ 20	6	9
20 ～ 25	9	18
25 ～ 30	5	23
30 ～ 35	2	25
計	25	

(4) 度数分布表から平均値を求める…**平均値＝$\frac{(\text{階級値}\times\text{度数})\text{の合計}}{\text{度数の合計}}$**

用語

起こる場合の 1 つ 1 つについて，**そのどれが起こることも同じ程度に期待できる**とき，どの結果が起こることも**同様に確からしい**という。

くわしく！

確率の範囲

ことがら A が必ず起こる
…A の起こる確率は 1
ことがら A が決して起こらない…A の起こる確率は 0
確率 p の範囲…$0 \leqq p \leqq 1$

注意

・A と A のような同じ人どうしの組み合わせはないので，斜線で消す。

	A	B	C	D
A	＼	○	○	○
B		＼	○	○
C			＼	○
D				＼

B と A の組み合わせは，A と B の組み合わせと同じなので○は書かない。

よく出る！

ヒストグラム（柱状グラフ）
…階級の幅を横，度数を縦とする長方形を順にかいて，度数の分布のようすを表したグラフ。
度数折れ線（度数分布多角形）
…ヒストグラムの各長方形の上の辺の中点を順に線分で結んでできた折れ線。

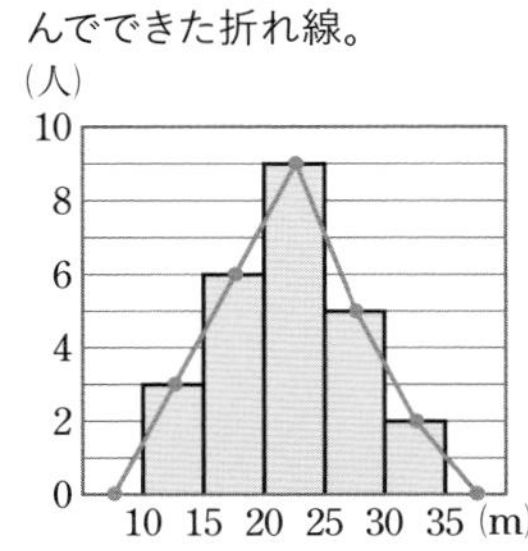

出題傾向

データの活用では，いくつかの度数分布表やヒストグラムを見て，どのようなことがよみ取れるかを記述させる問題の出題が増えている。

学習日 ／

❹ 四分位数と箱ひげ図

重要！

(1) 四分位数…データを小さい順に並べて4等分したときの3つの区切りの値。

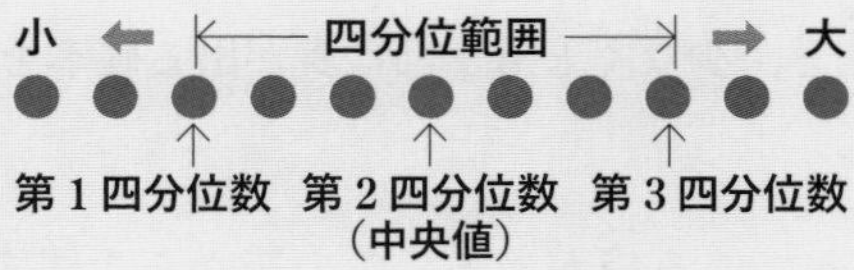

(2) 箱ひげ図…データの最小値，第1四分位数，第2四分位数，第3四分位数，最大値を，箱と線分（ひげ）を用いて表した図。

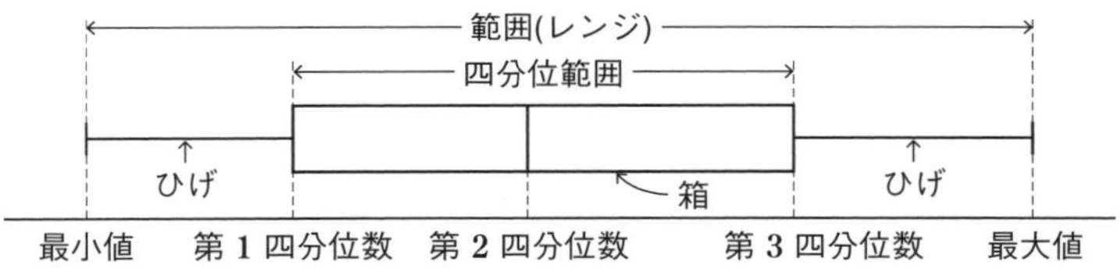

❺ 標本調査

ある集団が**標本の中にしめる数の割合は，母集団の中にしめる数の割合とほぼ等しい**と考えられる。

標本調査を使った推定の手順

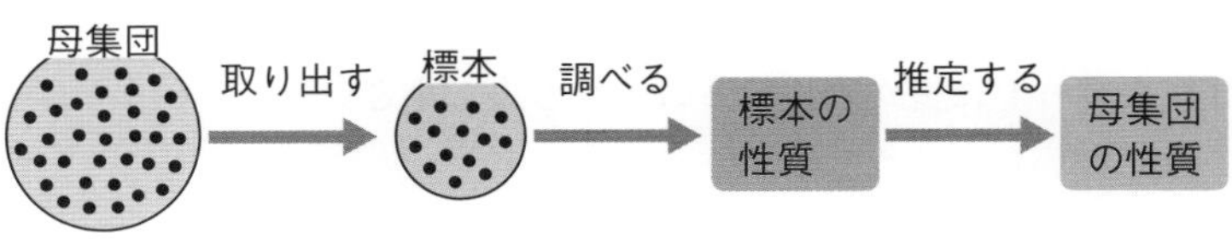

用語

範囲（レンジ）と四分位範囲

●範囲＝最大値－最小値
●四分位範囲
＝第3四分位数－第1四分位数

参考

箱ひげ図のデータの割合

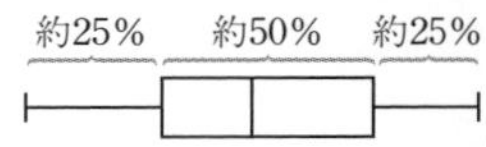

用語

全数調査…調べる対象となる集団全部について調べること。
例 国勢調査，学校での身体測定
標本調査…集団の一部を調べて，集団全体の傾向を推定する方法。
例 世論調査，電球の耐久時間の検査
母集団…標本調査で，調査の対象となる集団全体。
標本…母集団から取り出した一部分。

数学

Q. 基礎力チェック問題

解答はページ下

大小2つのさいころを同時に投げるとき，次の確率を求めなさい。

(1) 目の数の和が5になる確率 [　　　]

(2) 目の数が異なる数になる確率 [　　　]

右の表は，生徒40人の通学時間を調べ，度数分布表に整理したものである。次の問いに答えなさい。

通学時間

階級(分)	度数(人)	累積度数(人)
以上　未満		
5～10	3	3
10～15	7	10
15～20	**ア**	**イ**
20～25	11	**ウ**
25～30	5	40
計	40	

(3) **ア～ウ**にあてはまる数を求めなさい。

ア[　　　]，**イ**[　　　]，**ウ**[　　　]

(4) 15分以上20分未満の階級の相対度数を求めなさい。 [　　　]

次の問いに答えなさい。

(5) 下のデータは，13人の単語テスト（10点満点）の得点である。四分位数を求めなさい。

2　3　3　5　5　6　7　7　7　8　9　9　10

第1四分位数[　　　]，第2四分位数[　　　]，
第3四分位数[　　　]

A。(1) $\frac{1}{9}$ (2) $\frac{5}{6}$ (3)ア14，イ24，ウ35 (4)0.35 (5)第1四分位数…4点，第2四分位数…7点，第3四分位数…8.5点

高校入試実戦力アップテスト

数学 7

確率とデータの活用

硬貨の表裏の出方，さいころの目の出方，カードや玉の取り出し方など，それぞれどの場合が起こることも同様に確からしいものとする。

1

確　率

次の問いに答えなさい。　((1)(2)8点×2，(3)(4)8点×4)

(1) 1枚の硬貨を3回投げたとき，少なくとも1回は表が出る確率を求めなさい。　［群馬県］

［　　　］

ミス注意 (2) 白玉3個，赤玉2個が入っている袋がある。この袋から1個ずつ2回，玉を取り出すとき，1回目と2回目に取り出した玉の色が同じである確率を求めなさい。ただし，取り出した玉はもとにもどさないものとする。　［新潟県］

［　　　］

よく出る! (3) 1から6までの目が出る大小2つのさいころを1回投げ，大きいさいころの出た目の数を a，小さいさいころの出た目の数を b とする。

① $a+b$ の値が3の倍数になる確率を求めなさい。　［青雲高］

［　　　］

② $\dfrac{b}{a}$ の値が整数となる確率を求めなさい。　［桐朋高］

［　　　］

(4) 右の図のように，1，2，3，4，5の数が書かれたカードが1枚ずつ入っている袋がある。この袋からカードを1枚取り出し，それを袋にもどさずに，カードをもう1枚取り出す。最初に取り出したカードに書かれている数を a とし，袋の中に残った3枚のカードに書かれている数のうち最も小さい数を b とする。このとき，次の問いに答えなさい。　［京都府］

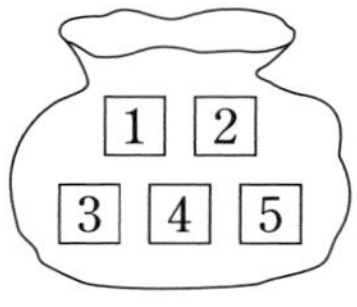

① $b=3$ となる確率を求めなさい。

［　　　］

② $10a+b$ の値が素数となる確率を求めなさい。

［　　　］

2

度数分布表

あるクラスの生徒40人のうち，欠席者5人を除く35人の通学時間について調査し，右の度数分布表を作った。次の問いに答えなさい。　［明治学院高］（8点×3）

階級(分)	度数(人)	階級値×度数
以上　未満 0 ～ 10	9	45
10 ～ 20	a	135
20 ～ 30		
30 ～ 40	5	175
40 ～ 50	4	180
計	35	

(1) a の値を求めなさい。

［　　　］

(2) 35人の通学時間の平均値を求めなさい。

［　　　］

時間：30分 | 配点：100点 | 目標：80点

解答：別冊 p.12 | 得点：　点

ハイレベル (3) 後日，欠席者5人の通学時間を調べたところ，5人とも30分以上50分未満であった。この5人をふくめた40人の通学時間を度数分布表にまとめ直したところ，平均値がちょうど23分になった。この5人のうち，通学時間が40分以上50分未満の生徒の人数を求めなさい。

[　　　]

3

ヒストグラム

下の図は，2年1組40人の通学時間を調べて，学級委員のAさんとBさんが，それぞれ作ったヒストグラムである。例えば，Aさんが作ったヒストグラムでは，通学時間が4分以上8分未満の生徒が5人いることを示している。

［富山県］（16点）

Aさんが作ったヒストグラム

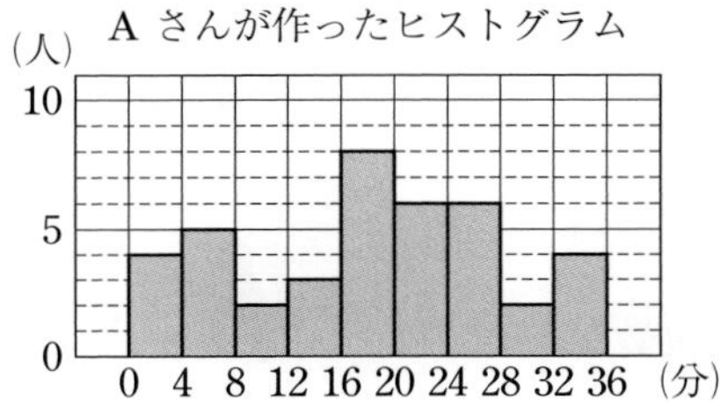

Bさんが作ったヒストグラム

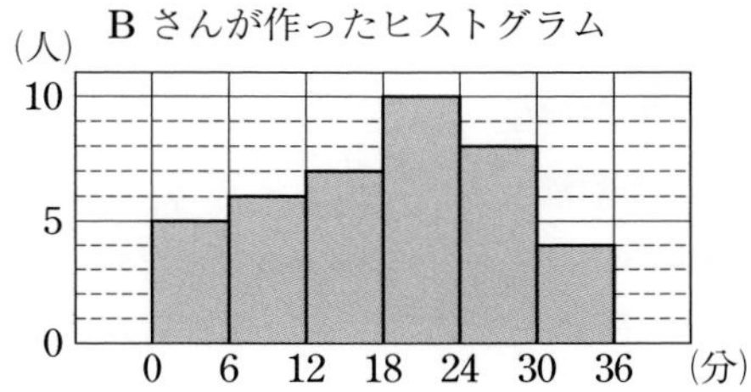

上の2つのヒストグラムを見てわかることについて，正しく述べたものを次のア〜エからすべて選び，記号で答えなさい。

ア　Aさんが作ったヒストグラムの最頻値は，Bさんが作ったヒストグラムの最頻値より大きい。

イ　通学時間が4分以上6分未満の生徒は1人である。

ウ　階級の幅を9分にして，新たにヒストグラムを作ると，通学時間が9分以上18分未満の生徒は最大9人である。

エ　通学時間が12分以上24分未満の階級の相対度数の合計は，Aさんが作ったヒストグラムとBさんが作ったヒストグラムでは異なる。

[　　　]

4

標本調査

箱の中に赤玉だけがたくさん入っている。その箱の中に，赤玉と同じ大きさの白玉を100個入れ，よくかき混ぜた後，その中から20個の玉を無作為に抽出すると，白玉がちょうど4個ふくまれていた。はじめに箱の中に入っていた赤玉の個数はおよそ何個と考えられるか。

［長崎県］（12点）

[　　　]

理科

1 身のまわりの現象と物質

必ず出る！ 要点整理

❶ 光と音

(1) **反射の法則**…入射角＝反射角

(2) **光の屈折**…光が異なる物質の境界面で折れ曲がる現象。

(3) **全反射**…光が物質の境界面ですべて反射する現象。
▶光が水（ガラス）→空気と進むとき，入射角がある角度以上で起こる。

重要！

(4) **実像**…物体が**焦点の外側**にあるときにできる。**上下左右が逆向き**の像。
虚像…物体が**焦点の内側**にあるときに見える。物体と**同じ向き**の像。

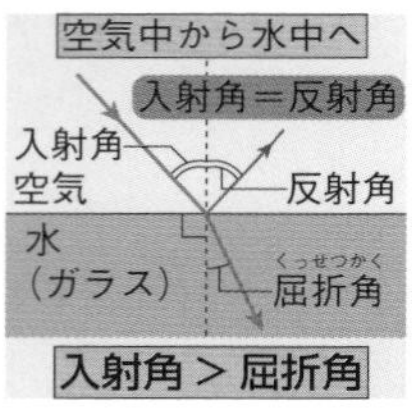

▲ 光の反射と屈折

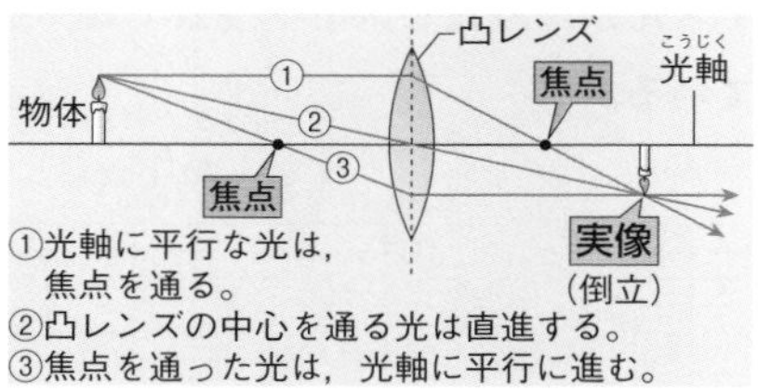

▲ 凸レンズを通る光と実像

(5) **音の大小・高低**…**振幅が大きい**ほど音が**大きく**，**振動数が多い**ほど音が**高い**。

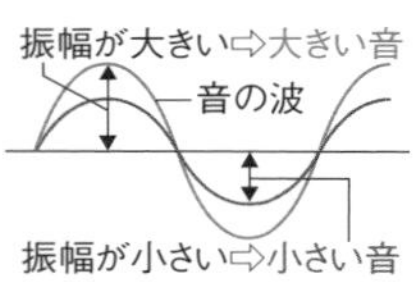

▲ 音の大小

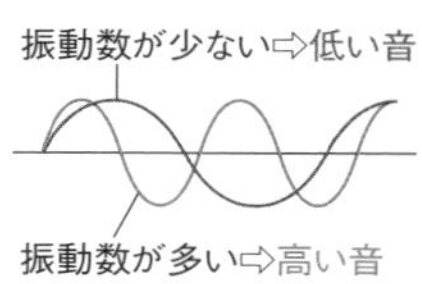

▲ 音の高低

❷ 力

(1) **重さ**…物体にはたらく**重力**の大きさ。単位はN。

(2) **質量**…物体そのものの量。単位はg，kg。

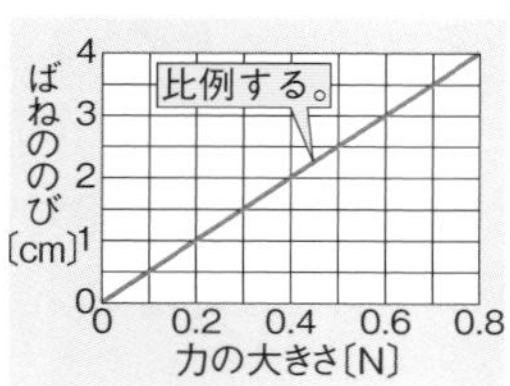

▲ ばねののびと力の関係

(3) **フックの法則**…ばねののびは加えた力の大きさに**比例**する。

(4) **2力のつり合いの条件**…大きさが**等しい**，向きが**反対**，**一直線上**にはたらく。
▶1つの物体にはたらく2力の関係である。

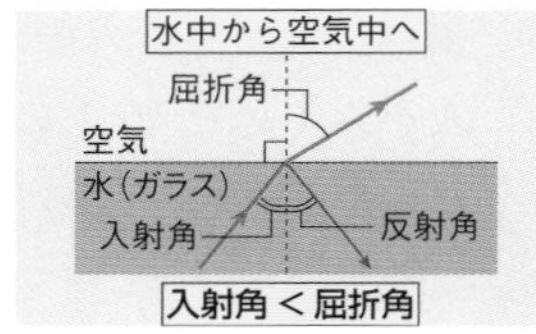

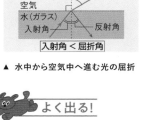

▲ 水中から空気中へ進む光の屈折

よく出る！

鏡でできる像

鏡の面に対して物体と対称な位置にできる。

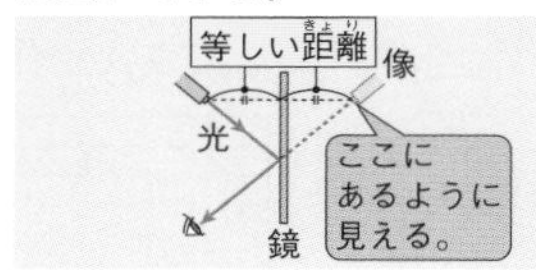

くわしく！

音の速さを求める式

$$音の速さ〔m/s〕=\frac{音源からの距離〔m〕}{かかった時間〔s〕}$$

力の表し方

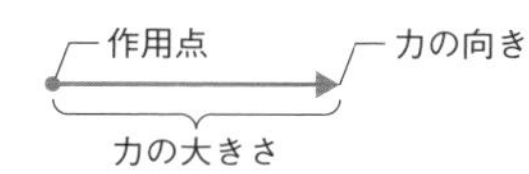

2力のつり合いの例

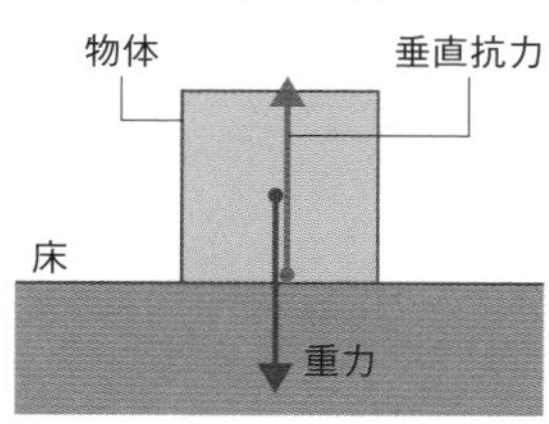

▲ 重力と垂直抗力

Q. 基礎力チェック問題

(1) 光が空気中から水中に進むとき，入射角と屈折角のどちらが大きいか。 [　　　　]

(2) 物体が凸レンズの焦点の外側にあるとき，できる像は［実像　虚像］である。 [　　　　]

(3) 振幅が大きいほど，音は［高い　大きい］。 [　　　　]

(4) 一直線上の2力がつり合うとき，2力の大きさは(　　)，向きは(　　)である。 [　　，　　]

出題傾向

学習日 ／

光の反射や屈折，凸レンズによる像に関する出題が多い。 二酸化炭素や酸素の性質，蒸留・溶解度・再結晶などの用語もよく出る。

❸ 物質の性質と状態変化

(1) 密度…物質 1 cm^3 あたりの質量。各物質に固有の値である。

重要！

$$物質の密度〔g/cm^3〕=\frac{物質の質量〔g〕}{物質の体積〔cm^3〕}$$

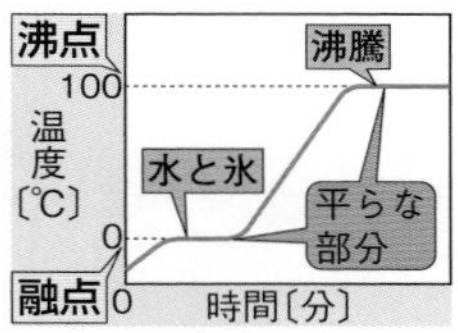

▲ 純粋な物質(水)の温度変化

(2) **状態変化**…**体積は変化する**が，質量は変化しない。
▶ 物質の状態が，固体⇄液体⇄気体と変化すること

(3) 融点…固体がとけて液体になる温度。

(4) 沸点…液体が沸騰して気体になる温度。

(5) 蒸留…液体を加熱して沸騰させ，出てくる気体を冷やして再び液体としてとり出す操作。
▶ 沸点のちがいを利用して液体の混合物を分ける。

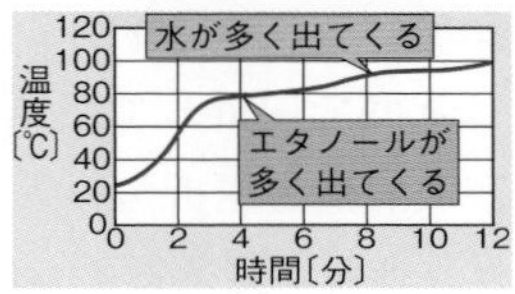

▲ 水とエタノールの混合物の温度変化

❹ 気体の性質

気体	におい	空気と比べた重さ	水へのとけ方	そのほかの性質
水素	なし	非常に軽い	とけにくい	燃えて水ができる。
酸素	なし	少し重い	とけにくい	ほかのものを燃やす。
二酸化炭素	なし	重い	少しとける	石灰水を白くにごらせる。
アンモニア	刺激臭	軽い	よくとける	水溶液はアルカリ性。

❺ 水溶液

(1) **溶質・溶媒**…液体にとけている物質を溶質，溶質をとかす液体を溶媒という。

(2) $$質量パーセント濃度〔\%〕=\frac{溶質の質量〔g〕}{溶液の質量〔g〕}\times 100$$
▶ 溶液=溶質+溶媒

(3) 溶解度…水 100 g にとける物質の限度量。

(4) **飽和水溶液**…溶質が溶解度までとけている水溶液。

(5) 再結晶…固体を水にとかして，再び結晶としてとり出す操作。**水溶液を冷やす**か，**水を蒸発**させる。
▶ いくつかの平面で囲まれた規則正しい形の固体
▶ 温度によって溶解度が大きく変化する物質（硝酸カリウム，ミョウバンなど）
▶ 温度を変えても溶解度がほとんど変化しない物質（塩化ナトリウム）

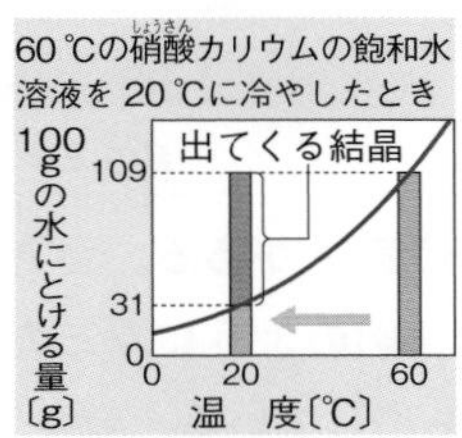

▲ 再結晶の量

くわしく！

有機物と無機物

有機物…炭素をふくむ物質。燃えると二酸化炭素が発生。砂糖，デンプンなど。

無機物…有機物以外の物質。食塩，金属，水など。

よく出る！

気体の集め方

水上置換法
→水にとけにくい気体

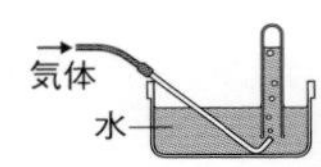

下方置換法
→水にとけやすく，空気より重い気体

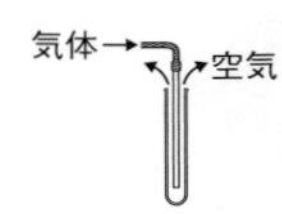

上方置換法
→水にとけやすく，空気より軽い気体

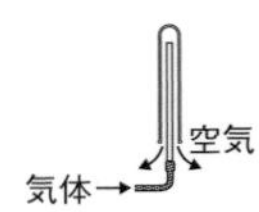

よく出る！

ろ過のしかた

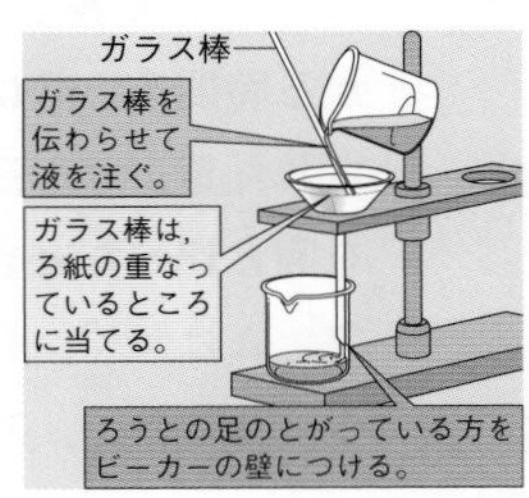

理科

解答はページ下

(5) 質量 39 g，体積 5 cm^3 の物質の密度は何 g/cm^3 か。 [　　　　]

(6) 蒸留では何のちがいを利用して液体の混合物を分けるか。 [　　　　]

(7) アンモニアは，[水上置換法　下方置換法　上方置換法] で集める。 [　　　　]

(8) 固体を水にとかして，再び結晶としてとり出す操作を何というか。 [　　　　]

A。(1)入射角 (2)実像 (3)大きい (4)等しく，反対 (5)7.8 g/cm^3 (6)沸点 (7)上方置換法 (8)再結晶

高校入試実戦力アップテスト

理科 1

身のまわりの現象と物質(ぶっしつ)

1

光の進み方

次の実験について，あとの問いに答えなさい。 [山形県・改](7点×4)

【実験】 ① 図1のように，目の位置の点**O**から，容器のふちの点**P**と容器の内側の点**Q**が重なるように，点**Q**を見た。

② 次に，容器に水を少しずつ入れていき，見え方の変化を観察した。

図1

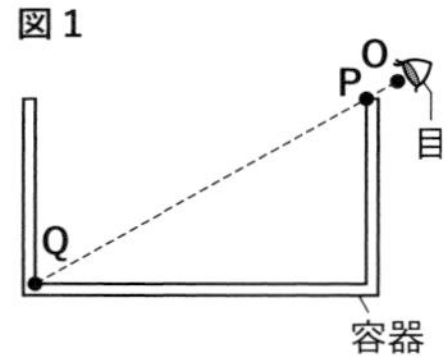

図2

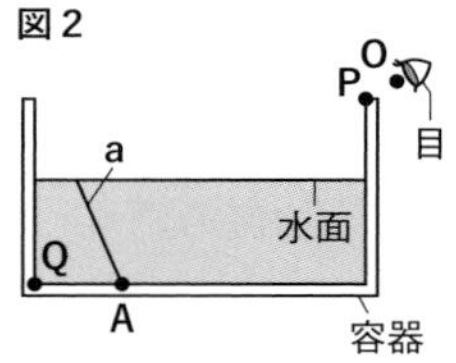

(1) 下線部について，図2で表した水面の高さまで水を入れると，容器の底の点**A**がはじめて見えた。次の文は，このことをまとめたものである。

点**A**から出た光**a**は水面で屈折(くっせつ)して空気中を進むが，光**a**の一部は水面で［ **X** ］して空気中には出ない。また，入射角(にゅうしゃかく)と屈折角(くっせつかく)の大小関係は［ **Y** ］となるため，点**A**から出た光**b**が屈折した光が目に届き，点**A**が見えるようになった。

① ［ **X** ］にあてはまる語を書け。 [　　　　]

ミス注意

② ［ **Y** ］にあてはまるものとして適切なものを，次の**ア**～**ウ**から1つ選べ。

ア 入射角＞屈折角 **イ** 入射角＝屈折角 **ウ** 入射角＜屈折角 [　　]

③ 点**A**から出た光**b**が目に届くまでに進む道すじを，図2にかけ。

(2) 光の屈折を利用したものに虫めがねがある。虫めがねの凸(とつ)レンズを通して物体を見ると，実物よりも大きな像が見える。このとき，物体と凸レンズの位置関係はどのようになっているか，「焦点(しょうてん)」という語を用いて書け。 [　　　　]

2

音の波形と高さ・大きさ

よく出る!

音さXと音さYの2つの音さがある。音さXをたたいて出た音をオシロスコープで表した波形は図のようになった。図中のAは1回の振動(しんどう)にかかる時間を，Bは振幅(しんぷく)を表している。音さYをたたいて出た音は，図で表された音よりも高くて大きかった。この音をオシロスコープで表した波形を図と比べたとき，波形のちがいとして適切なのは次のうちではどれか。

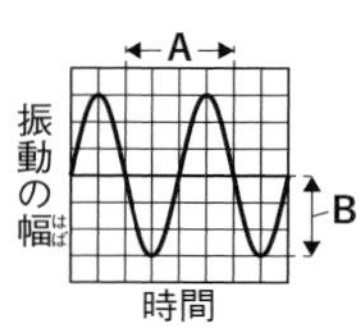

[21 東京都](8点)

ア **A**は短く，**B**は大きい。 **イ** **A**は短く，**B**は小さい。

ウ **A**は長く，**B**は大きい。 **エ** **A**は長く，**B**は小さい。 [　　]

3

状態変化

物質の状態変化(じょうたいへんか)について，次の問いに答えなさい。 [群馬県・改](8点×3)

(1) 液体のろうをビーカーの中に入れ，常温でゆっくり冷やしていくと固体になった。このとき，ろうの体積と質量(しつりょう)はどのように変化したか。適切なものを次の**ア**～**ウ**からそれぞれ選べ。

ア 増加した。 **イ** 減少した。 **ウ** 変化しなかった。 体積[　　] 質量[　　]

時間：	30 分	配点：	100 点	目標：	80 点
解答：	別冊 p.13	得点：	点		

(2) 図のような装置で，水とエタノールの混合物を弱火で加熱し，温度計で温度を確認しながら試験管を交換して，3本の試験管にそれぞれ同量の液体を集めた。3本の試験管のうち，集めた液体に火を近づけたときに最も長い時間燃えると考えられるものを，上の**ア～ウ**から選べ。 [　　]

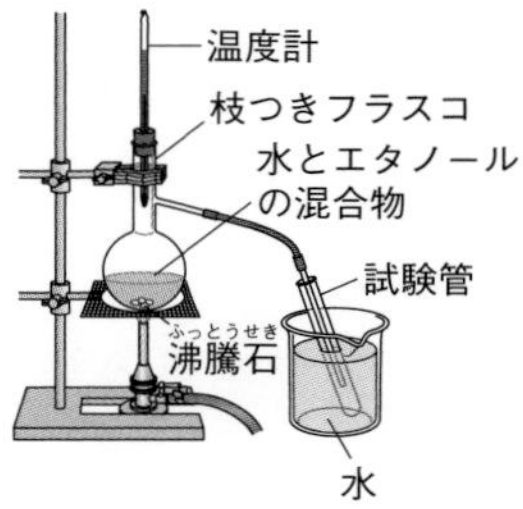

	試験管	液体を集めたときに温度計が示した温度の範囲
ア	1本目	72～80 ℃
イ	2本目	80～88 ℃
ウ	3本目	88～96 ℃

(アドバイス) ☞ **エタノールは燃える液体で，エタノールを多くふくむ液体ほど長い時間燃える。**

4

溶解度

よく出る！

水溶液の性質に関する実験を行った。右の図は物質Aと物質Bの溶解度曲線である。あとの問いに答えなさい。

［富山県］(8点×5)

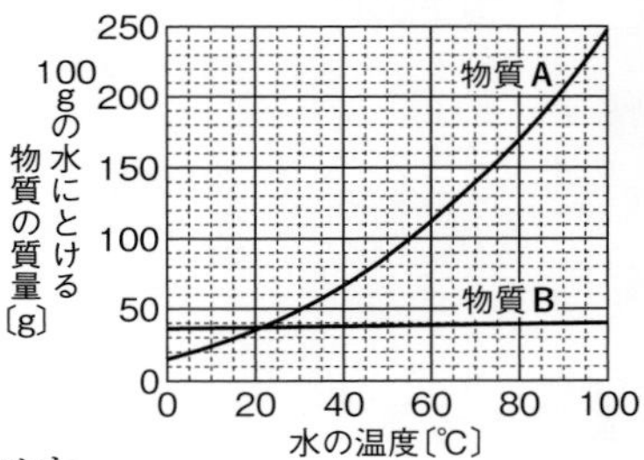

【実験1】 ㋐ 60 ℃の水 200 g を入れたビーカーに物質**A**を 300 g 加えてよくかき混ぜたところ，とけきれずに残った。

㋑ ビーカーの水溶液を加熱し，温度を 80 ℃まで上げたところ，すべてとけた。

㋒ さらに水溶液を加熱し，沸騰させ，水をいくらか蒸発させた。

㋓ 水溶液の温度を 30 ℃まで下げ，出てきた固体をろ過でとり出した。

【実験2】 ㋔ 新たに用意したビーカーに 60 ℃の水 200 g を入れ，物質**B**をとけるだけ加えて飽和水溶液をつくった。

㋕ ㋔の水溶液の温度を 20 ℃まで下げると，物質**B**の固体が少し出てきた。

(1) ㋑で温度を 80 ℃まで上げた水溶液にはあと何 g の物質**A**をとかすことができるか。図を参考に求めよ。 [　　]

(2) ㋓において，ろ過でとり出した固体は 228 g だった。㋒で蒸発させた水は何 g か。ただし，30 ℃における物質**A**の溶解度は 48 g である。 [　　]

(3) ㋓のように，一度とかした物質を再び固体としてとり出すことを何というか。 [　　]

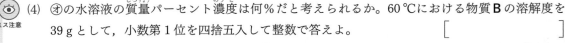

ミス注意

(4) ㋔の水溶液の質量パーセント濃度は何%だと考えられるか。60 ℃における物質**B**の溶解度を 39 g として，小数第1位を四捨五入して整数で答えよ。 [　　]

(5) ㋕のような温度を下げる方法では，物質**B**の固体は少ししか出てこない。その理由を「温度」，「溶解度」という言葉をすべて使って簡単に書け。

[　　]

理科

2 生物の観察と分類，大地の変化

必ず出る！ 要点整理

1 花のつくり

(1) **種子植物**…種子をつくってふえる植物。
(2) **被子植物**…胚珠が**子房の中**にある種子植物。

重要！
受粉後の変化…受粉後，子房は**果実**に，胚珠は**種子**になる。
▶花粉がめしべの柱頭につくこと

(3) **裸子植物**…胚珠が**むき出し**の種子植物。

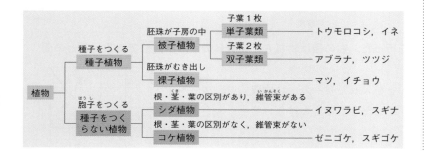

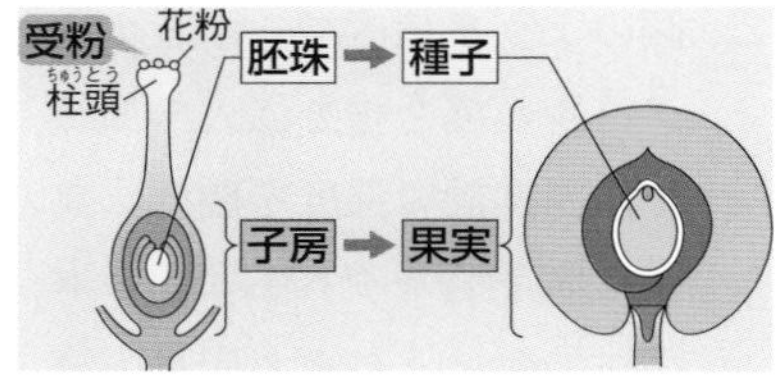

▲ 受粉後の変化

▲ マツ（裸子植物）の雌花

2 植物の分類

- 植物
  - 種子をつくる：種子植物
    - 胚珠が子房の中：被子植物
      - 子葉1枚：単子葉類 ― トウモロコシ，イネ
      - 子葉2枚：双子葉類 ― アブラナ，ツツジ
    - 胚珠がむき出し：裸子植物 ― マツ，イチョウ
  - 胞子をつくる：種子をつくらない植物
    - 根・茎・葉の区別があり，維管束がある：シダ植物 ― イヌワラビ，スギナ
    - 根・茎・葉の区別がなく，維管束がない：コケ植物 ― ゼニゴケ，スギゴケ

よく出る！
単子葉類と双子葉類

	葉脈のようす	維管束の配列	根のようす
単子葉類（子葉1枚）	平行脈	ばらばら	ひげ根
双子葉類（子葉2枚）	網状脈	輪状に並ぶ	主根と側根

3 動物の分類

(1) **脊椎動物**…**背骨がある**動物。魚類，両生類，は虫類，鳥類，哺乳類の5種類。
(2) **無脊椎動物**…**背骨がない**動物。節足動物，軟体動物など。

	魚類	両生類	は虫類	鳥類	哺乳類
体表	うろこ	しめった皮膚	うろこ	羽毛	毛
呼吸	えら	子：えらと皮膚 親：肺と皮膚	肺		
生まれ方	卵生（殻がない）		卵生（殻がある）		胎生
動物の例	フナ，サメ，マグロ	カエル，イモリ	カメ，ワニ，ヘビ，ヤモリ	ハト，スズメ，ペンギン	ヒト，イルカ，イヌ，コウモリ

用語
卵生…卵を産む。
胎生…子が母体内である程度育ってから生まれる。

くわしく！
節足動物…**外骨格**におおわれ，からだやあしに節がある。昆虫類，甲殻類（エビ，カニ）など。
軟体動物…内臓が外とう膜でおおわれる。イカ，アサリなど。

基礎力チェック問題

(1) 受粉後，子房は（　　）に，胚珠は（　　）になる。 [　　　，　　　]
(2) 種子植物は，被子植物と（　　）に大きく分けられる。 [　　　]
(3) 単子葉類の根は［ひげ根　主根と側根］である。 [　　　]
(4) 脊椎動物の哺乳類の子の生まれ方を何というか。 [　　　]
(5) 無脊椎動物のうち，外骨格をもつのは［軟体動物　節足動物］である。 [　　　]

出題傾向

花のつくりや植物の分類のポイント，脊椎動物の特徴に関する出題が多い。
火成岩のつくりのちがい，堆積岩の特徴，初期微動継続時間がよく問われる。

学習日 ／

4 火山と火成岩

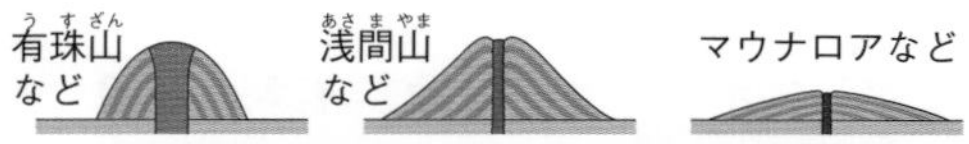

白っぽい ←	溶岩の色	→ 黒っぽい
強い ←	マグマのねばりけ	→ 弱い
激しい ←	噴火のようす	→ おだやか

(1) **火山の形**…マグマの（▶ 地下の岩石が高温でとけた物質）ねばりけで決まる。

(2) **火成岩**…マグマが冷えて固まった岩石。**火山岩**と**深成岩**がある。

重要！

火山岩…マグマが地表付近で急に冷えてできる。**斑状組織**。
深成岩…マグマが地下深くでゆっくり冷えてできる。**等粒状組織**。

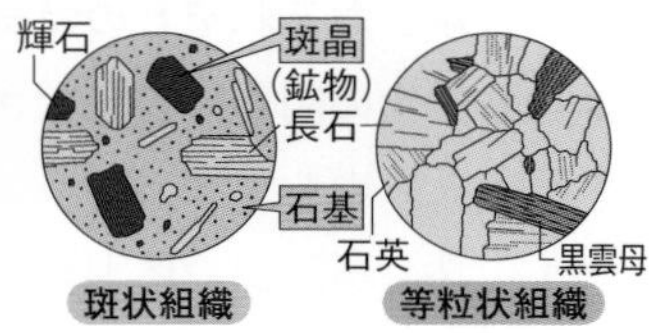

▲ 火山岩のつくり　▲ 深成岩のつくり

5 地層と堆積岩

(1) **地層のでき方**…粒が**小さい**ほど海岸から**遠い**ところに堆積する。

(2) **堆積岩**…堆積物が押し固められてできた岩石。（▶ 化石をふくむことがある。）

(3) **示準化石**…**時代**を推定できる化石。

(4) **示相化石**…**環境**を推定できる化石。

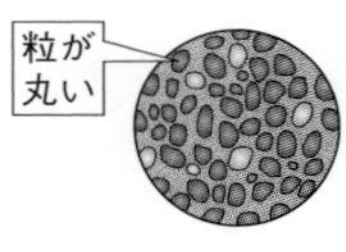

▲ 堆積岩（砂岩）

6 地震

(1) **初期微動**…**P波**が届いて起こる。（▶ はじめの小さなゆれ）

(2) **主要動**…**S波**が届いて起こる。（▶ あとからくる大きなゆれ）

(3) **初期微動継続時間**…初期微動が続く時間。震源からの距離に**比例**。（▶ P波が届いてからS波が届くまでの時間）

(4) **震度**…地震のゆれの大きさの程度。（▶ 0，1，2，3，4，5弱，5強，6弱，6強，7の10段階）

(5) **マグニチュード**…地震そのものの規模の大小を表す値。記号はM。

(6) **地震の原因**…**プレートの動き**により生じた岩石のひずみ。（▶ 地球の表面をおおっている岩石の層）

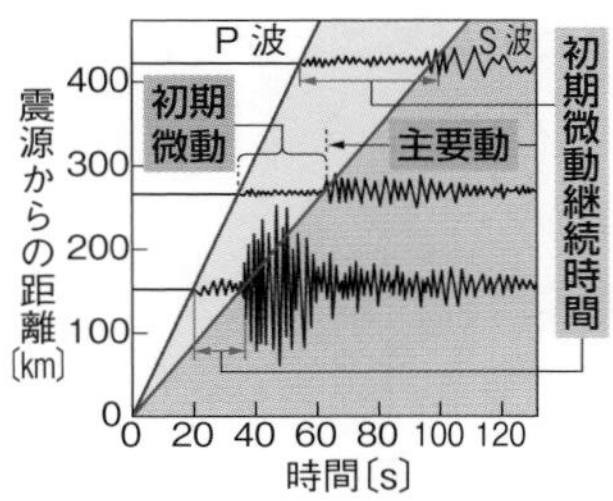

▲ 震源からの距離と初期微動継続時間

よく出る！

いろいろな火成岩

火山岩	流紋岩	安山岩	玄武岩
深成岩	花こう岩	せん緑岩	斑れい岩
鉱物 無色	多い		少ない
鉱物 有色	少ない		多い
色合い	白っぽい	灰色	黒っぽい

おもな堆積岩

泥岩	流水による土砂が堆積。	0.06mm以下の粒。
砂岩		2～0.06mmの粒。
れき岩		2mm以上の粒。
凝灰岩	火山噴出物が堆積。	
石灰岩	塩酸を加える	二酸化炭素発生。
チャート		変化なし。

おもな示準化石

古生代	サンヨウチュウ フズリナ
中生代	アンモナイト，恐竜
新生代	ビカリア，メタセコイア ナウマンゾウ

おもな示相化石

サンゴ	あたたかくて浅い海
シジミ	海水の混じる河口や湖
アサリ	岸に近い浅い海
ブナ	温帯でやや寒冷な地域

くわしく！

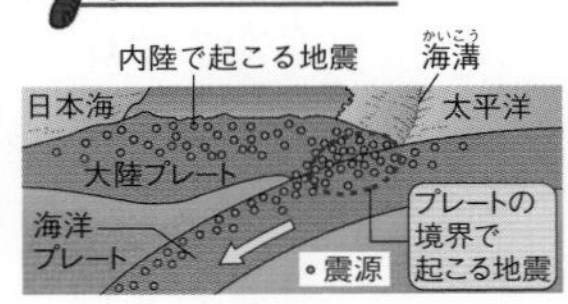

▲ 日本付近で地震が起こる場所

理科

解答はページ下

(6) マグマが地下深くでゆっくり冷えて固まると（　　）組織ができる。 [　　　]

(7) 粒の大きさによって区別される堆積岩は，れき岩，砂岩と何か。 [　　　]

(8) 地層が堆積した時代を推定できる化石を何というか。 [　　　]

(9) 震源からの距離が大きいほど，初期微動継続時間はどうなるか。 [　　　]

(10) 地震の規模の大小を表す値は［震度　マグニチュード］である。 [　　　]

A (1)果実，種子 (2)裸子植物 (3)ひげ根 (4)胎生 (5)節足動物 (6)等粒状 (7)泥岩 (8)示準化石 (9)長くなる (10)マグニチュード

高校入試実戦力アップテスト

理科 2

生物の観察と分類，大地の変化

1

植物の分類

図は，ゼニゴケ，タンポポ，スギナ，イチョウ，イネの５種類の植物を，「種子をつくる」，「葉，茎，根の区別がある」，「子葉が２枚ある」，「子房がある」の特徴に注目して，あてはまるものには○，あてはまらないものには×をつけ，分類したものである。これらの植物を分類したそれぞれの特徴は，図の①〜④のいずれかにあてはまる。次の問いに答えなさい。

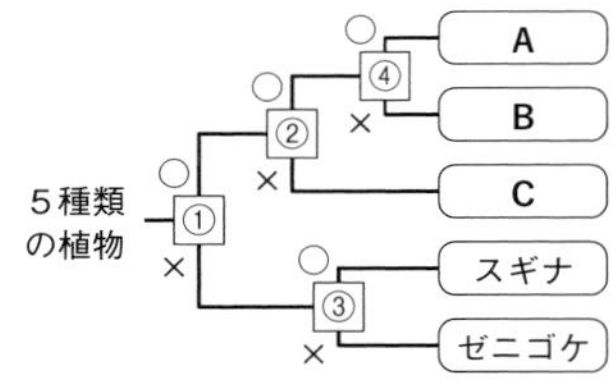

［兵庫県］(7点×6)

よく出る！

(1) 図の②，④の特徴として適切なものを，次の**ア**〜**エ**からそれぞれ１つ選べ。

ア　種子をつくる　　**イ**　葉，茎，根の区別がある　　②［　　］

ウ　子葉が２枚ある　　**エ**　子房がある　　④［　　］

(2) 図の**A**〜**C**の植物として適切なものを，次の**ア**〜**ウ**からそれぞれ１つ選べ。

ア　タンポポ　　**イ**　イチョウ　　**A**［　　］ **B**［　　］ **C**［　　］

ウ　イネ

(3) ゼニゴケの特徴として適切なものを，次の**ア**〜**オ**から１つ選べ。［　　］

ア　花弁はつながっている　　**イ**　葉脈は平行に通る　　**ウ**　雄花に花粉のうがある

エ　維管束がある　　**オ**　水をからだの表面からとり入れる

2

動物の分類

動物はいくつかのなかまに分けることができる。次の問いに答えなさい。［香川県］(6点×5)

よく出る！

(1) 右の図は，カブトムシ，イカ，コウモリ，メダカ，イモリ，トカゲ，ハトを，からだのつくりや生活のしかたなどの特徴をもとになかま分けをしたものである。図中の観点①〜③には，表で示した**ア**〜**ウ**のいずれかが１つずつあてはまる。観点①〜③にあてはまるものとして，最も適当なものを，表の**ア**〜**ウ**から１つずつ選べ。

①［　　］ ②［　　］ ③［　　］

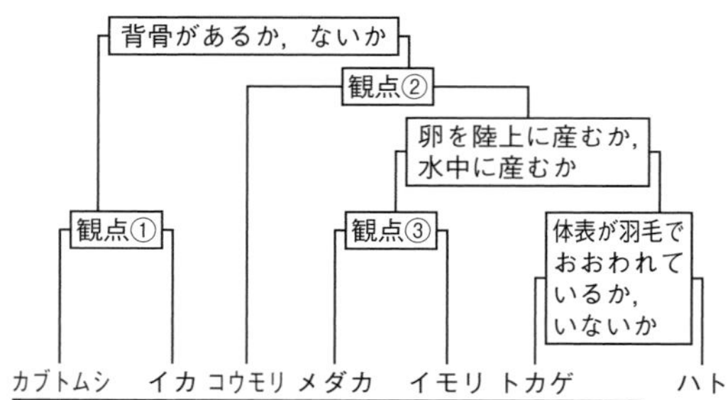

ア	卵生であるか，ないか
イ	肺で呼吸することがあるか，肺ではしないか
ウ	外とう膜があるか，ないか

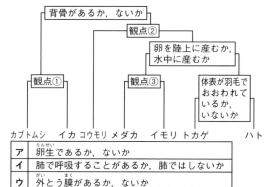

(2) カブトムシのような節足動物は，からだをおおっている殻をもっている。からだを支えたり保護したりするはたらきをしているこの殻は，何とよばれるか。その名称を書け。［　　］

(3) 次の文は，トカゲとイモリのちがいについて述べたものである。文中の２つの〔　〕内にあてはまる言葉を，㋐，㋑から１つ，㋒，㋓から１つ，それぞれ選んで，その記号を書け。

　トカゲは〔㋐しめった皮膚　㋑うろこ〕でおおわれています。また，卵にもちがいがあり，トカゲは，〔㋒殻のある　㋓殻のない〕卵を産みます。［　　］

時間：	30 分	配点：	100 点	目標：	80 点
解答：	別冊 p.13	得点：	点		

3

主要動の発生時刻

表は，ある場所で起きた震源が浅い地震の記録のうち，観測地点A～Cの記録をまとめたものである。この地震において，震源からの距離が 90 km の地点で初期微動の始まった時刻は 10 時 10 分 27 秒であった。震源からの距離が 90 km の地点で主要動の始まった時刻として適切なのは，次のア～エのうちではどれか。ただし，地震のゆれを伝える 2 種類の波は，それぞれ一定の速さで伝わるものとする。

観測地点	震源からの距離	初期微動の始まった時刻	主要動の始まった時刻
A	36 km	10 時 10 分 18 秒	10 時 10 分 20 秒
B	54 km	10 時 10 分 21 秒	10 時 10 分 24 秒
C	108 km	10 時 10 分 30 秒	10 時 10 分 36 秒

［21 東京都］(7点)

ア　10 時 10 分 28 秒　　**イ**　10 時 10 分 30 秒

ウ　10 時 10 分 31 秒　　**エ**　10 時 10 分 32 秒　　[　　　]

(アドバイス) ☞ 初期微動継続時間は，主要動と初期微動が始まった時刻の差の時間で，震源からの距離に比例する。

4

地層と岩石

図 1 は，A～C 地点の標高と位置関係を表しており，図 2 は，真南を向いたときに見えた A 地点の露頭を表している。愛さんは，図 3 のように，A 地点の露頭のスケッチと，B，C 地点のボーリング試料からつくった柱状図をもとにわかったことをまとめた。ただし，図 1 の地域の地層は，平行に重なり，つながっている。また，しゅう曲や断層はないものとする。次の問いに答えなさい。

［秋田県］(7点×3)

図 1

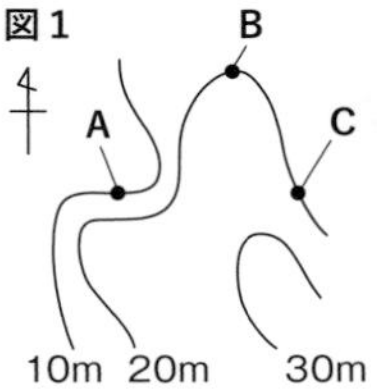

図 2

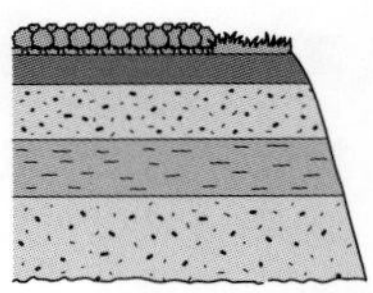

● 愛さんの位置

【わかったこと】

- P は，a 火山灰が押し固まってできている。
- 砂岩にふくまれる粒の形は b 丸みを帯びている。
- この地域の地層は（　Y　）に向かって下がっている。

図 3

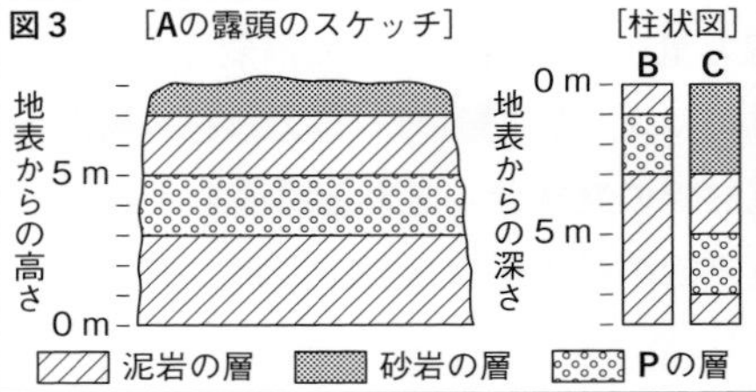

(1) 下線部 a のような岩石を何というか。　[　　　　]

よく出る！ (2) 砂岩にふくまれる粒の形が，下線部 b のようになるのはなぜか。

[　　　　　　　　　　　　　　　　]

ミス注意 (3) 図 3 のわかったことが正しくなるように，Y にあてはまる方位を，東，西，南，北から 1 つ選んで書け。　[　　　]

(アドバイス) ☞ P の層の上面の標高を，東西方向の A，C 地点，南北方向の A，B 地点で比べる。

理科

TEST

理科

3 電流と磁界

必ず出る！ 要点整理

1 回路の電流

(1) **直列回路の電流・電圧・抵抗**

①電流…$I=I_1=I_2$

②電圧…$V=V_1+V_2$

③抵抗…全体の抵抗 $R=R_1+R_2$

(2) **並列回路の電流・電圧・抵抗**

①電流…$I=I_1+I_2$

②電圧…$V=V_1=V_2$

③抵抗…$\dfrac{1}{全体の抵抗 R}=\dfrac{1}{R_1}+\dfrac{1}{R_2}$

($R<R_1$，$R<R_2$)

(3) **電流と電圧の関係**…電熱線に流れる電流は電圧の大きさに**比例**する。

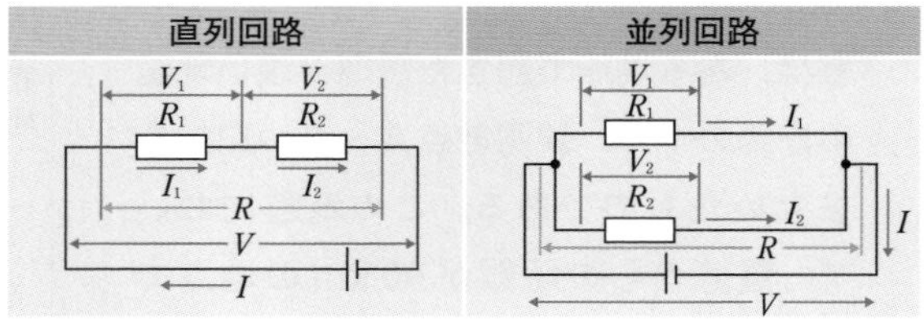

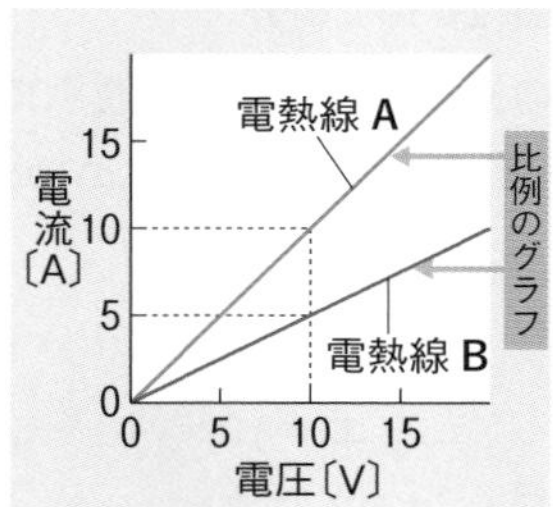

▲ 電流と電圧の関係

同じ電圧で大きい電流が流れる電熱線Aの方が抵抗が小さい。

重要！

オームの法則

電圧 V〔V〕= 抵抗 R〔Ω〕× 電流 I〔A〕

抵抗 $R=\dfrac{V}{I}$，電流 $I=\dfrac{V}{R}$

2 電流のはたらき

(1) **電力**…1秒間あたりに使われる電気エネルギー。単位はW。

電力〔W〕= 電圧〔V〕× 電流〔A〕

(2) **電力量**…電気器具などで消費された電気エネルギーの全体の量。単位はJ。電力量〔J〕= 電力〔W〕× 時間〔s〕

(3) **電熱線の発熱量**…電力と電流を流した時間に比例する。単位はJ。

電熱線の発熱量〔J〕= 電力〔W〕× 時間〔s〕

よく出る！

電流計・電圧計のつなぎ方

回路に電流計は直列に，電圧計は並列に，＋端子は電源の＋極側につなぐ。

参考

電気用図記号

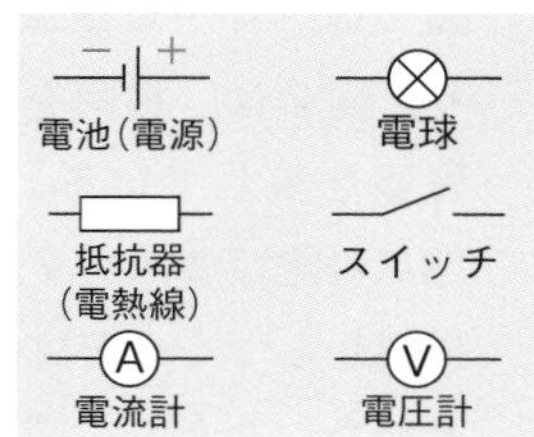

くわしく！

電力量の単位

1 J ＝ 1 Ws

1 Wh ＝ 1 W × 1 h

＝ 1 W × 3600 s

＝ 3600 J

1 kWh ＝ 1000 Wh

基礎力チェック問題

(1) ［直列回路　並列回路］の各抵抗の電圧は電源の電圧と等しい。［　　］

(2) 電流計は，回路に［直列　並列］につなぐ。［　　］

(3) 5Ωの電熱線に2Vの電圧を加えたとき，流れる電流は何Aか。［　　］

(4) 電気器具などで消費された電気エネルギーの全体の量を何というか。［　　］

(5) 電熱線の発熱量は，(　　)と電流を流した時間に比例する。［　　］

出題傾向

学習日 /

オームの法則は頻出(ひんしゅつ)。導線やコイルのまわりの磁界もよく問われる。
電流による発熱，磁界中の電流が受ける力，電磁誘導(でんじゆうどう)の実験の出題も多い。

❸ 電流と磁界

(1) **磁界の向き**…磁針の **N 極**が指す向き。

重要！ (2) **導線のまわりの磁界**…右ねじの進む向きが電流の向きのとき，右ねじを回す向きが**磁界の向き**。

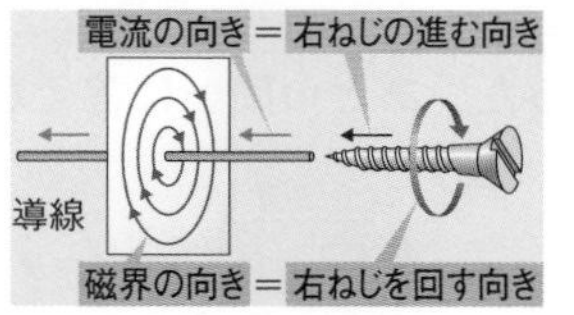

▲ 導線のまわりの磁界

(3) **コイルの内側の磁界の向き**…右手の 4 本の指を電流の向きに合わせてコイルをにぎったとき，親指の向きが**コイルの内側の磁界の向き**。

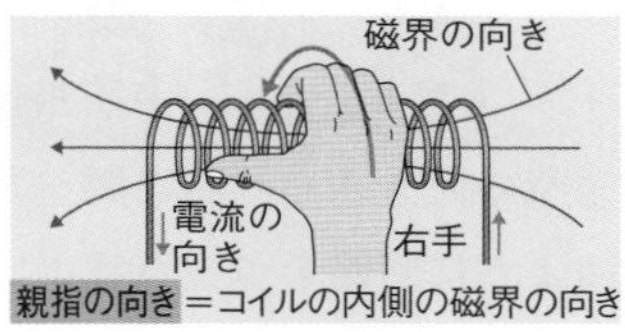

▲ コイルの内側の磁界

(4) **電流が磁界の中で受ける力**…電流や磁界が強いほど**大きくなる**。
▶ この力を利用した装置がモーター

(5) **電磁誘導**…コイルの中の磁界が変化すると，コイルに電圧が生じる現象。
▶ 電磁誘導を利用して電流を得る装置が発電機

● **誘導電流**(ゆうどうでんりゅう)…電磁誘導で流れる電流。磁界の**変化が速い**ほど，コイルの**巻数が多い**ほど**大きい**。

(6) **直流**(ちょくりゅう)…一定の向きに流れる電流。
▶ 乾電池の電流

(7) **交流**(こうりゅう)…向きと大きさが周期的に変化する電流。
▶ 発電機でつくられた電流

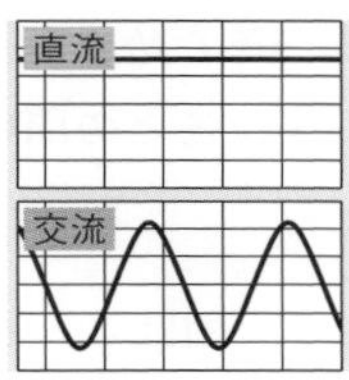

▲ 直流と交流

❹ 静電気(せいでんき)と電子(でんし)

(1) **静電気**…**＋の電気**と**－(マイナス)の電気**がある。**同じ種類の電気はしりぞけ合い**，**異なる種類の電気は引き合う**。
▶ 異なる種類の物質を摩擦したときに物体が帯びる電気

(2) **電子**…**－の電気**をもつ非常に小さい粒子(りゅうし)。

● **電流**の正体は，電源の－極から＋極に移動する**電子の流れ**。
▶ 電流の向きは＋極から－極であることに注意。

(3) **陰極線**(いんきょくせん)**（電子線(でんしせん)）**…放電管内を－極から＋極に向かう**電子の流れ**。

(4) **放射線**(ほうしゃせん)…α(アルファ)線，β(ベータ)線，γ(ガンマ)線，X(エックス)線などがある。

よく出る！

電流が磁界で受ける力の向き

電流が磁界中で受ける力の向き，電流の向き，磁界の向きは互(たが)いに直角になる。

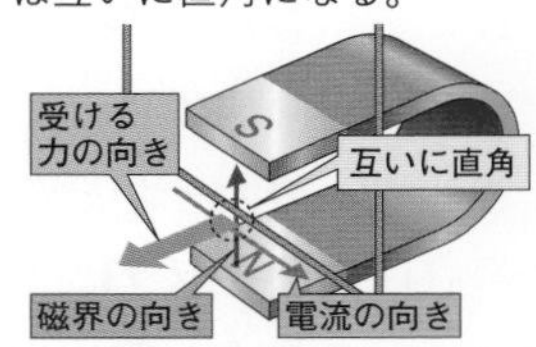

電流か磁界の向きのどちらか一方を逆にすると，受ける力の向きが逆になる。

誘導電流の向き

①コイルに近づける磁極が N 極と S 極では互いに逆。
②同じ磁極をコイルに近づけるときとコイルから遠ざけるときでは互いに逆。

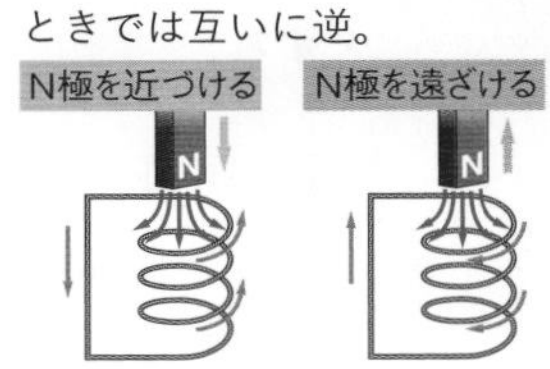

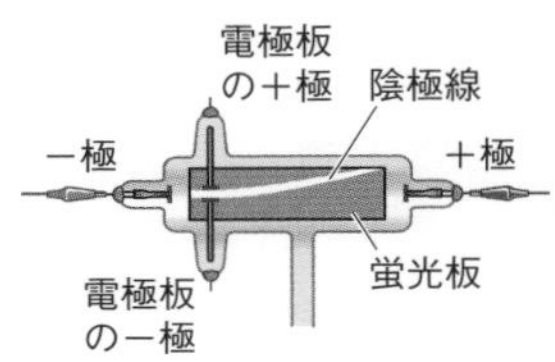

▲ 陰極線

－の電気をもっているため，電圧を加えた電極板の間を通るとき，＋の電極板の方へ曲がる。

解答はページ下

(6)	磁界の向きは，磁針の［N 極　S 極］が指す向きである。	［　　］
(7)	電流が磁界の中で受ける力を利用した装置は［発電機　モーター］である。	［　　］
(8)	コイルの中の磁界が変化したとき，コイルに電圧が生じる現象を何というか。	［　　］
(9)	一定の向きに流れる電流を［交流　直流］という。	［　　］
(10)	陰極線は，放電管内の何という粒子の流れか。	［　　］

A。(1)並列回路 (2)直列 (3)0.4 A (4)電力量 (5)電力 (6)N 極 (7)モーター (8)電磁誘導 (9)直流 (10)電子

高校入試実戦力アップテスト

理科 3

電流と磁界

1 回路図と計器

よく出る!

電気に関する実験を行った。あとの問いに答えなさい。 ［富山県］(9点×2)

【実験】 図1の電気器具を使って，抵抗の大きさがわからない抵抗器Pの両端に加わる電圧の大きさと流れる電流の大きさを同時に調べたところ，図2の結果になった。

図1
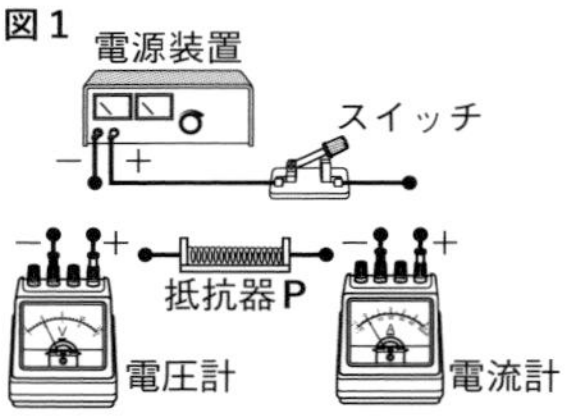

図2
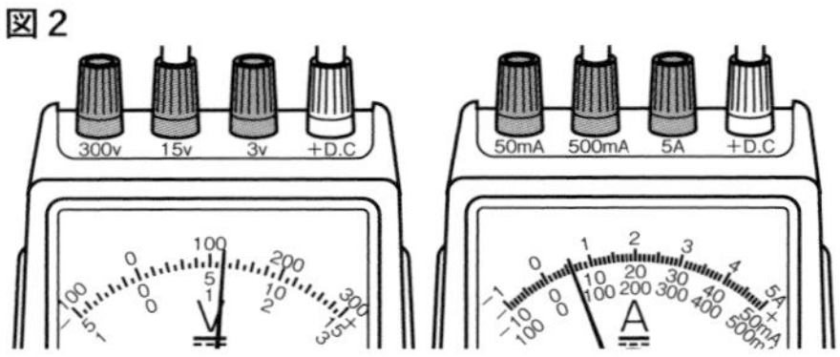

(1) 実験を行うには，どのように回路をつくればよいか。図1の●をつなぐ導線をかき加え，回路を完成させよ。

(2) 抵抗器Pの大きさは何Ωか。図2から求めよ。 ［　　　　］

2 回路とオームの法則

よく出る!

電流とそのはたらきを調べるために，抵抗器a，bを用いて回路をつくり，次の実験1～3を行った。この実験に関して，あとの問いに答えなさい。ただし，抵抗器aの電気抵抗は30Ωとする。 ［新潟県］(8点×5)

【実験1】 図1のように，回路をつくり，スイッチを入れ，電圧計が6.0Vを示すように電源装置を調節し，電流を測定した。

【実験2】 図2のように回路をつくり，スイッチを入れ，電圧計が6.0Vを示すように電源装置を調節したところ，電流計は120mAを示した。

【実験3】 図3のように，回路をつくり，スイッチを入れ，電圧計が6.0Vを示すように電源装置を調節し，電流を測定した。

図1
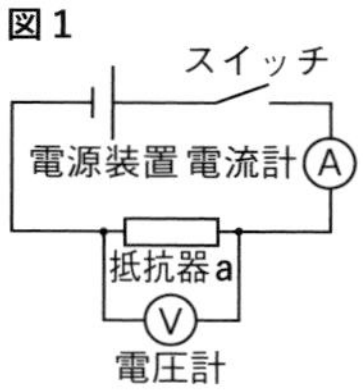

図2
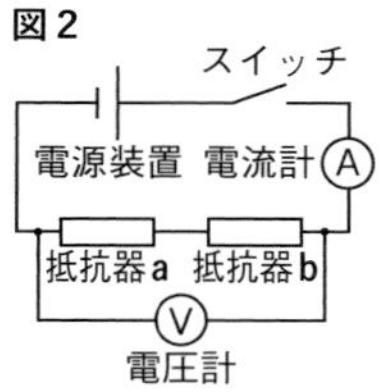

図3
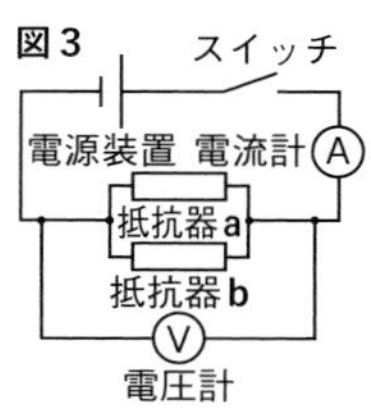

(1) 実験1について，電流計は何mAを示すか。 ［　　　　］

(2) 抵抗器bの電気抵抗は何Ωか。 ［　　　　］

(3) 実験2について，抵抗器bの両端に加わる電圧は何Vか。 ［　　　　］

(4) 実験3について，電流計は何mAを示すか。 ［　　　　］

(5) 実験2で抵抗器aが消費する電力は，実験3で抵抗器aが消費する電力の何倍か。

［　　　　］

時間：30分　配点：100点　目標：80点

解答：別冊 p.14　得点：　点

3 電流と磁界

電流と磁界の関係について，次の問いに答えなさい。　[兵庫県](9点×2)

(1) 厚紙の中央にまっすぐな導線を差しこみ，そのまわりにN極が黒くぬられた磁針を右の図1のように置いた。電流をa→bの向きに流したときの磁針が指す向きとして適切なものを，**ア～エ**から1つ選べ。［　　］

図1

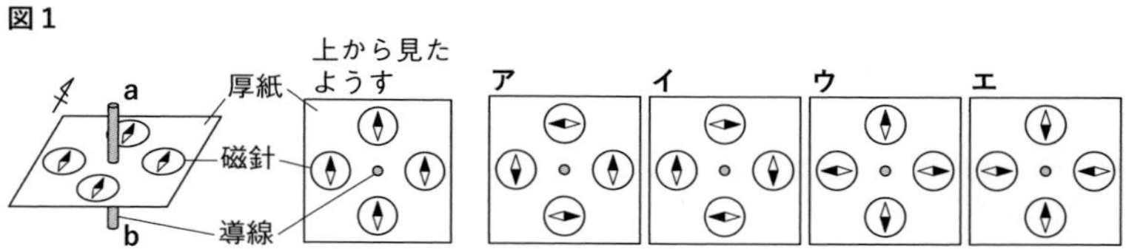

(2) U字形磁石の間に通した導線に電流をa→bの向きに流すと，図2の矢印の向きに導線が動いた。図3において，電流をb→aの向きに流したとき，導線はどの向きに動くか。適切なものを，図3の**ア～エ**から1つ選べ。［　　］

図2

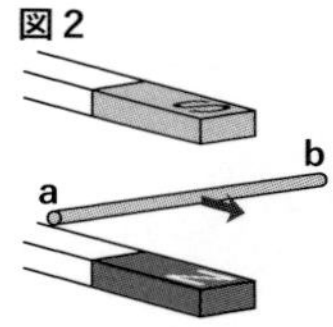

図3

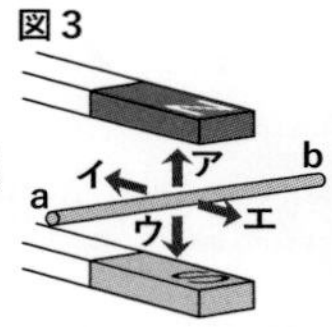

4 電流による発熱

次の問いに答えなさい。　(8点×3)

ミス注意

(1) 電圧が等しい電池と，抵抗の大きさが等しい電熱線を用い，図のような3種類の回路A，回路B，回路Cをつくった。回路Aの電熱線の電力の値をa，回路Bの2つの電熱線の電力の値の合計をb，回路Cの2つの電熱線の電力の値の合計をcとするとき，a～cの関係を，不等号（<）で示したものとして最も適するものをあとの**ア～カ**から1つ選べ。

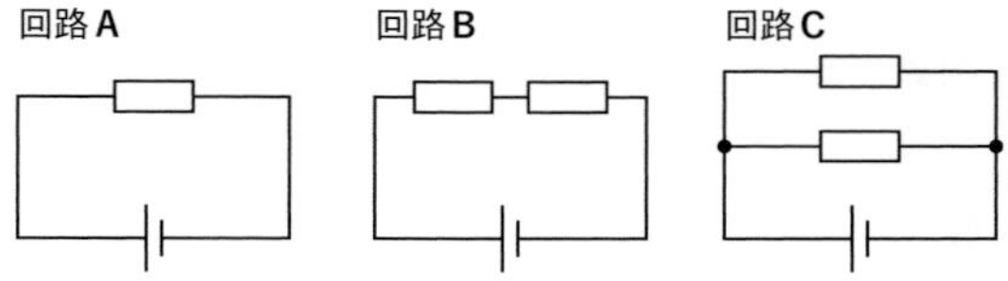

ア　$a < b < c$　　**イ**　$a < c < b$　　**ウ**　$b < a < c$　　[神奈川県]［　　］

エ　$b < c < a$　　**オ**　$c < a < b$　　**カ**　$c < b < a$

(2) 直樹（なおき）さんの自宅の電気ストーブは，100 V の電圧で2本の電熱線を使用したときの消費電力（しょうひでんりょく）が800 W になる。この電気ストーブを800 W で30時間使ったときの電力量（でんりょくりょう）は何 kWh か。

[広島県]［　　　　］

(3) 家庭内電気配線では，電気器具が並列につながれている。［100 V 1200 W］の表示のあるアイロンと，［100 V 50 W］の表示のあるノートパソコンを，それぞれ家庭内の100 V のコンセントにつないで使用した。アイロンをある一定時間使用したときの電力量が，ノートパソコンを80分間使用したときの電力量と等しくなった。アイロンの使用時間は，何分何秒か。[福岡県]

［　　　　］

アドバイス ☞ 電力量〔J〕＝電力〔W〕×時間〔s〕

理科

4 化学変化と原子・分子

必ず出る！ 要点整理

❶ 原子・分子

(1) **原子**…物質をつくる最小の粒子。

(2) **分子**…物質の性質を示す最小の粒子。
◉ 原子がいくつか結びついてできている。

(3) **元素**…原子の種類。**元素記号**で表す。例 H（水素），Fe（鉄）

(4) **化学式**…元素記号を使って物質を表した式。

(5) **単体**…**1 種類の元素**からできている物質。

(6) **化合物**…**2 種類以上の元素**からできている物質。

	分子からできている	化学式	分子をつくらない	化学式
単体	水素	H_2	銅（銅原子）	Cu
単体	酸素	O_2		
化合物	水	H_2O	酸化銅（銅原子，酸素原子 1：1）	CuO
化合物	二酸化炭素（炭素）	CO_2		

▲ 単体，化合物と化学式

❷ いろいろな化学変化

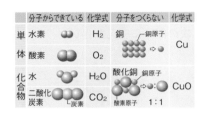

(1) **分解**…1 種類の物質が 2 種類以上の物質に分かれる化学変化。
炭酸水素ナトリウム→炭酸ナトリウム＋水＋二酸化炭素

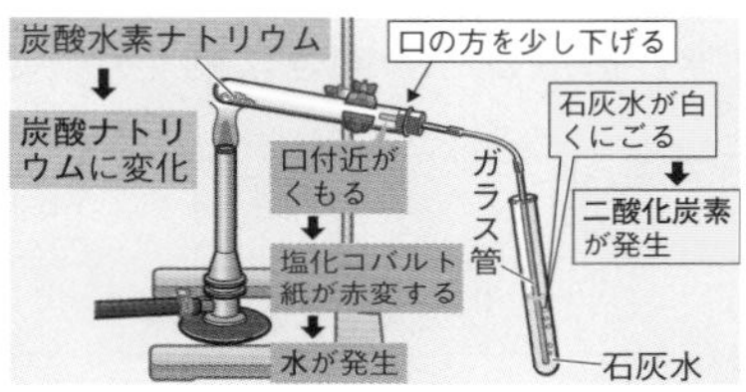

▲ 炭酸水素ナトリウムの熱分解

(2) **物質が結びつく化学変化**…2 種類以上の物質が結びついて，新しい物質（**化合物**）ができる化学変化。**鉄＋硫黄→硫化鉄**

(3) **酸化**…物質が酸素と結びつく化学変化。酸化によって**酸化物**ができる。

(4) **燃焼**…熱や光をともなう激しい酸化。

(5) **還元**…酸化物から酸素をうばう化学変化。このとき**酸化も同時に起こる**。

重要！

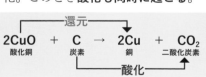

$$2CuO + C \rightarrow 2Cu + CO_2$$

2CuO（酸化銅）＋ C（炭素）→ 2Cu（銅）＋ CO_2（二酸化炭素）
還元：2CuO → 2Cu
酸化：C → CO_2

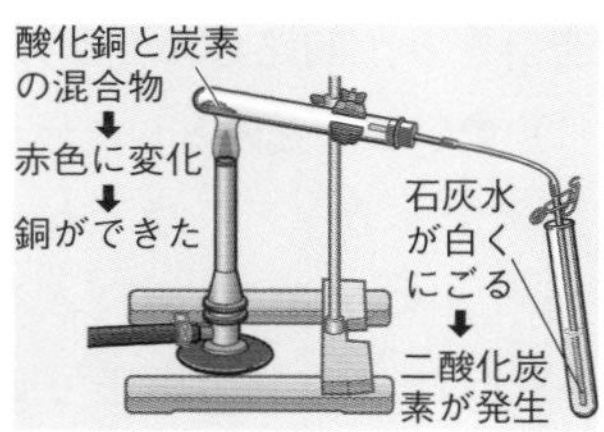

▲ 酸化銅の還元

よく出る！

酸化銀の熱分解

$2Ag_2O \rightarrow 4Ag + O_2$
酸化銀　銀　酸素

水の電気分解…**陰極**に**水素**，**陽極**に**酸素**が発生する。

$2H_2O \rightarrow 2H_2 + O_2$
水　水素　酸素

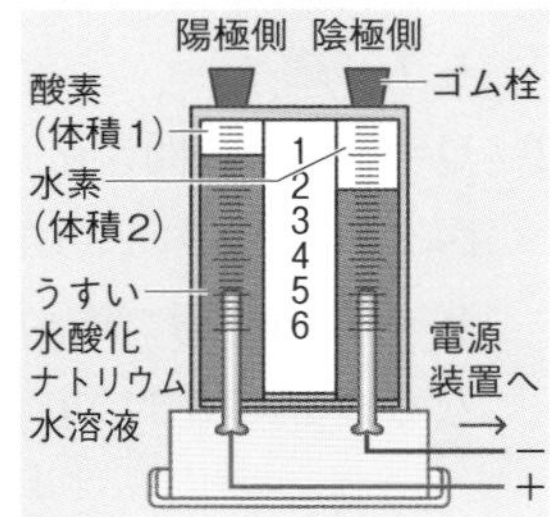

くわしく！

鉄と硫黄が結びつく反応

鉄と硫黄の粉末を 7：4 の質量比で混ぜて加熱すると，黒色の**硫化鉄**ができる。

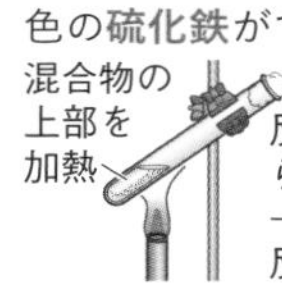

	磁石	塩酸を加える
混合物	つく	水素発生
硫化鉄	つかない	硫化水素発生

▲ 鉄と硫黄の混合物と硫化鉄の性質のちがい

Q. 基礎力チェック問題

(1) 物質をつくる最小の粒子を何というか。 [ ]
(2) 2 種類以上の元素からできている物質を何というか。 [ ]
(3) 炭酸水素ナトリウムを加熱すると，炭酸ナトリウムと水と（　　）に分解する。 [ ]
(4) 鉄と硫黄が結びついてできる物質を何というか。 [ ]
(5) 酸化物から酸素をうばう化学変化を何というか。 [ ]

出題傾向

学習日 ／

炭酸水素ナトリウムの分解（ぶんかい），酸化銅の還元（かんげん）がよく出る。
化学変化の前後の質量や，金属を加熱したときの質量の関係の出題も多い。

❸ 化学反応式（かがくはんのうしき）

- **化学反応式**…化学式を使って化学変化を表した式。
  ①矢印（→）の**左側**は**反応前**の物質，**右側**は**反応後**の物質を示す。
  ②矢印（→）の左右で，**原子の種類と数は同じ。**

水素 + **酸素** → **水**

$2H_2$ + O_2 → $2H_2O$

Hが4個　　Oが2個　　Hが4個，Oが2個

❹ 化学変化と質量

(1) **質量保存（しつりょうほぞん）の法則（ほうそく）**…化学変化の前後で，**物質全体の質量は変化しない。**

●容器が**密閉されていない**場合，気体などの出入りにより，質量が変化するように見えることがあるが，気体もふくめた物質全体の質量は変化していない。

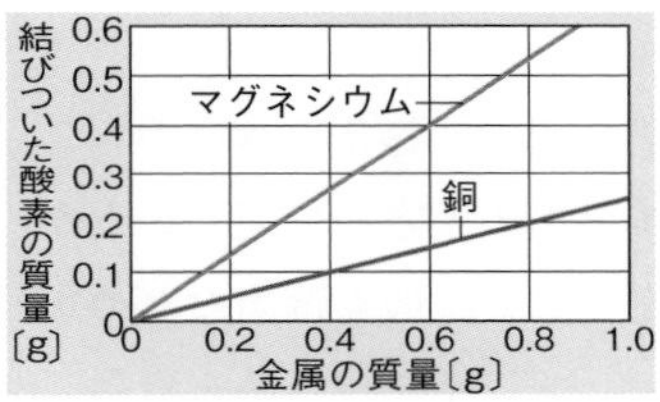

▲ **金属の質量と結びついた酸素の質量の関係**
結びついた酸素の質量は，「酸化物の質量－金属の質量」で求められる。

(2) **結びつく物質の質量の割合**…それぞれの物質は，**決まった質量の割合**で結びつく。

重要！

	銅	+	酸素	→	酸化銅		マグネシウム	+	酸素	→	酸化マグネシウム
質量比	4	：	1	：	5		3	：	2	：	5

❺ 化学変化と熱

(1) **発熱反応**…**熱を発生**する化学変化。まわりの温度が**上がる。**
▶鉄の酸化，酸性の水溶液と金属の反応など

(2) **吸熱反応**…**熱を吸収**する化学変化。まわりの温度が**下がる。**
▶水酸化バリウムと塩化アンモニウムの反応など

くわしく！

おもな化学反応式

鉄と硫黄の結びつき
$Fe + S \rightarrow FeS$
マグネシウムの燃焼
$2Mg + O_2 \rightarrow 2MgO$
銅の酸化
$2Cu + O_2 \rightarrow 2CuO$
水素の燃焼
$2H_2 + O_2 \rightarrow 2H_2O$
炭素の燃焼
$C + O_2 \rightarrow CO_2$
酸化銅の炭素による還元
$2CuO + C \rightarrow 2Cu + CO_2$
酸化銅の水素による還元
$CuO + H_2 \rightarrow Cu + H_2O$
炭酸水素ナトリウムの分解
$2NaHCO_3 \rightarrow Na_2CO_3 + CO_2 + H_2O$
酸化銀の分解
$2Ag_2O \rightarrow 4Ag + O_2$
水の分解
$2H_2O \rightarrow 2H_2 + O_2$

くわしく！

発熱反応と吸熱反応

発熱反応
熱 ↑
Ⓐ＋…→Ⓑ＋…

吸熱反応
熱 ↓
Ⓒ＋…→Ⓓ＋…

理科

解答はページ下

(6) 化学反応式では，矢印の左右で原子の種類と（　　）を同じにする。 ［　　　　］
(7) 銅の酸化を化学反応式で表すと，2Cu＋（　　）→（　　）となる。 ［　　，　　］
(8) 化学変化の前後で物質全体の質量が変化しないという法則を何というか。 ［　　　　］
(9) 銅と酸素は（　：　）の質量比で結びつく。 ［　　：　　］
(10) 熱を吸収する化学変化を何というか。 ［　　　　］

A. (1)原子 (2)化合物 (3)二酸化炭素 (4)硫化鉄 (5)還元 (6)数 (7)O_2，2CuO (8)質量保存の法則 (9)4：1 (10)吸熱反応

高校入試実戦力アップテスト

理科 4

化学変化と原子・分子

1

炭酸水素ナトリウムの加熱

よく出る!

炭酸水素ナトリウムを加熱したときの化学変化について調べるために次のⅠ～Ⅲの手順で実験を行った。この実験に関して，あとの問いに答えなさい。 ［新潟県］(8点×4)

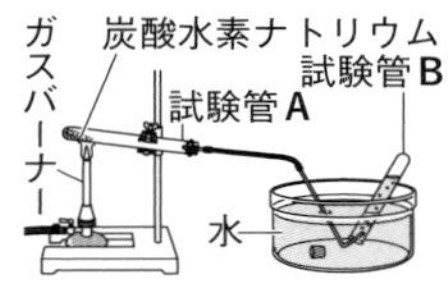

Ⅰ　右の図のように炭酸水素ナトリウムの粉末を乾いた試験管**A**に入れて加熱し，発生する気体を試験管**B**に導いた。しばらくすると，試験管**B**に気体が集まり，その後，気体が出なくなってから，加熱をやめた。試験管**A**の底には白い粉末が残り，口の方には液体が見られた。この液体に塩化コバルト紙をつけたところ，塩化コバルト紙の色が変化した。

Ⅱ　Ⅰで加熱後の試験管**A**に残った白い粉末を取り出し，水溶液をつくった。また，炭酸水素ナトリウムの水溶液を用意し，それぞれの水溶液にフェノールフタレイン溶液を加えると，白い粉末の水溶液は赤色に，炭酸水素ナトリウムの水溶液はうすい赤色に変わった。

Ⅲ　Ⅰで試験管**B**に集めた気体に，水でしめらせた青色リトマス紙をふれさせたところ，赤色に変わった。

(1)　Ⅰについて，次の①，②の問いに答えなさい。

①　図のようにして気体を集める方法を何というか。その用語を書け。［　　　　　］

②　下線部分の色の変化として，最も適当なものを，次の**ア**～**エ**から1つ選べ。［　　］

ア　青色から桃色　　**イ**　桃色から青色

ウ　青色から黄色　　**エ**　黄色から青色

(2)　Ⅱについて，Ⅰで加熱後の試験管**A**に残った白い粉末の水溶液の性質と，炭酸水素ナトリウムの水溶液の性質を述べた文として，最も適当なものを，次の**ア**～**エ**から1つ選べ。［　　］

ア　どちらも酸性であるが，白い粉末の水溶液の方が酸性が強い。

イ　どちらも酸性であるが，炭酸水素ナトリウムの水溶液の方が酸性が強い。

ウ　どちらもアルカリ性であるが，白い粉末の水溶液の方がアルカリ性が強い。

エ　どちらもアルカリ性であるが，炭酸水素ナトリウムの水溶液の方がアルカリ性が強い。

(3)　Ⅲについて，試験管**B**に集めた気体の性質を書け。

［　　　　　　　　　　］

2

鉄と硫黄が結びつく化学変化

次の問いに答えなさい。 ［徳島県］(7点×2)

(1)　鉄と硫黄は1種類の原子がたくさん集まってできている。このように，1種類の原子だけからできている物質を何というか。［　　　　　］

(2)　鉄と硫黄の混合物を加熱したときの変化を，化学反応式で書け。

［　　　　　　　　　　］

時間：	30 分	配点：	100 点	目標：	80 点
解答：	別冊 p.14	得点：	点		

3

酸化物から酸素をうばう化学変化

よく出る!

黒色の酸化銅と炭素の粉末をよく混ぜ合わせた。これを図のように，試験管Pに入れて加熱すると，気体が発生して，試験管Qの液体Yが白くにごり，試験管Pの中に赤色の物質ができた。試験管Pが冷めてから，この赤色の物質をとり出し，性質を調べた。次の問いに答えなさい。

[愛媛県]（8点×6）

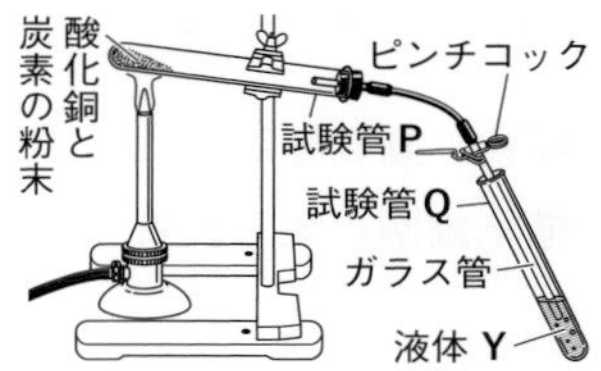

(1) 次の文の①，②の｛　　　｝の中から，それぞれ適当なものを1つずつ記号で選べ。

> 下線部の赤色の物質を薬さじでこすると，金属光沢（きんぞくこうたく）が見られた。また，赤色の物質には，①｛**ア**　磁石につく　**イ**　電気をよく通す｝という性質も見られた。これらのことから，赤色の物質は，酸化銅が炭素により②｛**ウ**　酸化（さんか）　**エ**　還元（かんげん）｝されてできた銅であると確認できた。

①［　　　］　②［　　　］

(2) 液体**Y**が白くにごったことから，発生した気体は二酸化炭素であるとわかった。次の**ア**～**エ**のうち，液体**Y**として，最も適当なものを1つ記号で選べ。［　　　］

ア　食酢　　**イ**　オキシドール　　**ウ**　石灰水（せっかいすい）　　**エ**　エタノール

(3) 酸化銅と炭素が反応して銅と二酸化炭素ができる化学変化を，化学反応式で表すとどうなるか。次の化学反応式を完成させよ。

$2CuO + C \rightarrow$［　　　　　　　　　］

ハイレベル

(4) 実験と同じ方法で，黒色の酸化銅 2.00 g と炭素の粉末 0.12 g を反応させたところ，二酸化炭素が発生し，試験管**P**には，黒色の酸化銅と赤色の銅の混合物が 1.68 g 残った。このとき，発生した二酸化炭素の質量と，試験管**P**に残った黒色の酸化銅の質量はそれぞれ何 g か。ただし，酸化銅にふくまれる銅と酸素の質量の比は 4：1 であり，試験管**P**の中では，酸化銅と炭素との反応以外は起こらず，炭素はすべて反応したものとする。

二酸化炭素［　　　　　　　］　酸化銅［　　　　　　　］

アドバイス　☞ **酸化銅から除かれた酸素の質量＝発生した二酸化炭素の質量－炭素の質量**

4

化学変化とモデル

酸化銀を加熱すると，白色の物質が残った。酸化銀を加熱したときの反応を表したモデルとして適切なものは，次のア～エのどれか。ただし，●は銀原子1個を，○は酸素原子1個を表すものとする。

[20 東京都]（6点）［　　　］

ア　○●○　○●○　→　●　●　＋　○○　○○

イ　●○●　●○●　→　●●●●　＋　○○

ウ　●○　→　●　＋　○

エ　●○●　→　●　●　＋　○

理科

TEST

5 生物のからだのつくり，気象

必ず出る！ 要点整理

❶ 生物と細胞

(1) **植物・動物細胞に共通するつくり…核，細胞膜**
▶ 染色液で染まる。

(2) **植物細胞に見られるもの…葉緑体，細胞壁，液胞**

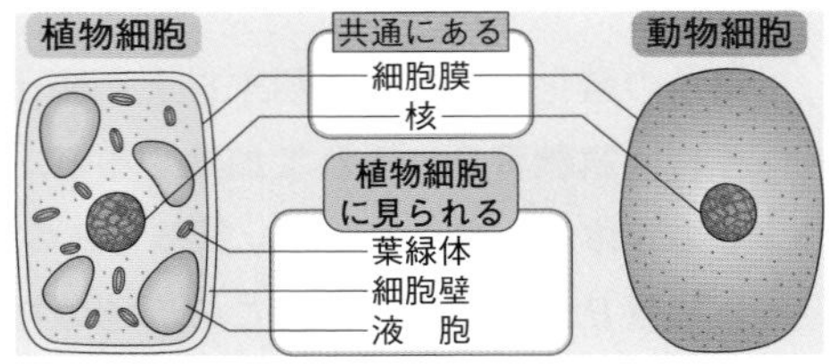

▲ **細胞のつくり**　核を除く，細胞膜とその内側の部分を合わせて細胞質という。

❷ 植物のつくりとはたらき

(1) **維管束**…道管と師管が集まった部分。

重要！

道管…根から吸収した**水**などの通路。
師管…葉でつくられた**栄養分**の通路。

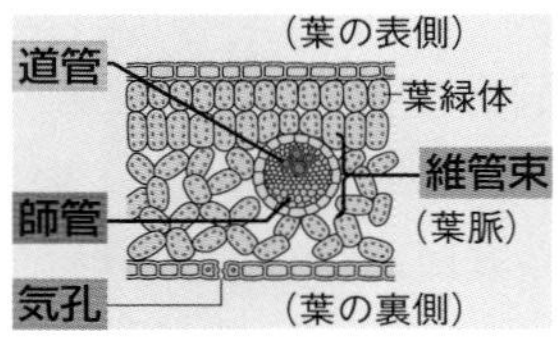

▲ **葉の断面**

(2) **蒸散**…植物体内の水を水蒸気として**気孔**から放出すること。
▶ 葉の裏側に多い。

(3) **光合成**…植物が光を受けて，デンプンなどをつくるはたらき。**葉緑体**で行われる。
▶ 右図の実験で確認。

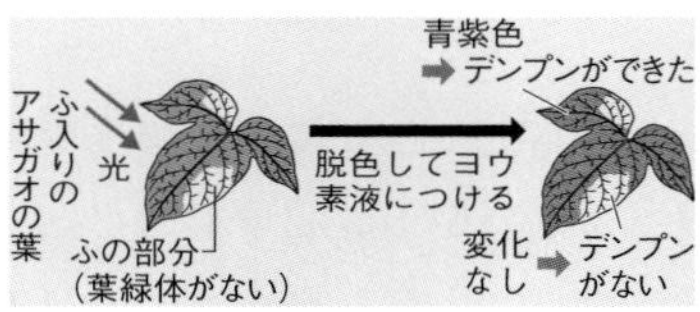

重要！

$$\text{二酸化炭素} + \text{水} \xrightarrow[\text{葉緑体}]{\text{光}} \text{デンプンなど} + \text{酸素}$$

二酸化炭素（空気中から）＋ 水（根から）→ デンプンなど ＋ 酸素（空気中へ）

❸ 生命を維持するはたらき

(1) **消化によってできた物質と柔毛での吸収**
▶ 小腸の内壁の小さな突起

重要！

デンプン　→ブドウ糖
タンパク質→アミノ酸　⟹ **毛細血管に吸収**
脂肪→脂肪酸とモノグリセリド⇒リンパ管に吸収
脂肪に合成

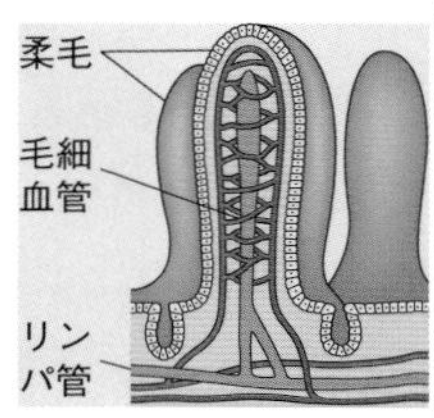

▲ **柔毛**　表面積が大きくなり，栄養分を効率よく吸収する。

(2) **血液循環**…**肺循環**(心臓→肺→心臓)と**体循環**(心臓→全身→心臓)。
▶ 肺で酸素と二酸化炭素の交換　▶ 細胞で二酸化炭素・不要物と酸素・栄養分の交換

(3) **不要物の排出**…有害な**アンモニア**は，肝臓で**尿素**につくり変えられ，じん臓で血液中からこしとられて尿として排出。
▶ 二酸化炭素は血液中から肺胞内へ放出。

くわしく！

だ液のはたらきの実験

だ液には**アミラーゼ**という**消化酵素**がふくまれている。

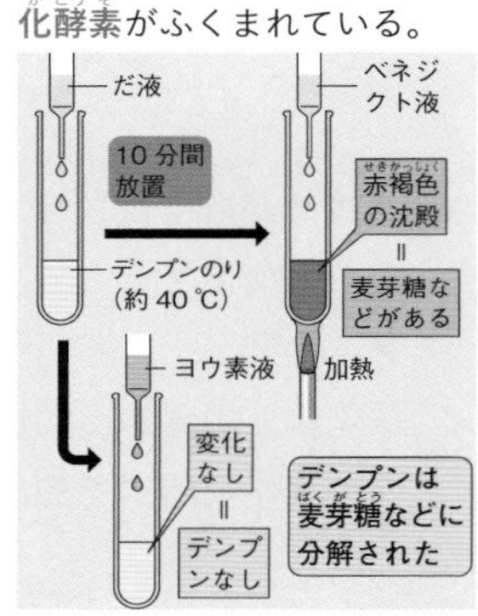

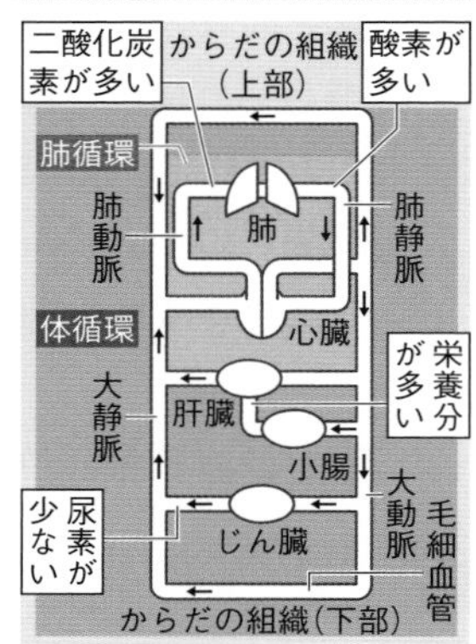

▲ **血液循環**

Q. 基礎力チェック問題

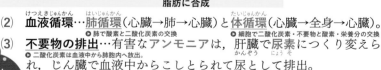

(1) 根で吸収した水は［師管　道管］で運ばれる。　［　　　　］
(2) 光合成に必要な物質は水と何か。　［　　　　］
(3) デンプンは(　　)にまで分解され，柔毛の［毛細血管　リンパ管］に吸収される。　［　　，　　］
(4) 体内のアンモニアは（　　）で尿素につくり変えられる。　［　　　　］

出題傾向

光合成やだ液のはたらきを調べる実験，栄養分の消化・吸収に関する出題が多い。
湿度の計算や露点，前線の通過前後の気象の変化がよく問われる。

学習日 ／

4 気圧と空気中の水蒸気

(1) **等圧線と風**…等圧線の間隔がせまいほど風が強い。
▶ 地表付近の風は気圧の高い方から低い方へふく。

(2) **露点**…水蒸気が凝結を始めるときの温度。空気中の水蒸気量で決まる。
▶ 水滴に変わること

(3) **飽和水蒸気量**…空気 1 m^3 中にふくむことができる水蒸気量の限度。

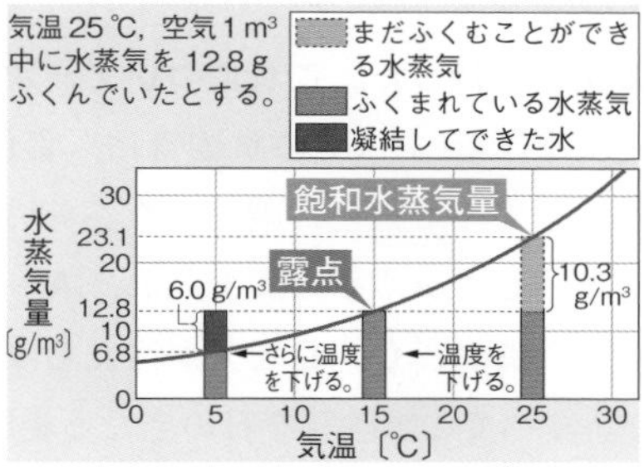

▲ 飽和水蒸気量と露点

重要！

$$湿度〔\%〕= \frac{空気 1 m^3 中の水蒸気量〔g/m^3〕}{その気温での飽和水蒸気量〔g/m^3〕} \times 100$$

5 前線と天気の変化

(1)

前線	断面	天気	通過後
温暖前線		おだやかな雨が長時間降り続く。	風が南寄りに変わる。気温が上がる。
寒冷前線		雷や突風をともなうにわか雨が短時間降る。	風が北寄りに変わる。気温が下がる。

(2) **停滞前線**…寒気と暖気の勢力がつり合い，長時間動かない。
▶ 記号は

(3) **温帯低気圧**…**南西**方向に**寒冷前線**，**南東**方向に**温暖前線**をともなう。

(4) **日本付近の天気の変化**…およそ西から東へ移り変わる。
▶ 上空で偏西風が西から東へふいているため。

6 日本の天気

(1) **冬**…シベリア気団が発達。**西高東低**の気圧配置。**北西**の季節風。
▶ 冷たく乾燥している。

(2) **夏**…小笠原気団が発達。**南高北低**の気圧配置。**南東**の季節風。
▶ あたたかくしめっている。

(3) **春・秋**…**移動性高気圧**と低気圧が交互に通過する。
▶ 天気が周期的に変化。

(4) **つゆ**…停滞前線が東西方向にのび，くもりや雨の日が続く。
▶ 梅雨前線ともいう。

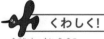

くわしく！ 圧力と大気圧

圧力…1 m^2 あたりの面を垂直に押す力。(1 Pa ＝ 1 N/m^2)

圧力〔Pa〕

$$= \frac{面を垂直に押す力〔N〕}{力がはたらく面積〔m^2〕}$$

大気圧（気圧）…大気の重さによって生じる圧力。

よく出る！ 天気図記号（天気記号）

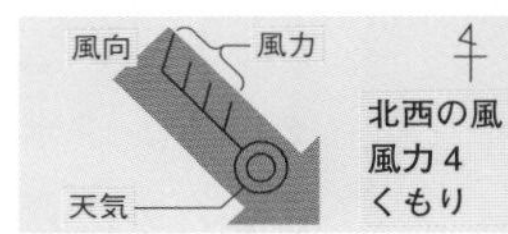

くわしく！ 低気圧と高気圧（北半球）

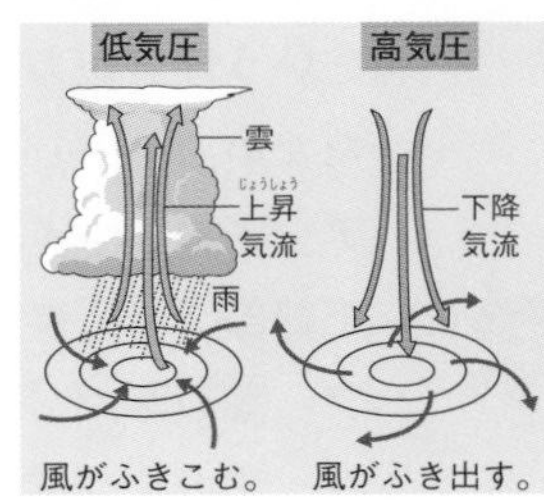

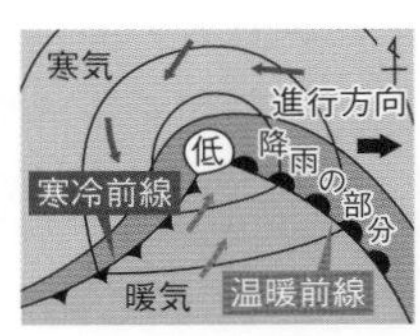

▲ 温帯低気圧からのびる前線

解答はページ下

(5)	空気中の水蒸気が凝結するときの温度を何というか。	[　　　]
(6)	空気中の水蒸気量が変わらないとき，気温が高くなるほど湿度はどうなるか。	[　　　]
(7)	(　　) 前線が通過すると，南寄りから北寄りの風に変わり，気温が (　　)。	[　　，　　]
(8)	冬によく見られる気圧配置は何か。	[　　　]

理科

A. (1)道管 (2)二酸化炭素 (3)ブドウ糖，毛細血管 (4)肝臓 (5)露点 (6)低くなる (7)寒冷，下がる (8)西高東低

高校入試実戦力アップテスト

理科 5

生物のからだのつくり，気象

1

光合成と呼吸

タンポポを用いて，次の実験を行った。これについて，次の問いに答えなさい。 ［石川県］(8点×4)

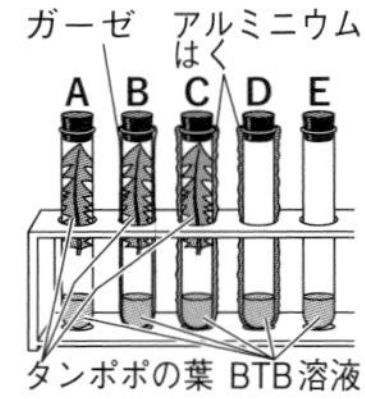

【実験】 試験管**A**～**E**を準備し，すべての試験管に，青色のBTB溶液を入れ，ストローで息をふきこんで緑色に調整した。その後，図のように**A**～**C**には大きさがほぼ同じタンポポの葉を入れ，**A**～**E**にゴム栓をした。次に，**B**をガーゼでおおい，**C**，**D**を光が当たらないようにアルミニウムはくでおおった。すべての試験管を日の当たる場所に2時間置き，BTB溶液の色の変化を観察して表1にまとめた。その後，**A**，**C**からとり出したタンポポの葉を，①あたためたエタノールにしばらく浸したあと，水洗いし，ヨウ素液につけて葉の色の変化を観察して表2にまとめた。なお，この実験に用いた鉢植えのタンポポには，②実験結果を正しく読みとるために必要な操作を事前に行った。

表1

試験管	A	B	C	D	E
BTB溶液の色	青色	緑色	黄色	緑色	緑色

表2

試験管	A	C
ヨウ素液による葉の色の変化	あり	なし

(1) 次の文は下線部①の操作について述べたものである。文中の（ あ ）には下の**ア**～**エ**のいずれか1つの記号を，（ い ）にはあてはまる内容をそれぞれ書き，文を完成させよ。

この操作は，葉を（ あ ）して観察しやすくするために行う。また，エタノールは（ い ）という性質があるので，エタノールをあたためるときは，エタノールの入った容器を熱湯であたためる。 あ［　　］ い［　　　　　　］

ア 消毒　**イ** 洗浄　**ウ** 染色　**エ** 脱色

よく出る！ (2) 下線部②で，事前に行った操作を次の**ア**～**エ**から1つ選べ。 ［　　］

ア 葉のデンプンをなくすための操作　**イ** 葉からの蒸散を行えなくするための操作

ウ 葉のデンプンをふやすための操作　**エ** 葉からの蒸散を行いやすくするための操作

(3) 試験管**A**のBTB溶液が青色に変化したのはなぜか。その理由を，表1，2をもとに「呼吸」という語句を用いて書け。 ［　　　　　　　　　　］

2

脂肪の消化

次の文の〔　　〕から適切なものをそれぞれ1つずつ選びなさい。 ［大阪府］(7点×4)

口からとり入れられた脂肪は，胆汁のはたらきによって分解されやすい状態になる。胆汁は，①〔**ア** 肝臓 **イ** すい臓 **ウ** 胆のう〕でつくられ，②〔**エ** 肝臓 **オ** すい臓 **カ** 胆のう〕に蓄えられている。分解されやすくなった脂肪は，さらに，すい臓にふくまれる消化酵素である③〔**キ** アミラーゼ **ク** リパーゼ **ケ** ペプシン〕のはたらきによって脂肪酸と④〔**コ** アミノ酸 **サ** モノグリセリド〕に分解され，小腸の壁にある柔毛から吸収される。

①［　　］ ②［　　］ ③［　　］ ④［　　］

時間：30分　配点：100点　目標：80点

解答：別冊 p.15　得点：　点

3

圧力

よく出る!

図のように，直方体のレンガを表面が水平な板の上に置く。レンガのAの面を下にして置いたときの板がレンガによって受ける圧力(あつりょく)は，レンガのBの面を下にして置いたときの板がレンガによって受ける圧力の何倍になるか。　［静岡県］(8点)

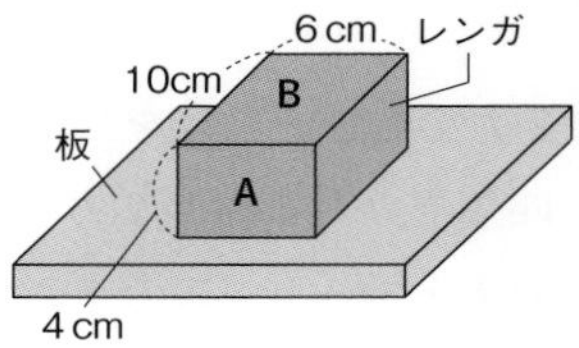

［　　　　　］

アドバイス　☞ 圧力は面積に反比例する。

4

湿度

よく出る!

図は，気温と飽和水蒸気量(ほうわすいじょうきりょう)との関係を示したものである。11 ℃の空気の湿度が 30%のとき，この空気 1 m³ にふくまれる水蒸気量は何 g か。　［北海道］(8点)

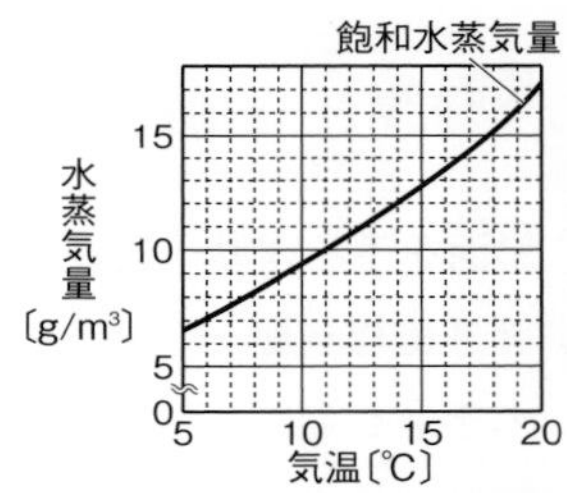

［　　　　　］

5

天気の変化

図のA～Dは，2019 年 8 月 14 日から 17 日までの，いずれも午前 9 時における日本列島付近の天気図(てんきず)である。このことについて，次の問いに答えなさい。　［高知県］(8点×3)

A　B　C　D

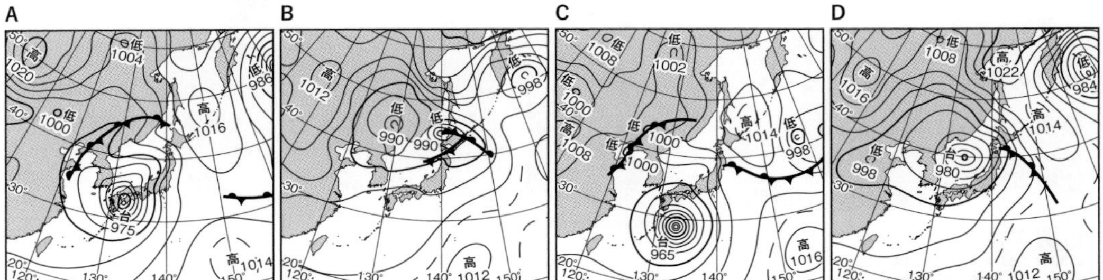

(気象庁の資料より作成)

(1) 図のA～Dを日付の早いものから順に並べ，A～Dの記号で書け。

［　　→　　→　　→　　］

(2) 台風(たいふう)の特徴(とくちょう)を述べた文として適切なものを，次のア～エからすべて選べ。［　　］

ア　台風は，低緯度(ていいど)の熱帯地方の海上で発生した熱帯低気圧(ねったいていきあつ)が発達したものである。

イ　台風の地表付近の風は，上空から見ると，台風の中心に向かって時計回りにふく。

ウ　台風は，偏西風(へんせいふう)の影響(えいきょう)を受けると，東寄りに進路を変える。

エ　台風は，温暖前線(おんだんぜんせん)と寒冷前線(かんれいぜんせん)を伴(ともな)うため，大量の雨が降る。

(3) 図のA，C，D中の━▲━●━ の記号が表す前線の名称(めいしょう)を書け。　［　　　　］

理科

TEST

理科

6 運動とエネルギー，化学変化とイオン

必ず出る！ 要点整理

1 力の合成と分解

(1) **2力の合成**…2力を2辺とする平行四辺形の対角線が2力の**合力**（ごうりょく）。

(2) **力の分解**…1つの力を対角線とする平行四辺形の2辺が**分力**（ぶんりょく）。

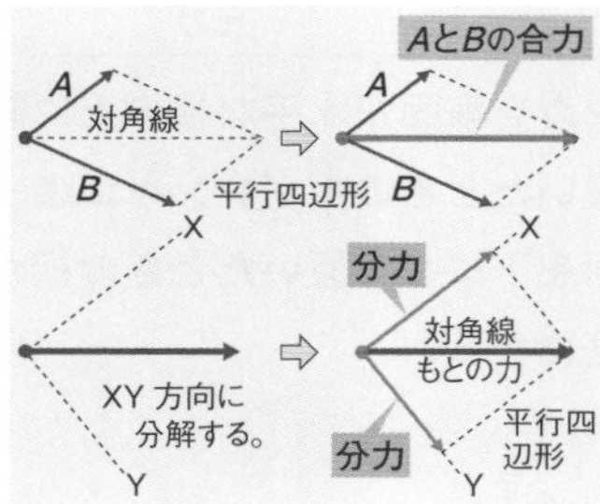

▲ 力の合成と分解

2 物体の運動

重要！

(1) 速さ〔m/s〕＝$\dfrac{\text{移動距離（きょり）〔m〕}}{\text{移動に要した時間〔s〕}}$

(2) **斜面（しゃめん）を下る運動**…**速さ**は時間に**比例**。

(3) **等速直線運動**（とうそくちょくせんうんどう）…速さが一定で一直線上を進む運動。

(4) **慣性の法則**（かんせいのほうそく）…運動している物体は**等速直線運動**を続ける。静止している物体は**静止**を続ける。
▶物体に力がはたらかないとき，または力がつり合っているとき

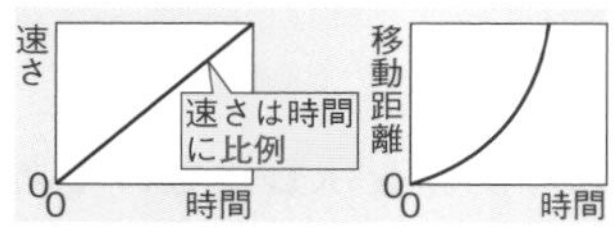

▲ 斜面を下る運動の時間と速さ，移動距離

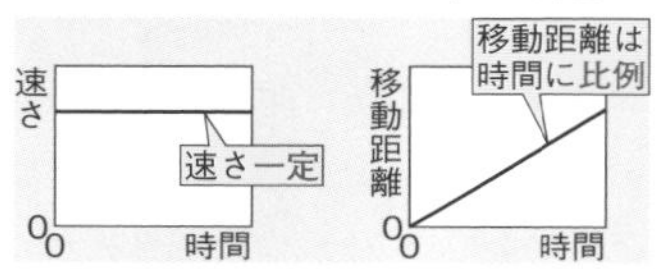

▲ 等速直線運動の時間と速さ，移動距離

3 仕事（しごと）とエネルギー

(1) 仕事〔J〕＝力の大きさ〔N〕×力の向きに動いた距離〔m〕

(2) **仕事の原理**（しごとのげんり）…道具を使っても，直接手でする仕事と等しい。

(3) 仕事率（しごとりつ）〔W〕＝$\dfrac{\text{仕事〔J〕}}{\text{仕事に要した時間〔s〕}}$

(4) **位置（いち）エネルギー**…質量と基準面からの高さに比例。
▶高いところにある物体がもつエネルギー

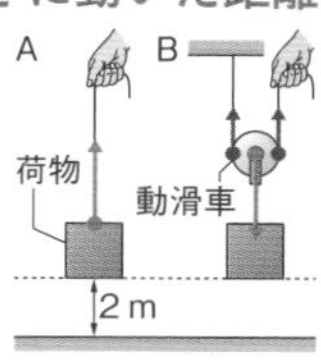

	A	B
荷物の重さ	4N	4N
荷物を持ち上げる距離	2m	2m
手が加える力	4N	2N
ひもを引く距離	2m	4m
仕事	8J	8J

▲ 仕事の原理
滑車（かっしゃ）やひもの重さ，摩擦は考えない。

(5) **運動（うんどう）エネルギー**…質量が大きいほど，速さが速いほど大きい。
▶運動している物体がもつエネルギー

(6) **力学的（りきがくてき）エネルギー**…位置エネルギーと運動エネルギーの和。摩擦（まさつ）や空気の抵抗（ていこう）がなければ，その**和は一定**。
▶力学的エネルギーの保存

くわしく！ 水圧（すいあつ）と浮力（ふりょく）

水圧…水の重さによって生じる圧力。水面から深くなるほど**大きい**。

浮力…水中の物体が受ける上向きの力。物体の上面と下面にはたらく力の大きさの差が浮力となる。

くわしく！ 作用（さよう）・反作用（はんさよう）の法則

物体に力を加える（**作用**）と，物体から同じ大きさで反対向きの力を受ける（**反作用**）。**つり合う2力とはちがう。**

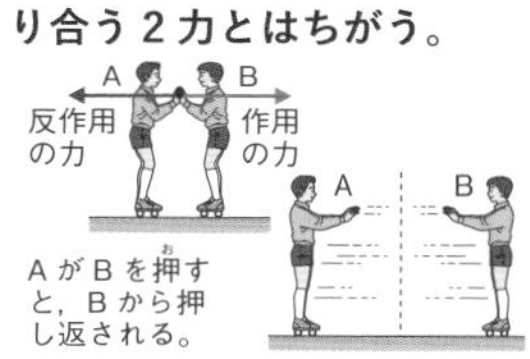

よく出る！ いろいろな仕事

・床（ゆか）の上で物体を引く仕事
＝摩擦力×移動距離
・物体を引き上げる仕事
＝物体の重さ×移動距離

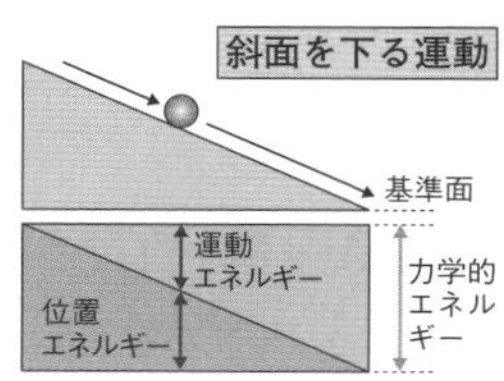

▲ 力学的エネルギー

Q. 基礎力チェック問題

(1) 2力を合成するとき，2力を2辺とする（　　）の対角線が合力となる。 ［　　　　］

(2) 速さが一定で一直線上を進む運動を（　　）という。 ［　　　　］

(3) 物体を8Nの力で1.5m持ち上げたときの仕事は何Jか。 ［　　　　］

(4) 力学的エネルギーは（　　）エネルギーと（　　）エネルギーの和である。 ［　　　，　　　］

出題傾向

物体の運動のようすや速さを問う問題が多い。電池の電極での変化や電気分解で発生する物質がよく問われる。また中和の反応にも注意する。

4 イオンと化学変化

(1) **陽イオン**…原子が電子を失い，**＋の電気**を帯びたもの。
いん ▶ H^+, Na^+, Cu^{2+}など
陰イオン…原子が電子を得て，**－の電気**を帯びたもの。
▶ Cl^-, OH^-, SO_4^{2-}など

(2) **電離**…物質が水にとけて，陽イオンと陰イオンに分かれること。

(3) **電解質**…電離する物質。
非電解質…電離しない物質。

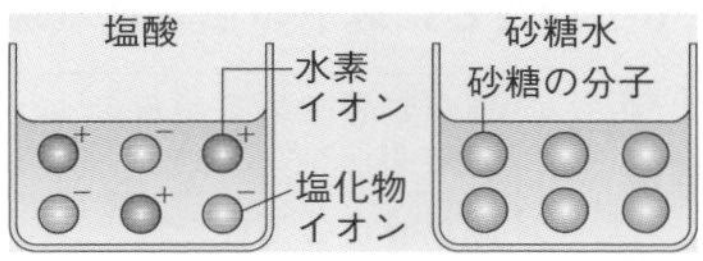

▲ 電解質の水溶液　▲ 非電解質の水溶液

(4) **水溶液に電流が流れるときの変化**…**電気分解**される。

重要！
塩化銅水溶液…**陰極**に**銅**が付着，**陽極**に**塩素**が発生。$CuCl_2 \rightarrow Cu + Cl_2$
塩酸…**陰極**に**水素**，**陽極**に**塩素**が発生。$2HCl \rightarrow H_2 + Cl_2$

(5) **電池（化学電池）**…電解質水溶液に2種類の金属板を入れて電流をとり出す装置。
▶ 物質の化学エネルギーを電気エネルギーに変換する。

重要！
ダニエル電池
－極　$Zn \rightarrow Zn^{2+} + 2e^-$
＋極　$Cu^{2+} + 2e^- \rightarrow Cu$

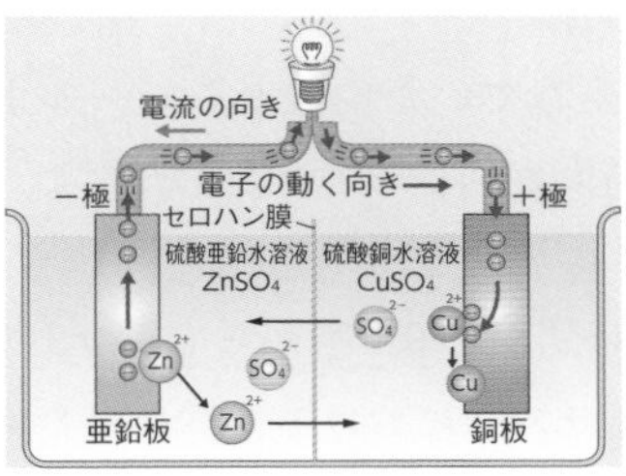

▲ ダニエル電池

5 酸・アルカリと中和

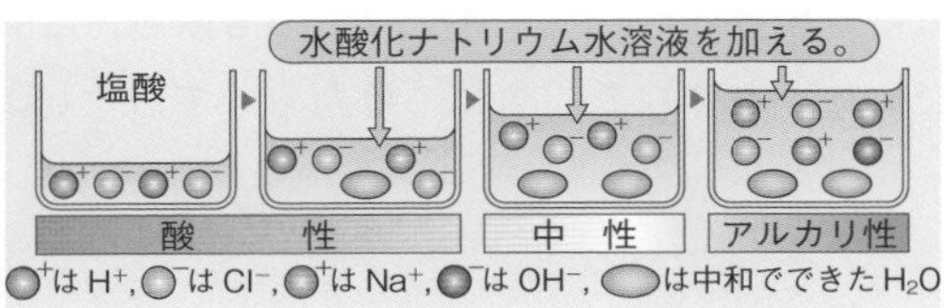

▲ 塩酸と水酸化ナトリウム水溶液の中和

(1) **酸**…電離して水素イオンH^+を生じる物質。

(2) **アルカリ**…電離して水酸化物イオンOH^-を生じる物質。

(3) **中和**…酸のH^+とアルカリのOH^-が結びついて水ができる反応。
▶ 発熱反応
$H^+ + OH^- \rightarrow H_2O$

(4) **塩**…酸の陰イオンとアルカリの陽イオンが結びついてできる物質。

くわしく！

原子とイオン

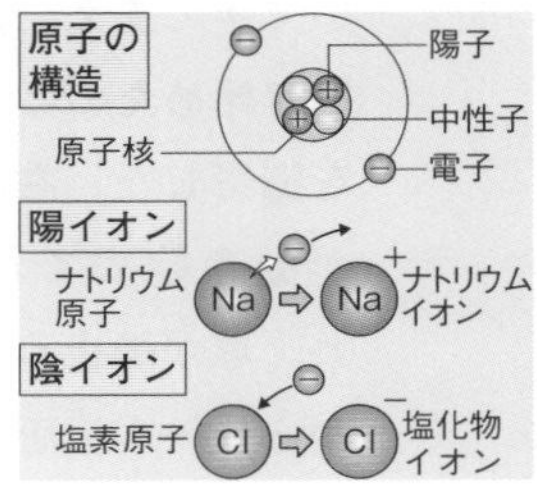

電離を表す式

塩化水素　$HCl \rightarrow H^+ + Cl^-$
水酸化ナトリウム
$NaOH \rightarrow Na^+ + OH^-$
塩化ナトリウム　$NaCl \rightarrow Na^+ + Cl^-$
塩化銅　$CuCl_2 \rightarrow Cu^{2+} + 2Cl^-$

イオンへのなりやすさ

マグネシウム＞亜鉛＞銅
電池では，**イオンになりやすい方の金属が－極になる。**
亜鉛と銅の電池では，イオンになりやすい亜鉛が－極になる。

よく出る！

水溶液の性質

試薬	酸性	アルカリ性
リトマス紙	青→赤	赤→青
BTB溶液	黄色	青色
フェノールフタレイン溶液	無色	赤色

pH…酸性やアルカリ性の強さを表す数値。

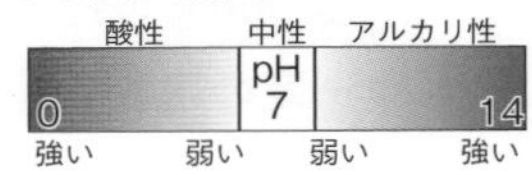

理科

解答はページ下

(5) 塩化銅水溶液に電流を流すと陰極に(　　)が付着し，陽極に(　　)が発生する。[　　　，　　　]
(6) ダニエル電池で，電子を失ってイオンになるのは［亜鉛　銅］である。[　　　]
(7) 水にとけて（　　）が生じる物質を酸という。[　　　]
(8) 酸のH^+とアルカリのOH^-が結びついて水ができる反応を何というか。[　　　]

A. (1)平行四辺形　(2)等速直線運動　(3)12 J　(4)位置，運動（順不同）　(5)銅，塩素　(6)亜鉛　(7)水素イオン（H^+）　(8)中和

理科 6

運動とエネルギー，化学変化とイオン

1

物体の運動

よく出る!

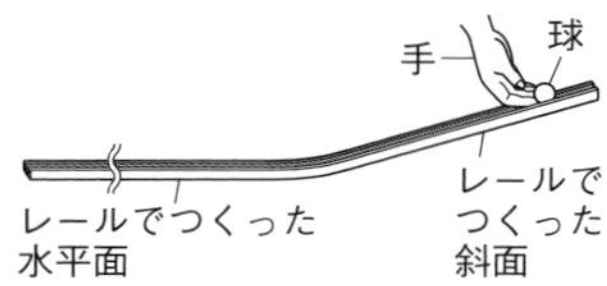

右の図のように，2本のまっすぐなレールをなめらかにつなぎあわせて傾きが一定の斜面と水平面をつくり，斜面上に球を置いて手で支え，静止させた。手を静かに離し，球がレール上を動き始めたのと同時に，0.1秒ごとにストロボ写真（連続写真）を撮影した。右の表は，球が動き始めてからの時間と，球が静止していた位置からレール上を動いた距離を，撮影した写真から求めてまとめたものの一部である。これについて，下の問いに答えなさい。ただし，球にはたらく摩擦力や空気の抵抗は考えないものとする。

球が動き始めてからの時間〔s〕	0.1	0.2	0.3	0.4	0.5	0.6	0.7	0.8
球が静止していた位置からレール上を動いた距離〔cm〕	1.5	6.0	13.5	24.0	36.0	48.0	60.0	72.0

［京都府］(9点×4)

(1) 球が動き始めてからの時間が0.2秒から0.3秒までの間における，球がレール上を動いた平均の速さは何cm/sか。 [　　　　]

(2) 表から考えて，球が静止していた位置からレール上を動いた距離が120.0 cmに達したのは，球が動き始めてからの時間が何秒のときか。ただし，水平面は十分な長さがあったものとする。 [　　　　]

ミス注意

(3) 球が動き始めてからの時間が① 0.1秒から0.3秒までの間，および球が動き始めてからの時間が② 0.6秒から0.8秒までの間における，球にはたらく球の進行方向に平行な力について述べた文として最も適当なものを，次の**ア**〜**エ**からそれぞれ1つずつ選べ。

ア　一定の大きさではたらき続ける。　**イ**　はたらき続け，しだいに大きくなる。

ウ　はたらき続け，しだいに小さくなる。　**エ**　はたらいていない。

①[　　]
②[　　]

2

仕事と仕事の原理

図1，図2のように2種類の方法で，滑車を用いて質量300 gの物体を床から0.3 mの位置までゆっくりと一定の速さで引き上げた。次の問いに答えなさい。ただし，滑車やひもの摩擦，滑車やひもの重さ，ひものび縮みは考えないものとする。 ［群馬県］(8点×2)

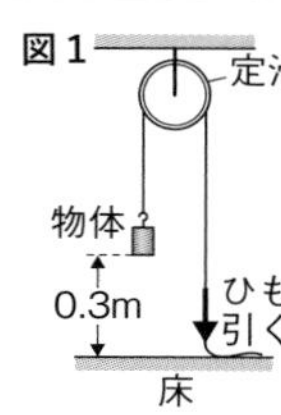

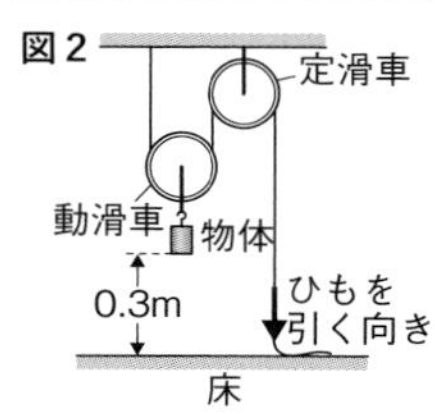

(1) 図1の方法で物体を引き上げたとき，ひもを引く力がした仕事はいくらか。ただし，100 gの物体にはたらく重力の大きさを1 Nとする。 [　　　　]

(2) 次の**ア**〜**ウ**のうち，図1の方法と図2の方法を比較したときに，図1の方法の方が図2の方法より大きくなるものとして適切なものを選べ。 [　　]

ア　ひもを引く力の大きさ　**イ**　ひもを引く距離　**ウ**　ひもを引く力がした仕事の大きさ

時間：30分　配点：100点　目標：80点

解答：別冊 p.15　得点：　　点

3

中和とイオン

次の実験について，あとの問いに答えなさい。 ［秋田県］(8点×4)

【実験Ⅰ】 緑色のBTB溶液数滴とうすい塩酸5 cm^3 を入れた試験管**A**～**G**を用意した。次に，こまごめピペットを用いて，図1のように，試験管**B**～**G**に下の表に示した量のうすい水酸化ナトリウム水溶液を加えて混ぜ合わせ，それぞれの水溶液の色を調べてまとめた。

図1

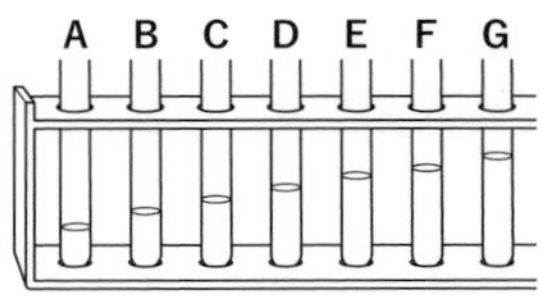

試験管	A	B	C	D	E	F	G
加えたうすい水酸化ナトリウム水溶液〔cm^3〕	0	1	2	3	4	5	6
水溶液の色	黄	黄	黄	黄	黄	緑	青

【実験Ⅱ】 実験Ⅰで，混ぜ合わせても水溶液の色が黄色であった試験管**B**～**E**で中和が起こったかを確かめるために，図2のように，試験管**A**～**E**にマグネシウムリボンをそれぞれ入れ，気体の発生のようすを比べた。このとき，気体の発生は，試験管**A**が最もさかんで，**B**から順に弱くなり，**E**が最も弱かった。

図2

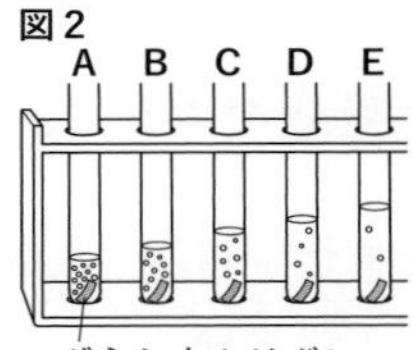

(1) 実験Ⅰの試験管**G**について，水溶液中に最も多く存在するイオンは何か。イオンの化学式を書け。 ［　　　　］

よく出る！

(2) 実験Ⅱについて考察した次の文が正しくなるように，**X**にはあてはまるイオンの名称を，**Y**にはあてはまる語句を，**Z**にはあてはまる内容を「中和」という語句を用いてそれぞれ書け。

X［　　　　］ **Y**［　　　　］ **Z**［　　　　］

気体の発生のようすから，うすい水酸化ナトリウム水溶液の量が多くなるにつれ，（ **X** ）が減少していくことで酸の性質が（ **Y** ）なっていったと考えられる。よって，試験管**B**～**E**では（ **Z** ）といえる。

4

化学電池

よく出る！

備長炭に食塩水でしめらせたキッチンペーパーを巻き，さらにその上にアルミニウムはくを巻いた装置をつくった。この装置と電子オルゴールを導線でつないだところ，メロディが鳴った。しばらくメロディを鳴らした後，アルミニウムはくのようすを観察すると，穴があいたり，厚さがうすくなったりしていた。次の文の ① にメロディが鳴った理由を，アルミニウムはくの変化のようすをふまえてイオンと移動という2つの語を用いて書きなさい。また，②の（　　）の中から正しいものを1つ選びなさい。

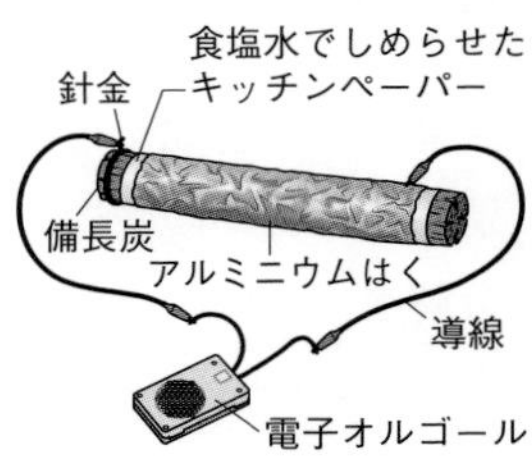

［熊本県］(8点×2)

電子オルゴールのメロディが鳴ったのは， ① からである。このことから，アルミニウムはくは，②（**ア** ＋極　**イ** －極）であると考えられる。

①［　　　　］ ②［　　］

理科

TEST

7 遺伝と自然界，地球と宇宙

必ず出る！ 要点整理

1 生物の成長

(1) **細胞分裂**…核が2つに分かれ，次に細胞質が2つに分かれる。

(2) **染色体**…細胞分裂の際に現れるひも状のもの。
▶ 酢酸オルセインなどの染色液で染まる。

(3) **生物の成長**
①**細胞分裂によって細胞の数がふえる。**
②**ふえた細胞がそれぞれ大きくなる。**

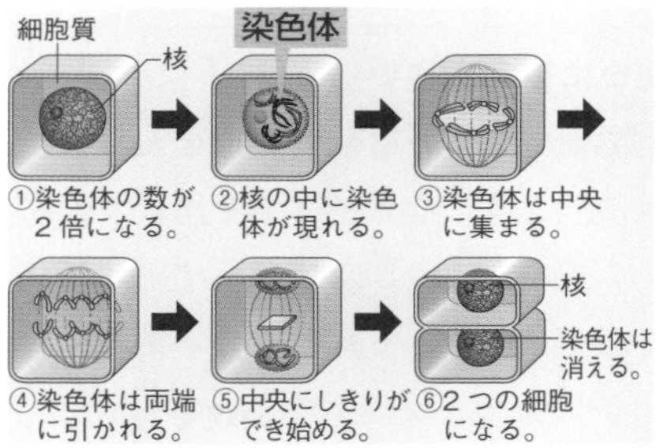

▲ 細胞分裂（植物細胞）

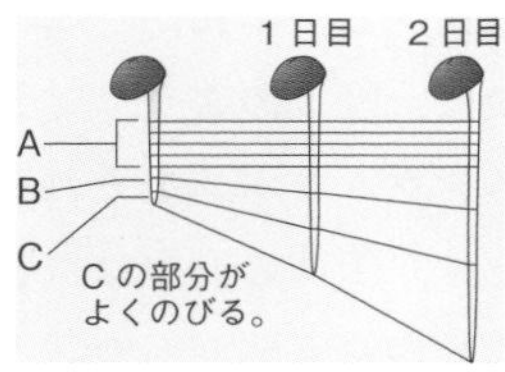

▲ **根ののび方** 根の先端付近で細胞分裂がさかんに行われる。

2 生物のふえ方，遺伝

(1) **有性生殖**…生殖細胞の受精によるふえ方。
▶ 両親の遺伝子を半分ずつ受けつぎ，遺伝子の組み合わせが親とちがう。

(2) **無性生殖**…雌，雄に関係しないふえ方。
▶ 親と同じ遺伝子を受けつぎ，形質は親と同じ。

(3) **減数分裂**…染色体の数が半分になる細胞分裂。
▶ 生殖細胞がつくられるときに行われる。

重要！

(4) **対立形質の純系の交配**…子に現れる形質を**顕性形質**，現れない形質を**潜性形質**という。
▶ エンドウの種子の丸としわのように，同時には現れない形質どうし

(5) **分離の法則**…減数分裂で，対になっている**遺伝子**が別々の生殖細胞に入ること。
▶ 形質を決めるもと。染色体にあり，本体はDNAという物質

A：丸の形質（顕性）を表す遺伝子
a：しわの形質（潜性）を表す遺伝子

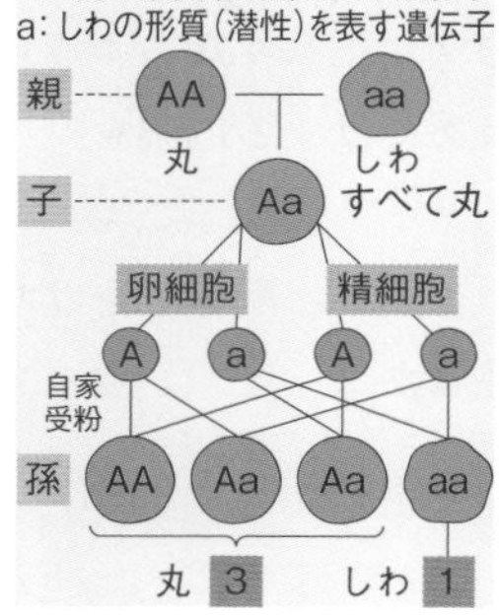

▲ 遺伝のしくみ（エンドウの種子の形）

3 自然界のつり合い

(1) **生産者**…光合成を行って**有機物をつくる**植物。

(2) **消費者**…ほかの生物を食べる動物。
▶ 有機物を得る。

(3) **分解者**…有機物を**無機物などに分解**する生物。
▶ 菌類・細菌類，土中の小動物

(4) **食物連鎖**…食べる・食べられるという関係。
▶ 植物→草食動物→小形の肉食動物→大形の肉食動物

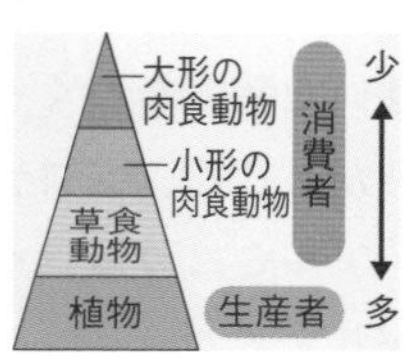

▲ 生物の数量の関係

よく出る!

被子植物の有性生殖

受精後，受精卵は胚になる。

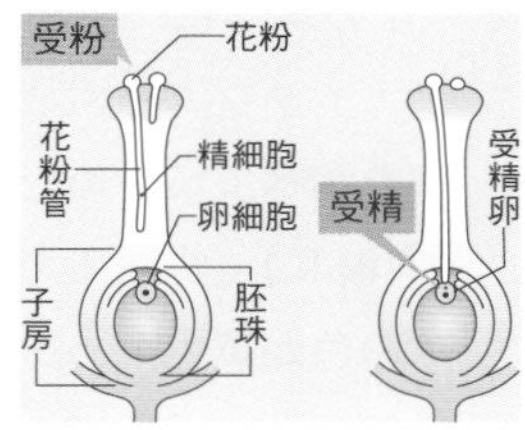

くわしく!

生物の進化

進化…長い年月の間に生物の形質が変化すること。
相同器官…形やはたらきは異なるが，起源が同じと考えられる器官。進化の証拠になる。

くわしく!

生態系

生物と環境を1つのまとまりとしてとらえたもの。

炭素の循環

炭素は二酸化炭素と有機物の形で自然界を循環する。

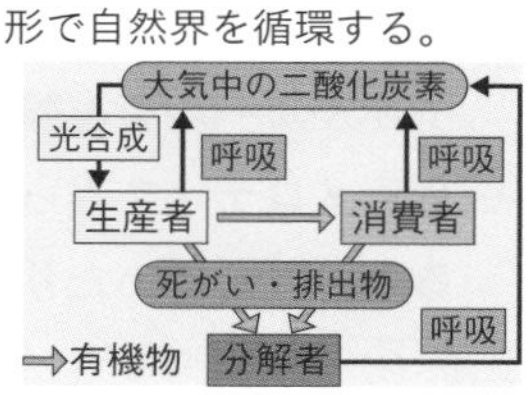

Q 基礎力チェック問題

(1) 細胞分裂のときに見られるひも状のものを何というか。 [　　　　]

(2) 生物が成長するときは，細胞の数がふえることと何が起きているか。 [　　　　]

(3) 減数分裂では，染色体の数が（　　）になる。 [　　　　]

(4) 植物は生態系では何とよばれるか。 [　　　　]

出題傾向

細胞分裂の順序や有性生殖と無性生殖のちがいがよく出る。
日周運動，天球上の太陽の動き，金星の見え方の出題も多い。

学習日 ／

❹ 天体の運動と地球の自転・公転

(1) **日周運動**…地球の自転による天体の見かけの運動。

重要！

東から西へ1時間に約15°動く。
▶1日で天球上を一周する。
北の空の星は北極星を中心に反時計回りに1時間に約15°回転する。

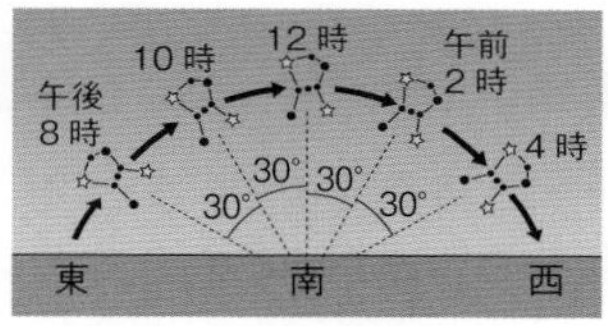

▲ オリオン座の1日の動き

(2) **同時刻の星の動き**…地球の公転によって，東から西へ1か月に約30°動く。
▶同じ位置に見える時刻は1か月に2時間早まる。

(3) 黄道…天球上の太陽の通り道。

(4) **季節の変化**…地球は地軸を傾けて公転
▶公転面に立てた垂線から約23.4°傾いている。
しているため，太陽の南中高度や昼夜の長さが変化し，気温が変化する。

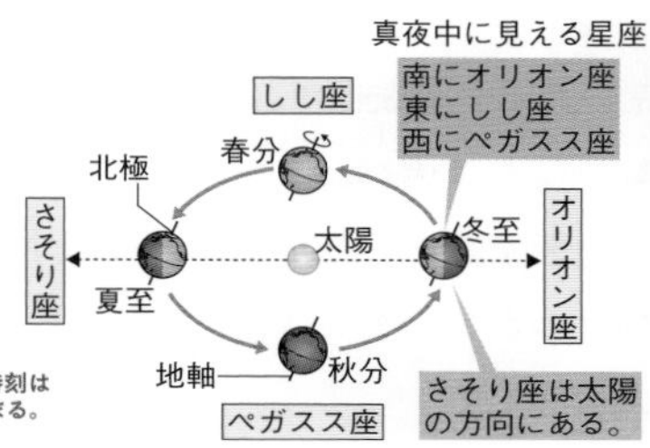

▲ 星座の移り変わり

よく出る！

北の空の星の1年の動き

北極星を中心に反時計回りに，1か月に約30°回転する。

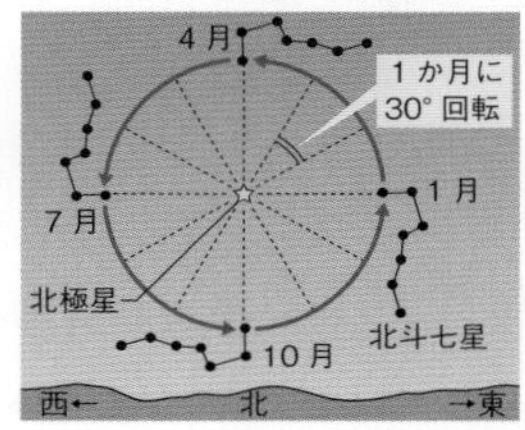

▲ 毎月同時刻に観測した際の星の動き

くわしく！

太陽の日周運動の変化

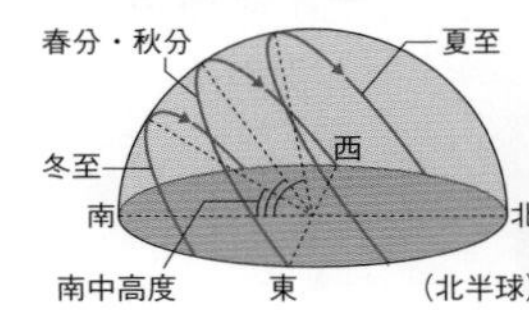

太陽の南中高度の求め方

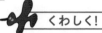

夏至…90° －緯度＋23.4°
冬至…90° －緯度－23.4°
春分・秋分…90° －緯度

❺ 太陽，月の運動

(1) **黒点**…まわりより温度が低い。太陽の自転によって東から西へ移動。
▶太陽表面の黒い斑点

(2) **月の運動と見え方**…月が地球のまわりを公転しているために，同じ時刻に見える月は形を変えながら，西から東へ位置を変える。
▶地球の衛星である。

(3) **日食・月食**…太陽－月－地球の順で一直線上に並ぶと日食が起こる。太陽－地球－月の順で一直線上に並ぶと月食が起こる。

❻ 惑星，恒星

(1) 惑星…太陽のまわりを公転している8個の天体。
▶水星，金星，地球，火星，木星，土星，天王星，海王星

(2) **金星の見え方**…夕方の西の空か明け方の東の空。
▶真夜中は見えない。

(3) 恒星…自ら光を出す天体。
▶太陽や，星座をつくる星

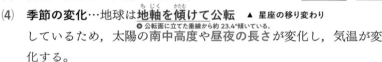

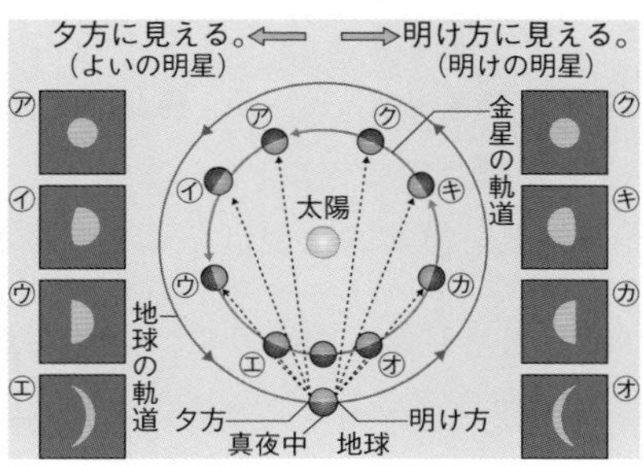

▲ 金星の見え方

よく出る！

月の見え方

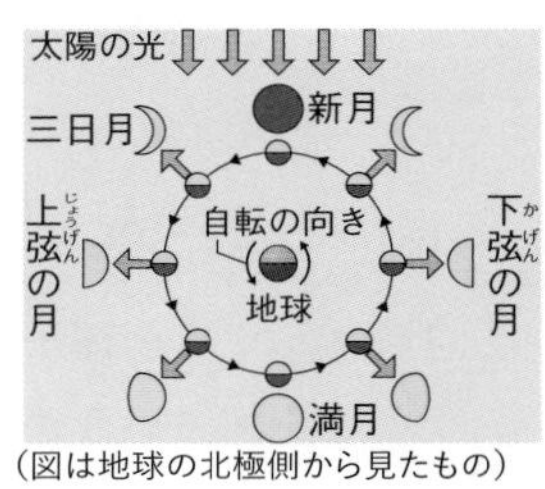

(図は地球の北極側から見たもの)

解答はページ下

(5)	地球の(　　)によって，星は1時間に［15°　30°］東から西へ動いて見える。	［　　　，　　　］
(6)	北緯36°の地点での夏至の太陽の南中高度は(　　)°である。	［　　　　　　］
(7)	太陽表面の(　　)はまわりより温度が低い。	［　　　　　　］
(8)	金星は，夕方の(　　)の空か，明け方の(　　)の空に見える。	［　　　，　　　］

A (1)染色体 (2)ふえた 細胞が大きくなること (3)半分$\left(\frac{1}{2}\right)$ (4)生産者 (5)自転，15° (6)77.4 (7)黒点 (8)西，東

理科

高校入試実戦力アップテスト

理科 7

遺伝と自然界，地球と宇宙

1

細胞分裂

よく出る!

タマネギの根の先端を用いて体細胞分裂を観察した。図は，そのスケッチである。次の問いに答えなさい。 ［岐阜県］(8点×2)

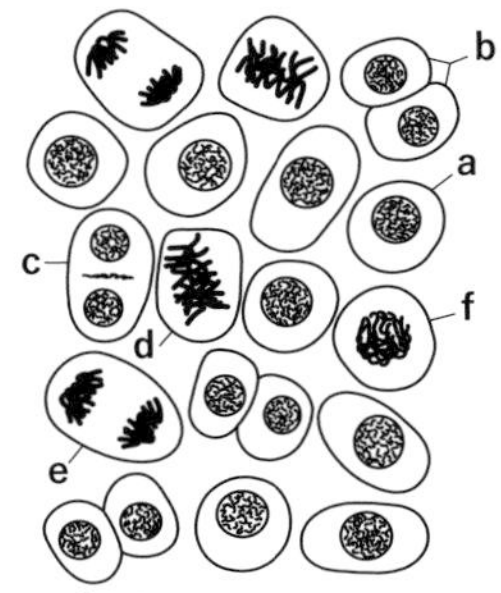

(1) 図の **a** ～ **f** は，体細胞分裂の過程で見られる異なった段階の細胞を示している。**a** をはじまりとして，**b** ～ **f** を体細胞分裂の順に並べよ。 ［a→　　→　　→　　→　　→　　］

ミス注意

(2) タマネギの根で見られる体細胞分裂について，正しく述べている文はどれか。**ア**～**エ**から1つ選べ。 ［　　］

ア　体細胞分裂は，タマネギの根のどの部分を用いても観察することができる。

イ　体細胞分裂が行われて細胞の数がふえるとともに，それぞれの細胞が大きくなることで，タマネギの根は成長する。

ウ　体細胞分裂した直後の細胞の大きさは，体細胞分裂する直前の大きさと比べて約2倍の大きさである。

エ　体細胞分裂した細胞の染色体の数は，体細胞分裂する前の細胞の染色体の数と比べて半分である。

2

遺伝の規則性

よく出る!

遺伝の規則性を調べるために，エンドウを用いて，次の実験を順に行った。あとの問いに答えなさい。 ［栃木県］(8点×3)

① 丸い種子としわのある種子をそれぞれ育て，かけ合わせたところ，子には，丸い種子としわのある種子が1：1の割合でできた。

② 実験①で得られた，丸い種子をすべて育て，開花後にそれぞれの個体において自家受粉させたところ，孫には，丸い種子としわのある種子が3：1の割合でできた。

図は，実験①，②の結果を模式的に表したものである。

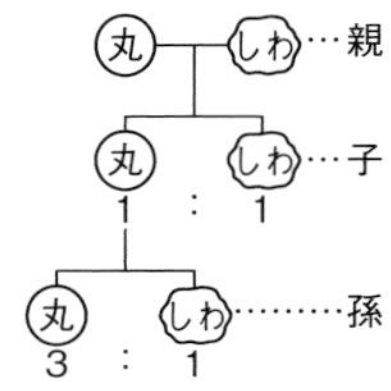

(1) エンドウの種子の形の「丸」と「しわ」のように，どちらか一方しか現れない形質どうしのことを何というか。 ［　　　　］

(2) 種子を丸くする遺伝子を**A**，種子をしわにする遺伝子を**a**としたとき，子の丸い種子が成長してつくる生殖細胞について述べた文として，最も適切なものはどれか。 ［　　］

ア　すべての生殖細胞が**A**をもつ。

イ　すべての生殖細胞が**a**をもつ。

ウ　**A**をもつ生殖細胞と，**a**をもつ生殖細胞の数の割合が1：1である。

エ　**A**をもつ生殖細胞と，**a**をもつ生殖細胞の数の割合が3：1である。

時間：	30 分	配点：	100 点	目標：	80 点
解答：	別冊 p.16	得点：	点		

ハイレベル

(3) 実験②で得られた孫のうち，丸い種子だけをすべて育て，開花後にそれぞれの個体において自家受粉させたとする。このときできる，丸い種子としわのある種子の数の割合を，最も簡単な整数比で書け。 [　　　　]

アドバイス　孫の代で丸い種子をつくる遺伝子の組み合わせとその数の比は，AA：Aa＝1：2

3　地球の公転と四季

図は，地球が太陽のまわりを公転するようすを，公転面に垂直な方向から見た模式図であり，A～Dは北半球における春分，夏至，秋分，冬至のいずれかの地球の位置を示している。次の問いに答えなさい。

［山口県］(8点×3)

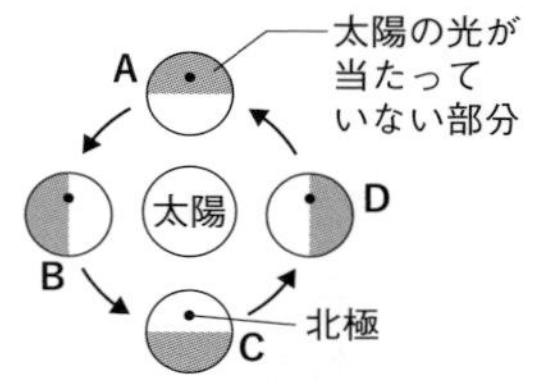

(1) 太陽とそのまわりを公転する天体を，まとめて何というか。 [　　　　]

(2) 冬至の地球の位置を示すものとして適切なものを，図のA～Dから1つ選べ。 [　　]

(3) 地軸は，公転面に垂直な方向から約23.4°傾いている。地球の位置が図のCのとき，地軸が公転面に垂直であるとすると，地軸が傾いているときと比較して，日本では，どのような変化が起こるか。適切なものを，次のア～エから1つ選べ。 [　　]

ア　昼間の長さが長くなる。　　**イ**　太陽の南中高度が低くなる。

ウ　日の入りの時刻が遅くなる。　　**エ**　日の出の時刻が早くなる。

4　天体の動き

天体の動きについて，次の問いに答えなさい。 (9点×4)

よく出る！

(1) 花子さんが，ある日の午後10時に茨城県内のある地点で北の空を観察したところ，Aの位置に北斗七星が見えた。図1は，北極星と北斗七星との位置関係を模式的に表したものである。同じ地点で，3か月後の午後7時に北の空を観察したとき，北斗七星はどの位置に見えると考えられるか。図1のア～エから1つ選べ。 ［茨城県］[　　]

図1

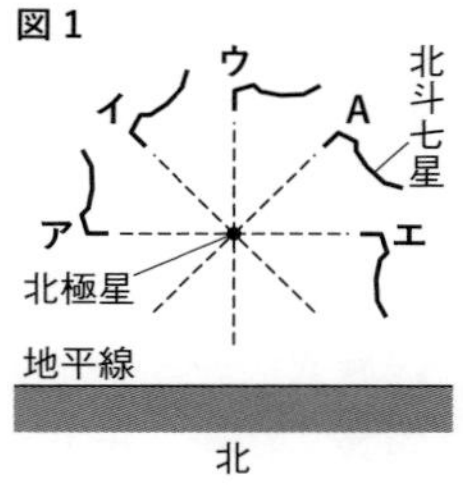

(2) 図2は，月，地球の位置関係および太陽の光の向きを模式的に表したものである。 ［三重県］

図2

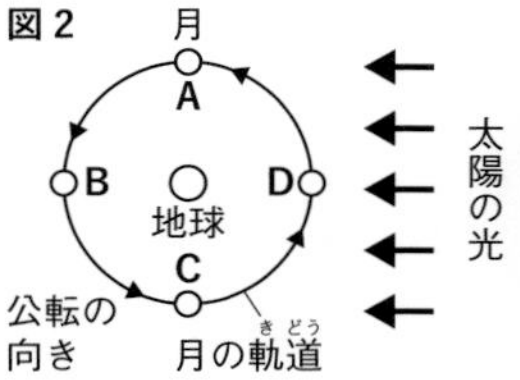

① 月のように，惑星のまわりを公転している天体を何というか。 [　　　　]

② 日食が起こるのは月がA～Dのどの位置にあるときか。 [　　]

③ 月食とはどのような現象か。「太陽」，「月」，「地球」の位置関係にふれて，「影」という言葉を使って簡単に書け。 [　　　　]

理科

TEST

社会

1 世界と日本の姿

必ず出る！ 要点整理

1 地球の姿，緯度と経度

(1) **陸地と大洋**…6大陸と3大洋。

(2) **地域区分**…**アジア州**，**ヨーロッパ州**，アフリカ州，北アメリカ州，南アメリカ州，**オセアニア州**。

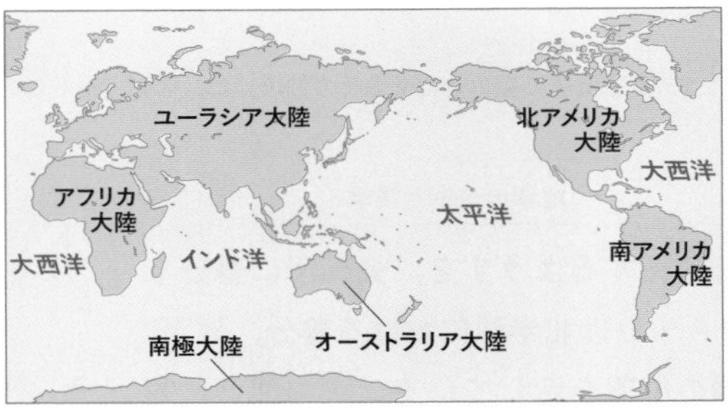

▲ 6大陸と3大洋

(3) **緯度と経度**

重要！

●緯度…赤道が0度，南北をそれぞれ**90度**ずつに分ける。

●経度…本初子午線が0度，東西をそれぞれ**180度**ずつに分ける。
▶イギリスのロンドンを通る

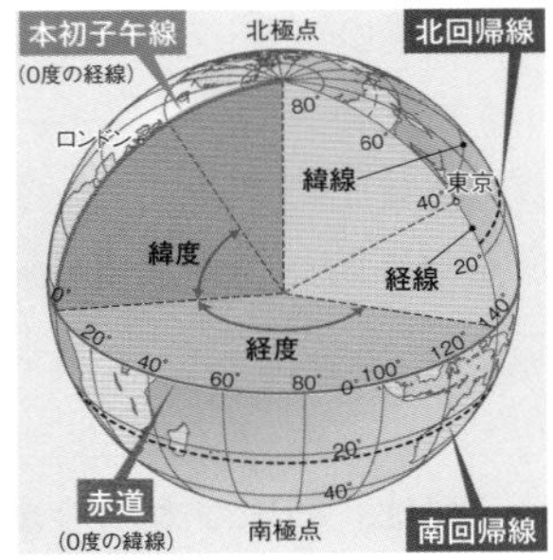

▲ 緯度と経度

2 さまざまな地域の暮らし

(1) **5つの気候帯**…熱帯，乾燥帯，温帯，冷帯（亜寒帯），寒帯。
▶砂漠気候とステップ気候　▶北半球にのみ分布

●**暑い地域の暮らし**…**高床の住居**で湿気を防ぐ。

●**乾燥地域の暮らし**…**サヘル**で焼畑農業，**日干しれんが**の住居。モンゴルの草原では，**ゲル**と呼ばれる移動式の組み立て住居。

●**地中海沿岸の暮らし**…地中海性気候，石造りの住居。

●**シベリアの寒い地域**…**永久凍土**，**針葉樹林**（タイガ）。

●**アンデス山脈の高地**…高山気候。**リャマ**や**アルパカ**を放牧。

(2) **世界各地の衣食住**…気候に合った，手に入りやすい材料を使用。民族衣装→インドの**サリー**，朝鮮半島の**チマ・チョゴリ**。

(3) **宗教**…仏教，**キリスト教**，**イスラム教**が三大宗教。インドでは**ヒンドゥー教**。

よく出る！

日干しれんがの家

(ピクスタ)

森林が育たない地域でみられる，土を材料にした伝統的な住居。

くわしく！

イスラム教とヒンドゥー教

	教えや暮らし
イスラム教	・教典「コーラン」。 ・1日5回の礼拝。 ・**豚肉を食べない**，酒を飲まない。
ヒンドゥー教	・牛を神聖視。 ・**牛肉を食べない**。 ・ガンジス川で沐浴。

Q. 基礎力チェック問題

(1) ヨーロッパ州とアジア州からなる，面積が世界最大の大陸を何というか。　[　　　　]

(2) 緯度0度の緯線を，とくに何というか。　[　　　　]

(3) 乾燥帯は，砂漠気候と［サバナ気候　　ステップ気候］が広がる。　[　　　　]

(4) 地中海沿岸では，［石　　土］でつくった住居がみられる。　[　　　　]

(5) 西アジアや北アフリカは［仏教　　イスラム教］を信仰する人が多い。　[　　　　]

学習日 ／

出題傾向

6大陸や3大洋，赤道や本初子午線などの位置と名称はよく出る。日本の気候は，季節風の影響を問う問題が多い。

❸ 日本の位置と領域(りょういき)，都道府県

⑴ **時差**…**経度 15 度で 1 時間の時差**。各国に標準時。
▶日本は東経 135 度の経線上の時刻

⑵ **国の領域**…領土，領海，領空。

●**排他的経済水域(はいたてきけいざいすいいき)**…**200 海里**以内の水域。沿岸国に資源の権利。
▶領海を除く

●**領土をめぐる動き**…**北方領土**は**ロシア**，**竹島(たけしま)**は**韓国(かんこく)**が占拠(せんきょ)。
▶島根県

⑶ **都道府県と 7 地方区分**…47 都道府県。北海道地方，東北地方，関東地方，中部地方，近畿(きんき)地方，中国・四国地方，九州地方。

❹ 日本の自然環境

⑴ **造山帯(ぞうざんたい)（変動帯(へんどうたい)）**…地震(じしん)の震源(しんげん)，火山が連なる地域。日本は**環太平洋(かんたいへいよう)造山帯**に属する。ほかに，**アルプス・ヒマラヤ造山帯**。

⑵ **日本の地形**…国土の約 4 分の 3 が山地・丘陵(きゅうりょう)地。

●**日本アルプス**（日本の屋根）…**飛驒(ひだ)山脈**，**木曽(きそ)山脈**，**赤石(あかいし)山脈**。

●**日本の川**…世界の川と比べて**短くて急流**，**流域面積が狭(せま)い**。

●**平地・海岸**…平野，**盆地(ぼんち)**。**扇状地(せんじょうち)**や**三角州(さんかくす)**。**リアス海岸**など。

●**周辺の海流**…暖流→**黒潮(くろしお)（日本海流）**，**対馬(つしま)海流**。寒流→**親潮(おやしお)（千島(ちしま)海流）**，リマン海流。寒流と暖流がぶつかる**潮境(しおざかい)（潮目(しおめ)）**。

⑶ **日本の気候**…大部分が**温帯**，**四季**の変化，**梅雨(つゆ)**や**台風**。

重要！

●**季節風（モンスーン）**…季節によって風向きが変わる風。
夏→太平洋上から吹(ふ)く**南東**の風。太平洋側に雨を降らせる。
冬→**シベリア**から吹く**北西**の風。**日本海側に雨や雪を降らせる。**
▶ユーラシア大陸

●**気候区分**…**北海道の気候**，日本海側の気候，中央高地（内陸〔性〕）の気候，太平洋側の気候，瀬戸内(せとうち)の気候，**南西諸島の気候**。
▶冷帯（亜寒帯）　▶亜熱帯の気候

⑷ **自然災害**…地震，津波(つなみ)，火山の噴火(ふんか)，洪水(こうずい)，土砂崩(くず)れ，冷害。

●**防災・減災(げんさい)**…**ハザードマップ**の作成。**公助(こうじょ)**，**自助(じじょ)**，**共助(きょうじょ)**。
▶防災マップともいう

くわしく！

日本の端(はし)
・**北端**…択捉(えとろふ)島（北海道）
・**南端**…沖ノ鳥(おきのとり)島（東京都）
・**東端**…南鳥(みなみとり)島（東京都）
・**西端**…与那国(よなぐに)島（沖縄県）

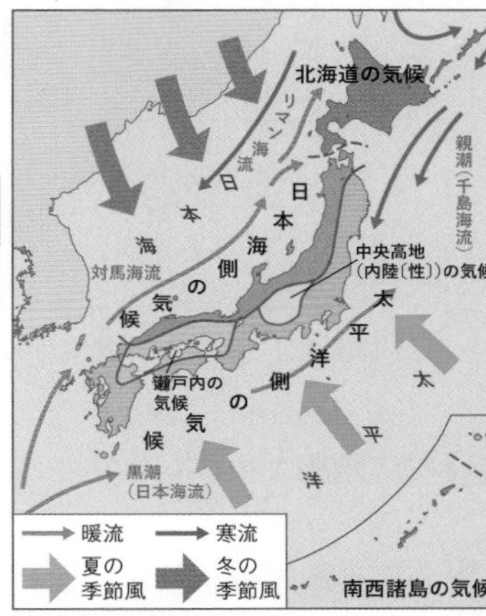

▲ 日本の気候区分

よく出る！

瀬戸内の気候と日本海側の気候の雨温図

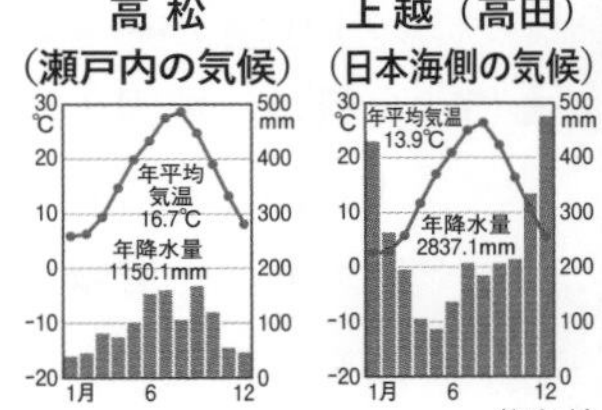

（気象庁）

瀬戸内の気候は，年降水量が少なく，日本海側の気候は冬の降水量が多い。

解答はページ下

(6) 海岸線から 200 海里以内の領海を除く水域を何というか。［　　　］
(7) 日本の南端の島は［南鳥(みなみとり)島　沖ノ鳥(おきのとり)島］である。［　　　］
(8) 飛驒(ひだ)山脈，木曽(きそ)山脈，赤石(あかいし)山脈は，まとめて何と呼ばれているか。［　　　］
(9) 日本海側の気候は，［北西　南東］の季節風の影響(えいきょう)で冬に降水量が多い。［　　　］
(10) 災害の被害(ひがい)予測区域や避難所(ひなんじょ)が表されている地図を何というか。［　　　］

A. (1)ユーラシア大陸　(2)赤道　(3)ステップ気候　(4)右　(5)イスラム教　(6)排他的経済水域　(7)沖ノ鳥島　(8)日本アルプス（日本の屋根）　(9)北西　(10)ハザード（防災）マップ

社会

高校入試実戦力アップテスト

社会 1

世界と日本の姿

1

世界の姿

地図Ⅰは，緯線(いせん)と経線が直角に交わる地図であり，地図Ⅱは，Xを中心とする，中心からの距離(きょり)と方位が正しい地図である。次の各問いに答えなさい。なお，地図Ⅰ中の緯線は赤道から，経線は本初子午線(ほんしょしごせん)から，いずれも20度間隔(かんかく)である。

（10点×5）

地図Ⅰ

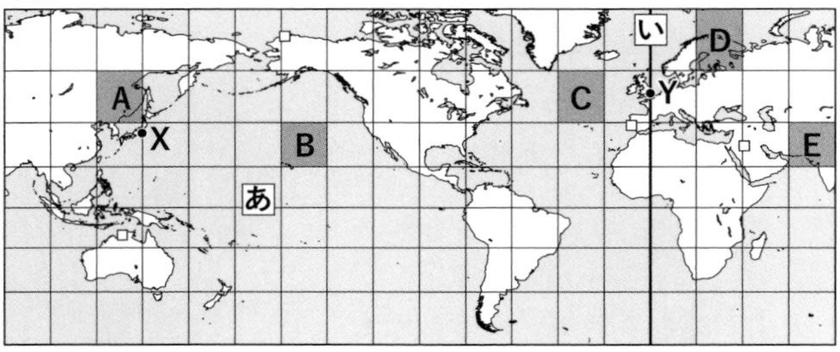

地図Ⅱ

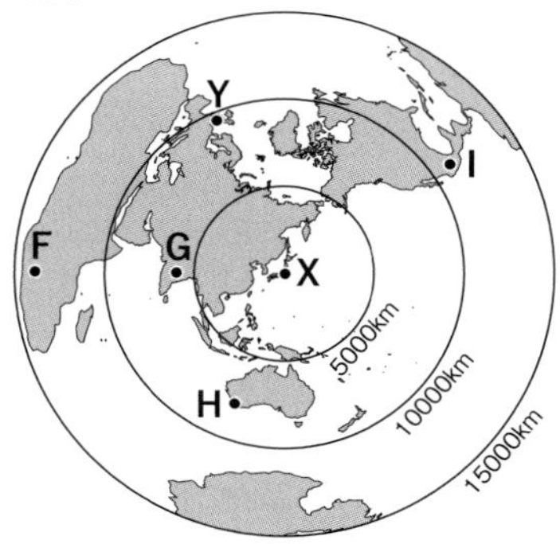

(1) **地図Ⅰ**中の[あ]で表された大洋を何というか，書きなさい。

［和歌山県］ ［　　　　］

よく出る！ (2) **地図Ⅰ**中の[い]は0度の経線である。この経線の名を書きなさい。［北海道］

［　　　　］

ミス注意 (3) **地図Ⅰ**と**地図Ⅱ**の**X**と**Y**は，それぞれ地球上の同じ地点を表している。地点**X**と地点**Y**を地球上において最短距離で結んだ場合，通過する範囲(はんい)を**地図Ⅰ**中の**A**～**E**からすべて選びなさい。

［岡山県］ ［　　　　］

(4) **地図Ⅱ**において，南緯20度，東経20度の地点を表しているのは，**F**～**I**のうちではどれか，一つ選びなさい。［岡山県］ ［　　］

アドバイス ☞ **地図Ⅰで南緯20度，東経20度の地点を確認し，その部分が地図Ⅱのどの地点に当たるかを確かめる。**

よく出る！ (5) **資料**は，**地図Ⅰ**に□で示した四つの都市のいずれかでみられる伝統的な衣服についての説明である。**資料**の衣服がみられる都市の雨温図を，次の**ア**～**エ**から一つ選びなさい。

［岡山県］ ［　　］

資料

写真の衣服は，この地域の気候に応じた伝統的な衣服であり，強い日差しや砂ぼこりから身を守る役割がある。

（Cynet Photo）

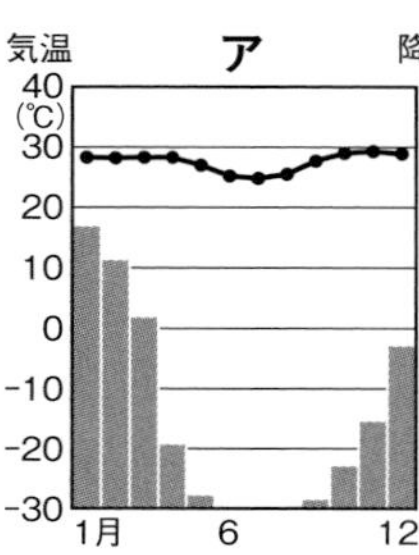

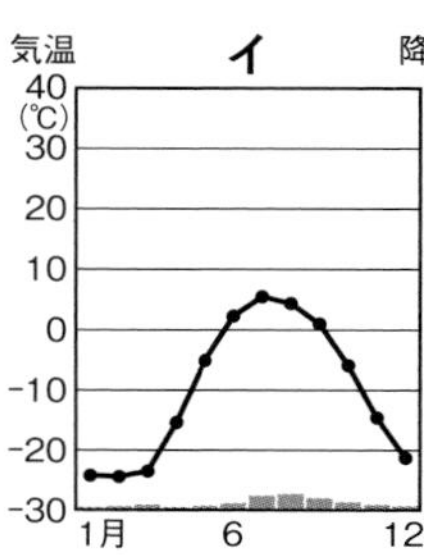

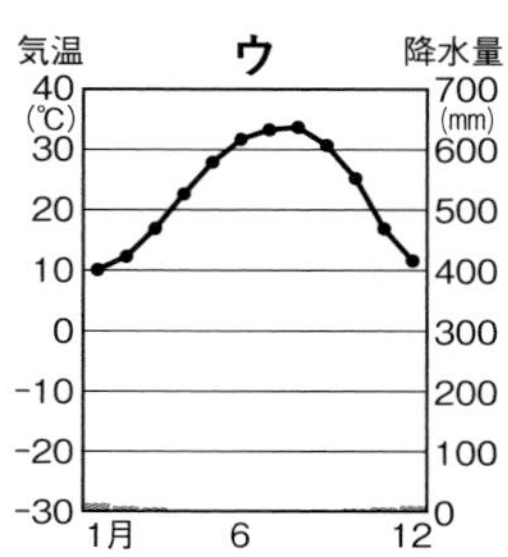

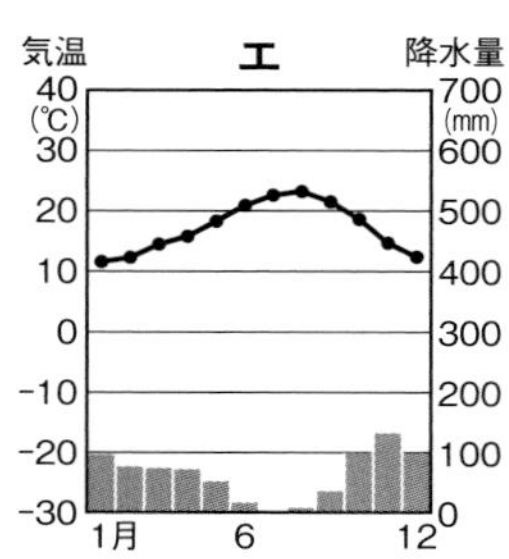

（気象庁）

時間：30分　配点：100点　目標：80点
解答：別冊 p.17　得点：　点

2 世界と日本の姿

右の地図を見て，次の各問いに答えなさい。　[香川県・改]（10点×5）

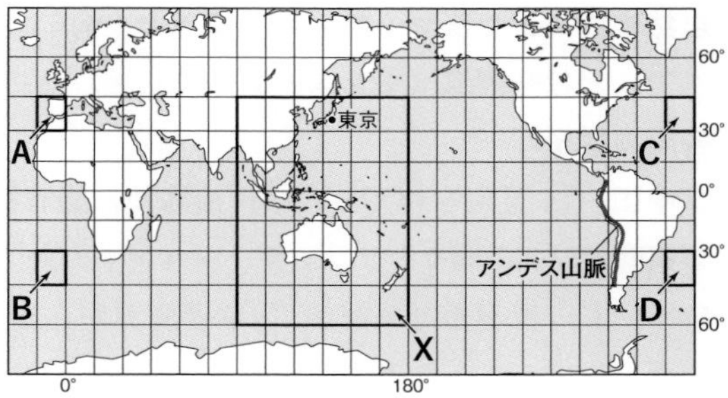

ミス注意
(1) **地図**中の東京を，地球の中心を通って正反対側に移した地点は，**地図**中の**A**～**D**のどの範囲内に位置するか，一つ選びなさい。 [　　]

よく出る！
(2) **地図**中のアンデス山脈では，標高3000 m以上の高地で暮らしている人々がいる。アンデス山脈の標高3000 m以上の高地で行われている農牧業の特徴（とくちょう）を，次の**ア**～**エ**から一つ選びなさい。 [　　]

ア　温暖で夏が暑く乾燥（かんそう）する気候に適したオリーブやぶどう，オレンジなどが栽培（さいばい）されている。
イ　1年を通して暑い地域でよく育つキャッサバやタロいも，ヤムいもなどが栽培されている。
ウ　オアシスの周辺での乾燥に強い穀物などの栽培や，らくだや羊などの遊牧が行われている。
エ　寒さに強いじゃがいもなどの栽培や，リャマやアルパカなどの放牧が行われている。

ハイレベル
(3) **地図**中の**X**で示した地域において，主な火山を▲で示したとき，その分布を表したものを，次の**ア**～**エ**から一つ選びなさい。 [　　]

ア
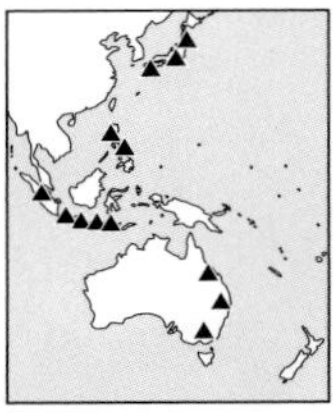
イ
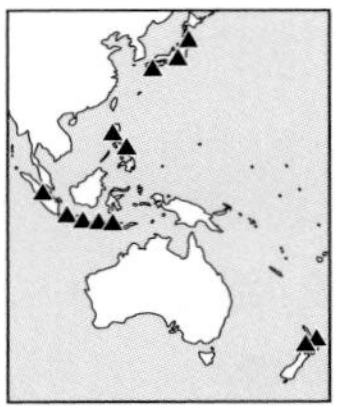
ウ
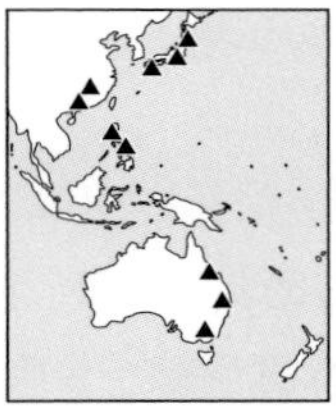
エ
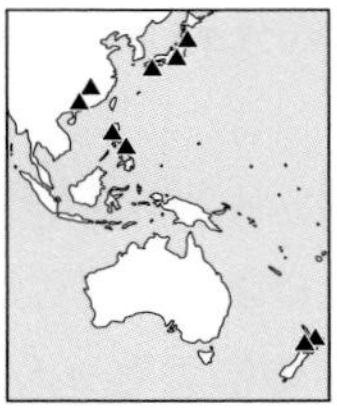

アドバイス　☞ 造山帯（変動帯）の分布と重ね合わせて考える。

(4) ハザードマップは，全国の市町村などで作成されている。ハザードマップは，どのような目的で作成されるか，簡潔に書きなさい。

[　　　　　　　　　　　　　　　　]

アドバイス　☞ 洪水（こうずい），土砂災害，津波，火山の噴火（ふんか）などに備える情報が記されている。

よく出る！
(5) 次の文は，日本海側の地域において，冬の降水量が多い理由についてまとめようとしたものである。文中の[　　　]内に共通して当てはまる語句を書きなさい。 [　　]

日本の気候には，夏に太平洋から暖かく湿（しめ）った大気を運び，冬にユーラシア大陸から冷たく乾（かわ）いた大気を運ぶ[　　　]と呼ばれる風が影響（えいきょう）している。日本海側では，北西から吹（ふ）く冬の[　　　]が，日本海をわたるときに，水蒸気を含（ふく）んで雲をつくり，山地にぶつかって雨や雪を降らせる。

社会
TEST

社会

2 世界の諸地域

必ず出る！ 要点整理

1 アジア州

(1) **自然環境**…**ヒマラヤ山脈**。東アジアの沿海部，東南アジア，南アジアなどは**季節風（モンスーン）**の影響。西アジアは**乾燥帯**。

(2) **各国の様子**

●**中国**…14億人を超える人口，沿海部に**経済特区**。

●**東南アジアの国々**…**プランテーション**，工業化。**ASEAN**を結成。（▶東南アジア諸国連合）

●**インド**…**情報通信技術（ICT）関連産業**が発達。

●**西アジア**…**ペルシア湾岸**（ペルシャ）→**石油（原油）**，**OPEC**を結成。（▶石油輸出国機構）

2 ヨーロッパ州

(1) **自然環境**…**アルプス山脈**，北部に**フィヨルド**（▶氷河に削られた谷に海水が入り込んだ湾）。西部は**北大西洋海流**と**偏西風**の影響で，高緯度のわりに温暖。南部は**地中海性気候**。

(2) **ヨーロッパ連合（EU）**…人，もの・お金（資本）の移動が自由。関税の撤廃，共通通貨**ユーロ**の導入。経済格差の問題。

(3) **農業**…アルプス山脈より北で**混合農業**や**酪農**，南で**地中海式農業**。

(4) **工業**…航空機の**国際分業**。西ヨーロッパの工場が東ヨーロッパへ移転。

3 アフリカ州

(1) **自然環境**…**サハラ砂漠**。赤道付近から南北へ**熱帯**，**乾燥帯**，**温帯**。

(2) **歩み**…ヨーロッパの**植民地**→**人工的な国境線**，**公用語**に影響。

●**南アフリカ共和国**…**アパルトヘイト**廃止後も経済格差が残る。

(3) **プランテーションでの農業**…ギニア湾岸で**カカオ（豆）**（▶チョコレートの原料），ケニアで茶。

(4) **鉱産資源**…**金**，**ダイヤモンド**。近年は，**レアメタル**（▶コバルト，クロムなど）の産出に注目。

(5) **モノカルチャー経済**…特定の農作物や鉱産資源の輸出に頼る経済。

(6) **アフリカの課題**…人口増加と食料不足，職を求めて農村から都市へ移動→**スラム**の形成。**非政府組織（NGO）**の技術協力。

よく出る！

マレーシアの輸出品の変化

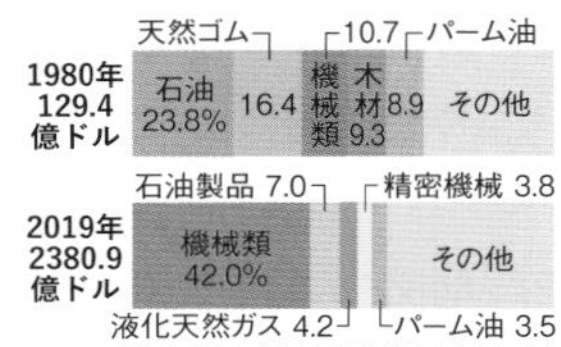

（2021/22年版「日本国勢図会」ほか）

参考

EUの歩み

年	できごと
1967	6か国でEC結成
1993	EUへ発展
2004	東ヨーロッパを中心に10か国が加盟
2013	加盟国が28か国に
2020	イギリスが離脱

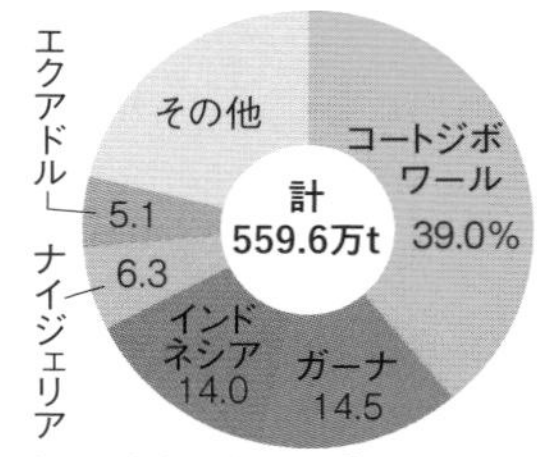

（2019年）（2021/22年版「日本国勢図会」）

▲ カカオ（豆）の生産国

用語

レアメタル（希少金属）

埋蔵量が少なかったり，加工が難しいことから，流通量が少ない貴重な金属。

Q. 基礎力チェック問題

(1) アジア州の気候に影響を与える夏と冬で風向きが変わる風を何というか。 [　　　]

(2) 東南アジア諸国連合のアルファベットの略称を何というか。 [　　　]

(3) ノルウェー沿岸部の氷河に削られた海岸地形を何というか。 [　　　]

(4) EUの多くの国で導入されている共通通貨を何というか。 [　　　]

(5) 特定の農作物や鉱産資源の輸出に頼る経済を何というか。 [　　　]

出題傾向

☞ **ヨーロッパ州はEUによる統合，南アメリカ州は環境保全，オセアニア州は他地域との結びつきをテーマにした問題がよく出る。**

学習日 ／

❹ 北アメリカ州

(1) **自然環境**…**ロッキー山脈**。**グレートプレーンズ**，**プレーリー**が広がる。北緯(ほくい) 40 度以南→**西経 100 度**を境に東は**温帯**，西は**乾燥帯**。
(▶ロッキー山脈とプレーリーの間に広がる)

(2) **歩み**…先住民の**ネイティブアメリカン**。ヨーロッパからの**移民**，アフリカ大陸から**奴隷**(どれい)。近年は，**ヒスパニック**が増加。
(▶スペイン語を話す移民)

(3) **農業**…大型機械を使った**企業的**(きぎょう)**な農業**。**適地適作**。

(4) **工業**…鉄鋼業(てっこう)→自動車工業→**先端技術産業**(せんたん)へ変化。

重要！
●**サンベルト**…**北緯 37 度**以南。**シリコンバレー**に **ICT 関連企業**。
(▶工業の現在の中心地域)

❺ 南アメリカ州

(1) **自然環境**…**アンデス山脈**，**アマゾン川**流域に**熱帯雨林**（**熱帯林**）。

(2) **歩み**…**スペイン**や**ポルトガル**の植民地に。20 世紀以降，**日系人**。

(3) **農業**…**ブラジル**で**コーヒー**，**さとうきび**，大豆など多角化が進む。**アルゼンチン**の**パンパ**で小麦や大豆の栽培(さいばい)，肉牛の放牧。

(4) **鉱産資源**…ブラジルの**鉄鉱石**，チリの**銅**，ベネズエラの**石油**。

(5) **課題**…開発による**熱帯林の減少**。都市の**スラム**化。
●**再生可能エネルギー**…**バイオ燃料**（**バイオエタノール**）の使用。

❻ オセアニア州

(1) **自然環境**…**さんご礁**(しょう)。オーストラリア大陸の大部分は**乾燥帯**。

(2) **オーストラリア**…先住民は**アボリジニ**。**白豪主義**(はくごう)の廃止(はいし)以降は，アジアから**移民**が増加。**多文化社会**の実現。
●**農業**…**羊**，**肉牛**の飼育や**小麦**の栽培(さいばい)。
●**鉱産資源**…北西部で**鉄鉱石**，東部で**石炭**を産出。
●**アジア太平洋経済協力**（**会議**）（**APEC**(エイペック)）…アジア諸国との結びつき。

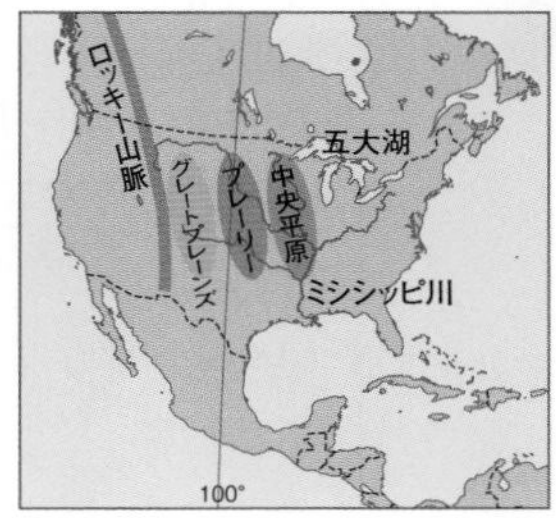

▲ 北アメリカ州の地形

くわしく！

バイオ燃料（バイオエタノール）

とうもろこしやさとうきびなど，植物を原料としてつくられる燃料。

参考

白豪主義

20 世紀初めから 1970 年代初めまで，オーストラリアで行われていた政策。ヨーロッパ系以外の移民を制限していた。

よく出る！

オーストラリアの輸出品の変化

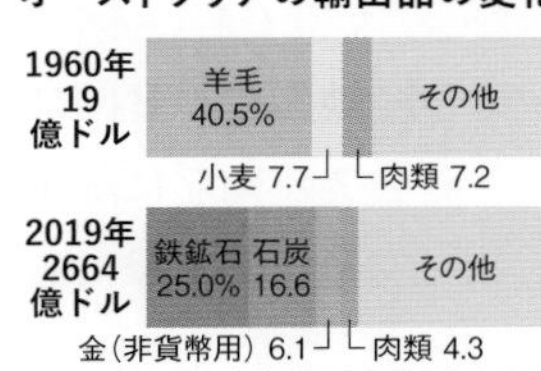

（2021/22 年版「日本国勢図会」ほか）

輸出品は，羊毛から鉱産資源や農産物中心へ変わった。

解答はページ下

(6) アメリカ合衆国の北緯(ほくい) 37 度付近から南に広がる工業地域を何というか。 [　　　　]

(7) ブラジルでは［コーヒー　茶］の栽培(さいばい)がさかんである。 [　　　　]

(8) とうもろこしやさとうきびを原料にしてつくられる燃料を何というか。 [　　　　]

(9) オーストラリア大陸の大部分は［温帯　乾燥帯(かんそう)］である。 [　　　　]

(10) オーストラリアの先住民を何というか。 [　　　　]

A. (1)季節風（モンスーン） (2)ASEAN (3)フィヨルド (4)ユーロ (5)モノカルチャー経済 (6)サンベルト (7)コーヒー (8)バイオ燃料（バイオエタノール） (9)乾燥帯 (10)アボリジニ

社会

高校入試実戦力アップテスト

社会 2

世界の諸地域

1

世界の諸地域

地図中のA国～D国について，次の各問いに答えなさい。 (10点×8)

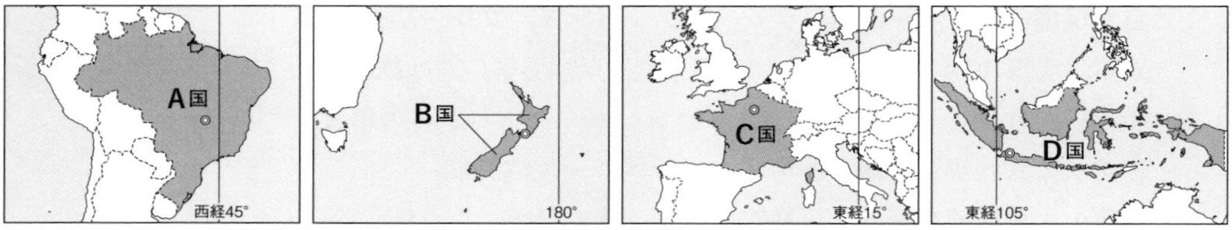

注1：地図中の◎は，首都の位置を示している。　注2：各地図の縮尺は同じではない。
注3：地図中の経線は，各国の首都における標準時の基準となる経線を示している。

ミス注意 (1) **地図**中のA国～D国の首都を，ある年の1月1日の午前0時を迎えるのが早い順に並べなさい。
［山形県・改］　[　　→　　→　　→　　]

アドバイス ☞ **1日は日付変更線の西から始まる。日付変更線が，どこに引かれているか考える。**

(2) **地図**中のA国について，次の各問いに答えなさい。

① A国のアマゾン川流域で昔から行われてきた焼畑農業は，木を切り倒して燃やし，作物を栽培する農業である。木を燃やすのは何のためか，その理由を簡潔に書きなさい。［青森県・改］

[　　　　　　　　　　　　　　　　　　　　]

ハイレベル ② A国では，バイオ燃料が自動車の燃料として多く利用されている。ガソリンや軽油などの燃料にかわりバイオ燃料を利用することが，持続可能な社会の実現にどのような点で有効であるかを，バイオ燃料の特徴をふまえて，**二つ**書きなさい。［熊本県］

[　　　　　　　　　　　　　　　　　　　　]
[　　　　　　　　　　　　　　　　　　　　]

アドバイス ☞ **A国のバイオ燃料（バイオエタノール）は，主にさとうきびを原料にしてつくられている。**

(3) **地図**中のB国について述べた文を，次の**ア**～**エ**から一つ選びなさい。［富山県］　[　　]

ア　南北に細長い国で，南の方が暖かく，北の方が寒い。

イ　南半球にある国で，首都のウェリントンは地球上では東京のほぼ正反対の地点（対せき点）にある。

ウ　オーストラリア大陸の南東に位置する国で，島国（海洋国）である。

エ　アルプス・ヒマラヤ造山帯に属する国で，地震の多い国である。

(4) **地図**中のC国は，ＥＵに加盟している。1990年代から2000年代にかけて，西ヨーロッパだけでなく，東ヨーロッパへＥＵ加盟国が拡大するなかで，C国などの西ヨーロッパの国々の企業が，東ヨーロッパの国々に工場を移転するようになった。西ヨーロッパの国々の企業が，東ヨーロッパの国々に工場を移転するようになった理由を，「**賃金**」の語句を用いて，簡潔に書きなさい。［山形県］

[　　　　　　　　　　　　　　　　　　　　]

時間：30分　配点：100点　目標：80点

解答：別冊 p.17　得点：　　　点

ミス注意 (5) **資料Ⅰ**は，**地図**中の**D**国の輸出総額と主な輸出品の割合の変化を表している。**資料Ⅰ**から読み取れることを，次の**ア**～**エ**から一つ選びなさい。［山形県・改］

［　　　］

資料Ⅰ

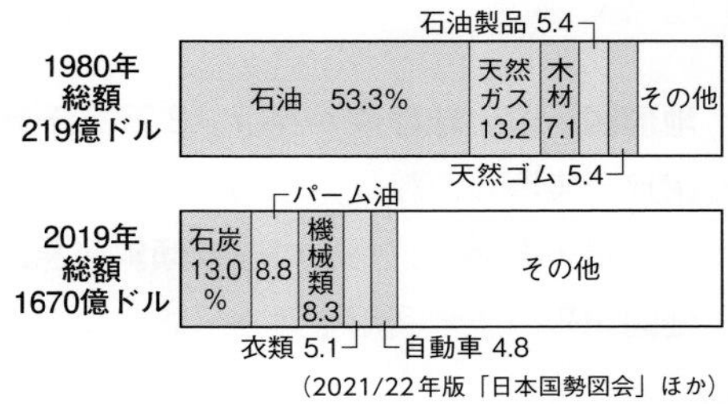

（2021/22年版「日本国勢図会」ほか）

ア　1980年の輸出品上位の5品目は，すべて鉱産資源である。

イ　2019年の輸出総額に占める工業製品の輸出額の割合は，10%を超えている。

ウ　1980年の石油の輸出額は，100億ドルよりも少なくなっている。

エ　2019年には，プランテーションでの作物の栽培が行われなくなっている。

よく出る! (6) **資料Ⅱ**は，**地図**中の**A**国～**D**国を比較するために，人口密度や国土面積に占める農地の割合などをまとめたものである。**C**国に当てはまるものを，**ア**～**エ**から一つ選びなさい。［山形県・改］

［　　　］

資料Ⅱ

	人口密度（人／km^2）（2020年）	国土面積に占める農地の割合（%）（2017年）	羊の頭数（千頭）（2018年）	100人当たりの自動車保有台数（台）（2017年）
ア	118	52.3	7042	60.7
イ	18	39.8	27296	86.6
ウ	25	27.7	18949	21.0
エ	143	32.5	17398	8.9

（2020/21年版「世界国勢図会」）

2　世界の諸地域

次の各問いに答えなさい。　（10点×2）

よく出る! (1) 中国がシェンチェンなどに経済特区を設けた理由を，「**外国企業**」の語句を用いて簡潔に書きなさい。［山口県・改］

［　　　　　　　　　　　　　　　　　　　　　　　　　　］

ハイレベル (2) 次の文は，アフリカ州にあるコートジボワールの輸出と国の収入の関係についてまとめたものである。文中の［　　　］に当てはまる内容を，**資料Ⅰ**，**資料Ⅱ**と関連づけて，「**割合**」，「**価格**」の語句を用いて，簡潔に書きなさい。［山梨県］

> コートジボワールは，［　　　］ため，国の収入が安定しない。

資料Ⅰ　コートジボワールの輸出品目の割合（2018年）

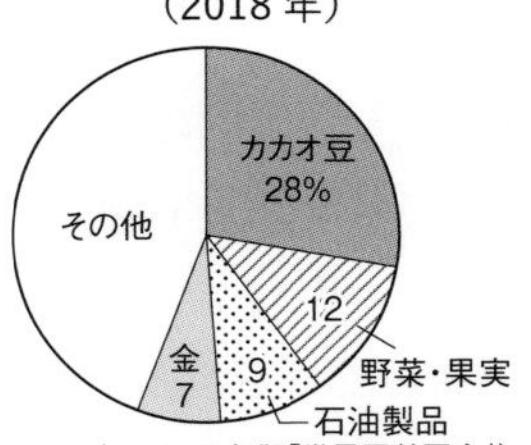

（2020/21年版「世界国勢図会」）

資料Ⅱ　カカオ豆1トン当たりの国際価格の推移

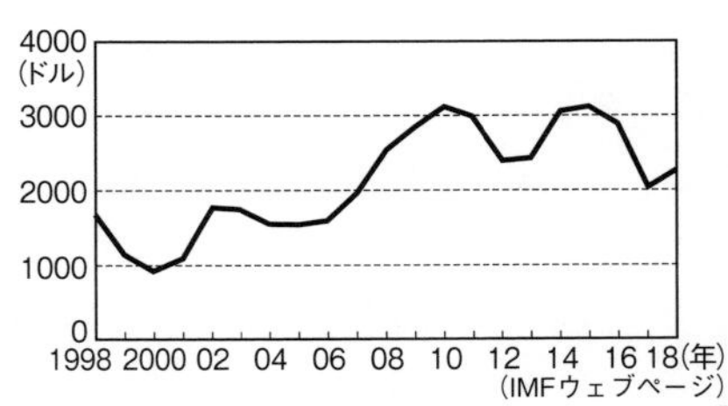

（IMFウェブページ）

［　　　　　　　　　　　　　　　　　　　　　　　　　　］

社会

3 日本の諸地域

必ず出る！ 要点整理

1 地域の調査

(1) **地形図**…**国土地理院**が発行。2万5千分の1地形図など。

(2) **縮尺**…実際の距離は，**地図上の長さ×縮尺の分母**で求める。

(3) **等高線**…間隔が狭いところは**傾斜が急**，広いところは**緩やか**。

(4) **地図記号**…土地利用や建物・施設などを**記号**で表したもの。

2 日本の人口・産業，交通・通信網

(1) **人口**…**少子高齢化**が進み，人口ピラミッドは，**富士山型→つりがね型→つぼ型**へ変化。都市部で**過密**，農村部で**過疎**。

(2) **資源・エネルギー**…**石油（原油）**は**西アジア**の国々，石炭や鉄鉱石は**オーストラリア**から多く輸入。

(3) **電力**…**火力発電**中心。**再生可能エネルギー→太陽光，風力，地熱**など。

(4) **産業**…働く人の約7割は**第三次産業**。

- **第一次産業**…農業は，大都市周辺で**近郊農業**，出荷時期を調整する**促成栽培**や**抑制栽培**。漁業は，とる漁業から**育てる漁業**へ。
  ▶養殖業・栽培漁業
- **第二次産業**…臨海部に**太平洋ベルト**，内陸部に**工業団地**。**加工貿易**から**製品の輸入**→国内産業が衰退する**産業の空洞化**が進む。
- **第三次産業**…**商業**や**サービス業**など。**情報通信技術（ICT）**の発達で，オンラインショッピングの普及，**コンテンツ産業**の成長。

(5) **交通網**…高度経済成長以降，高速交通網の整備が進む。

重要！

- **貨物輸送の特色**

海上輸送→原油，石炭などの燃料，自動車などの**重い製品**。

航空輸送→**軽くて高価な電子部品**，新鮮さが必要な食料品など。

(6) **情報通信網**…海底通信ケーブルや通信衛星の整備で**インターネット**が普及。一方，**情報格差**も発生。
▶デジタル・デバイドともいい，ICTを利用できる人とできない人の間で生じる格差

よく出る！

地図記号

土地利用	
田	畑
果樹園	茶畑
広葉樹林	竹林
針葉樹林	荒地

建物・施設	
市役所 東京都の区役所	病院
町・村役場（指定都市の区役所）	神社
官公署	寺院
警察署	城跡
消防署	三角点
郵便局	水準点
発電所・変電所	図書館
小・中学校	博物館・美術館
高等学校	老人ホーム
	風車

（2万5千分の1地形図―平成25年図式）

よく出る！

主な栽培方法

- **促成栽培**…ほかの地域よりも早い時期に出荷。宮崎平野や高知平野など。
- **抑制栽培**…ほかの地域よりも遅い時期に出荷。長野県や群馬県の高地など。

▲ 太平洋ベルト

基礎力チェック問題

(1) 2万5千分の1地形図で3cmの長さは，実際の距離では何mになるか。	[ ]
(2) 農村部や山間部，離島は［過密　過疎］化が進んでいる。	[ ]
(3) 風力や地熱など，繰り返し利用できるエネルギーを何というか。	[ ]
(4) 温暖な気候をいかして出荷時期を早める栽培方法を何というか。	[ ]
(5) 工業地域・地帯が連なる関東から九州北部の沿岸部を何というか。	[ ]

出題傾向

人口や産業に関する統計資料から都道府県を選ぶ出題が多い。
輸送面から見た農業の特色や工業の発達の記述問題もよく出る。

学習日 /

3 日本の諸地域

(1) **九州地方**…阿蘇山に巨大な**カルデラ**，桜島(御岳)など**火山**が多い。
- **農業**…**シラス台地**で畜産，**宮崎平野**できゅうりなどの**促成栽培**。
- **工業**…**北九州工業地帯(地域)**は，鉄鋼業から機械工業へ，**エコタウン事業**を展開。九州各地に**IC(集積回路)工場**が進出。

(2) **中国・四国地方**…山陰，瀬戸内，南四国。**本州四国連絡橋**。
- **産業**…農業は，**高知平野**で**促成栽培**。**瀬戸内工業地域**。
- **過疎化**…人口減少，**高齢化**が進む。**地域おこし**の取り組み。

(3) **近畿地方**…**琵琶湖**，**紀伊山地**→林業，**志摩半島**は**リアス海岸**。
- **大阪大都市圏**…大阪・京都・神戸。郊外に**ニュータウン**。
  ▶京阪神大都市圏
- **古都**の**景観保全**…**条例**で店の看板などのデザインを規制。

(4) **中部地方**…東海，中央高地，北陸。**日本アルプス**，**信濃川**。
- **東海**…**名古屋大都市圏**，**施設園芸農業**，**中京工業地帯**。
  ▶渥美半島で電照菊の栽培
- **中央高地**…**甲府盆地**で**果樹栽培**，高地で**抑制栽培**。
  ▶ぶどう・もも
- **北陸**…水田単作地帯，**輪島塗**などの**伝統産業**，**地場産業**。

(5) **関東地方**…**関東平野**に**関東ローム**。**ヒートアイランド現象**。
  ▶都心部の気温が周辺地域よりも高くなる
- **東京大都市圏**…首都・東京は**一極集中**が進む。都心・副都心は**昼間人口**が多い。都市機能の分散→都心の**再開発**。
- **工業**…臨海部の**京浜工業地帯**や**京葉工業地域**。高速道路網の整備で内陸部に**工業団地**が進出し，**北関東工業地域**を形成。

(6) **東北地方**…**三陸海岸**南部に**リアス海岸**。**やませ**が吹くと冷害。
- **農業・水産業**…日本の穀倉地帯。果樹栽培。**養殖業**。
  ▶三陸海岸でわかめ，かき
- **伝統産業**…山形県の天童将棋駒，岩手県の南部鉄器など。

(7) **北海道地方**…太平洋側で**濃霧**。先住民族の**アイヌの人々**。
- **農業**…稲作→**石狩平野**。畑作→**十勝平野**。酪農→**根釧台地**。
- **観光業**…自然環境が貴重な**観光資源**。**エコツーリズム**。
  ▶エコツアー。自然との関わりを学びながら観光も楽しむ

用語

シラス台地

火山灰が積もってできた台地。水が得にくいため，稲作には不向き。かんがい設備の整備により野菜や茶の栽培がさかんになる。

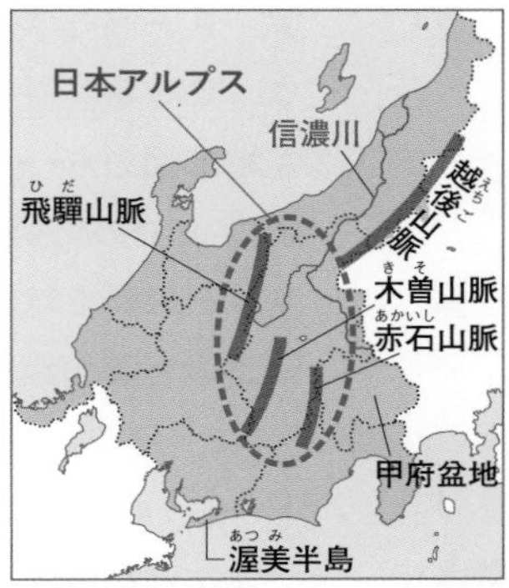

▲ 中部地方の地形

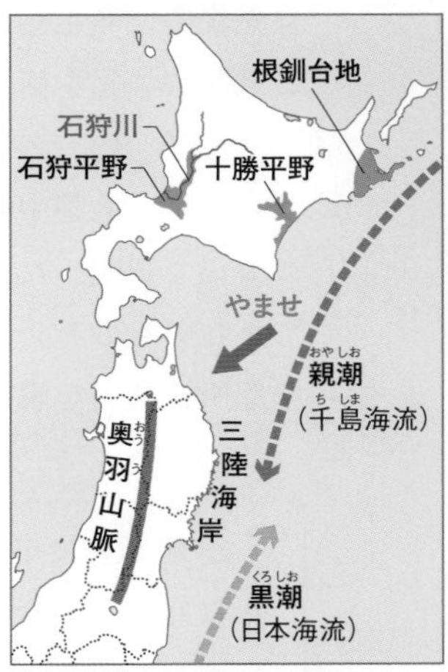

▲ 東北地方，北海道地方の地形

解答はページ下

(6) 九州南部に広がる，火山灰が積もってできた台地を何というか。 [　　　]
(7) 本州と四国を結ぶ三つのルートにかかる橋をまとめて何というか。 [　　　]
(8) 愛知県，三重県に広がる工業地帯・地域を何というか。 [　　　]
(9) 関東平野に広がる火山灰が堆積した赤土を何というか。 [　　　]
(10) 東北地方の太平洋側に夏に吹く冷たい北東風を何というか。 [　　　]

A。(1) 750 m (2) 過疎 (3) 再生可能エネルギー (4) 促成栽培 (5) 太平洋ベルト (6) シラス台地 (7) 本州四国連絡橋 (8) 中京工業地帯 (9) 関東ローム (10) やませ

社会

高校入試実戦力アップテスト

社会 3

日本の諸地域

1

地域の調査，日本の諸地域

次の各問いに答えなさい。 ［長崎県］(10点×6)

(1) **地形図**を見て，次の各問いに答えなさい。

① **地形図**の**□**で示された**A〜D**の範囲にみられるそれぞれの地図記号と，施設の組み合わせとして，正しいものを，次の**ア〜エ**から一つ選びなさい。［　　］

ア　**A**－高等学校　　**イ**　**B**－消防署
ウ　**C**－警察署　　**エ**　**D**－寺院

ミス注意

② **地形図**の**----**線は，由布院駅から金鱗湖までの経路の例を表したものであり，その長さは**地形図**上で6 cmである。経路の実際の距離は何mか。

［　　　　　　］

（アドバイス）☞ 地図上の長さ×縮尺の分母で計算する。

地形図

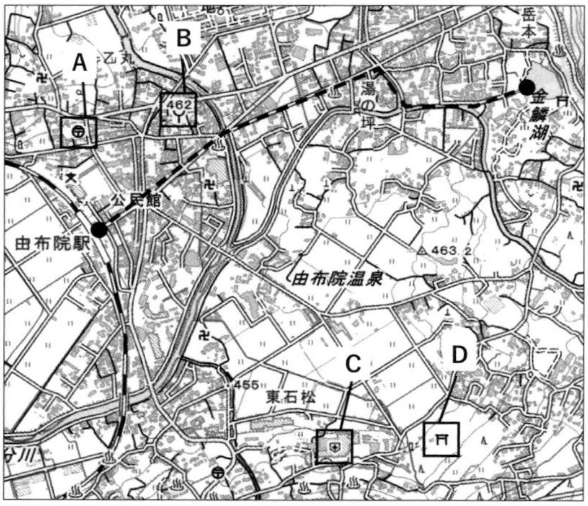

（国土地理院発行2万5千分の1「日出生台」の一部）

よく出る！

(2) 自治体などが作成している，洪水や津波，火山の噴火など，自然災害が発生した際の被害の予想範囲や避難情報を示した地図のことを何というか，書きなさい。

［　　　　　　　］

(3) 次の文は，**地図**中の**ア〜エ**で表したいずれかの県庁所在地について説明したものである。この県庁所在地の位置として正しいものを，**ア〜エ**から一つ選びなさい。また，その県庁所在地名を**漢字**で書きなさい。

地図

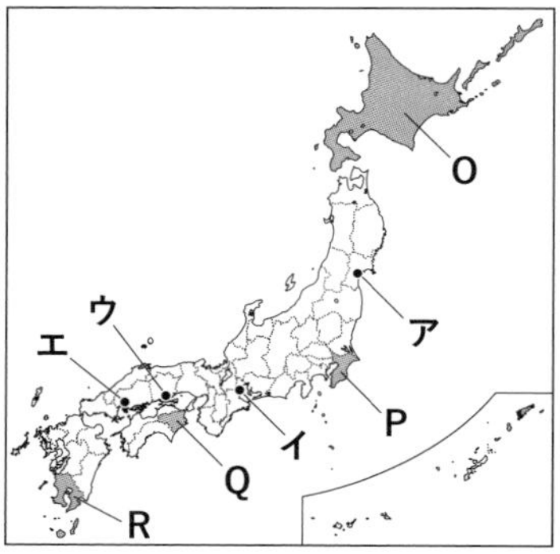

位置［　　］　県庁所在地名［　　　　　市］

> 三角州上に市街地が形成され，路面電車が市民の重要な交通手段である。また，1996年に登録された世界遺産が有名である。この都市とその周辺には，自動車関連の企業が立地している。

(4) 右の**資料**は，**地図**中の**O〜R**の道県における，農業生産額と工業生産額を表したものである。**地図**中の**P**について表しているものを，**資料**中の**ア〜エ**から一つ選びなさい。

［　　］

（アドバイス）☞ まず，O〜Rの道県を確定し，各道県の農業や工業の特色を整理し，Pの産業の特色から判断する。

資料　(億円)

	農業生産額	工業生産額
ア	12558	64136
イ	4890	21010
ウ	3859	132118
エ	961	18659

農業生産額は2019年，工業生産額は2018年
（2021/22年版「日本国勢図会」）

時間： 30 分	配点： 100 点	目標： 80 点
解答： 別冊 p.18	得点： 点	

2 日本の人口・産業，交通

次の各問いに答えなさい。 （10点×4）

よく出る！ (1) 日本の貨物輸送について，**資料Ⅰ**は，成田国際空港，千葉港，東京港，名古屋港の輸出額と主な輸出品目をまとめたものである。成田国際空港に当てはまるものを，**資料Ⅰ**中の**ア〜エ**から一つ選びなさい。［香川県］

［　　］

資料Ⅰ

	輸出額（億円）	主な輸出品目
ア	104138	自動車，自動車部品，エンジン，電気計測機器
イ	101589	半導体等製造装置，金，科学光学機器（カメラなど），電気計測機器
ウ	52332	自動車部品，半導体等製造装置，コンピュータ部品，プラスチック
エ	5903	石油製品，鉄鋼，有機化合物，プラスチック

（2020年）（2021/22年版「日本国勢図会」）

よく出る！ (2) 九州地方の一部や中国・四国地方の一部では，野菜などの成長を早めて出荷時期をずらす工夫をした栽培方法がよくみられる。このような栽培方法を何というか，書きなさい。［山口県］

［　　］

ミス注意 (3) 日本の工業の様子について，次の**ア〜ウ**を年代の古い順に並べなさい。［和歌山県］

［　→　→　］

ア 内陸部の交通網が整備されて，高速道路のインターチェンジ付近に工業団地の開発が行われ，北関東に工業地域が形成され始めた。

イ 外国製品との競争や，貿易上の問題により，工業製品の輸出先であるアメリカやヨーロッパで現地生産を始めた。

ウ 京浜，中京，阪神，北九州の４つの地域を中心に，臨海部で工業が発達し始めた。

ミス注意 (4) **資料Ⅱ**は関東地方の６県から東京都へ通勤・通学する人口，**資料Ⅲ**は関東地方の６県の人口を表したものである。**資料Ⅱ，Ⅲ**から読み取れることとして**誤っているもの**を，次の**ア〜エ**から一つ選びなさい。［香川県］

［　　］

資料Ⅱ

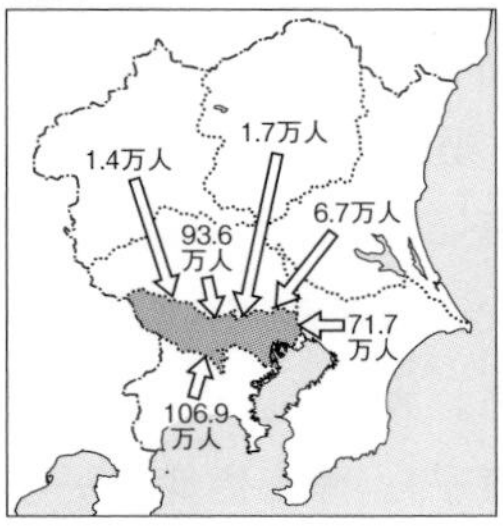

資料Ⅲ

県名	人口（万人）
茨城	292
栃木	197
群馬	197
埼玉	727
千葉	622
神奈川	913

（資料Ⅱ，Ⅲともに2015年）（総務省資料）

ア 神奈川県から東京都へ通勤・通学する人口は，埼玉県から東京都へ通勤・通学する人口より多い。

イ 千葉県から東京都へ通勤・通学する人口が，千葉県の人口に占める割合は10％以上である。

ウ 茨城県，埼玉県，神奈川県のうち，各県の人口に占める東京都へ通勤・通学する人口の割合が最も高いのは，神奈川県である。

エ 埼玉県，千葉県，神奈川県から東京都へ通勤・通学する人口の合計は，茨城県，栃木県，群馬県から東京都へ通勤・通学する人口の合計の20倍以上である。

アドバイス ☞ 東京都へ通勤・通学する人口÷県の人口で，東京都へ通勤・通学する人口の割合を求める。

4 古代～中世の日本

必ず出る！ 要点整理

1 世界の古代文明と日本の成り立ち

(1) **古代文明**…大河の流域。**エジプト文明**→**象形文字**，**メソポタミア文明**→**くさび形文字**，インダス文明，中国文明→**甲骨文字**。
●**中国**…**殷**（**商**）→**周**→**秦**の**始皇帝**が中国統一→**漢**，シルクロード。

(2) **日本の成り立ち**…**旧石器時代**→**打製石器**を使用。**縄文時代**の**三内丸山遺跡**（▶青森県，世界遺産（文化遺産）「北海道・北東北の縄文遺跡群」），たて穴住居，**貝塚**，**縄文土器**，**土偶**。

2 弥生時代～平安時代

(1) **弥生時代**…**稲作**，**金属器**の伝来→**青銅器**や**鉄器**。**弥生土器**。
●**くに（国）**…**吉野ヶ里遺跡**。倭の奴国王が漢の皇帝から**金印**を授けられる。**邪馬台国**の女王**卑弥呼**が**魏**に**朝貢**（▶中国の皇帝にみつぎ物をおくり，支配者としての地位を認めてもらう）。

(2) **古墳時代**…**大王**を中心とする**大和政権**（▶ヤマト王権）。**前方後円墳**などの**古墳**。
●**渡来人**…**漢字**，儒学，**須恵器**の技術，土木，**仏教**などを伝える。

(3) **飛鳥時代**…大王（天皇）中心の政治を目指す。
●**聖徳太子**（▶厩戸皇子(うまやどのおうじ)）…**冠位十二階**，**十七条の憲法**，**遣隋使**，**飛鳥文化**。
●**大化の改新**…**中大兄皇子**・**中臣鎌足**ら。**公地・公民**。
●**律令国家**…701年，**大宝律令**を制定。

(4) **奈良時代**…710年，**平城京**。**班田収授法**（▶6歳以上に口分田を与えた），**墾田永年私財法**。

重要！
●**聖武天皇**…仏教の力で国家を守る→都に**東大寺**と**大仏**。
●**天平文化**…**正倉院**，『**古事記**』，『**日本書紀**』，『**万葉集**』。

(5) **平安時代**…794年，**桓武天皇**が**平安京**に都を移す。
●**摂関政治**…**藤原氏**が，**摂政**，**関白**として朝廷の実権を握る。**藤原道長**・**頼通**父子のときが全盛期。
●**国風文化**…**寝殿造**。**大和絵**。**仮名文字**→**紫式部**の『**源氏物語**』，**清少納言**の『**枕草子**』。**浄土信仰**→平等院鳳凰堂。

年代	できごと
607	小野妹子を隋に派遣
645	大化の改新が始まる
663	白村江の戦い
701	大宝律令
710	平城京に都を移す
743	墾田永年私財法
794	平安京に都を移す
894	遣唐使派遣の延期が提案される
1016	藤原道長が摂政となる

▲ 飛鳥時代～平安時代の流れ

よく出る！

土偶

(colbase)

縄文時代，祈るためや実りを願うためにつくられた。

正倉院

(正倉院正倉)

納められていた宝物には聖武天皇の遺品や，遣唐使が持ち帰った五絃の琵琶などがある。

基礎力チェック問題

(1) ナイル川流域に栄えた古代文明を何というか。 [　　　　]
(2) 大仙（大山）古墳のような古墳の形式を何というか。 [　　　　]
(3) 中大兄皇子と中臣鎌足らが行った政治改革を何というか。 [　　　　]
(4) 6歳以上の人々に口分田を与え，死ぬと国に返させた制度を何というか。 [　　　　]
(5) 平安時代に藤原氏が行った政治を何というか。 [　　　　]

学習日 /

出題傾向

古代から中世の文化は，写真を用いた出題が多い。
政治については，各時代で活躍した人物と関連づけた問題が多い。

③ 武士の成長～鎌倉時代

(1) **院政**…1086年，摂関政治を抑えて**白河上皇**が始める。
(2) **平氏の政権～源平の争乱**…1167年，**平清盛**が太政大臣になり，政治の実権を握る，**日宋貿易**。**源頼朝**が挙兵，**壇ノ浦の戦い**。
(3) **鎌倉幕府**…**守護**・**地頭**の設置。将軍と**御家人**→**御恩**と**奉公**。
(4) **執権政治の確立**…**北条氏**が**執権**に就く→**承久の乱**→**六波羅探題**を設置→**北条泰時**が**御成敗式目（貞永式目）**を制定。
(5) **元寇**…**フビライ＝ハン**が服属要求。**文永の役**，**弘安の役**。
▶蒙古襲来
(6) **鎌倉幕府の滅亡**…元寇後の恩賞が不十分，**分割相続**で御家人の生活苦→**徳政令**。**後醍醐天皇**が倒幕の動き→1333年に滅びる。
▶領地が増えず分割相続が続くと，領地が小さくなる
(7) **文化**…東大寺南大門，金剛力士像，『平家物語』。新しい仏教。

④ 室町時代～戦国時代

(1) **南北朝の動乱**…**建武の新政**の失敗→北朝と南朝が対立。
(2) **室町幕府**…**足利尊氏**が開く。第3代将軍**足利義満**のときに全盛期。
●**幕府のしくみ**…将軍の補佐役の**管領**は，有力な**守護大名**が就く。
●**日明貿易（勘合貿易）**…正式な貿易船に**勘合**を持たせ，義満が**朝貢**の形で開始。刀剣や銅を輸出，**銅銭**・**生糸**・**絹織物**を輸入。
(3) **商業の発達**…定期市，**土倉**・**酒屋**，**座**，**問（問丸）**，**馬借**。
(4) **村の自治**…**惣（惣村）**の結成→寄合。**正長の土一揆**。
(5) **応仁の乱**…**足利義政**のあと継ぎ争いや守護大名の対立→戦乱が各地へ広がり，**下剋上**の風潮→**戦国大名**が成長，**分国法（家法）**制定。
(6) **文化**…貴族と武士の文化が混じり合った文化。

重要！
●**北山文化**…**金閣**。**観阿弥・世阿弥父子**が**能（能楽）**を完成。
●**東山文化**…**銀閣**。**書院造**。**雪舟**が**水墨画**を完成。

年代	できごと
1192	源頼朝が征夷大将軍になる
1221	承久の乱
1232	御成敗式目（貞永式目）
1274 1281	元寇（蒙古襲来）
1334	建武の新政
1338	足利尊氏が征夷大将軍になる
1467	応仁の乱（～1477）

▲ 鎌倉時代～室町時代の流れ

よく出る！

金閣

（絵・実田くら）

室町時代，足利義満が建てた。

書院造（東求堂同仁斎）

（絵・ゼンジ）

室町時代，足利義政の東山文化のころ。畳やふすま，障子など現代の和風建築のもと。

解答はページ下

(6) 1167年，武士として初めて太政大臣に就いた平氏の人物は誰か。 [　　　]
(7) 1221年の承久の乱の後，鎌倉幕府が京都に置いた機関を何というか。 [　　　]
(8) 室町時代，南北朝の統一，日明貿易の開始などを行ったのは誰か。 [　　　]
(9) 1467年，将軍のあと継ぎ争いなどが原因で起こった戦乱を何というか。 [　　　]
(10) 障子や畳などがある［寝殿造　書院造］は，現代の和風建築のもとになった。 [　　　]

A. (1)エジプト文明 (2)前方後円墳 (3)大化の改新 (4)班田収授法 (5)摂関政治 (6)平清盛 (7)六波羅探題 (8)足利義満 (9)応仁の乱 (10)書院造

社会

高校入試実戦力アップテスト

社会 4

古代～中世の日本

1

飛鳥時代～室町時代

右の年表を見て，次の各問いに答えなさい。 ［静岡県］(9点×8)

時代	飛鳥	奈良	平安	鎌倉	室町
日本のできごと	a 律令国家が成立する	天平文化が栄える	院政が始まる	b 鎌倉幕府が成立する X	c 最初の土一揆が起こる

(1) 傍線部**a**について，次の各問いに答えなさい。

ミス注意 ① 傍線部**a**で，都から地方へ派遣された役人の名称を，次の**ア～エ**から一つ選びなさい。

ア 国司　**イ** 執権　［　　］
ウ 関白　**エ** 防人

よく出る! ② 大宝律令の制定後，傍線部**a**の新たな都として奈良につくられた都は何と呼ばれたか，その名称を書きなさい。［　　　　　］

③ 傍線部**a**では，戸籍をつくることが定められていたが，平安時代になると，戸籍にいつわりが多くなった。**資料Ⅰ**は，10世紀につくられた戸籍に登録された人の，性別，年齢階級別の人数を表している。**資料Ⅱ**は，傍線部**a**で定められた主な税と，その負担者を表している。このことに関する，次の各問いに答えなさい。

資料Ⅰ

	男子(人)	女子(人)
16歳以下	4	0
17歳～65歳	23	171
66歳以上	15	137

(延喜二年阿波国戸籍より)

資料Ⅱ

税	負担者
租	6歳以上の男女
調	17～65歳の男子
庸	21～65歳の男子
雑徭	17～65歳の男子

ハイレベル 問1 **資料Ⅰ**の，男子の人数と女子の人数に大きな差がみられることから，性別のいつわりが行われていたと考えられる。**資料Ⅱ**をもとにして，人々が性別をいつわった理由を，簡潔に書きなさい。

［　　　　　　　　　　　　　　　　　　　　　　　　　］

ハイレベル 問2 **資料Ⅰ**に，66歳以上の人が多くみられることから，実際には死亡している人を，人々が戸籍に登録し続けるといういつわりが行われていたと考えられる。人々が，死亡している人を戸籍に登録し続けた理由を，簡潔に書きなさい。

［　　　　　　　　　　　　　　　　　　　　　　　　　］

アドバイス ☞ **班田収授法により，戸籍に基づいて何が与えられたかを考える。**

(2) 傍線部**b**について，次の各問いに答えなさい。

① 傍線部**b**の将軍と，御恩と奉公による主従関係を結んだ武士は何と呼ばれたか，その名称を書きなさい。［　　　　　］

② 傍線部**b**は武士の政権である。次の**ア～ウ**は，年表中のXの期間に起こった，武士に関係したできごとについて述べた文である。**ア～ウ**を時代の古い順に並べなさい。

ア 天皇家や藤原氏の争いによって，保元の乱が起こった。［　　→　　→　　］
イ 後鳥羽上皇が，朝廷の力を回復させようと考えて兵を挙げた。
ウ 源頼朝が，朝廷に守護と地頭の設置を認めさせた。

時間：30分　配点：100点　目標：80点

解答：別冊 p.18　得点：　点

(3) 傍線部**c**について，次の各問いに答えなさい。

① 傍線部**c**は，近江国の運送業者が中心となって起こした。このころの運送業者を何というか，次の**ア**～**エ**から一つ選びなさい。［　　］

ア 座　**イ** 馬借　**ウ** 町衆　**エ** 惣

② 傍線部**c**では，土倉や酒屋に加えて寺院も襲われた。傍線部**c**を起こした人々が寺院を襲った理由は，土倉や酒屋を襲った理由と同じである。傍線部**c**を起こした人々が寺院を襲った理由を，傍線部**c**を起こした人々が要求したことに関連づけて，簡潔に書きなさい。

［　　　　　　　　　　　　　　　　　　　　　　　　］

2 古代～中世の文化

次の各問いに答えなさい。　(7点×4)

(1) 古墳がつくられたころについて，次の各問いに答えなさい。［山形県・改］

よく出る！

① **資料Ⅰ**と**資料Ⅱ**は，それぞれ古墳から出土した焼き物を表している。このような，古墳に置かれたさまざまな形の焼き物のことを何というか，書きなさい。［　　　　］

資料Ⅰ

資料Ⅱ

(絵・マカベアキオ)

② 日本には，渡来人によってさまざまなものが伝えられた。古墳がつくられた3世紀後半から6世紀ごろに伝えられたものについて述べた文を，次の**ア**～**エ**から一つ選びなさい。［　　］

ア 火薬が伝えられ，戦い方が大きく変わった。

イ 稲作が伝えられ，水田の近くにむらがつくられるようになった。

ウ 青銅器が伝えられ，豊作を神に祈る祭りの道具として使われるようになった。

エ 機織の技術が伝えられ，上質な絹織物をつくることができるようになった。

(2) 平安時代の貴族たちによって，唐風の文化を日本の風土や生活に合わせようとする工夫がされ，国風文化が発達した。この国風文化が栄えた時期に，『源氏物語』を著した人物は誰か，書きなさい。［高知県］［　　　　］

(3) **資料Ⅲ**は，15世紀に建てられた慈照寺東求堂の内部である。この建築物について述べた次の文中の X に当てはまる語句を書きなさい。［高知県］［　　　　］

資料Ⅲ

(絵・ゼンジ)

> 室町幕府の将軍であった足利義政によって建てられたこの建築物には，畳を敷きつめ床の間を設ける書院造の建築様式が取り入れられている。書院造の建築様式や墨一色で描く水墨画などには，幕府に保護されていた X 宗の影響がみられる。

社会

TEST

5 近世～近現代の日本

必ず出る！ 要点整理

❶ イスラム世界とヨーロッパ，全国統一

(1) **イスラム世界**…**イスラム帝国**が栄える。数学，医学，科学の発達。
（▶8世紀に勢力を広げる）

(2) **ヨーロッパ世界の発展**…11世紀末から**十字軍**→14世紀イタリアから**ルネサンス**→**大航海時代**，新航路の開拓→**ルター**の**宗教改革**。
（▶文芸復興）

(3) **ヨーロッパ人の来航**…1543年，**鉄砲**の伝来。1549年，**イエズス会**の宣教師**フランシスコ＝ザビエル**が**キリスト教**を伝える。

(4) **全国統一**…**織田信長**→**楽市・楽座**。**豊臣秀吉**→全国統一を達成。

重要！

●**兵農分離**…**検地（太閤検地）**と**刀狩**で身分の区別が進んだ。

●**文化**…**桃山文化**→姫路城。狩野永徳。**千利休**。**南蛮文化**。

年代	できごと
1549	キリスト教の伝来
1590	豊臣秀吉が全国統一
1603	徳川家康が征夷大将軍に
1716	享保の改革（～45）
1787	寛政の改革（～93）
1841	天保の改革（～43）
1858	日米修好通商条約
1867	大政奉還

▲ 戦国時代～江戸時代の流れ

❷ 江戸時代

(1) **江戸幕府**…**徳川家康**が開く→**幕藩体制**。**武家諸法度**→大名の統制，**参勤交代**。**鎖国**の体制を固める。

(2) **産業の発達**…農業→新田開発。農具の改良。三都の繁栄→**大阪**は「**天下の台所**」，諸藩の**蔵屋敷**。**五街道**と航路の整備。

(3) **幕府政治の改革**…第5代将軍**徳川綱吉**の文治政治→**新井白石**の正徳の治→第8代将軍**徳川吉宗**の**享保の改革**→老中**田沼意次**の政治→老中**松平定信**の**寛政の改革**→老中**水野忠邦**の**天保の改革**。

(4) **文化**…**元禄文化**と**化政文化**。新しい学問→**国学**，**蘭学**。

(5) **欧米の近代化**…イギリスの名誉革命，アメリカ独立戦争，**フランス革命**。**産業革命**→アジアへ進出，**アヘン戦争**，インド大反乱。

(6) **開国**…**ペリー**が来航→**日米和親条約**。大老**井伊直弼**と**ハリス**が**日米修好通商条約**→**領事裁判権**を認め，日本に**関税自主権**がない。
（▶外国人が日本で事件を起こしても，日本の法律で裁けない）

(7) **江戸幕府の滅亡**…国内で**尊王攘夷運動**→**安政の大獄**→**桜田門外の変**→**薩長同盟**→第15代将軍**徳川慶喜**が**大政奉還**を行う。

よく出る!

江戸幕府の政治改革

徳川吉宗	享保の改革 ・公事方御定書
田沼意次	・商業重視， 株仲間の奨励
松平定信	寛政の改革 ・農村の復興
水野忠邦	天保の改革 ・株仲間の解散

江戸時代末の開港地

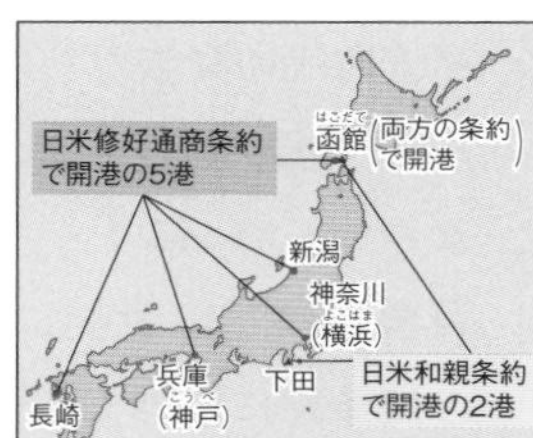

（下田は，日米修好通商条約の締結で閉鎖）

Q. 基礎力チェック問題

(1) 1549年，日本にキリスト教を伝えたイエズス会の宣教師は誰か。［　　　］

(2) 太閤検地と刀狩により，武士と百姓の身分の区別が進んだことを何というか。［　　　］

(3) 江戸幕府第8代将軍徳川吉宗が行った政治の改革を何というか。［　　　］

(4) 1867年，徳川慶喜が政権を朝廷に返したできごとを何というか。［　　　］

(5) 1873年，土地の所有者に地価の3%を現金で納めさせた税制を何というか。［　　　］

出題傾向

学習日 ／

土地制度の歴史や税制の歴史などのテーマ別の問題も多い。
近現代は，条約や戦争などのできごとを年代順に並びかえる出題が多い。

❸ 近代日本の発展

(1) **明治維新**…五箇条の御誓文。版籍奉還，**廃藩置県**。**富国強兵→学制**，**徴兵令**，**地租改正**（▶地価の３％を現金で納めさせる）。**殖産興業**→富岡製糸場，**鉄道**，**郵便**。
(2) **立憲制国家の成立**…**自由民権運動**→**内閣制度**→**大日本帝国憲法**。
(3) **日清・日露戦争と条約改正**…**日清戦争**，**下関条約**→三国干渉→日英同盟→**日露戦争**，**ポーツマス条約**→不平等条約改正の完全達成。

❹ 二度の世界大戦と日本，現代の日本

(1) **第一次世界大戦**…**サラエボ事件**がきっかけ。日本は**日英同盟**を理由に連合国側で参戦→中国に**二十一か条の要求**。**ロシア革命**，終戦。
●**大戦後の国際協調**…民族自決，**ベルサイユ条約**，**国際連盟**。
(2) **大正時代**…**第一次護憲運動**，**大正デモクラシー**，**大戦景気**。**米騒動**→**原敬**が**本格的な政党内閣**を組織→普通選挙法，治安維持法。
(3) **世界恐慌**…**アメリカ**で**ニューディール政策**（新規巻き直し）。**ブロック経済**（▶植民地の多いイギリス，フランス）。
(4) **日本の中国侵略**…**満州事変**→**五・一五事件**，**二・二六事件**→**日中戦争**→**国家総動員法**，**大政翼賛会**。
(5) **第二次世界大戦**と**太平洋戦争**…枢軸国と連合国。**ポツダム宣言**（▶日本の無条件降伏を示す）。
(6) **日本の民主化**…**財閥解体**，**農地改革**，**日本国憲法**の制定。
(7) **世界の流れ**…**国際連合**の設立，東西陣営の対立→**冷たい戦争**（冷戦）。朝鮮戦争→日本は特需景気，**警察予備隊**（▶のちの自衛隊）の設置。
(8) **現代の日本の流れ**…**サンフランシスコ平和条約**→独立を回復。**日ソ共同宣言**→国際連合に加盟。**日韓基本条約**，**日中共同声明**。
●**高度経済成長**…重工業化→**公害**問題。**石油危機**（▶オイル・ショックともいう）で終わる。
(9) **冷戦の終結後の国際社会**…1989年，**ベルリンの壁**崩壊，**マルタ会談**。東西ドイツ統一，ソ連解体。**地域紛争**，**同時多発テロ**。
●**日本の様子**…**バブル経済**の崩壊，東日本大震災。

年代	できごと
1889	大日本帝国憲法発布
1894	日清戦争（～95）
1904	日露戦争（～05）
1914	第一次世界大戦（～18）
1918	米騒動，原敬の政党内閣
1941	太平洋戦争（～45）
1946	日本国憲法の公布
1951	サンフランシスコ平和条約
1973	石油危機
1991	バブル経済崩壊

▲ 明治時代～平成時代の流れ

よく出る！

地券

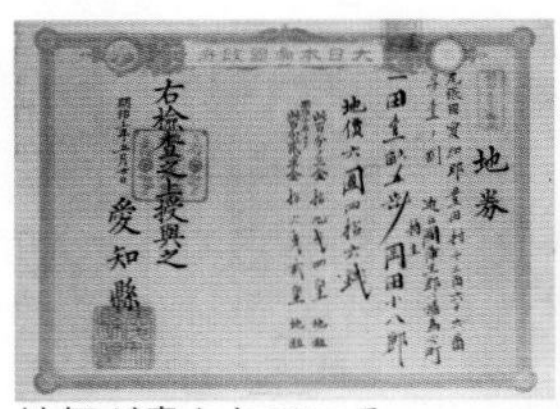

地価が書かれている。

農地改革による農村の変化

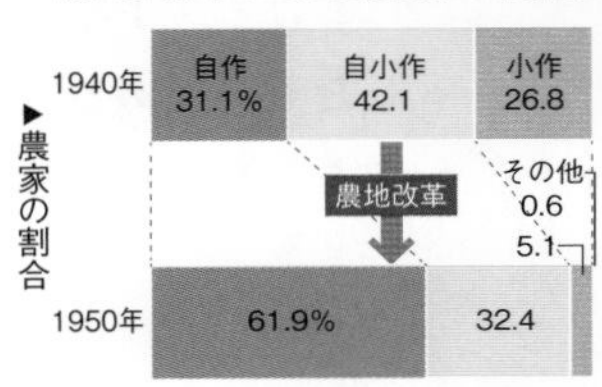

（『完結昭和国勢総覧』ほか）

地主がもつ小作地を，政府が強制的に買い上げて，小作人に安く売り渡した。

解答はページ下

(6) 1919年に結ばれた，第一次世界大戦の講和条約を何というか。 [　　　]
(7) 世界恐慌に対してアメリカ合衆国が行った政策を何というか。 [　　　]
(8) 第二次世界大戦において，日本の無条件降伏を示した宣言を何というか。 [　　　]
(9) GHQが行った自作農を増やす農村の民主化政策を何というか。 [　　　]
(10) 1989年，［ニューヨーク　ベルリン］の壁が崩壊し，冷戦が終結した。 [　　　]

A。(1)フランシスコ＝ザビエル (2)兵農分離 (3)享保の改革 (4)大政奉還 (5)地租改正 (6)ベルサイユ条約 (7)ニューディール（新規巻き直し）政策 (8)ポツダム宣言 (9)農地改革 (10)ベルリン

社会

高校入試実戦力アップテスト

社会 5

近世～近現代の日本

1

江戸時代

江戸幕府の政策について，幕府のリーダーが行った取り組みをそれぞれメモにまとめました。次の各問いに答えなさい。

［奈良県］(10点×4。(1)は完答)

〈a徳川吉宗が行った取り組み〉	〈松平定信が行った取り組み〉	〈水野忠邦が行った取り組み〉
• 幕府の支出が増えたため，質素倹約を命じて，出費を減らそうとした。また，b庶民の意見を取り入れる目安箱を設置した。	• c天明のききんによる社会の混乱を抑え，幕府財政の立て直しをはかろうとした。また，庶民の生活にも厳しい統制を加えた。	• 物価上昇を抑えるために，株仲間を解散させた。また，日本沿岸に接近するd外国船に対する強硬な方針を改めた。

ミス注意 (1) 下線部aが，メモに書かれたこと以外に行ったことについて述べた文を，次の**ア**～**エ**から**すべて**選びなさい。 ［　　　］

ア　裁判の基準となる公事方御定書を定めた。

イ　外交方針を批判した高野長英らを処罰した。

ウ　漢訳された洋書の輸入の制限をゆるめた。

エ　動物愛護を定めた生類憐みの令を出した。

(2) 下線部bの間にも，**資料Ⅰ**のような子どもたちが読み・書き・そろばんを学ぶことのできる施設が開かれるようになった。このような庶民教育の施設を何というか，書きなさい。 ［　　　］

資料Ⅰ

（田原市博物館）

ハイレベル (3) 次の文は，寛政の改革についてまとめたものである。また，**資料Ⅱ**は，下線部cとその前後の期間における，1年当たりの幕府領の年貢収納量を表したものである。文中の［　　］に当てはまる語句を，**資料Ⅱ**を参考にして，簡潔に書きなさい。

［　　　］

資料Ⅱ

	1年当たりの幕府領の年貢収納量
天明のききん前の期間 (1777～1781年)	約150万石
天明のききんの期間 (1782～1787年)	約135万石
寛政の改革後の期間 (1794～1798年)	約154万石

（「日本史辞典」）

　天明のききんと呼ばれる全国的なききんが起きたことで，農村が荒廃し，百姓一揆や打ちこわしが多発した。松平定信は，寛政の改革において農村を復興させようとした。なぜなら農村が復興することで，［　　］ため，幕府の財政を立て直すことにつながるからだ。

よく出る！ (4) 水野忠邦は下線部dを，燃料のまきや水などを与えて退去させる穏便な方針に改めた。この改定のきっかけとなったアジアでのできごとについて，関係する2つの国名を示しながら，簡潔に書きなさい。

［　　　］

アドバイス ☞ **天保の改革は1841～43年。同じころ，アジアの国で起こった戦争は何かを考える。**

時間：	30 分	配点：	100 点	目標：	80 点
解答：	別冊 p.18	得点：	点		

2 近現代の日本

右の年表は，「近代以降の日本とアメリカ合衆国との関係」というテーマで作成したものの一部である。次の各問いに答えなさい。 ［熊本県・改］(10点×6)

年	近代以降の日本とアメリカ合衆国との関係
1853	ペリーが来航する。
1858	**a** 日米修好通商条約を結ぶ。　X
1905	アメリカ合衆国の仲介でポーツマス条約を結ぶ。
1930	**b** 世界恐慌の影響により，深刻な不況が発生する。
1941	ハワイの真珠湾を攻撃し，**c** 太平洋戦争が始まる。
1981	**d** 対米自動車輸出台数の自主規制を表明する。

（X は1853年から1905年までの時期）

(1) 下線部 **a** を機に，尊王攘夷運動がさかんとなった。運動の中心となった（　　）藩は，外国船への砲撃を行ったが，翌年イギリスなど四か国の艦隊の報復攻撃を受けた。（　　）に当てはまる藩名を書きなさい。
［　　　　］

(2) Xの時期に起こったできごととして**誤っているもの**を，次の**ア**～**エ**から一つ選びなさい。［　　］

ア　プロイセン王国が，ビスマルク首相の指導のもとでドイツを統一した。
イ　南北戦争が起こり，リンカン（リンカーン）大統領の指導の下で北部が勝利した。
ウ　ナポレオンが，フランス皇帝となり，ヨーロッパ諸国の征服を進めた。
エ　イギリスが，インド大反乱を抑え，インドの直接支配を始めた。

ミス注意
(3) 下線部 **b** に対して，イギリスとドイツがとった対応を，次の**ア**～**エ**からそれぞれ一つずつ選びなさい。　イギリス［　　］　ドイツ［　　］

ア　アジアやアフリカなどの植民地と経済的なつながりを強め，他国の商品を排除した。
イ　ニューディール（新規まき直し）政策を実施し，公共事業による失業者の雇用を図った。
ウ　一党独裁体制を確立して言論や思想の自由を奪い，軍備の拡大を進めた。
エ　「五か年計画」と呼ばれる計画経済を始め，工業化と農業の集団化を進めた。

よく出る！
(4) 下線部 **c** について，次の**ア**～**ウ**は，太平洋戦争の開戦までに起こったできごとについて述べた文である。**ア**～**ウ**を時代の古い順に並べなさい。［　　→　　→　　］

ア　ドイツが，ソ連と不可侵条約を結び，ポーランドに侵攻を開始した。
イ　アメリカ合衆国が，日本への石油などの輸出を禁止した。
ウ　日本が，ドイツ，イタリアと日独伊三国同盟を結んだ。

ハイレベル
(5) 下線部 **d** が行われた背景には，貿易におけるアメリカ合衆国の不満があった。アメリカ合衆国が日本との貿易に不満を募らせることとなった要因として考えられることを，**資料**から読み取れる日本の対米貿易額の変化をふまえて，簡潔に書きなさい。

資料　日本の対米貿易における輸出入額の変化

項目＼年	1975	1976	1977	1978	1979	1980	1981
対米輸出額（億円）	33121	46538	52922	52590	57728	71181	85187
対米輸入額（億円）	34415	35052	33574	31087	44569	55581	55522

（「日本の100年改訂第7版」）

［　　　　　　　　　　　　　　　　　　］

社会

6 現代社会，日本国憲法，政治

必ず出る！ 要点整理

1 現代社会と私たち

(1) **現代社会の特色**…グローバル化，**情報化**，**少子高齢化**。

(2) **文化**…**科学**，**芸術**，**宗教**。伝統文化，**年中行事**，多文化共生。

(3) 社会集団…**家族**，学校，**地域社会**など。**人間は社会的存在**。

(4) **家族形態の変化**…核家族世帯が多い，**一人世帯**（**単独世帯**）の増加。

重要！

(5) 効率**と**公正…**対立**を解消して**合意**を目指す。

●効率…より多くの利益を得るために，時間，労力の無駄を省く。

●公正…誰にとっても手続きや機会・結果が公平であること。

(6) **採決の仕方**…全会一致，**多数決**→少数意見の尊重が大切。

2 人間の尊重と日本国憲法

(1) **人権思想家**…**ロック**，**モンテスキュー→三権分立**，**ルソー**。

(2) 日本国憲法…**国民主権**，**基本的人権の尊重**，**平和主義**。

●**天皇**…日本国と日本国民統合の象徴。**国事行為**。（▶内閣の助言と承認による）

●**憲法改正**…**憲法改正の発議**→国民投票→天皇が公布。（▶投票の資格は，満18歳以上の国民）

(3) 基本的人権…個人の尊重と**法の下の平等**。

●**自由権**…身体の自由，精神の自由，経済活動の自由。（生命・身体の自由）（精神活動の自由）

●**社会権**…生存権，教育を受ける権利，労働基本権，**勤労の権利**。（労働三権）

(4) **新しい人権**…環境権，自己決定権，知る権利，プライバシーの権利。

3 現代の民主政治

(1) 間接民主制（**議会制民主主義**，**代議制**）…代表者が議会で話し合う。

(2) **選挙の4原則**…普通選挙，**秘密選挙**，平等選挙，直接選挙。（▶無記名で投票）

(3) **選挙制度**…小選挙区制，比例代表制。一票の格差の問題。

(4) **政党の役割**…国民の意見を政治に反映。与党と**野党**。（▶政権を担当する政党）

くわしく！

並び方の効率と公正

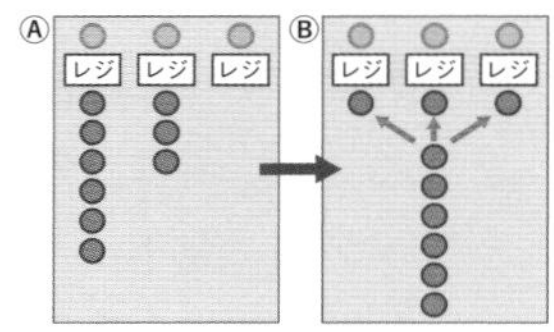

Ⓑの並び方…一列に並び，順番に空いたレジへ進む。
○空いているレジがなく，**効率がよい**。
○並んだ順番に会計する**「機会・結果の公平さ」**

よく出る！

人権思想の発達

17〜18世紀	フランス人権宣言
平等権，自由権	
↓	
20世紀初め	ワイマール憲法
社会権	

選挙権と被選挙権を得る年齢

		選挙権	被選挙権
国	衆議院議員	満18歳以上	満25歳以上
国	参議院議員	満18歳以上	満30歳以上
地方	市(区)町村長	満18歳以上	満25歳以上
地方	市(区)町村議会議員	満18歳以上	満25歳以上
地方	都道府県知事	満18歳以上	満30歳以上
地方	都道府県議会議員	満18歳以上	満25歳以上

Q. 基礎力チェック問題

(1) 世界が一体化する動きを［グローバル化　高度経済成長］という。［　　　］

(2) 多数決で決めるときは，［全会一致　少数意見］の尊重が大事である。［　　　］

(3) 1919年，世界で初めて社会権を保障したドイツの憲法を何というか。［　　　］

(4) 健康で文化的な最低限度の生活を営む権利を何というか。［　　　］

(5) 参議院議員と都道府県知事の被選挙権は，満何歳以上か。［　　　］

学習日 ／

出題傾向

グローバル化，効率と公正の考え方や，基本的人権は必出。
議院内閣制や三審制，三権分立などの図を用いた出題が多い。

4 国会・内閣・裁判所

(1) **国会**…**国権の最高機関**，**唯一の立法機関**。**二院制**（両院制）。

● **種類**…常会（通常国会），特別会（特別国会），臨時会（臨時国会）。

● **仕事**…**法律の制定**，予算の議決，条約の承認，憲法改正の発議，内閣総理大臣の指名，弾劾裁判所の設置など。

● **衆議院の優越**…衆議院の議決が重くみられる。

(2) **内閣**…最高の**行政機関**。**内閣総理大臣**（▶首相（しゅしょう））とその他の国務大臣で構成。**議院内閣制**。

● **仕事**…**法律の執行**，**予算の作成**，条約の締結，天皇の国事行為に対する助言と承認，**最高裁判所長官の指名**など。

● **行政改革**…簡素で効率的な行政→**規制緩和**，**地方分権**の推進。
▶大きな政府から小さな政府へ，公務員の数の削減など

(3) **裁判所**…**司法権の独立**。最高裁判所と下級裁判所。

● **三審制**…控訴，上告。裁判を公正・慎重に行い，人権を守るため。

● **種類**…**民事裁判**。**刑事裁判**→**検察官**が起訴。

● **裁判員制度**…くじで選ばれた国民が刑事裁判に参加。

(4) **三権分立（権力分立）**…国家権力の濫用（集中）を防ぐ。

● **違憲立法審査権**（▶違憲審査権，法令審査権）…最高裁判所が最終的な決定権→**憲法の番人**。

● **三権の関係と国民**…選挙，世論，最高裁判所裁判官の**国民審査**。

5 地方自治

(1) **地方自治**…地方自治は「**民主主義の学校**」。

(2) **地方議会**…**条例**の制定，**予算の議決**などを行う。

● **首長と議会**…議会による首長の不信任決議，首長の議会解散権。

(3) **地方財政**…**自主財源**の**地方税**，**依存財源**の**地方交付税交付金**。

(4) **直接請求権**…住民が一定数の署名を集めて，条例の制定・改廃の請求や，解職請求（**リコール**）などを行う権利。

よく出る!

議院内閣制のしくみ

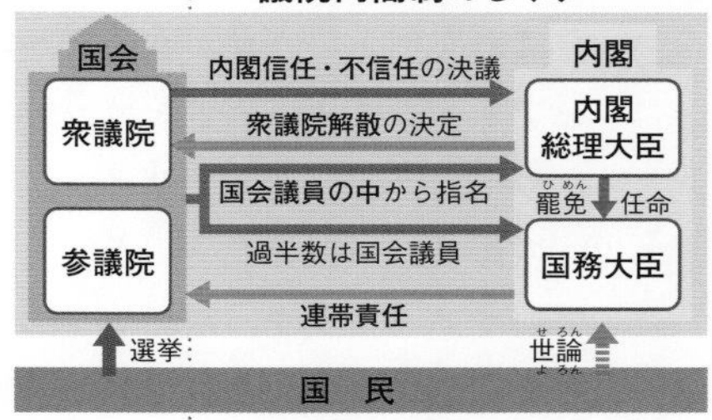

内閣は国会の信任の上に成立し，連帯責任をもつ。

三審制のしくみ

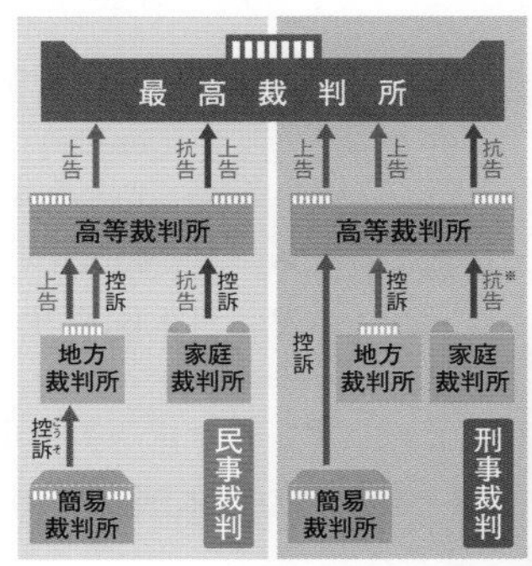

※「決定・命令」に不服を申し立てること。

住民の直接請求権

直接請求		法定署名数
条例の制定・改廃の請求		有権者の50分の1以上
監査請求		
解職請求	首長・議員	有権者の3分の1以上
	その他の役職員	
議会の解散請求		

※有権者が40万人以下の場合。

解答はページ下

(6) 内閣が国会の信任の上に成立して，連帯責任を負うしくみを何というか。 [　　　　]

(7) 原則として，3回まで裁判を受けられる制度を何というか。 [　　　　]

(8) 違憲審査の最終決定権があることから，最高裁判所は何と呼ばれているか。 [　　　　]

(9) 法律の範囲内で地方公共団体が制定するきまりを何というか。 [　　　　]

(10) 都道府県知事と市（区）町村長を漢字2字で何というか。 [　　　　]

社会

A。(1)グローバル化 (2)少数意見 (3)ワイマール憲法 (4)生存権 (5)満30歳以上 (6)議院内閣制 (7)三審制 (8)憲法の番人 (9)条例 (10)首長

高校入試実戦力アップテスト

社会 6

現代社会，日本国憲法，政治

1

現代社会の特色，日本国憲法，国会，地方自治

次の各問いに答えなさい。 (7点×7)

よく出る！ (1) 多くの人，もの，お金，情報などが国境を越えて移動することで，世界の一体化が進んでいる。これを何というか，次の**ア**～**エ**から一つ選びなさい。［長野県］　［　　］

ア　インフォームド・コンセント　　**イ**　グローバル化

ウ　ユニバーサルデザイン　　**エ**　バリアフリー

よく出る！ (2) 次の文は「効率」と「公正」のいずれかについて述べたものである。このうち，「公正」について述べた文を，次の**ア**～**エ**から**二つ**選びなさい。［大分県］　［　　］［　　］

ア　話し合いにそれぞれ対等な立場で参加すること。

イ　特定の人が正当な理由もなく不利な扱いを受けることがないようにすること。

ウ　少ない労力でたくさんのことを行うこと。

エ　得られる効果がそれにかける時間や費用に見合ったものかどうか検討すること。

ミス注意 (3) 憲法について述べた次の文の正誤の組み合わせとして正しいものを，下の**ア**～**エ**から一つ選びなさい。［神奈川県］　［　　］

> **X**　日本国憲法は，国の最高法規であって，条文を改正するしくみをもっていない。
> **Y**　日本国憲法には，すべての国民が生存権を有すると定められている。

ア　**X**－正　**Y**－正　　**イ**　**X**－正　**Y**－誤　　**ウ**　**X**－誤　**Y**－正　　**エ**　**X**－誤　**Y**－誤

(4) 次の日本国憲法の第1条中の［ Z ］に共通して当てはまる語句を書きなさい。［和歌山県］
［　　　　］

> 第1条　天皇は，日本国の［ Z ］であり日本国民統合の［ Z ］であつて，この地位は，主権の存する日本国民の総意に基く。

(5) 国会について，次の文のうち，現在の日本の国会や国会議員の選挙について説明したものの組み合わせを，下の**ア**～**エ**から一つ選びなさい。［神奈川県］　［　　］

> **A**　国会の役割の一つは，予算に基づいて政策を実施することである。
> **B**　衆議院か参議院に提出された法案は，通常，委員会で審査された後，本会議で議決される。
> **C**　直接国税を一定額以上納める満25歳以上の男性のみに対して，選挙権が認められている。
> **D**　満18歳以上の国民に対して，選挙権が認められている。

ア　**A**，**C**　　**イ**　**A**，**D**　　**ウ**　**B**，**C**　　**エ**　**B**，**D**

(6) 次の**X**～**Z**を，条例の制定や改廃に向けた手続きの流れの順に左から並べなさい。［愛媛県］

X　住民が，首長に条例の制定や改廃を請求する。　［　　→　　→　　］

Y　議会が招集され，条例案が審議される。

Z　住民が，必要な数の署名を集める。

時間：30分　配点：100点　目標：80点
解答：別冊 p.19　得点：　点

2

日本国憲法，国会・内閣・裁判所，三権分立

次の各問いに答えなさい。　（(4)②は完答で9点，他は7点×6）

ミス注意
(1) 右の表は，公共の福祉によって自由権が制限される事例をまとめたものである。表中の X に当てはまる語句を，次の**ア～エ**から一つ選びなさい。［香川県］　[　　]

公共の福祉によって自由権が制限される事例	制限される自由権の種類
・他人の名誉を傷つける行為を禁止すること	表現の自由
・新しい道路を建設するために住居の立ち退きを求めること ・耐震基準を満たさない建物の建築を禁止すること	X

ア　財産権　　**イ**　思想・良心の自由
ウ　黙秘権　　**エ**　苦役からの自由

アドバイス　経済活動の自由に当てはまるものを選ぶ。

(2) 次の国の政策のうち，「小さな政府」に向かうことを目的としているものを，次の**ア～エ**から**二つ**選びなさい。［京都府］　[　　] [　　]

ア　国家公務員の数を減らす。　**イ**　年金や医療などに関わる社会保障の充実を図る。
ウ　国の財政規模を拡大させる。　**エ**　規制緩和を行い，自由な経済活動を促す。

(3) 三権分立のしくみについて，次の各問いに答えなさい。［徳島県］

よく出る！
① 国会または内閣の権限として正しい文を，次の**ア～エ**から一つ選びなさい。　[　　]

ア　国会は，不適任だと思われる裁判官がいれば弾劾裁判を行うことができる。
イ　内閣は，内閣不信任案が可決されると参議院を解散することができる。
ウ　国会は，最高裁判所長官の指名や裁判官の任命を行うことができる。
エ　内閣は，国会議員の中から内閣総理大臣を指名することができる。

② 裁判所には，法律や規則などが最高法規である憲法に違反していないかどうかを判断する権限がある。その権限を何というか，書きなさい。　[　　]

(4) 裁判員制度について，次の文を読んで，あとの各問いに答えなさい。［岐阜県・改］

> 裁判員制度の対象は Y 事件で，裁判員は， Z 裁判所で行われる第一審にのみ参加する。原則として6人の裁判員と3人の裁判官が，被告人が有罪か無罪か，有罪の場合はどのような刑罰にするかを決める。意見がまとまらない場合は多数決で決定するが，多数側に裁判官が1人以上含まれている必要がある。

① **Y・Z**に当てはまる語句の組み合わせを，次の**ア～エ**から一つ選びなさい。　[　　]

ア　**Y**－民事　**Z**－高等　　**イ**　**Y**－民事　**Z**－地方
ウ　**Y**－刑事　**Z**－高等　　**エ**　**Y**－刑事　**Z**－地方

ハイレベル
② 下線部について，クラスで裁判官を招いて，班ごとに架空の事件について模擬裁判を行った。模擬裁判の結果，有罪となるものを，表の**ア～オ**から**すべて**選びなさい。　[　　]

表　模擬裁判の結果

	裁判官		裁判員	
	有罪	無罪	有罪	無罪
ア	0人	3人	5人	1人
イ	1人	2人	4人	2人
ウ	1人	2人	2人	4人
エ	2人	1人	2人	4人
オ	2人	1人	4人	2人

アドバイス　有罪とした人が多いものを選び，裁判官が含まれているか確認する。

社会
TEST

社会

7 経済，国際社会

必ず出る！ 要点整理

❶ 経済のしくみとはたらき

(1) 家計…家庭や個人の収入(所得)と支出（**消費支出**や**貯蓄**）。

(2) **消費者の権利と保護**…**消費者主権**，クーリング・オフ制度など。

(3) **流通**…生産された商品が消費者に届くまでの流れ。**流通の合理化**。

(4) 市場経済…市場で自由に商品を売買し，価格を決定するしくみ。
●**市場価格**…需要量と供給量で決定。ほかに**独占価格**(寡占価格)，**公共料金**。
●**物価**…**インフレーション**（▶物価が上昇，貨幣価値が下がる）と**デフレーション**。

(5) **企業**…公企業と私企業。**企業の社会的責任**（**CSR**）。
●**株式会社**…株式を発行して，効率よく資金を集める。株主は**配当**（**配当金**）を受け取る。**株主総会**が最高の議決機関。

(6) **労働三法**…**労働基準法**，**労働組合法**，**労働関係調整法**。

(7) **労働環境の変化**…正規労働者が減少，**非正規労働者**が増加。
●ワーク・ライフ・バランス…仕事と個人の生活の調和。

❷ 金融，財政と国民の福祉

(1) **金融**…直接金融と間接金融。資金の融通を行う→銀行など。
●**通貨**…現金通貨と預金通貨。**電子マネー**，**キャッシュレス化**。

重要！
(2) 日本銀行…日本の**中央銀行**。**発券銀行**，**政府の銀行**，**銀行の銀行**。
●金融政策…**公開市場操作**で，通貨量を調整，景気の安定を図る。

(3) **為替相場**(為替レート)…自国通貨と外国通貨の交換比率。円高，円安。

(4) 財政…国(政府)は景気を安定化させるため**財政政策**を行う。
●**歳出**…**社会保障関係費**，国債費，地方交付税交付金など。
●**歳入**…**税金**(租税)と**公債金**。

(5) **税金の種類**…**直接税**と**間接税**，**国税**と**地方税**。**累進課税**。

(6) **景気変動**(景気循環)…好景気（好況）と**不景気**（**不況**）の繰り返し。

よく出る！

需要量・供給量と価格の関係

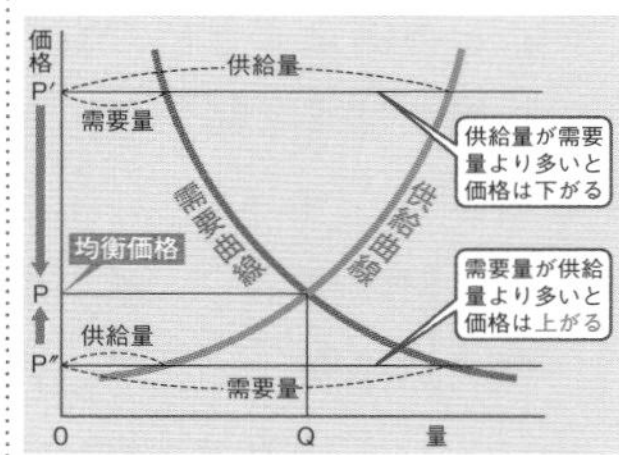

需要曲線と供給曲線が交わるときの価格を均衡価格という。

経済の三主体（家計・企業・政府）の関係

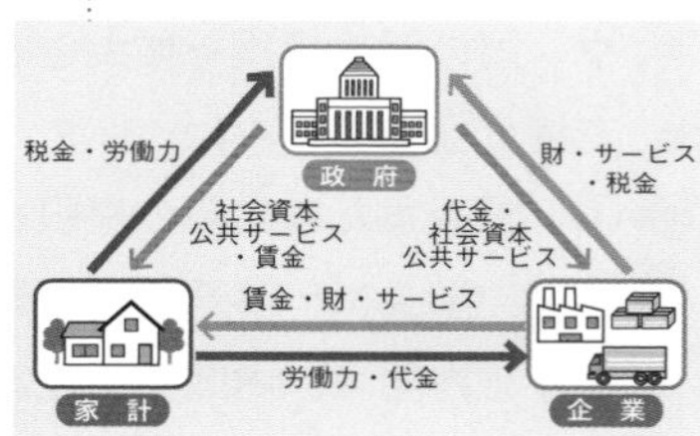

円高・円安

・円高…外国通貨に対して円の価値が上がること。

1ドル 100円	➡	1ドル 80円	**輸出**に不利 **輸入**に有利

・円安…外国通貨に対して円の価値が下がること。

1ドル 80円	➡	1ドル 100円	**輸出**に有利 **輸入**に不利

政府の財政政策

	税金	公共事業
好景気	増税	減らす
不景気	減税	増やす

Q. 基礎力チェック問題

(1) 消費者が買おうとする量を，［需要　供給］量という。 ［　　　　］

(2) 株式会社が利益を上げたとき，株主は［株式　配当］を受け取る。 ［　　　　］

(3) 「仕事と個人の生活の調和」をカタカナで何というか。 ［　　　　］

(4) 1ドル120円が1ドル100円になった場合，［円高　円安］という。 ［　　　　］

(5) 消費税や酒税などは，［直接税　間接税］である。 ［　　　　］

出題傾向

効率と公正の観点から経済の課題を考える問題も増えている。
持続可能な社会に関連する問題，アルファベットの略称は必出。

学習日 ／

(7) **社会保障制度**…**生存権**を根拠に国が国民の生活を保障する制度。
- **課題**…少子高齢化による財源の確保→「**大きな政府**」は**高**福祉**高**負担，「**小さな政府**」は**低**福祉**低**負担。

(8) **環境保全**…**四大公害病**→公害対策基本法→**環境基本法**。
- **循環型社会**…**3R（リデュース，リユース，リサイクル）**の推進。

3 国際社会と私たち

(1) **主権国家の原則**…**内政不干渉**の原則，主権平等の原則。
- **領域**…**領土**，**領海**，**領空**。領海の外側に**排他的経済水域**（200 海里以内），**公海**。
- **国際社会のルール**…**国際慣習法**や**条約**などの**国際法**。

重要！
(2) **国際連合**…国際連合憲章。世界の平和と安全の維持。
- **総会**…全加盟国で構成，1 国 1 票，多数決制。
- **安全保障理事会**…**常任理事国**に**拒否権**（1 か国でも反対すると決定できない）。非常任理事国。
- **活動**…**平和維持活動**（**PKO**），**SDGs**（エスディージーズ）を採択。

(3) **地域主義**（リージョナリズム）（地域統合）…EU，**ASEAN**，**APEC**，**TPP**（環太平洋経済連携協定）（**11**）など。

(4) **世界の経済格差**…**南北問題**，**南南問題**など。

(5) **新しい戦争**…**地域紛争**や**テロリズム**などが多発。
- **難民の発生**…**国連難民高等弁務官事務所**や **NGO**（非政府組織）が支援。

(6) **核軍縮の動き**…核拡散防止条約（NPT）（核兵器不拡散条約），核兵器禁止条約など。

(7) **地球規模の課題**…**持続可能な開発目標（SDGs）**の取り組み。
- **地球環境問題**…**地球温暖化**→**京都議定書**から**パリ協定**へ。
- **資源・エネルギー問題**…**化石燃料**（石油や石炭）から**再生可能エネルギー**へ。
- **貧困問題**…自立に向けた支援→**フェアトレード**（公正貿易）や**マイクロクレジット**（少額融資）の取り組み。

(8) **日本の国際貢献**…自衛隊による**平和維持活動（PKO）**への参加，**政府開発援助（ODA）**，**青年海外協力隊**など。

よく出る!

社会保障制度の 4 つの柱

社会保険	医療保険，年金保険，介護保険など。
公的扶助	生活保護（生活・住宅などの扶助）
社会福祉	高齢者や障がいのある人々への支援。
公衆衛生	予防接種，上下水道の整備など。

国際社会に関するアルファベットの略称

UNESCO（ユネスコ）	国連教育科学文化機関
WHO	世界保健機関
UNICEF（ユニセフ）	国連児童基金
UNHCR	国連難民高等弁務官事務所
PKO	平和維持活動
ODA	政府開発援助

くわしく!

持続可能な開発目標（SDGs）

2015 年の国連で採択された，2030 年までに解決すべき，貧困や飢餓，教育，エネルギー，気候変動などの 17 の目標。

解答はページ下

(6) 不景気のとき，政府は［増税　減税］を行い，公共事業への支出を増やす。［　　］
(7) 社会保障制度のうち，上下水道の整備は，［公的扶助　公衆衛生］である。［　　］
(8) 領域は，領土，領空とあと一つは何からなるか。［　　］
(9) 安全保障理事会の常任理事国がもつ，議案に反対する権利を何というか。［　　］
(10) 日本が発展途上国へ行っている政府開発援助の略称は何か。［　　］

A。(1)需要 (2)配当 (3)ワーク・ライフ・バランス (4)円高 (5)間接税 (6)減税 (7)公衆衛生 (8)領海 (9)拒否権 (10) ODA

社会

高校入試実戦力アップテスト

社会 7

経済，国際社会

1

経済のしくみ，金融，国民の福祉

次の各問いに答えなさい。 （(1)②，(3)は各11点，他は8点×3）

(1) **資料Ⅰ**は，市場経済における一般的な商品の，価格に対する需要量と供給量を表したものであり，曲線**X**，**Y**は，それぞれ需要曲線，供給曲線のいずれかに当たる。次の文の①の｛　　｝の中から適当なものを一つ選びなさい。また，［　②　］に当てはまる内容を書き入れて文を完成させなさい。ただし，②には「**需要量**」，「**供給量**」の語句を用いること。［愛媛県・改］

資料Ⅰ

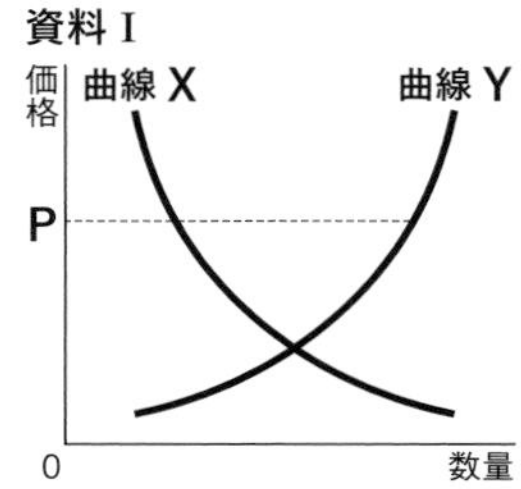

①［　　　］　②［　　　　　　　　　　　　］

> **資料Ⅰ**の曲線**X**は，①｛**ア**　需要曲線　　**イ**　供給曲線｝に当たる。市場価格が**P**のとき，やがて，市場価格は，**P**より下がり，［　②　］状態となるような価格に落ち着いていく。

(2) 株式会社のしくみについて述べた文として**誤っているもの**を，次の**ア**～**エ**から一つ選びなさい。［青森県］ ［　　］

ア　株主は，株式会社が倒産しても，出資した金額以上の負担は負わない。
イ　株主総会で経営者を交代させることはできない。
ウ　株式を発行することで，人々から広く資金を集めることができる。
エ　株主総会は，経営方針や配当の決定などを行う。

(3) 次の文は，現在の金融政策の主な方法である公開市場操作について述べたものである。文中の［　　　］に当てはまる内容を，「**国債**」，「**量**」の語句を用いて，15字以上20字以内（読点を含む。）で書きなさい。［千葉県］

［　　　　　　　　　　　　　　　　　　　　］

> 中央銀行である日本銀行は，一般の銀行などとの間で，［　　　］を増減させることで，景気や物価の安定を図っている。

(4) **資料Ⅱ**は，社会保障のあり方について，社会保障給付費を横軸にとり，税などの国民負担を縦軸にとって，図式化したものである。現在の状況を**資料Ⅱ**中の●の位置としたとき，次の文で書かれていることを行うと，●は**ア**～**エ**のどこに移動するか，一つ選びなさい。［福島県］

［　　］

> 医療保険の保険料を引き下げて，医療機関で支払う医療費の自己負担の割合を大きくする。

資料Ⅱ

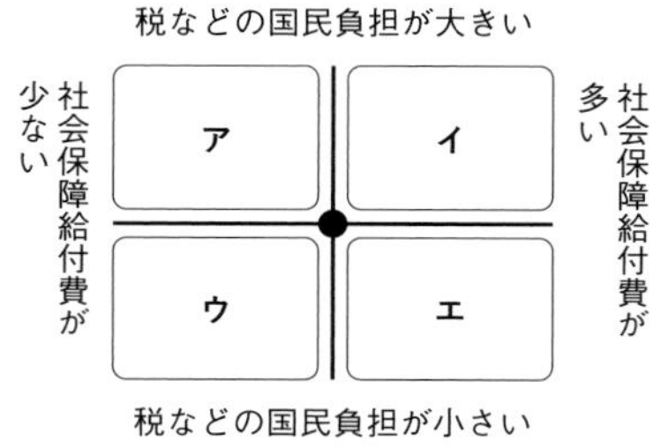

（アドバイス）☞ **横軸と縦軸の位置付けを整理する。**

時間： 30 分	配点： 100 点	目標： 80 点
解答： 別冊 p.19	得点： 　点	

2 国際社会，地球規模の課題

次の各問いに答えなさい。 （(4)(5)は10点×3，他は8点×3）

(1) 国家と国際法について正しく述べた文を，次の**ア〜エ**から一つ選びなさい。［島根県・改］ ［　　］

ア　国家の支配する領域は，領土・領海・領空からなり，領海には排他的経済水域が含まれる。

イ　主権をもつ国家は，国内での国家の決定について他国から干渉されない。

ウ　公海自由の原則は，長い間の慣行が法になった慣習法で，国際法には含まれない。

エ　国際司法裁判所では，当事国のどちらかの法律をもとに裁判を行う。

(2) 国際連合の説明として正しいものを，次の**ア〜エ**から一つ選びなさい。［島根県］ ［　　］

ア　国際連合は，スイスのジュネーブに本部があり，PKO などの専門機関が置かれている。

イ　国連総会は，すべての加盟国が 1 国 1 票を投じ，全会一致で議決が行われる。

ウ　国際司法裁判所は，争っている当事国の両方の合意があって初めて裁判が開かれる。

エ　安全保障理事会は，10 か国の常任理事国と 5 か国の非常任理事国とで構成されている。

よく出る!

(3) 世界遺産の文化財の保護や，識字教育などの活動をしている，国際連合の専門機関の略称を，次の**ア〜エ**から一つ選びなさい。［青森県］ ［　　］

ア　UNEP　　**イ**　UNICEF　　**ウ**　UNCTAD　　**エ**　UNESCO

(4) 世界の貧困問題について，次の文の［　　］に当てはまる内容を，「**労働**」，「**公正**」の語句を用いて，簡潔に書きなさい。［岐阜県・改］ ［　　　　　　　　］

> 貧困問題を解決するための取り組みの一つとして，フェアトレードが注目されている。フェアトレードは，途上国の人々が生産した農産物や製品を，［　　］で取り引きし，先進国の人々が購入することを通じて，途上国の生産者の経済的な自立を目指す運動である。

ハイレベル

(5) 海洋プラスチックごみが，近年世界的な環境問題になっている。この問題について，**資料Ⅰ**，**資料Ⅱ**をもとにまとめた，下の文中の［　　］に当てはまる内容を書きなさい。また，下線部の具体的な例を一つ書きなさい。［茨城県］

資料Ⅰ　海洋プラスチックごみが自然分解するまでにかかる年数

レジ袋	1〜20 年
発泡スチロール製カップ	50 年
ペットボトル	400 年
釣り糸	600 年

（注）海洋プラスチックごみとは，海洋に流出したプラスチックのごみである。

（WWF ジャパン資料）

資料Ⅱ　海洋プラスチックごみの量と魚の量の関係

海洋プラスチックごみの量	2014 年 3億 1100 万 t	➡	2050 年 11 億 2400 万 t

2050 年までに，海洋プラスチックごみの量が魚の量を上回るとの試算が報告された。

（環境省資料ほか）

内容 ［　　　　　　　　］

具体例 ［　　　　　　　　］

> 現在，海洋汚染は地球規模で広がっており，生態系を含めた海洋環境への影響が懸念されている。**資料Ⅰ**，**資料Ⅱ**を見てみると，とくに海洋プラスチックごみは，［　　］ことからも，大きな環境問題であることがわかる。このような状況を改善するためには，<u>プラスチックごみを減らす取り組み</u>が有効である。

社会

TEST

慣用句などの意味や使い方
（○が本来正しいとされる使い方・意味）

意味	なし崩し	○**少しずつ返していく**	19.5%
		なかったことにする	65.6%
	げきを飛ばす	○**自分の考えを広く人々に知らせ同意を求める**	22.1%
		元気のない者に刺激（しげき）を与（あた）えて活気づける	67.4%
使い方	チームや部署に指図を与え、指揮する	○**采配を振る**	32.2%
		采配を振るう	56.9%

（二〇一八年九月二十六日付の新聞記事による。）

アドバイス　作文の書き出しで、賛成と反対のどちらの立場で書いているのかをはっきりと示そう。

3 ハイレベル

あなたは、あなた自身がチームやグループで活動するときに、どのようなことを大切にしたいと考えるか。後の資料を参考にしながら、そう考える理由を含めて、次の注意に従って述べなさい。［愛媛県］（35点）

〈注意〉
1. 資料を見て気づいたことを交えて書くこと。
2. あなたが経験したことや見聞したことを交えて書いてもよい。
3. 段落は、内容に応じて設けること。
4. 文章の長さは、三百字以上、四百字以内とする。
5. 資料の中の数値を使う場合は、次の例に示したどちらの書き方でもよいこととする。

　例　二〇・一%　または　二十・一%
　　　四七・〇%　または　四十七%

　なお、「%」は、「パーセント」と書いてもよい。
6. 文題は書かないこと。

TEST

資料

チームやグループに求められること

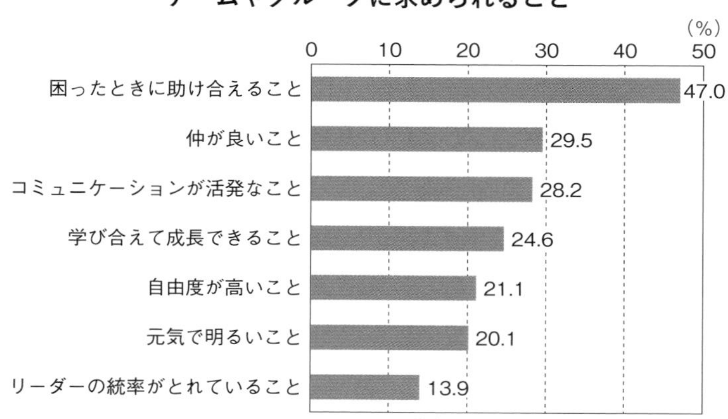

全国の20歳以上の1,000人が回答している。（選択（せんたく）式、複数回答。）ここでは、主なものを七つ示している。

（ある研究所が平成30年に実施した調査による。）

国語 7

高校入試実戦力アップテスト

作文

時間：30分
配点：100点
目標：80点
解答：別冊23ページ
得点：　点

1 よく出る！

あなたは、生徒会の活動で、教室を清潔に保つことを全校生徒に呼びかける張り紙を作ることになり、その張り紙にどのようなことばを書くかを話し合いました。話し合った結果、張り紙に書くことばとして出た案です。次のA～Cは、話し合った結果、張り紙に書くことばとして出た案です。あなたは、どのことばが最も効果的に伝わると考えますか。あとの条件1～3にしたがって、あなたの考えを原稿用紙（20字詰×9行）に書きなさい。〔大阪A〕（30点）

A　教室もあなたの心も美しく

B　いつもていねいに掃除をしよう

C　きれいに使ってくれてありがとう

条件1　A～Cの三つのことばから一つを選ぶこと。
条件2　条件1で選んだことばが、最も効果的に伝わると考える理由を書くこと。
条件3　百八十字以内で書くこと。
※　三つのことばをそれぞれA、B、Cと表してもよい。

アドバイス　それぞれのことばの良いところと、呼びかけることによる効果を考えて書こう。

2

あなたのクラスでは、国語の授業で、次の□の中の新聞記事が紹介された。
この記事について感想を述べ合ったところ、「言葉がもつ本来の意味や使い方を大切にするべきだ。」という発言をした人がいた。そこで、この発言について、それぞれが賛成、反対の立場に立って意見を述べることになった。あなたならどちらの立場で、どのような意見を述べるか。そう考える理由も含めて、あなたの意見を書きなさい。ただし、次の条件1、2にしたがうこと。〔静岡県〕（35点）

条件1　一マス目から書き始め、段落は設けないこと。
条件2　字数は、百五十字以上、百八十字以内とすること。
（27字詰×6行＋18字）

「なし崩し」理解2割
借金の「なし崩し」や、「げきを飛ばす」の本来の意味を理解している人が2割程度にとどまり、指揮をすることを意味する「采配を振る」を「采配を振るう」と認識している人は5割超を占めることが、文化庁の二〇一七年度国語に関する世論調査で分かった。

3 課題作文の書き方

(1) **考えの中心を明らかにする**…いくつかの考えや感想があっても、その中の**主なもの一つに絞ってまとめる**。また、「**何に・どのように・なぜ**」**感動したのか**をはっきりと述べ、**考えの中心**を明らかにする必要がある。

(2) **自分なりの主張を明確にする**…単なる感想だけで終わらせず、そのことについての**考え**（意見）**も述べる**。考え（意見）は、新聞・テレビなどの受け売りを避け、自分が**その時感じたことや考えたこと**を率直に述べよう。自分なりの主張を述べることで、実感のこもった作文となる。

(3) **考え（意見）・感想は最後に書く**…**具体例と考え（意見）・感想**とが**半々程度の分量**になるようにするとよい。次のように意見・感想を**最後にまとめて**書くと、整理されて読みやすい。

①具体例（経験・事実） ↓ **②具体例に含まれている事柄や問題点の説明** ↓
③②についての考え（意見）・感想

［二段落構成の指示があれば、②・③をまとめて考え（意見）・感想の段落とする。指示がなければ、それぞれを単独の段落としてもよい。］

4 表現の注意点

(1) **文の長さ**…作文の文章は、一文が長くなりすぎないように**簡潔**に書く。

(2) **感情を表す表現**…「よい」「悪い」などだけではなく、「楽しい」「心に残る」「残念だ」「怒りを感じる」など、なるべく**具体的に伝わりやすい表現**にする。

と、まとめやすい。

①～について、……。
↓
②～という理由で、……。
↓
③～と考える。

くわしく！

自分の主張をはっきりさせる

ある問題について、「**自分はこう考える**」**というのが意見**だ。「～はよかった」「～は嫌だ」とだけ述べるのではなく、「**どうしたらよいのか**」「**なぜ嫌なのか**」まで明確に示そう。

発展

簡潔な表現を心がける

入試作文では、無理に巧みな表現・言葉遣いを用いようとしなくてもよい。文章の巧みさだけで読み手（＝採点者）の心を引きつけようとするのは困難である。短時間で書く入試作文では、次のようなことを心がけるとよい。

①わかりやすい、簡潔な説明。
②主・述の関係、修飾・被修飾の関係がわかりやすい文にし、長過ぎる修飾語は避ける。
③率直に自分の感想・考えを述べる。

間にあてるつもりで臨もう。

◎作文のメモの手順

①**条件や課題を分析**し、箇条書きにする。
②分析の結果出た**結論**を整理する。
③**結論を導き出す筋道**を箇条書きにする。
④①～③の内容を確認し、どのような順で書くか、**構成を考える**。

必ず読み返して推敲を

作文を書き終えたら、**必ず読み返して推敲をする**。次のようなポイントをおさえるとよい。

内容

①**題材**は課題にふさわしいか。
②**伝えたいこと**が明確に表れているか。
③**構成**は適切か。
④**指示された注意事項**を守っているか。

表記

①**漢字・仮名遣いの誤り**はないか。
②**句読点や符号**の使い方は適切か。
③**一文が長過ぎないか**。⇩**50字程度**までに。
④**文末表現は統一**されているか。⇩**敬体**（「**です・ます**」**調**）か**常体**（「**だ・である**」**調**）で統一。
⑤**主・述の関係**がはっきりしているか。
⑥**無駄な言葉**の繰り返しがないか。

国語

7 作文

必ず出る！要点整理

❶ 作文の出題形式

(1) **条件作文**…表・グラフ・文章など与えられた資料を**分析**し、条件に合わせて**自分の意見や考え**をまとめる。

(2) **課題作文**…与えられた課題に合わせて、**自分の経験や出来事**を題材にとり、それについての意見や考えをまとめる。

❷ 条件作文（条件の多い意見文や感想文）の書き方

(1) **条件の範囲で書く**…与えられた課題に沿って自由に考えを述べる課題作文と違い、条件作文は**与えられた条件の分析**から出発して、そこから**離れることはできない。**

与えられる条件の主な例	①ある文章を読み、その内容を要約したり、意見を述べたりする。 ②グラフや統計などの資料から読み取った事柄を説明したり、意見を述べたりする。 ③短歌や詩などを読み、その鑑賞文や感想を書く。 ④複数の異なる考えを読み、いずれかの立場に立って意見を述べる。

(2) **ポイントを絞って書く**…すべてにわたって書こうとせず、**主な事柄を一つ選び**、それについての**分析と意見をまとめる。**限られた字数でまとまりのある内容にするため、ポイントを絞る必要がある。

出題傾向

条件作文・課題作文ともに、自分の意見・考えを書かせる出題が多い。

くわしく！

文体は統一する

作文の文体は、常体（だ・である）・敬体（です・ます）のどちらかで、全体を通して**統一する**こと。混在している場合は、減点の対象になるので要注意。

発展

文の構造を正確に

作文では、**主・述の関係** **修飾・被修飾の関係** などが乱れないように注意する。そのためには、長い文になり過ぎないように、なるべく**一文を簡潔にまとめる**ことが望ましい。

発展

構成をきちんと整理する

自分の意見を主張する際は、その**根拠・理由をきちんと示さなくてはならない。**次のような順序で構成する

入試問題 この手で攻略!!

原稿用紙の使い方は作文の基本

作文は、次のような原稿用紙の使い方に従って書くことが基本。

◎マスの使い方

書き出し・段落の初めは、**一マス空け**、文字は一マスに一字ずつ、丁寧に書く。

◎句読点や記号

句読点や記号などは、原則として一マスに一つずつ書く。句読点（「、」「。」）とかぎかっこ（「」）が**行頭にくる場合は、前行の最後の文字と同じマスか欄外に書く。**また、疑問符・感嘆符（「？」「！」）のあとは一マス空ける。

メモがものをいう

作文は、いきなり書き始めるとあとで苦労する。**メモを事前に用意する**とよい。作文に要する時間の三分の一は、書くべき内容や構成を考え、メモを作る時

学習日 ／

5 よく出る!

次の【すみれさんのスピーチの一部】の――線部を、適切な言い方に改めなさい。 〔島根県〕（14点）

【すみれさんのスピーチの一部】

　先日、自宅のパソコンでこのことを調べていたら、「すみれは海外留学をしてみたいのか？」とお父さんがおっしゃいました。私は、海外留学をした学生が増えていることが分かったから自分も本気で考えてみたい、ということを伝えました。

［　　　　］

アドバイス 自分の身内の動作については、どの種類の敬語を使うのが最も適切かを考える。

6

花咲（はなさき）中学校のボランティア委員会では、冬休みに老人ホームのひだまり園を訪問することになり、委員長の山本（やまもと）さんが当日の日程や留意点などについて、ひだまり園の職員と電話で確認を取った。そのときの【電話の様子の一部】の――線部を謙譲語に改めたものとして適切なものを、ア～エから選びなさい。 〔岩手県〕（15点）

【電話の様子の一部】

山本　花咲中学校ボランティア委員会の山本です。今日は何点か確認したいことがあって連絡（れんらく）しました。まずは、訪問予定の十日は何時に行ったらいいでしょうか。

職員　交流時間は、午前十時から午後四時までですが、事前の説明などがありますので、三十分前にいらしてください。

ア　お願いしたら　　イ　いらっしゃったら
ウ　うかがったら　　エ　お訪ねになったら

［　　　　］

7 ハイレベル

次は、職場体験学習を振（ふ）り返る【話し合いの一部】である。これを読んで、①～③に当てはまる言葉の組み合わせとして最も適切なものを、あとのア～エから選びなさい。 〔大分県〕（15点）

【話し合いの一部】

北野（きたの）さん　職場の方から「お客様にお茶とコーヒーのどちらにするか、聞いてきて。」と言われました。

内村（うちむら）さん　北野さんは、お客様にどのように尋（たず）ねたのですか。

北野さん　「お茶とコーヒーのどちらにいたしますか。」と尋ねました。

杉本（すぎもと）さん　その表現には少し違和感（いわかん）があります。どちらがいいのかを選ぶ動作主を ① と考えると ② を使うのは変だと思うからです。

内村さん　では、どのような尋ね方がよいと思いますか。

森田さん　「お茶とコーヒーのどちらになさいますか。」ではどうでしょうか。動作主を ① と考えれば、ここでは ③ を使う方がよいと思うからです。

ア　①北野さん　②謙譲語　③尊敬語
イ　①北野さん　②尊敬語　③謙譲語
ウ　①お客様　②謙譲語　③尊敬語
エ　①お客様　②尊敬語　③謙譲語

［　　　　］

TEST

高校入試実戦力アップテスト

敬語

時間：30分　配点：100点　目標：80点

解答：別冊22ページ

得点：　　点

1 よく出る！

次の文の――線部の敬語の種類として適切なものを、ア〜ウから選びなさい。［長崎県］（14点）

● お父様を助けるために工女*になられたと伺っております。

*工女…明治から昭和にかけて製糸場で働いていた女性。

ア　尊敬語　イ　謙譲語　ウ　丁寧語

［　　］

2

次の【電話でのやりとりの一部】の――線部の敬語の種類として適切なものを、ア〜ウから選びなさい。［熊本県］（14点）

【電話でのやりとりの一部】

平田　はい、肥後川百年後委員会事務局の平田です。

川上　肥後中学校三年生の川上といいます。インターネットに出ていた「肥後川リフレッシュプロジェクト」に参加したいのですが、詳しいことをお聞きしたいと思って電話しました。

ア　尊敬語　イ　謙譲語　ウ　丁寧語

［　　］

アドバイス　**「お〜する」という敬語表現は、自分や自分の身内の動作に用いる敬語。**

3 ミス注意

次の文章の――線部を、適切な尊敬語に直し、一文節で答えなさい。［千葉県］（14点）

先生はこの頃から読書がお好きで、部屋に置いてあるものの多くは本だったそうです。ご自分の専門に加え、中国文学に関わる書物も数多く読んでいて、多様な話題を取り入れた授業をしてくださいます。

［　　］

アドバイス　**「一文節で答えなさい」という条件に注意。ここでは、付属語を使って、尊敬語に直すことになる。**

4

次の文章の――線部を、謙譲語を使って敬意を高める表現に改めなさい。［北海道］（14点）

はじめまして。お忙しいところすみません。私は、○○中学校の西島と申します。今、少しだけお時間をもらえますか。

［　　］

重要！

特別な形の動詞には、尊敬語となる尊敬動詞と、謙譲語となる謙譲動詞がある。

主な特別な形の動詞

尊敬語	いらっしゃる（いる・行く・来る）	なさる（する）
	くださる（与える・くれる）	おっしゃる（言う）
	召し上がる（食べる・飲む）	ご覧になる（見る）
謙譲語	伺う（聞く・訪ねる・行く）	申し上げる（言う）
	差し上げる（与える）	拝見する（見る）
	いただく（もらう・食べる・飲む）	お目にかかる（会う）

(2) **「お（ご）～になる」「お（ご）～する」の形（尊敬語・謙譲語）**

主な動詞は、「お(ご)～になる」「お(ご)～する」の形で尊敬語・謙譲語にすることができる。

お(ご)～になる…尊敬語　例 社長が**お戻りになる**。
お(ご)～する…謙譲語　例 校長先生に**ご相談する**。

(3) **動詞＋助動詞（尊敬語・丁寧語）**

動詞に助動詞を接続することで、尊敬語・丁寧語にすることができる。

れる・られる…尊敬の助動詞　例 先生が**来られる**。
です・ます…丁寧の助動詞　例 彼が、私の兄**です**。

(4) **その他の表現方法**

特別な形の動詞を補助動詞として用いて、尊敬語・謙譲語にすることができる。

尊敬語
～いらっしゃる　例 あの方は、とても上品で**いらっしゃる**。
謙譲語
～申し上げる　例 お客様にご説明**申し上げる**。
～いただく　例 体験談をお話し**いただく**。
～差し上げる　例 会場までご案内して**差し上げる**。

参考

接頭語を使った丁寧語

丁寧語には、「**お皿**」「**ご飯**」などのように接頭語「お」「ご」を使った表現がある。これは、「お」「ご」を付けることで言葉を美しく表現し、聞き手に丁寧な印象を与える敬語である。これを特に美化語として丁寧語と区別することもある。

よく出る！

よく出題される敬語

1位	伺う	（謙譲語）
2位	召し上がる	（尊敬語）
	申す	（謙譲語）
3位	いただく	（謙譲語）
	ご覧になる	（尊敬語）
4位	いらっしゃる	（尊敬語）

尊敬・謙譲の特別な形の動詞の出題率が高い。また、「**お（ご）～になる**（尊敬語）」「**お（ご）～する**（謙譲語）」もよく出題される。

注意

助動詞を使った尊敬語

尊敬の助動詞「れる・られる」による敬語は、ほかの尊敬語の表現方法に比べて敬意が弱いと見られることもある。

基礎力チェック問題

解答はページ下

(1) 次の敬語の種類を答えよ。
❶いただく［　］
❷おっしゃる［　］
❸くださる［　］
❹召し上がる［　］
❺伺う［　］
❻なさる［　］

(2) 次の動詞を、助動詞を用いずに尊敬語に直せ。
❶来る［　］
❷考える［　］
❸見る［　］

(3) 次の動詞を、助動詞を使わず、謙譲語に直せ。
❶見る［　］
❷出す［　］
❸与える［　］

(4) 次の――線部の敬語と同じ種類の敬語を含む文を選べ。
明日は、家に<u>います</u>。
ア　先生にお目にかかる。
イ　会場にいらっしゃる。
ウ　私が担当者です。
［　］

A.(1)❶謙譲語 ❷尊敬語 ❸尊敬語 ❹尊敬語 ❺謙譲語 ❻尊敬語 (2)❶いらっしゃる ❷お考えになる ❸ご覧になる (3)❶拝見する ❷お出しする ❸差し上げる (4)ウ

6 敬語

必ず出る！要点整理

1 敬語の種類

(1) 尊敬語

敬意を表すべき人物が、動作主である場合に使用する敬語。

例 今朝、先生がクラス全員に、風邪（かぜ）に注意するようにと**おっしゃっ**た。

(2) 謙譲語（けんじょうご）

敬意を表すべき人物が、動作の受け手である場合に使用する敬語。

自分の行動をへりくだって表現することにより、その言葉の聞き手に対して丁重（ていちょう）な態度を示すために用いる場合もある。

例 私は、自分の意見を先生に**申し上げ**た。／来週から、旅行で海外に**参り**ます。

(3) 丁寧語（ていねいご）

敬意を表すべき人物が聞き手・読み手である場合に使用する敬語。

例 今述べたのが、私の意見**です**。／ここが入り口で**ございます**。

2 敬語の表現方法

(1) 特別な形の動詞（尊敬語・謙譲語）

特別な形の動詞とは、「おっしゃる」「伺（うかが）う」など、一単語で敬語としての働きをもっている動詞のことである。この動詞を、「言う」「聞く」などの通常の動詞に代えて用いることで敬語表現にすることができる。

出題傾向

尊敬語と謙譲語（けんじょうご）について、それぞれの使い方の正誤問題がよく出題される。

学習日 ／

くわしく！ 尊敬語の使い方

尊敬語は通常、敬意を示す必要のある人物の動作について用いる。例えば、

先生が全員に話す。

という文では「先生」の動作である「**話す**」を言い換えて、

先生が全員におっしゃる。

のように用いる。

くわしく！ 謙譲語の使い方

謙譲語は、敬意を示す必要のある人物が、動作を受ける立場にある場合、その動作について用いる。例えば、

私が、先生に話す。
田中君が、先生の家に行く。

という文では、「先生」が受け手なので、「話す」「行く」を言い換えて、

私が、先生に申し上げる。
田中君が、先生の家に伺う。

のように用いる。

入試問題 この手で攻略!!

尊敬語と謙譲語の区別は動作主で判断する

敬語の使い方が正しいかどうかを判断する問題では、まず、問題となる敬語の動作主が誰（だれ）かをとらえ、用いるべき敬語の種類を判断する。

動作主が相手→尊敬語
○館長さんが、私におっしゃった。
×館長さんが、私に申し上げた。

動作主が自分か自分の身内→謙譲語
○私が先生にお聞きする。
×私が先生にお聞きになる。

自分以外の動作には尊敬語、自分と身内の動作には謙譲語と覚えておこう。

5

次の文の――線部の語の品詞を、ア～エから選びなさい。［香川県］（10点）

●単なる好き嫌(きら)いではなく、理にかなった意思決定をするために、論理構築スキルに則(のっと)った思考が必要である。

ア　動詞　　イ　連体詞
ウ　副詞　　エ　形容動詞

［　　　］

6

よく出る！

次の文の――線部とは品詞が異なるものを、ア～エから一つ選びなさい。［茨城県］（10点）

●好きな人と待ち合わせしたけれど、三十分たっても一時間たっても来ない。

ア　立派な家を建てる。　　イ　おかしな話をする。
ウ　はるかな時を思う。　　エ　大切な人と会う。

［　　　］

7

次の文の――線部と活用の種類が同じ動詞を、ア～エから選びなさい。［18 埼玉県］（10点）

●遠くの景色を見る。

ア　本を読むときは部屋を明るくする。
イ　不要な物を捨てれば物置が片付く。
ウ　次の休日には犬と一緒(いっしょ)に来よう。
エ　毎朝六時に起きてラジオを聞く。

［　　　］

8

ミス注意

次の文の――線部と同じ意味で用いられている「で」を含(ふく)む文を、ア～エから選びなさい。［神奈川県］（10点）

●本を読んで感想を書く。

ア　上着を脱(ぬ)いで手に持つ。　　イ　あまりに立派で驚(おどろ)いた。
ウ　自転車で坂道をくだる。　　エ　五分で外出の準備をする。

［　　　］

アドバイス　自立語の一部である「で」に注意しよう。

9

ハイレベル

次の文の――線部と同じ意味で用いられている「に」を含む文を、ア～エから選びなさい。［新潟県］（10点）

●あらゆる手段を使って、他者に伝えていこうとする。

ア　図書館へ行く道を友人に尋(たず)ねる。
イ　食事の前には手をきれいに洗う。
ウ　四季の中では特に春が好きだ。
エ　桜は週末に見ごろになるだろう。

［　　　］

10

次の文の――線部の語の品詞名を漢字で答え、活用形を、ア～エから選びなさい。［愛媛県］（5点×2）

●オオバコは踏(ふ)まれることで種子を運ぶのである。

ア　未然形　　イ　連用形
ウ　終止形　　エ　連体形

品詞名［　　　］　活用形［　　　］

高校入試実戦力アップテスト

文法

時間：30分　配点：100点　目標：80点

解答：別冊22ページ　得点：　　点

1 次の文の――線部を単語に正しく分けたものを、ア〜エから選びなさい。 ［山口県］（10点）

● 痛みも真綿に包まれたように鈍(にぶ)く感じるだけだ。

ア　真綿／に／包まれ／た／よう／に

イ　真綿／に／包まれ／た／ように

ウ　真綿／に／包ま／れ／た／よう／に

エ　真綿／に／包ま／れ／た／ように

アドバイス　まず文節に分けて、それぞれの文節を自立語と付属語に分けて考えよう。

［　　］

2 よく出る！ 次の――線部と＝＝線部の文節の関係が、補助の関係になっているものを、ア〜エから選びなさい。 ［17 埼玉県］（10点）

青い　空を　高く　速く　飛んで　いるのは　新型の　飛行機だ。

ア　青い　空を

イ　高く　速く

ウ　飛んで　いるのは

エ　新型の　飛行機だ。

［　　］

3 次の文の――線部のように、他の文節を詳(くわ)しく説明したり、内容を補ったりする働きをもつ文節を何というか、漢字三字で答えなさい。 ［長野県］（10点）

● 対戦が終わるまでプログラムを変えることは許されないという、コンピュータ側に不利なルールになっている。

アドバイス　「不利な」は、「ルールに」という文節の内容を詳しく説明している文節。

［　　　］

4 ミス注意 次の文の――線部とは品詞が異なるものを、ア〜エから一つ選びなさい。 ［鳥取県］（10点）

● 今日はとてもよい天気になったので、私の妹は近くの公園へ遊びに行った。

ア　いつもより少し明るい夜だ。

イ　部屋の外で大きな声を出す。

ウ　空でカラスがカアカア鳴く。

エ　赤ちゃんがにっこりと笑う。

［　　］

(3) **付属語**…それだけでは意味がわからず、**必ず自立語のあとに付いて文節を作るもの。**

❹ 動詞・形容詞・形容動詞

(1) **動詞**…動作・存在・変化を表す、活用する自立語。終止形がウ段音で終わる。

(2) **動詞の活用**…下の五種類がある。

活用の種類	語例	語幹	未然	連用	終止	連体	仮定	命令
五段	**書く**	**か**	か・こ	き・い	く	く	け	け
上一段	**起きる**	**お**	き	き	きる	きる	きれ	きろ きよ
下一段	**食べる**	**た**	べ	べ	べる	べる	べれ	べろ べよ
カ行変格	**来る**	○	こ	き	くる	くる	くれ	こい
サ行変格	**する**	○	し・せ さ	し	する	する	すれ	しろ せよ
主な続き方			—ない —う・よう	—ます —た	—。	—とき	—ば	—。

※サ変の「せ」は「ぬ」に、「さ」は「れる」「せる」に続く。

(3) **形容詞・形容動詞**…物事の性質・状態を表す、活用する自立語。形容詞は終止形が「い」、形容動詞は終止形が「だ・です」で終わる。

❺ いろいろな語の意味・用法

(1) **助動詞「れる・られる」**…①**受け身** 例父に怒(おこ)**られる**。②**尊敬** 例お客様が話さ**れる**。③**可能** 例三個ぐらいは食べ**られる**。④**自発** 例祖母のことが思い出さ**れる**。

(2) **助動詞「ようだ」**…①**比喩(ひゆ)** 例手が氷の**ように**冷たい。②**推定** 例明日は晴れる**ようだ**。

(3) **助詞(格助詞)「の」**…①**部分の主語** 例兄**の**作った模型。②**体言の代用** 例本を読む**の**が好きだ。③**連体修飾語** 例兄**の**洋服を着る。

(4) **助詞(副助詞)「ばかり」**…①**程度** 例一週間**ばかり**休む。②**限定** 例水**ばかり**飲む。③**状態** 例泣かん**ばかり**の表情だ。④**動作の完了(かんりょう)** 例帰った**ばかり**だ。

(5) **「ない」**…①**形容詞** 例金が**ない**。②**形容詞(補助形容詞)** 例服は古く**ない**。(服は古くはない。) ②**助動詞** 例弟は行か**ない**。③**形容詞の一部** 例人生ははか**ない**。

よく出る!

動詞の活用の見分け方

五段活用・上一段活用・下一段活用は、「ナイ」を付けて、活用語尾(ごび)の音で見分ける。

五段…書かナイ→ア段の音
上一段…起きナイ→イ段の音
下一段…食べナイ→エ段の音

参考

意味・用法の見分け方

※(1)~(5)の番号は上の❺の番号に対応。

(1)**れる・られる**…①「~ことをされる」、②「お~になる」、③「~ことができる」、④「自然(か)に~(ら)れる」と言い換えられる。
(2)**ようだ**…①「まるで」を補える。②「らしい」と言い換えられる。
(3)**の**…①「が」、②「こと」と言い換えられる。③体言に挟(はさ)まれている。
(4)**ばかり**…①「ほど」、②「だけ」、③「今にも~そう」、④「~て間もない」と言い換えられる。
(5)**ない**…①補助形容詞は直前に「は・も」が補える。→○服は古くはない。②「ぬ」と言い換えられる。

Q. 基礎力チェック問題

解答はページ下

(1) 次の文の文節の数を答えよ。
この本は人からもらったものです。 [　]

(2) 次の文の単語の数を答えよ。
僕(ぼく)は昨夜からずっと考えていました。 [　]

(3) ——線部の文節が係る文節を一文節で答えよ。
❶背の高い人がとても多い。 [　]
❷なぜ君は昨日の会議を欠席したのか。 [　]

(4) ——線部の品詞を答えよ。
❶楽しみがある。 [　]
❷ゆっくり話す。 [　]
❸暑いので脱(ぬ)ぐ。 [　]

(5) 次の動詞の活用形を答えよ。
❶教えればいい。 [　]
❷困ったね。 [　]

(6) 「話を聞かない。」の「ない」と同じ用法のものを選べ。
ア 出身は東京ではない。
イ 量が少ない。
ウ 式典には行かない。
エ 外は寒くない。 [　]

A.(1)5 (2)10 (3)❶多い ❷欠席したのか (4)❶名詞 ❷副詞 ❸助詞 (5)❶仮定形 ❷連用形 (6)ウ

5 文法

出題傾向

品詞の識別といろいろな語の意味・用法が頻出。文節分け・文節の係り受けも問われやすい。

学習日 ／

必ず出る！ 要点整理

1 単語・文節

(1) **単語**…意味がある言葉としての**最小の単位**。

例 強い｜雨｜が｜ざあざあ｜降り｜まし｜た。

(2) **文節**…文を、意味が壊れず、**発音上不自然ではないところ**で、**できるだけ短く区切ったもの**。

例 真っ青な｜空に｜渡り鳥の｜一群が｜飛んで｜いくのが｜見えた。

2 文の成分・文節と文節の関係

(1) **文の成分**…主語(主部)・述語(述部)・修飾語(修飾部)・接続語(接続部)・独立語(独立部)

例 平和、（独立語） それは（主語） 人類の 願いだ。（述部） しかし、（接続語） 戦争は（主語） なかなか（修飾語） なくならない。（述語）

(2) **文節と文節の関係**…「主・述の関係」と「修飾・被修飾の関係」が問われやすい。

例 ひよこが（主語） 鳴く。（述語）／小さな（修飾語） ひよこが（被修飾語） ピヨピヨと（修飾語） 鳴く。（被修飾語）

3 品詞分類

(1) **品詞**…単語は、文法上の性質や働きによって、**十品詞**に分類される。

(2) **自立語**…それだけで意味がわかり、**単独で文節を作る**ことができるもの。

よく出る！

文節の見分け方

「ネ」を入れて発音上不自然でないところで分ける。

白い〈ネ〉犬が〈ネ〉門の〈ネ〉前に〈ネ〉いる。〈ネ〉

注意

文節の区切り

「書いて｜ある」「思う｜こと」などは二文節。一文節にある自立語は、必ず一つである。

参考

そのほかの文節と文節の関係

並立の関係…文節が対等な役割で並んだもの。

犬は 白くて 大きい。

補助の関係…あとの文節が補助的な意味を添えているもの。

犬が 走って いる。

入試問題 この手で攻略!!

品詞は性質を理解して見分けよう

(1) 自立語

① 活用する→動詞・形容詞・形容動詞（用言）

② 活用しない・主語になる→名詞（体言）

③ 活用しない・修飾語になる
- 主に用言を修飾→副詞
- 体言だけを修飾→連体詞

④ 活用しない・接続語だけになる→接続詞

⑤ 活用しない・独立語だけになる→感動詞

(2) 付属語

① 活用する→助動詞

② 活用しない→助詞

せる所なることを。是れ奇異しき事なり。
（「日本霊異記」による）

＊河内国安宿郡…現在の大阪府羽曳野市や藤井寺市の東部。　＊信天原の山寺…未詳。現在の大阪府太子町にある妙見寺と思われる。　＊妙見菩薩…北極星を神格化した菩薩。
＊畿内…都の近隣の国。　＊阿倍の天皇…称徳天皇。　＊貫…銭貨の単位。

ハイレベル

● 次に示すのは、この文章についての先生とAさんの【対話】である。X に当てはまる言葉を十字以内で書きなさい。また、Y に当てはまるものとして適切なものを、ア〜エから選びなさい。（13点×2）

先生　本文に「因りて盗人を顕しき」とありますが、どうして弟子が盗人だとわかったのでしょうか。
Aさん　それは、［X］場所に弟子が盗んだものがあったからだと思います。
先生　そうですね。それで弟子の行いが人々に知られてしまったわけですね。昔から鹿は菩薩の化身と言われていたんですよ。
Aさん　なるほど。だから最後の「是れ、奇異しき事なり」とは、［Y］ということを指しているんですね。

X ［　　　　　　　　　　］

Y
ア 菩薩が鹿に姿を変えて、弟子の罪をあばいた
イ 鹿が菩薩に姿を変えて、盗まれたものを返した
ウ 菩薩が鹿に姿を変えて、弟子を改心させた
エ 鹿が菩薩に姿を変えて、真犯人に罰を与えた　［　］

アドバイス　鹿と菩薩の関係については、先生の会話文「昔から鹿は菩薩の化身と言われていた」からおさえよう。

（群馬県）

3 次の文章を読んで、あとの問いに答えなさい。

居(をリ)二天下之(の)広＊居(ニ)一、①立(チ)二天下之正＊位(ニ)一、行(ク)二天下之大＊道(ヲ)一。得(レバ)レ志(ヲ)与(ト)レ民由(より)レ之(これニ)、不(ざレバ)レ□レ志(ヲ)独(リ)行(フ)二其(その)道(ヲ)一。富(ふう)貴(きモ)不(ず)レ能(あたハ)レ＊淫(いんスルコト)。貧(ひん)賤(せんモ)不レ能(ハ)レ移(スコト)。＊威武(モ)不レ能(ハ)レ屈(スルコト)。此(これ)之(ヲ)謂(いフ)二②大(だい)丈(ぢやう)夫(ふト)一。
（「孟子」による）

【書き下し文】

天下の広居に居り、天下の正位に立ち、天下の大道を行く。志を得れば民と之に由り、志を□ざれば独り其の道を行ふ。富貴も淫すること能はず。貧賤も移すこと能はず。威武も屈すること能はず。此れ之を大丈夫と謂ふ。

＊広居…広い住居のことで、ここでは「仁」をたとえている。
＊正位…正しい位置のことで、ここでは「礼」をたとえている。
＊大道…大きな道のことで、ここでは「義」をたとえている。
＊能…できる。　＊淫…心をかき乱す。　＊威武…権威・武力のこと。

(1) ──線部①「立(チ)天下之正位(ニ)」に、書き下し文の読み方になるように返り点を書きなさい。（12点）
〔立 天 下 之 正 位〕

(2) 文中の□に当てはまる漢字一字を、本文中から書き抜きなさい。（12点）
［　］

(3) ──線部②「大丈夫」とありますが、本文中から読み取れる「大丈夫」とはどのような人物のことですか。次のア〜エから選びなさい。（12点）
ア 場面や相手によって、態度が変化する人物。
イ どのような状況でも、信念を貫き通す人物。
ウ 苦しい立場でも、物事を楽観的に捉える人物。
エ 身分に関係なく、相手を優しく包み込む人物。　［　］

アドバイス　──線部「大丈夫」の前の「此れ」で受けていることは、前の部分に書かれていることすべてであることをおさえよう。

高校入試実戦力アップテスト

古文・漢文

時間：30分　配点：100点　目標：80点

解答：別冊21ページ

得点：　　点

1

次の文章を読んで、あとの問いに答えなさい。　[21 埼玉県・改]

*鎌倉中書王にて、御鞠*ありけるに、雨降りて後、いまだ庭の乾かざりければ、いかがせんと沙汰ありけるに（どうしたらよかろうかと相談があった）、佐々木隠岐入道、鋸の屑（おがくず）を車に積みて、多く奉りたりければ（たくさん差し上げた）、一庭に敷かれて、泥土の①わづらひなかりけり。「とりためけん（集めた）用意ありがたし」と②人感じあへりけり。この事をある者の語り出でたりしに、吉田中納言の、「乾き（乾い）砂子（た砂）の用意やはなかりける（なかったのだろうか）。」と③のたまひたりしかば（おっしゃった）、はづかしかりき。

（『徒然草』より）

*鎌倉中書王にて…宗尊親王のお住まいで。
*鞠…蹴鞠。革製の鞠を蹴る貴族の遊戯。

(1) ――線部①「わづらひなかりけり」の部分を、現代仮名遣いに直して平仮名で書きなさい。(12点)

[　　　　]

(2) ――線部②「人感じあへりけり」は「人々は感心しあった」という意味ですが、人々は佐々木隠岐入道のどのような行動に感心したのですか。次の□に当てはまる内容を十字以内で書きなさい。(13点)

● □□□□□□□□□□ をしたこと。

(3) ――線部③「のたまひたり」の主語を、次のア～ウから選びなさい。(13点)

ア　佐々木隠岐入道　　イ　ある者
ウ　吉田中納言

[　　　　]

2　ミス注意

次の文章を読んで、あとの問いに答えなさい。　[佐賀県]

*河内国安宿郡の部内（地域）に、*信天原の山寺有り。*妙見菩薩に燃灯（ろうそくの火）を献ずる処（をお供えしていた）と為す。*畿内年毎に、燃灯を奉る。帝姫（女帝）、*阿倍の天皇のみ代に、知識縁例に依り（信者たちは機会があって）、燃灯を菩薩に献じ、並に室主（山寺の僧）に銭・財物を施しき。其の布施の銭の中五貫*を、師の弟子（山寺の僧の弟子）、窃に盗みて隠せり。後、銭を取らむが為に、往きて見れば銭無し。但鹿、矢を負ひて倒れ死（死）せらく（んでいるだけだった）のみ。すなはち鹿を荷はむが為に、河内の市の辺の井上寺の（河内の市場の近くの井上寺の）里に返りて（実家に帰って）、人等を率て至り見れば（連れて来て見ると）、鹿には非ず。唯銭五貫なり。因りて（こんなわけで）盗人を顕しき。定めて（まさしく）知る、是れ、実の鹿に非ず。菩薩の示

3 古典文法の知識

(1) **係り結びの法則**…古文では、文中に係りの助詞「**ぞ・なむ・や・か・こそ**」があると、終止形ではない別の活用形で結ぶという**係り結びの法則**がある。この法則によって、文に**強調・疑問・反語**などの意味が添えられる。

(2) **敬語表現**…古文にも現代語のように**尊敬語**・**謙譲語**・**丁寧語**がある。敬語表現を正しくとらえることによって、身分の違いなどの人物関係が把握できる。

(3) **指示語と指示内容**…**かく**（**このように**）、**しか**（**そういうふうに**）、**さ**（**そのように**）、**こ・そ・あ**（**これ・それ・あれ**）などの**指示語**の意味と指し示す内容をとらえ、文脈を正しく理解する。

4 漢文・漢詩の知識

(1) **漢文の読み方**…漢文の原文である白文に、訓点を補った訓読文の形で読む。

①送り仮名　漢字の**右下**にある、歴史的仮名遣いを片仮名で補ったもの。

②返り点　漢字の**左下**にある、漢文を日本語として読むための語順を示す符号。

●レ点…下の一字から**すぐ上の一字**に返って読む。

●一・二点…下の一字から、**二字以上隔てた上の字**へ返って読む。

例 百聞不レ如二一見一。

③書き下し文　訓読文を、送り仮名・返り点に従って、漢字仮名交じり文に書き直したもの。　例 百聞は一見に如かず。

(2) **漢詩の形式**…代表的な形式には、絶句と律詩がある。

①絶句　**四句**から成る。一句が五字の**五言絶句**と、一句が七字の**七言絶句**がある。

②律詩　**八句**から成る。一句が五字の**五言律詩**と、一句が七字の**七言律詩**がある。

(3) **漢詩の表現技法**…代表的な技法には、対句や押韻がある。

①対句　**用語・組み立てが対応する二つの句**を並べるもの。

②押韻　**同一の韻をもつ字**を、一定の箇所に使うもの。

～ではない。」と訳す。

係りの助詞	結びの活用形	意味
ぞ	連体形	強調
なむ	連体形	強調
や	連体形	疑問・反語
か	連体形	疑問・反語
こそ	已然形	強調

発展

古文の敬語の例

尊敬語	～給ふ（お～になる）
謙譲語	奉る（差し上げる）
丁寧語	～侍り（～ます）

参考

書き下し文のきまり

①日本語の助詞・助動詞に当たる漢字は平仮名に直して書く。

例「不」→「ず」

②「置き字」と呼ばれる次のような字は、書き下し文には書かない。

例 而・於・于・焉

くわしく！

対句と押韻の具体例

絶句　杜甫

江	碧	鳥	逾	白		
山	青	花	欲	**然**	ネン	nen
今	春	看	又	過		
何	日	是	帰	**年**	ネン	nen

（第一句「江碧鳥逾白」と第二句「山青花欲然」が対句）

※第一・二句が対句になっている。

Q. 基礎力チェック問題

解答はページ下

(1) 次の古語を現代仮名遣いに直して、平仮名で書け。

❶なほ［　］
❷ゑまきもの［　］
❸やうやう［　］
❹くわじ［　］
❺れうり［　］
❻をかしげ［　］

(2) 「筒の中光たり。」で、「筒の中」の下に補える助詞は、［　］である。

(3) 係りの助詞は、「ぞ・なむ・や・か」のほか、［　］がある。

(4) 下の一字からすぐ上に返って読むときに使う返り点を何というか。［　］

(5) 下の一字から、二字以上隔てて上に返って読むときに使う返り点を何というか。［　］

(6) 一句が五字で、四句から成る漢詩の形式を何というか。［　］

(7) 一句が七字で、八句から成る漢詩の形式を何というか。［　］

(8) 用語・組み立てが対応する二つの句を並べた表現技法を何というか。［　］

A. (1)❶なお ❷えまきもの ❸ようよう ❹かじ ❺りょうり ❻おかしげ (2)が (3)こそ (4)レ点 (5)一・二点 (6)五言絶句 (7)七言律詩 (8)対句

4 古文・漢文

必ず出る！要点整理

出題傾向

理由や心情などを問う内容の理解を中心に、歴史的仮名遣い、主語の把握の問題が出題される。

学習日　／

① 歴史的仮名遣い

(1) **語頭以外のハ行音**…語頭以外の「は・ひ・ふ・へ・ほ」は、「**わ・い・う・え・お**」と読む。

例 あ**は**れ→あ**わ**れ　ゆ**ふ**ぐれ(夕暮れ)→ゆ**う**ぐれ　すな**ほ**(素直)→すな**お**

(2) **ワ行の仮名**…ワ行の「ゐ・ゑ・を」は、「**い・え・お**」と読む。

例 **ゐ**る(居る)→**い**る　**ゑ**ちご(越後)→**え**ちご　**を**さなげ(幼げ)→**お**さなげ

(3) **母音が連続する発音(連母音)**…発音上、母音「a・i・u・e・o」が「**au・iu・eu・ou**」のように連続する言葉は、その母音を続けて「**ô・yû・yô・ô**」と読む。

例 申す…まう(mau)す→もう(mô)す　流行…りう(riu)かう(kau)→りゅう(ryû)こう(kô)

(4) **その他の主な仮名遣い**

① 「ぢ・づ」→「**じ・ず**」と読む。　② 「くわ・ぐわ」→「**か・が**」と読む。

③ 付属語の「なむ」「む」「けむ」「らむ」→「なん」「ん」「けん」「らん」と読む。

② 語句の省略

(1) **主語・述語の省略**…古文では、主語・述語などが省略されることがあり、人物関係や文脈から判断して、省略された語句を補う必要がある。

例 (**帝は**)召して吹かせ給ふに……。　春はあけぼの(**が趣深い**)。

(2) **助詞の省略**…助詞「は・が・の」などが省略されることが多い。

例 従者(**は**)これを怪しがりて……。

くわしく！

ハ行音と連母音

ハ行音と連母音が組み合わさった語句の読み方に注意。

けふ(今日)→**きょう**
たふ(塔)→**とう**
てふ(蝶)→**ちょう**
こんりふ(建立)→**こんりゅう**
きふ(急)→**きゅう**

くわしく！

助詞「の」の用法

助詞「**の**」には、主語であることを示す用法があり、古文では、この用法で使われることが多い。

例 竜**の**魚の姿になりて
→竜**が**魚の姿になって

くわしく！

係り結びの助詞

強調は訳さなくてよいが、疑問・反語は訳に入れる。反語は「～だろうか。いや、

入試問題

この手で攻略!!

古語・文法の知識を使って文脈を理解する

古文の問題は、内容理解の問題が中心。読解の基本は現代文と同様だが、読み慣れない文章に戸惑わないよう、古語・文法の知識を蓄えておく。

◎**古語の意味をとらえる**
特に感情を表す語句、現代語とは異なる意味で使われる語句に注意。

◎**指示語を確認する**
指示語によって指し示されている内容を正確にとらえる。

◎**敬語表現を把握する**
敬語表現から、人物関係を正しく理解する。

という表現ではなく、「空一面に広がった〝うろこ雲〟」という表現を選び取れるようにすることである。結局、豊かでかつ論理的に妥当性の高い思考を実現するためには、意味的に過不足の無い言葉の選択が全ての基本になる。そして、言葉とその言葉が持つ意味合いに関する知識・経験とセンスによって、②注意深く意味を繋いでいくことが求められるのである。

（波頭亮〈はとうりょう〉「論理的思考のコアスキル」〈筑摩書房〉より）

＊ジョイント…つなぎめ。
＊戦艦大和…かつて日本の海軍が所有していた大型戦艦の名前。

よく出る!

(1) [A]・[B]に入る言葉の組み合わせとして適切なものを、**ア**～**エ**から選びなさい。（15点）

ア **A** しかし　**B** したがって
イ **A** さらに　**B** すなわち
ウ **A** つまり　**B** それでいて
エ **A** また　**B** しかも

［　］

(2) ――線部①「適切な言語化の第一歩」とあるが、これの具体的な説明として適切なものを、**ア**～**エ**から選びなさい。（15点）

ア 目の前で咲いている菜の花を見て、「花」、「黄色い花」といった言葉を思い浮かべること。
イ 目の前で咲いている菜の花を見て、「菜の花」という言葉でそれを認識すること。
ウ 目の前で咲いている菜の花を見て、「この菜の花は食用だ。」と思うこと。
エ 目の前で咲いている菜の花を見て、「この菜の花をおひたしにしたらおいしいだろう。」と考えること。

［　］

アドバイス **――線部①の直後の内容に目を向けよう。**

(3) [　]には、同じ二字の言葉が入る。その言葉を抜き出しなさい。（15点）

［　　］

ハイレベル

(4) ――線部②「注意深く意味を繋いでいく」とは、どういうことか。適切なものを、**ア**～**エ**から選びなさい。（15点）

ア それぞれの言葉の意味内容について、共通部分だけでなくそれ以外の部分をも十分に吟味した上で、言葉を接続させていくこと。
イ 考えるための材料として、意味を複数持たない言葉を厳選した上で、言葉と言葉を知識や経験を生かして結びつけること。
ウ 現実世界の事象が持つ意味内容と、自分の知識や経験が持つ意味内容のジョイント部分に注目して、使う言葉を選んでいくこと。
エ 論理や推論を展開していくために用いる言葉が、現実世界の正しい反映となっているのかどうかを、一つずつ丁寧に確認すること。

［　］

アドバイス **「意味を繋いでいく」と同じ内容の言葉が、直前の段落にあることに注目しよう。**

(5) この文章の展開の説明になるように、次の文の[a]・[b]に入る言葉を、**a**は五字、**b**は二字で抜き出しなさい。（20点×2）

・まず[a]成立のための条件を具体例を挙げて示したあとで、論理的に[b]性の高い思考を実現させる方法について述べてまとめている。

a［　　　　　］
b［　　］

TEST

高校入試実戦力アップテスト

説明的文章

時間：30分　配点：100点　目標：80点

解答：別冊20ページ

得点：　　点

1

次の文章を読んで、あとの問いに答えなさい。（設問の都合により一部省略した箇所(かしょ)と表記を改めた箇所がある。）
〔兵庫県・改〕

人間が思考するというのは、情報と知識を照らし合わせたり繋(つな)ぎ合わせたりして何らかの意味合い(メッセージ)を紡(つむ)ぎ出す行為であるが、そうした情報および知識という思考の材料は「言葉」になっていてこそ思考の材料たり得るのである。

したがって、論理的思考を良く行うためには、考える対象の意味内容を適切に言語化することが必要不可欠となるのである。

①適切な言語化の第一歩は、思考の対象としようとする事象（モノやコトや様子）を正確に表す言葉を探し、選択することである。

たとえば眼前一面に咲いている黄色い花に対して、（〝菜の花〟という言葉ではなく）〝花〟という言葉を選択して認識してしまったとしても、それは目の前の黄色い花を表す言葉として間違いではない（〝木の実〟とか〝ドーナツ〟とかを選ぶと間違いである）が、〝菜の花〟という言葉と比べると正確性に劣る。〝花〟というだけでは、その植物が食べられるかどうかや、油を搾れるかどうかは分からないし、チョウチョが飛んでくるだろうことは想起できたとしても、それがアゲハチョウなのかモンシロチョウなのかは分からない。

［A］、空に浮かぶうろこ雲を見て、〝うろこ雲〟という言葉で認識するのと単なる〝雲〟と認識するのとでは、その言葉の持つ意味内容を他の情報や知識と繋げて得られる意味合いは大きく違ってくる。単なる〝雲〟という認識であれば、雨の可能性や曇り空、あるいはどんよりとしたイメージが広がっていくが、〝うろこ雲〟ならむしろ爽やかな秋晴れの空を思い出す。つまり、単なる〝雲〟という言葉から得られる意味合いは「雨が降る前兆」かもしれないが、〝うろこ雲〟からは「雨が降らない秋晴れの空」と、真逆の意味合いに繋がるのである。

このように、□の対象となる事象の実相／実体を過不足なく言い表す言葉を探し出し、選び取ることこそ、正しい□のための適切な言語化の第一歩なのである。

ではどうすれば、豊かな広がりを持ちリアリティのある、［B］論理的妥当性の高い思考を行うことができるのかというと、ある思考対象の言葉と照らし合わせて繋げる知識要素の＊ジョイントの部分とそれ以外の部分の意味内容を注意深く把握しながら論理を展開していくことに尽きる。ネコが文鳥と比べて大きな動物だとは言っても、〝大きい〟という意味内容で＊戦艦大和と繋げて、「ネコは戦艦大和に似ている。」などという論理展開に陥らないようにすることである。

同様に、秋の爽やかなお天気を表す時、「空一面に広がった〝雲〟」

(1) **尾括型**…理由や根拠、例を示しながら結論を最後に述べる。
(2) **頭括型**…最初に結論を述べ、そのあとで理由や根拠を示す。
(3) **双括型**…最初と最後で結論を述べ、その間で理由・根拠を示す。

❺ 事実と意見

説明的文章では、事実（客観的内容）と意見（主観的内容）の読み分けが大切である。意見・主張の部分は、文末表現に注意するとわかりやすい。

❻ 段落と段落の関係

(1) **形式段落の働きをつかむ**…その段落の中心となる内容をつかむ。
・**形式段落の働きの例**…**問題提起・具体例・問題の分析・筆者の意見や主張**
(2) **形式段落どうしの関係をつかむ**…接続語などに注意しながら、形式段落どうしの関係をとらえ、意味段落にまとめる。

❼ 指示語・接続語

文脈を的確にとらえるには、指示語の指す内容と、接続語の働きに注意する。

(1) **指示語**…語句だけではなく、文全体や段落全体などを指し示すことも多い。何を指し示しているかを正しくとらえて、文脈を正しく読み取ることが大切。
・**指示語の内容を問う設問**…直前の部分（語句・文・段落）に注目して探す。指し示す内容の見当がついたら、**指示語の部分に当てはめ**、文意が通るかどうかを確認するとよい。
(2) **接続語**…説明的文章では、文と文、段落と段落の関係をつかんで、**論理の展開**を正しく読み取ることが大切。
・**接続語の空欄補充問題**…空欄の前後の部分（語句・文・段落）の内容をとらえ、**つながりを考えて**、当てはまる接続語を選択する。

発展

「事実」の見分け方

「事実」をとらえるときは、具体例の部分や、文末が端的な言い切りの形になっている文に注目する。

くわしく!

段落の種類

形式段落…一字下げで書きだされたまとまり。
意味段落…いくつかの形式段落を内容のうえでまとめたもの。

発展

指示語が指す内容

指示語の指す内容は、指示語のあとにある場合もある。

例 ではこうするのはどうか。両者を入れ替えてみる。

くわしく!

主な接続語の種類

順接…だから・それで
逆接…しかし・けれども
並立・累加…また・しかも
対比・選択…または・それとも
説明・補足…つまり・なぜなら
転換…さて・ところで

Q. 基礎力チェック問題

解答はページ下

(1) 次の――線部の指示語が指す内容を書け。

人間は暇だと余計なことばかり考えてよくない、という人がいる。しかし、それは決してだれにでも当てはまることではないはずだ。

［　　　　］

(2) 次の［　］に入る接続語をあとから選べ。

❶がんばった。［　　］、失敗した。
❷雨が降ってきた。［　　］、風も強くなった。
❸夜ふかしした。［　　］、今朝は寝坊してしまった。
❹合格するはずだ。［　　］、勉強したところが出たからだ。
❺車で行くか。［　　］、歩いて行くか。

だから　でも　さらに
それとも　なぜなら

A.(1)例（人間は）暇だと余計なことばかり考えてよくないということ。 (2)❶でも ❷さらに ❸だから ❹なぜなら ❺それとも

国語

3 説明的文章

出題傾向

内容の把握や文章の要点、事柄の理由が、選択問題や記述問題で問われる。

学習日　／

必ず出る！ 要点整理

❶ 文章の種類と特徴

(1) **説明文**…ある事柄や事象について、事実を客観的に筋道立てて説明した文章。**どんな話題について、どのような展開**で説明しているかを読み取ることが大切。

(2) **論説文**…ある事柄や事象について、筆者が自分の考え・意見を筋道立てて述べた文章。**論理の展開**を正しく読み取り、**筆者の考え**を読み取ることが大切。

❷ 主な説明的文章の構成

(1) **序論**…書きだしの部分。話題や問題を提起する部分。

(2) **本論**…取り上げた話題・問題について、**事実や経過を説明する**部分。

(3) **結論**…説明してきた事柄についての、筆者の意見や主張を含めたまとめの部分。

❸ 文章把握のポイント

説明的文章では、まず以下の三つをおさえることが大切。

(1) **話題**…文章で説明されている事柄や論点、**提起された問題**。

(2) **結論**…筆者がいちばん述べたかったこと、または主張や意見に当たる部分。

(3) **要旨**…文章全体の主要な点を簡潔にまとめたもの。

❹ 結論の位置による文章の構成の型

くわしく！

説明文と論説文

どちらも論理的に述べる文章。一般的に、**科学的な解説**、**事典**などの記事、**報道**や**レポート**などが説明文に当たる。**新聞の社説**、**評論**や**批評**などは論説文に当たる。結論などに主張や意見が書かれているものは論説文ととらえてよい。

発展

話題と結論の位置

話題は文章のはじめのほう、結論は終わりのほうで述べられていることが多い。論説的文章では、話題と結論をすみやかにとらえて読むことが大切である。

入試問題

この手で攻略!!

筆者が述べていることの理由を表す文に注目する

説明的文章の読解問題では、筆者の意見や主張など、述べていることについての理由や根拠が問われることが多い。

まず、理由を表す文は、理由を示す言葉「だから・なぜなら・というのは・それゆえ・〜ので・〜からだ」などに注意して探す。また、理由は、筆者の意見や主張の前後に書かれていることが多い。

とうさんが、フキと油揚げのみそ汁をすすりながら、つぶやいた。
朝の食卓は、いつもと変わらない。
カッコウの声が聞こえる。
引っ越してから、朝、テレビを見なくなった。
山から届く音を聞きながら食べる朝ごはん。
つぐみも、早起きしていつもよりおなかがすいたのか、箸の動きが忙しい。
「あのさ、やっぱり、山梨の高校に行くことにした」
ぼくはとうさんとかあさんにむかっていった。
この青い空の下で、家族と生きていく。

開け放した扉のむこうで、アサガオの花が小さくゆれた。

（森島(もりしま)いずみ「ずっと見つめていた」〈偕成社〉より）

ハイレベル

(1) ――線部①「ぼくは、そっと、つぐみの横に座りなおした。」とあるが、それはなぜか。「寄りそう」という言葉を使い、文章の内容に即して四十字以内で書きなさい。ただし、「寄りそう」は文に合わせて形を変えてもかまわない。（30点）

アドバイス 「そっと」がどんな様子を表す言葉かに注目。

(2) ――線部②「空は朱色と紫色のグラデーションに染まり、その色はしだいにあざやかに光をふくんでかがやきだす。」とあるが、ここで表現されている色彩は、空以外のものを描いている部分でも表現を変えて用いられている。その空以外のものが描かれている部分を、文章中から六字で抜き出しなさい。（20点）

(3) ――線部③「そのとき、気づいたんだ。」とあるが、「ぼく」はどのようなことに気づいたのか。次の文がそれを説明したものとなるように、□に入る適切な内容を、四十字以内で答えなさい。（30点）

・アサガオと同じように、□ということ。

アドバイス ――線部③に続く部分の内容とアサガオとの共通点をとらえよう。

よく出る！

(4) ――線部④「今日も暑くなりそうだな」以降の文章における表現の特徴について説明したものとして適切なものを、**ア**～**エ**から選びなさい。（20点）

ア 動植物が擬音語や擬態語を用いて生き生きと表現され、それによって山里の自然の豊かさが強調されている。

イ 対句表現や反復法が用いられることで文章にリズム感が生まれ、朝の活気ある忙しい様子が伝わってくる。

ウ 体言止めや簡潔な表現を用いて日常が描かれ、その中でふいに語られる主人公の決意が印象づけられている。

エ それまでの主人公の視点の語りから客観的な語りに変わることで、朝食の場面への転換が表現されている。

［　　］

TEST

文学的文章

時間：30分　配点：100点　目標：80点
解答：別冊20ページ
得点：　点

1

主人公の「越（えつ）」は、両親と妹（「つぐみ」）の四人で、「つぐみ」の療養のために東京から山梨の山里へ移住した。一家は最初、その地になじめず、中学生の「越」も東京の高校に進学しようかと悩んでいた。しかし、しだいに人々との交流が始まり、「つぐみ」の健康も回復に向かっていた。次の文章は、夏の夜明け前、「越」が濡（ぬ）れ縁（えん）に座ってアサガオの鉢をじっと見ている「つぐみ」に話しかける場面である。これを読んで、あとの各問いに答えなさい。〔山口県・改〕

「おい。何してんだ」

ぼくが、小声でつぐみの耳元にささやきかけると、つぐみはぼくのほうをむかず、アサガオのつぼみをただじっと見つめている。

「アサガオが、咲くの。どんなふうに咲くのか、見てるんだよ」

ぼくは黙りこんだ。つぐみは、息もころしているみたいに、微動だにせず、アサガオのつぼみを見つめている。

ぼくはそのつぐみの横顔を、じっと見つめた。それは、ぼくにとっては長い長い時間だったけど、本当の時間にすれば、たったの三十秒ぐらいかもしれなかった。

そしてそれからもじっと動かずに、つぐみはひたすらアサガオのつぼみを見つめつづけた。

①ぼくは、そっと、つぐみの横に座りなおした。

盆地のむこう側に鎮座する大きな黒い富士山の頂の左側が、きらりと光り、その光がゆっくりと時間をかけて少しずつふくらんだ。

やがて、光はいくつもの筋に分かれ、山肌を這（は）いながら人間たちの住む町へと下りていった。②空は朱色と紫色のグラデーションに染まり、その色はしだいにあざやかに光をふくんでかがやきだす。

「寒くない？」と聞いた。

つぐみは、かすかに首を横にふった。目は何分も、きっと何十分も、アサガオのつぼみにむけられたまま。

飽きないのかな。ぼくは考えた。こんなに長いこと、小さなひとつの花のつぼみを見つめつづけるなんて、ぼくにはきっとできない。

③そのとき、気づいたんだ。

つぐみの中で、時間はこんなふうに流れていたんだ、って。

ぼくの、弱くて小さかった妹は、しっかりと自分の時間の流れを持って生きてきたのか。

アサガオは咲いた。一時間以上かけて、人間の目ではとうていわからない速度で、ゆっくりと、そしてしっかりと咲いた。

朝焼け色の花だった。

④「今日も暑くなりそうだな」

(2) **事件（出来事）の変化・展開をつかむ**…まず事件（出来事）の発端をしっかりとらえ、話の展開をつかむことが大切。

4 主題

(1) **小説の主題をとらえる**…話のクライマックス（やま場）の場面や、主人公の心情や言動を手がかりにする。

(2) **随筆の主題をとらえる**…事実と意見・感想の部分を読み分け、意見・感想の部分から中心となるものをつかむ。

・事実→体験・見聞など実際の出来事を述べている部分。
・意見・感想→筆者が何を思い、どう考えたのかを述べている部分。

5 表現の工夫

(1) **比喩**…あるものを別のものにたとえて表現する。

重要！

①直喩（明喩）…「まるで〜」「〜ようだ」などを使って直接たとえる。
例 彼の笑顔は、まるで太陽のように温かかった。

②隠喩（暗喩）…「まるで」「ようだ」などの言葉を使わずにたとえる。
例 言葉のかみそりが胸を切り刻む。

③擬人法…人ではないものを人に見立てて表す。
例 母なる大地が喜びの声を上げる。

(2) **倒置法**…普通の言い方と語順を入れ替える。
例 僕はついに見つけたのだ、海底に眠る宝の山を。

(3) **体言止め（名詞止め）**…文末を体言（名詞）で終わらせる。
例 刻一刻と迫ってくる漆黒の闇。

(4) **省略法**…文末や文中の語句を省略する。
例 彼女は、あらゆるものを手に入れた。富、地位、権力、そして……。

くわしく！

主題とは

主題とは、作者（または筆者）が、その作品を通して伝えようとしている中心的な事柄である。

よく出る！

その他の表現の工夫

文章中の空欄に、適切な擬声語（擬音語）や擬態語を入れる問題が出されることも多い。

・**擬声語（擬音語）**…物音や生き物の声などをまねて表した語。
例 ガタガタ・キャンキャン
・**擬態語**…物や人の状態をそれらしく表した語。
例 のっそり・そわそわ

くわしく！

文体の工夫

文体の工夫にも、その作品の特徴が表れる。次のようなことに注目する。

・**一文の長短**
→長いと**ゆったり**とした印象、短いと**テンポよく**進む印象。
・**語感や口調**
→漢語や漢字が多いと**かたい印象**、和語や平仮名が多いと**やわらかい印象**。

Q. 基礎力チェック問題

解答はページ下

(1) 次の各文に使われている比喩の種類を**ア**〜**ウ**から選べ。

❶ 木の葉は芋虫のゆりかごだった。［　］
❷ 冬の海が雄たけびを上げている。［　］
❸ 花のように美しい少女に出会う。［　］

ア 直喩
イ 隠喩
ウ 擬人法

(2) 次の問いに答えよ。

❶「私は思う。歳月は人を変えると。」に使われている表現の工夫を答えよ。［　］
❷「雑踏の中で一人立ちすくむ少年。」に使われている表現の工夫を答えよ。［　］
❸「彼は何度も後ろを振り返って……。」に使われている表現の工夫を答えよ。［　］

A. (1)❶イ ❷ウ ❸ア (2)❶倒置法 ❷体言（名詞）止め ❸省略法

2 文学的文章

必ず出る！要点整理

出題傾向

場面の状況や登場人物の心情について、選択問題や記述問題で問われる。

学習日　／

1 場面・状況

(1) **どんな出来事が起きているのかをおさえ、場面をとらえる**…背景（時代や季節・場所・社会的状況など）や登場人物の様子・言動に注目する。

(2) **場面の状況を読み取る**…それぞれの場面での出来事が**登場人物にとってどんな意味をもつ**ものなのか、**どんな影響がある**ものなのかを把握する。

2 心情の読み取り

(1) **心情を表す直接的な表現に注目する**…「うれしい」「悲しい」「～と思う」「～と感じる」などの気持ちを表す言葉や文末表現から、そのまま読み取る。

(2) **表情・言動に注目する**…登場人物の表情の変化や言動など、外面についての描写からくみ取る。

(3) **暗示表現に注目する**…比喩表現や情景描写に暗示された内容から読み取る。

3 心情と場面・事件（出来事）の変化

(1) **場面の移り変わりから心情の変化をとらえる**…場面の移り変わりは登場人物の心情の変化と深く関係しているので、どんな出来事をきっかけとして心情に変化が生じたかを読み取ることが大切。また、心情の変化を追うことで、**登場人物の心の成長**など、その作品の主題に迫ることができる。

くわしく！

作品の時代背景

登場人物が活躍する時代や国によって、習慣や社会**常識が異なる**ことがあるので、時代背景を正確におさえる。

発展

心内語（独白）

登場人物の心内語（独白）には、心情が直接的に表されることが多いので注目する。

くわしく！

情景描写と心情

情景を描くことで登場人物の心情を暗示することがある。

例・枯れ木の立ち並ぶ情景
⬇寂しい気持ち
・夏の青空の情景
⬇晴れやかな気持ち

入試問題

この手で攻略!!

随筆の特徴

小説の多くは、作者の想像によって創作された人物が、架空の設定の中で生きる様子を描いたものである。それと区別して、随筆の特徴をおさえる。

・筆者の実体験や見聞などに基づいて書かれている。
・実体験や見聞などの経験（事実）に対しての意見・感想が、**自由な形式**で書かれている。
・意見・感想は、説明的文章に比べて、**主観的な観点**から述べられることが多い。

潔に表す四字熟語を使った表現をア～エから選びなさい。
［静岡県］（5点）

ア　試行錯誤する　イ　有言実行する
ウ　意気投合する　エ　一刀両断する

［　　］

(2)「無我□中」が、「何かに心を奪われて、我を忘れること」という意味の四字熟語になるように、□に当てはまる適切な漢字一字を書きなさい。
［愛媛県］（7点）

□

4

次の各問いに答えなさい。

(1) 次の①・②の言葉の対義語として最も適切なものを、それぞれア～エから選びなさい。
（5点×2）

①感情的
［山形県］

ア　理性的　イ　意識的
ウ　建設的　エ　機械的

［　　］

②相互的
［大阪府］

ア　相対的　イ　一方的
ウ　系統的　エ　主体的

［　　］

ハイレベル

(2)「自然」の対義語を漢字で答えなさい。
［沖縄県］（9点）

□□

アドバイス　「自然」とは人間の手が加えられていないものだよ。

5

次の各問いに答えなさい。

(1)「□子抜け」が、「緊張がゆるみ、気が抜けること」という意味の言葉になるように、□に当てはまる最も適切な漢字一字を書きなさい。
［愛媛県］（7点）

□

(2) 次のA・Bの文の□には、体の部分を表す同じ漢字一字が入る。その漢字を書きなさい。
［北海道］（7点）

A　私たちは、去年の優勝チームに□を借りるつもりでぶつかった。
B　友人に悩みを打ち明けて、□のつかえがおりた。

□

(3) 次の各文中の――線をつけた慣用句の中で、使い方が正しくないものを、ア～オから選びなさい。
［福島県］（5点）

ア　先輩からかけられた言葉を心に刻む。
イ　現実の厳しさを知り襟を正す。
ウ　彼の日々の努力には頭が下がる。
エ　大切な思い出を棚に上げる。
オ　研究の成果が認められ胸を張る。

［　　］

アドバイス　「正しくないもの」を選ぶことに注意する。意味のわからない言葉は、それぞれの動作を思い浮かべてみよう。動作が、表す意味のヒントになる。

TEST

高校入試実戦力アップテスト

国語 1 漢字・語句

時間：30分　配点：100点　目標：80点

解答：別冊20ページ

得点：　　点

1

ミス注意

次の各問いに答えなさい。（5点×4）

(1) 楷書（かいしょ）で書かれた次の熟語を見て、①・②に答えなさい。〔北海道〕

特技

① 「特」の（　）で囲んだ部分は何画目か、数字で答えなさい。〔　〕画目

② 「技」と同じ部首が使われている漢字を、行書で書かれた**ア〜ク**から選びなさい。

ア 枝　**イ** 徽　**ウ** 誓　**エ** 域

オ 孫　**カ** 独　**キ** 拠　**ク** 悠　〔　〕

(2) 次の行書で書かれた漢字を、楷書で書いたときの総画数を数字で書きなさい。〔高知県〕

微　〔　〕

(3) 次の漢字を楷書で書いた場合、総画数が他の三つと異なるものを**ア〜エ**から選びなさい。〔和歌山県〕

ア 緑　**イ** 複　**ウ** 潮　**エ** 閣　〔　〕

2

よく出る！

次の熟語と構成が同じものを、それぞれア〜エから選びなさい。（5点×6）

(1) 未来　〔岐阜県〕

ア 起伏　**イ** 佳作　**ウ** 非常　**エ** 打撃　〔　〕

(2) 迫真　〔大阪府〕

ア 僅差　**イ** 就職　**ウ** 緩慢　**エ** 授受　〔　〕

(3) 覚悟　〔岐阜県〕

ア 握力　**イ** 終了　**ウ** 無限　**エ** 善悪　〔　〕

(4) 〔佐賀県〕

①長短

ア 食後　**イ** 戦争　**ウ** 天空　**エ** 左右　〔　〕

②不作

ア 可否　**イ** 無理　**ウ** 反対　**エ** 休止　〔　〕

③船出

ア 雷鳴　**イ** 道路　**ウ** 人間　**エ** 動物　〔　〕

アドバイス　**それぞれ文の形にしてみよう。⑴は「未だ（いま）来ない」となる。**

3

よく出る！

次の各問いに答えなさい。

(1) 「お互いの考えや気持ちが一致して、打ち解ける」という内容を簡

3 四字熟語

(1) **誤りやすい四字熟語**…例 ○五里霧中　×五里夢中
○絶体絶命　×絶対絶命　○意味深長　×意味慎重

(2) **数字を使った四字熟語**…**空欄補充問題**で問われることが多い。
例 一朝一夕・一騎当千・四分五裂・七転八倒・十人十色・千変万化

4 対義語

(1) **一字が対立しているもの**…例 偶然↕必然　主観↕客観　能動↕受動

(2) **二字とも対立しているもの**…例 利益↕損失　拡大↕縮小　単純↕複雑

(3) **否定の接頭語が付くもの**…例 既知↕未知　有限↕無限　完備↕不備

5 ことわざ・故事成語・慣用句

(1) **ことわざ**…**似た意味のことわざ**や**反対の意味のことわざ**は、まとめて覚える。
例 猿も木から落ちる＝弘法にも筆の誤り＝上手の手から水が漏れる
好きこそものの上手なれ↕下手の横好き

(2) **故事成語**…昔の中国の故事（昔の出来事や古い言い伝え）を知っておくとよい。
例 朝三暮四…「宋の狙公が飼っている猿に『トチの実を朝に三つ、夕方に四つやる』と言ったところ、少ないと怒ったので、『では朝に四つ、夕方に三つやる』と言うと喜んだ」という故事から、「目前の違いだけで、実際は同じだと気づかないこと」「うまい言葉で人をだますこと」という意味になった。

(3) **慣用句**…**意味を問う問題**や**空欄補充問題**で問われるので、正確に覚える。
①体の部分に関係　例 顔が広い・舌を巻く・手に余る・胸に刻む・腰が低い
②動物に関係　例 馬が合う・すずめの涙・猫をかぶる・尻切れとんぼ
③その他　例 お茶を濁す・油を売る・筆が立つ・出る幕がない

構成では、打ち消しの接頭語の主なものを覚えておこう。
非…非道・非運・非凡
不…不在・不幸・不満
未…未定・未熟・未知
無…無効・無害・無心

参考
共通の字がある四字熟語
空欄に共通して入る字を答える問題も、出題されることがあるので、まとめて覚えておくとよい。
自画自賛・半信半疑・青息吐息
右往左往・適材適所・全身全霊
以心伝心・正真正銘・多種多様

参考
似た意味のことわざ
泣き面に蜂＝弱り目にたたり目
猫に小判＝豚に真珠
月とすっぽん＝ちょうちんに釣り鐘
光陰矢のごとし＝歳月人を待たず
急いては事を仕損じる＝急がば回れ

似た意味の慣用句
目が利く＝目が高い
手に負えない＝手に余る
耳をそばだてる＝聞き耳を立てる
へそを曲げる＝つむじを曲げる

Q. 基礎力チェック問題

解答はページ下

(1) 「臓」の部首名を書け。［　］

(2) 「級」の総画数を答えよ。［　］

(3) 「兼業」と同じ構成の熟語をア～エから選べ。［　］
ア 親友　イ 帰国　ウ 県営　エ 迷惑

(4) 「□由□在」の□に共通して入る漢字を答えよ。［　］

(5) 「結果」の対義語を答えよ。［　］

(6) 「何事も専門家にはかなわない」という意味のことわざをア～ウから選べ。［　］
ア 紺屋の白袴
イ 渡りに船
ウ 餅は餅屋

(7) 「□であしらう」「□が高い」という慣用句の□に共通して入る語を書け。［　］

A. (1)にくづき　(2)9　(3)イ　(4)自　(5)原因　(6)ウ　(7)鼻

国語

1 漢字・語句

必ず出る！要点整理

出題傾向

二字熟語の構成の選択問題や、四字熟語や慣用句などの空欄補充問題が出題されやすい。

学習日 ／

❶ 部首・画数・筆順

(1) **部首**…**形の似た部首**や、**誤りやすい部首**に注意する。
・形の似た部首　例「ネ（しめすへん）」と「ネ（ころもへん）」
・誤りやすい部首　例「空・究」…「穴（あなかんむり）」
※「宀（うかんむり）」ではない。

(2) **画数**…**誤りやすい部首**の画数に注意する。
阝→3画　⻌→3画　廴→3画　弓→3画
幺→3画　子→3画　皿→5画　門→8画

重要！

(3) **筆順**…筆順の**二大原則**をおさえる。
①上から下へ　例 亠 二 言 言　**②左から右へ**　例 丿 川 川

❷ 二字熟語の主な構成

(1) **上下が似た意味の構成**…例 温暖・豊富・永久・均等
(2) **上下が反対や対の意味の構成**…例 伸縮・表裏・濃淡・公私
(3) **上が主語で下が述語の構成**…例 国営・雷鳴・日没・頭痛
(4) **上が下を修飾する構成**…例 牛乳・快走・親友・独立
(5) **下が上の動作の対象となる構成**…例 乗車・握手・就職・着席

くわしく！

その他の形の似た部首と誤りやすい部首
●**形の似た部首**
都　限（こざとへん）
　　（おおざと）
●**誤りやすい部首**
術・街…行（ぎょうがまえ・ゆきがまえ）
※彳（ぎょうにんべん）ではない。

注意

誤りやすい筆順の漢字
右→ノナ右　女→く女女
方→丶亠方方　可→一一口可
片→丿丿片片
必→丶ソ义必必
長→ー「ㄷ 長長長
発→フヲヲ癶癶発
飛→乁乁飞飞飛飛飛

注意

打ち消しの接頭語
上記以外の二字熟語の構成のうち、接頭語の付いた

入試問題

この手で攻略!!

意味を間違えやすいことわざ・慣用句

①ことわざ
例 情けは人のためならず
〈**正しい意味**〉**人に親切にしておけば、よい報いとなって自分に返ってくる。**
〈**間違った意味**〉人に情けをかけると、かえってその人のためにならない。

②慣用句
例 気が置けない
〈**正しい意味**〉**遠慮がいらなくて、安心してつき合える。**
〈**間違った意味**〉油断できない人なので、気を許せない。
例 敷居が高い
〈**正しい意味**〉**不義理をしている人の家を訪ねづらい。**
〈**間違った意味**〉高級すぎたり上品すぎたりして、店に入りづらかったり商品を手に取りにくかったりする。

国語

英語

高校入試

模擬学力検査問題

制限時間：40分　配点：100点　目標：80点

得点：　　　点

＊1，2，3は，音声を聞いて答える問題です。英文は2回読まれます。

1

09 英文や対話文が読まれます。その内容に合う絵を選び，その記号を答えなさい。（3点×3）

(1) ア

イ

ウ
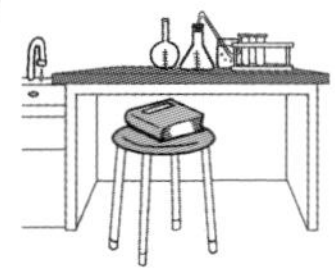
エ

(2) ア
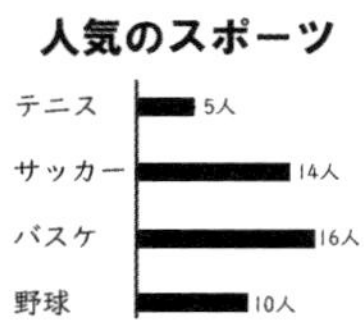

イ
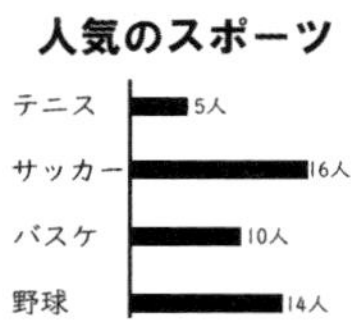

ウ
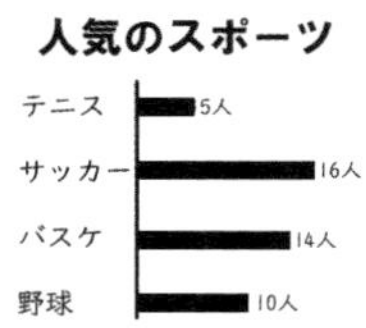

エ
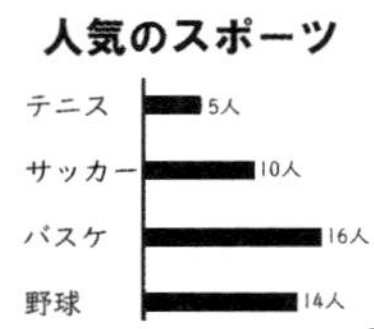

(3) ア

イ

ウ

エ

(1)
(2)
(3)

2

10 英文や対話文とその内容についての質問が読まれます。質問の答えとして適するものを選び，その記号を答えなさい。（3点×3）

(1) ア He walked his dog.　イ He did his homework.
ウ He watched a DVD.　エ He played tennis.

(2) ア Once.　イ Twice.　ウ Three times.　エ Never.

(3) ア On the table.　イ On his desk.
ウ By the sofa.　エ Under the table.

(1)
(2)
(3)

3

11 2人の対話が読まれます。対話の最後のチャイム音のところに入る表現として適するものを選び，その記号を答えなさい。（3点×3）

(1) ア It's my brother's.　イ It's black.
ウ I'll call you later.　エ It's older than yours.

(2) ア No problem.　イ That's good. I have another plan.
ウ No, I don't have one.　エ Yes, he's fine.

(3) ア No, I don't want to be a doctor.
イ No, I can't help you.
ウ Yes, I got some medicine.
エ Yes, I got home early.

(1)
(2)
(3)

解答　別冊 p.24

4

次の対話文の意味がとおるように，（　　）内の語(句)を並べかえなさい。　(3点×5)

(1) *A:* What is Kate doing now?
B: She (on / talking / the phone / is).

(2) *A:* Did you go to the party last night?
B: No, I didn't.　My mother (me / stay / told / to / home).

(3) *A:* I'm hungry now.　Do (anything / have / you / to) eat?
B: Yes.　I have some snacks.

(4) *A:* Excuse me.　Could you (me / to / tell / the nearest / the way) station?
B: Sure.　Go straight and turn left at that bank.

(5) *A:* Do (know / lives / he / where / you)?
B: Yes.　He lives next to my house.

(1)
(2)
(3)
(4)
(5)

5

次の対話文の［　　］に適するものを選び，その記号を書きなさい。　(4点×3)

(1) *A:* I think John is right.　[　　　　　]
B: I don't think so.　I disagree with him.

ア　Why?　　イ　How about you?
ウ　What do you do?　　エ　What does he think?

(2) *A:* Can I use your phone, Meg?
B: [　　　　　]

ア　Sure, go ahead.　　イ　Yes, I can.
ウ　No, thank you.　　エ　Speaking.

(3) *A:* [　　　　　]　You look very tired.
B: I couldn't sleep well last night.

ア　How tall are you?　　イ　What's this?
ウ　How old are you?　　エ　What's wrong?

(1)	(2)	(3)

6

次の英文を読んであとの問いに答えなさい。（25点）

How can we protect the environment?　Many scientists say that our earth is in danger.　（　①　）we don't change our actions now, we will have a lot of troubles in the future.　One of the most important things is to reduce CO_2.　CO_2 causes global warming.

Developing new technology is very important to reduce CO_2.　However, Ⓐ(are / simple things / we / other / there / can) do in our daily lives, too.　For example, we can turn off the lights（　②　）we're not using them.　We can recycle paper and bottles.　We can reduce trash.　We can reuse clothes.　These are all good ways to reduce CO_2.

Also, we need to think about plastic.　Some people throw away plastic products after ③(use) them.　It's causing serious problems for the environment.

Global warming and other environmental problems are caused by our own actions.　It's Ⓑ(we / time / live / how / change / to).　We have the responsibility to save our earth.

（注）**cause**：～を引き起こす　**develop**：～を開発する　**technology**：科学技術　**responsibility**：責任

(1) ①，②の（　　）に入る語として最も適するものを１つずつ選び，記号を書きなさい。(2点×2)

ア　that　　イ　when　　ウ　because　　エ　if

(2) ③の（　　）内の語を適する形に書きかえなさい。(2点)

(3) 下線部Ⓐ，Ⓑを含む英文が意味のとおるように，（　　）内の語句を並べかえなさい。(3点×2)

(4) CO_2を減らす方法として私たちが日常生活で簡単にできることの例が４つ述べてあります。その内容を日本語で書きなさい。(2点×4)

(5) 本文の内容に合う英文を１つ選び，記号を書きなさい。(5点)

ア　Many scientists say we shouldn't change our actions right now.

イ　Developing new technology is the only way to reduce CO_2.

ウ　We can reduce CO_2 if we change our daily habits.

エ　We don't know the cause of global warming.

(1) ①	②	(2)
(3) Ⓐ		
Ⓑ		
(4)		
		(5)

7

次の対話文を読んであとの問いに答えなさい。 (13点)

Sakura: In Japan, we have four seasons and have many events to celebrate each season.

Ann : Can you give me some examples?

Sakura: OK. For example, in spring, many people have *hanami* parties. *Hanami* is the custom of viewing (①). In summer, traditional festivals are ㋐(hold) at shrines and temples all over Japan. In fall, many people go out and (②).

Ann : I see. Through these events, Japanese people enjoy the differences between the seasons.

Sakura: ③ Exactly. The idea of four seasons is an important part of our culture.

(1) ㋐の（ ）内の語を適する形に書きかえなさい。 (2点)

(2) ①，②の（ ）に入る英語として適するものを１つずつ選び，記号を書きなさい。 (2点×2)

① **ア** beautiful pictures　**イ** different kinds of flowers
　ウ cherry blossoms　**エ** beautiful mountains

② **ア** enjoy the red and yellow leaves　**イ** enjoy swimming in the sea
　ウ enjoy skiing in the mountains　**エ** enjoy eating cake they made

(3) 下線部③とほぼ同じ意味を表すものを１つ選び，記号を書きなさい。 (3点)

ア I understand.　**イ** I'm sorry.　**ウ** Are you sure?　**エ** That's right.

(4) サクラがアンに伝えたかったこととして最も適するものを１つ選び，記号を書きなさい。(4点)

ア 日本では，秋になるとあちこちの神社や寺院で祭りがある。

イ 四季についての考えは日本人の文化の大切な一部である。

ウ 日本人は四季のちがいを知ることをとても大切にしている。

エ 日本の四季はほかの多くの国の四季とそれほどちがわない。

(1)	(2) ①	②	(3)	(4)

8

次の質問にあなた自身の立場で15語～20語の英語で答えなさい。 (8点)

What is the most important thing in your school life?

数学

高校入試

模擬学力検査問題

制限時間：	配点：	目標：
40 分	100 点	80 点

得点：

点

答えは決められた解答欄に書き入れましょう。

1

次の計算をしなさい。 (2点×4)

(1) $-\frac{2}{3}-\left(-\frac{2}{5}\right)$

(2) $(-2)^2-(-3^2)\div 6$

(3) $\sqrt{32}-\frac{10}{\sqrt{2}}$

(4) $(3+\sqrt{6})(\sqrt{6}-3)$

(1)	(2)	(3)	(4)

2

次の問いに答えなさい。 (4点×6)

(1) 2次方程式 $2x^2+8x-5=3(x-2)$ を解きなさい。

(2) $x=5$，$y=-\frac{1}{3}$ のとき，$(x-4y)(x-7y)-(x-5y)^2$ の値を求めなさい。

(3) y は x に反比例し，$x=4$ のとき $y=-5$ である。$x=-8$ のときの y の値を求めなさい。

(4) 右のデータは，12人の生徒の計算テスト(10点満点)の得点である。四分位範囲を求めなさい。

6	4	7	8	6	3
8	7	10	6	4	7

(5) 1から6までの目が出る大小2つのさいころを同時に1回投げるとき，出る目の数の和を X とする。$6 \leqq X \leqq 9$ となる確率を求めなさい。ただし，2つのさいころは，どの目が出ることも同様に確からしいものとする。

(6) 右の図で，四角形ABCDは平行四辺形である。点Eは辺AD上の点で，EB＝EC，DE＝DCである。$\angle EAB=100^\circ$ のとき，$\angle ABE$ の大きさを求めなさい。

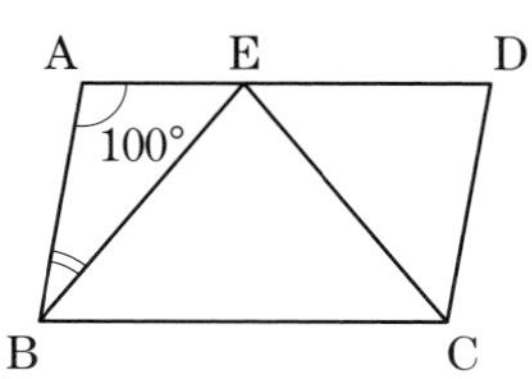

(1)	(2)	(3)	(4)
(5)	(6)		

3 右の表は，男子 50 人のハンドボール投げの記録を度数分布表に整理したものである。次の問いに答えなさい。

((1)1点×4，(2)(3)(4)2点×3)

ハンドボール投げの記録

階級(m)	度数(人)	相対度数
以上　未満 5〜10	3	0.06
10〜15	**ア**	0.20
15〜20	14	**ウ**
20〜25	**イ**	**エ**
25〜30	8	0.16
30〜35	2	0.04
計	50	1.00

(1) **ア**〜**エ**にあてはまる数を求めなさい。

(2) 最頻値を求めなさい。

(3) 20 m 以上 25 m 未満の階級の累積度数を求めなさい。

(4) 記録が 25 m 未満の人数は，全体の何%か求めなさい。

(1) **ア**	**イ**	**ウ**	**エ**
(2)	(3)	(4)	

4 「3 けたの正の整数について，百の位の数を 2 倍した数と下 2 けたの数との和が 7 の倍数ならば，もとの正の整数は 7 の倍数である。」

例えば，126 では，$1\times2+26=28$ となり，28 は 7 の倍数だから，126 は 7 の倍数である。

このことが成り立つわけを，次のように説明した。□の中に続きを書いて，説明を完成させなさい。

(7点)

［**説明**］　もとの 3 けたの正の整数の百の位の数を a，十の位の数を b，一の位の数を c とすると，もとの 3 けたの正の整数は，$100a+10b+c$ ……①と表せる。また，n を整数とすると，$2a+10b+c=7n$ ……②と表せる。

したがって，3 けたの正の整数について，百の位の数を 2 倍した数と下 2 けたの数との和が 7 の倍数ならば，もとの正の整数は 7 の倍数である。

5

右の図のように，2つの関数 $y=\frac{1}{4}x^2$ と $y=ax^2$ のグラフがある。それぞれのグラフ上に，x 座標が4となる点A，Bをとり，点Bから x 軸に平行な直線をひき，$y=ax^2$ のグラフとの交点をC，点Aから x 軸に平行な直線をひき，$y=\frac{1}{4}x^2$ のグラフとの交点をDとする。また，直線DBと $y=ax^2$ のグラフとの交点のうち，点Bと異なる点をEとする。このとき，次の問いに答えなさい。 (5点×3)

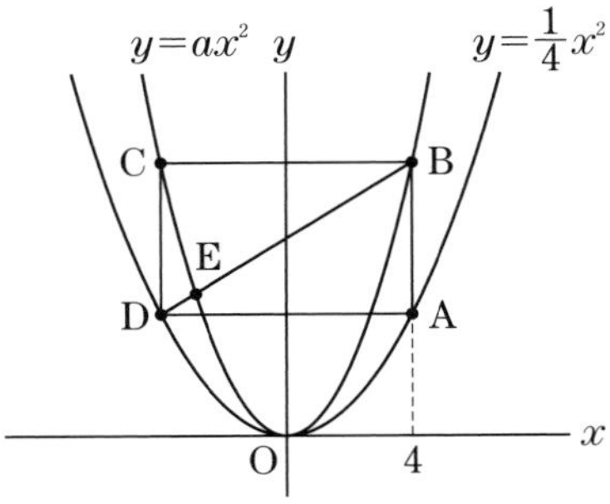

(1) 四角形ABCDが正方形になるとき，a の値を求めなさい。

(2) $a=1$ のとき，直線DBと y 軸との交点の座標を求めなさい。

(3) DE：EB＝1：7のとき，a の値を求めなさい。

(1)	(2)	(3)

6

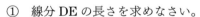

図1のように，3つの頂点A，B，Cを円Oの周上にもつ△ABCがあり，BCは円Oの直径である。ACの中点をDとし，点Dと点Oを結ぶ。BDの延長と円Oとの交点をEとし，点Eを通りDOに平行な直線をひき，AC，BCとの交点をそれぞれF，Gとする。このとき，次の問いに答えなさい。 ((1)6点，(2)4点，(3)4点×2)

図1

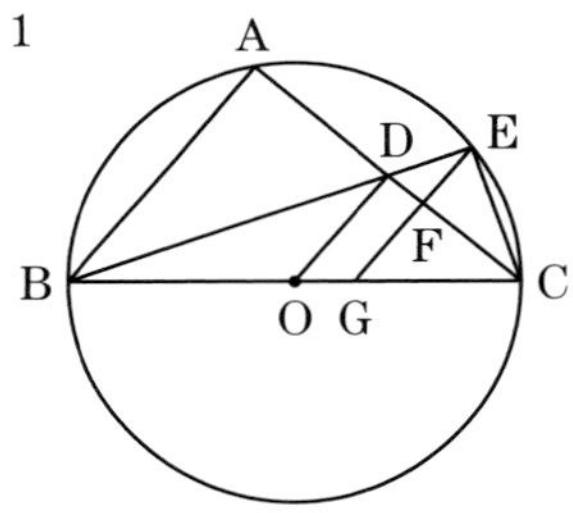

(1) △ABD∽△FCEであることを証明しなさい。

(2) AB＝ADのとき，AB：ECを求めなさい。

(3) 図2のように，AB＝BO＝2 cmのとき，次の①，②に答えなさい。

① 線分DEの長さを求めなさい。

② 線分EGの長さを求めなさい。

図2

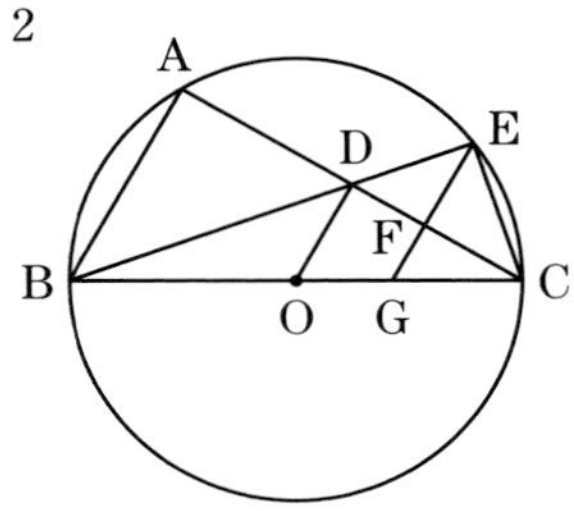

(1) [**証明**]		
(2)	(3) ①	②

7

図1のように，底面の半径がそれぞれ4 cm，6 cmの円錐A，Bがある。円錐A，Bの側面の展開図を，同じ平面上で重ならないように合わせたところ，図2のような円Oができた。このとき，次の問いに答えなさい。ただし，円周率はπとする。 ((1)(2)(3)4点×3，(4)3点×2)

図1

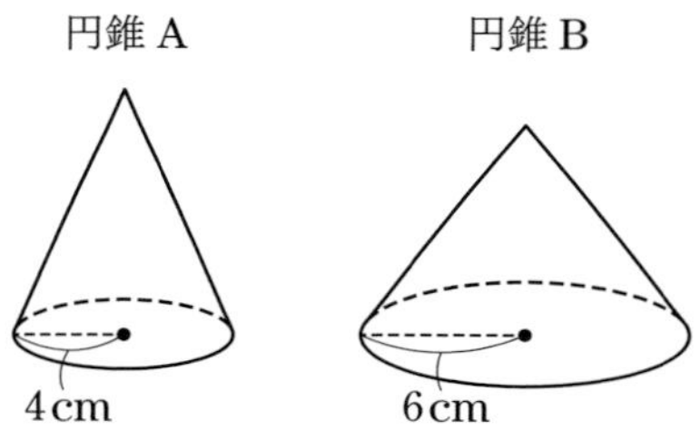

図2

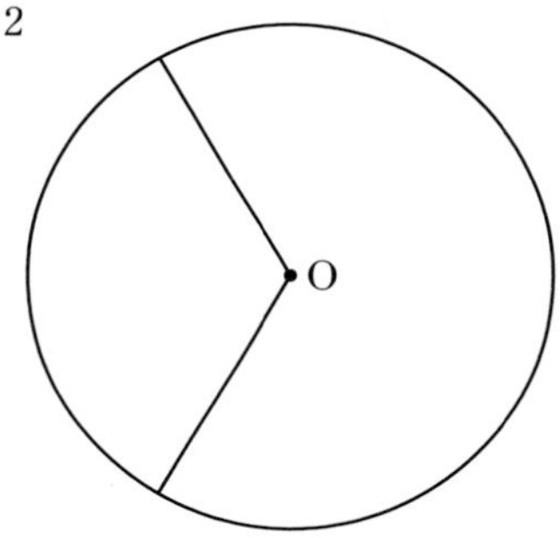

(1) 円Oの半径を求めなさい。

(2) 円錐Aの表面積を求めなさい。

(3) 円錐Bの体積を求めなさい。

図3

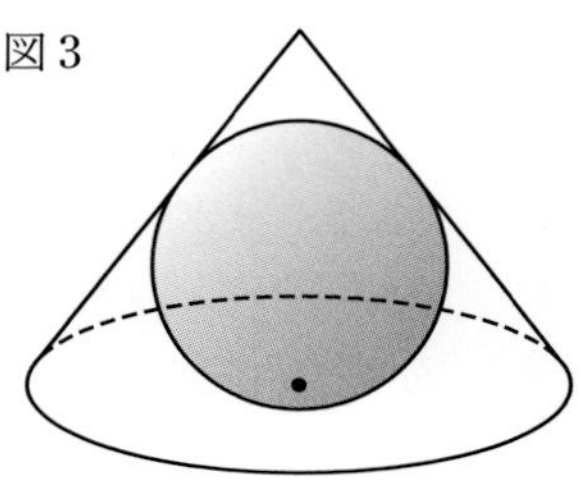

(4) 図3のように，円錐Bの中にぴったり入る球があり，球は円錐の側面と底面に接している。この球の表面積と体積を求めなさい。

(1)	(2)	(3)
(4) 表面積	体積	

模擬学力検査問題

制限時間：40分　配点：100点　目標：80点
得点：　　点

答えは決められた解答欄に書き入れましょう。

1

右の図1は，ホウセンカとトウモロコシの茎の断面を観察したときのスケッチで，図2は，図1の維管束を拡大して示したものである。次の問いに答えなさい。((5)4点，他3点×4)

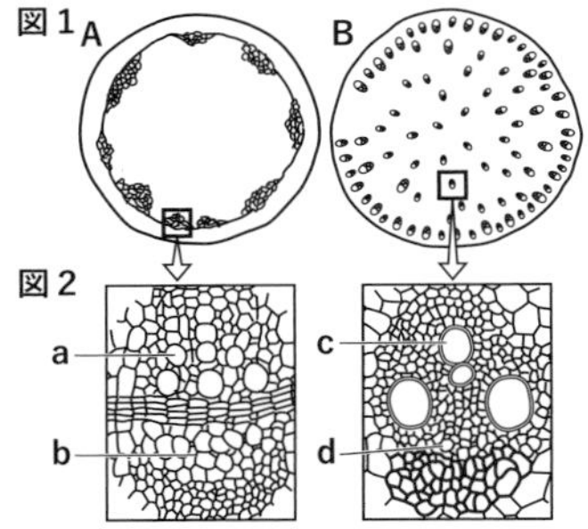

(1) ホウセンカのつくりを示しているのは，図1の**A**，**B**のどちらか。

(2) 根から吸収した水が通る管を，図2の**a**～**d**からすべて選べ。

(3) 葉でできた栄養分が運ばれる管を何というか。名称を書け。

(4) 維管束のつくりがトウモロコシと同じなかまの植物の組み合わせを，次の**ア**～**エ**から1つ選べ。

ア　ツユクサ・サクラ　　**イ**　ユリ・チューリップ
ウ　アブラナ・マツ　　**エ**　イネ・イチョウ

(5) ホウセンカとトウモロコシは，ともに種子植物のうちの被子植物に分類される。被子植物の花のつくりの特徴を，「子房」という語句を用いて簡単に書け。

(1)	(2)	(3)	(4)
(5)			

2

右の図は，異なる場所で採取した2種類の火成岩**A**，**B**の表面をみがき，双眼実体顕微鏡で観察したときのスケッチである。次の問いに答えなさい。(3点×4)

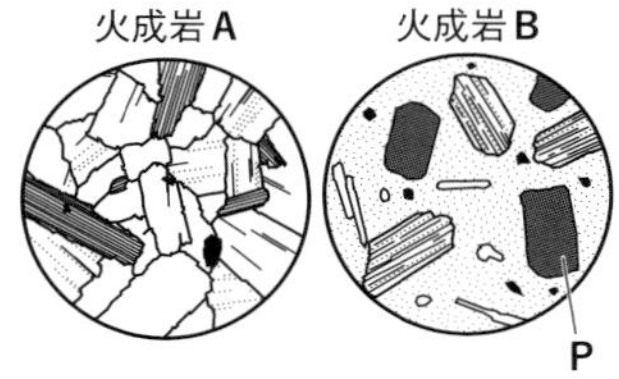

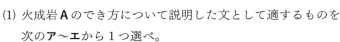

(1) 火成岩**A**のでき方について説明した文として適するものを次の**ア**～**エ**から1つ選べ。

ア　マグマが地下深くで急に冷え固まってできた。
イ　マグマが地下深くでゆっくり冷え固まってできた。
ウ　マグマが地表や地表近くで急に冷え固まってできた。
エ　マグマが地表や地表近くでゆっくり冷え固まってできた。

(2) 火成岩**A**のつくりを何というか。「～組織」という答え方で書け。

(3) 火成岩**B**の大きな鉱物の部分**P**を何というか。

(4) 火成岩**B**としてあてはまるものを，次の**ア**～**エ**から1つ選べ。

ア　せん緑岩　　**イ**　斑れい岩　　**ウ**　安山岩　　**エ**　花こう岩

(1)	(2)	(3)	(4)

3

図のように，試験管**A**に酸化銀を入れ，ガスバーナーで加熱すると気体が発生し，発生した気体を試験管**B**に集めた。気体が発生しなくなったとき，試験管**A**には白色の固体が残っていた。次の問いに答えなさい。　(3点×4)

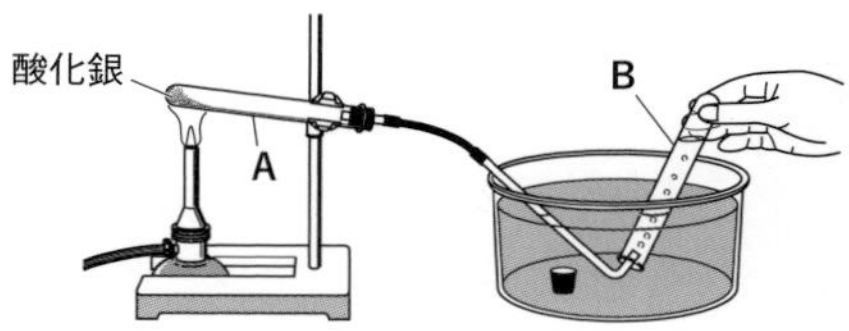

(1) 発生した気体を図のような装置で集めることができるのは，発生した気体にどのような性質があるからか。

(2) 発生した気体と同じ気体が発生する方法を，次の**ア**～**エ**から１つ選べ。

ア　亜鉛にうすい塩酸を加える。　　**イ**　石灰石にうすい塩酸を加える。

ウ　塩化アンモニウムと水酸化カルシウムの混合物を加熱する。

エ　二酸化マンガンにうすい過酸化水素水を加える。

(3) この実験から，酸化銀を加熱することによって，気体と白色の固体が得られたことがわかる。このように，１種類の物質が２種類以上の物質に分かれる化学変化を何というか。

(4) このときの化学変化を，化学反応式で表せ。

(1)	(2)	(3)	(4)

4

だ液のはたらきを調べるために，次の実験を行った。あとの問いに答えなさい。　(3点×4)

手順Ⅰ　図のように，４本の試験管**A**～**D**を用意し，それぞれにデンプン溶液を5 cm^{3}ずつ加えた。次に，試験管**A**，**B**にはうすめただ液を2 cm^{3}ずつ加え，試験管**C**，**D**には水を2 cm^{3}ずつ加えた。次に，この４本の試験管を40℃の湯を入れたビーカーに10分間つけた。

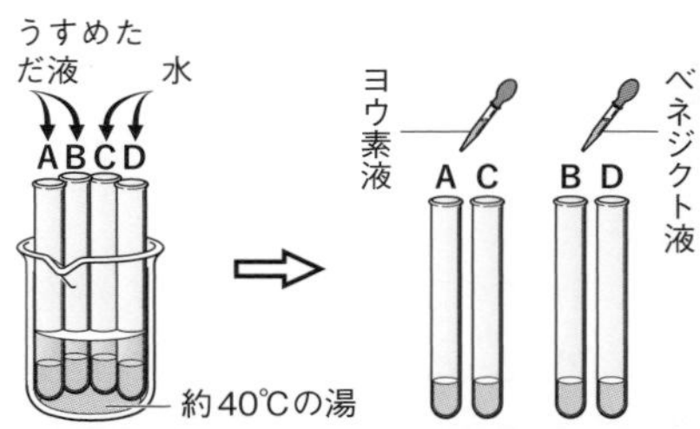

ヨウ素液による反応	ベネジクト液による反応
A. 変化なし	B. 赤褐色に変化した
C. 青紫色に変化した	D. 変化なし

手順Ⅱ　試験管**A**，**C**にヨウ素液を数滴加え，色の変化を調べた。また，試験管**B**，**D**に沸騰石を入れたあと，ベネジクト液を加えてガスバーナーで加熱した。

右上の表は，この実験の結果をまとめたものである。

(1) 次の①，②の試験管の結果から確かめられることを簡単に書け。

①　試験管**A**と**C**　　②　試験管**B**と**D**

(2) 表の結果が得られたのは，だ液にふくまれる消化酵素のはたらきによるものである。この消化酵素の名称を書け。

(3) デンプンは最終的に何という物質になって小腸から吸収されるか。

(1) ①	(2)
②	(3)

5

図のように，マグネシウムの粉末0.3 gを入れたステンレス皿をガスバーナーで加熱した。次に，よく冷ましたあと，ステンレス皿内の物質の質量だけを測定した。この操作を質量が変化しなくなるまでくり返した。さらに，マグネシウムの粉末の質量を変えて同様の実験を行った。表は，マグネシウムの粉末の質量と加熱後の物質の質量をまとめたものである。次の問いに答えなさい。 (3点×4)

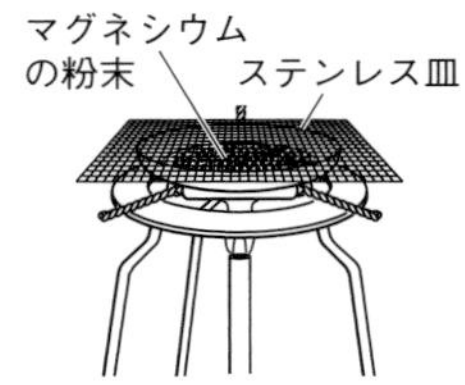

マグネシウムの粉末の質量〔g〕	0.3	0.6	0.9	1.2
加熱後の物質の質量〔g〕	0.5	1.0	1.5	2.0

(1) 加熱することによって質量が増加したのは，マグネシウムが空気中の酸素と結びついたからである。このように，物質が酸素と結びつく化学変化を何というか。

(2) マグネシウムの粉末を4.2 g用いて同様の実験を行ったとき，加熱後の物質の質量は何gになるか。

(3) 表から，マグネシウムの粉末の質量と結びついた酸素の質量の関係を表すグラフを右にかけ。

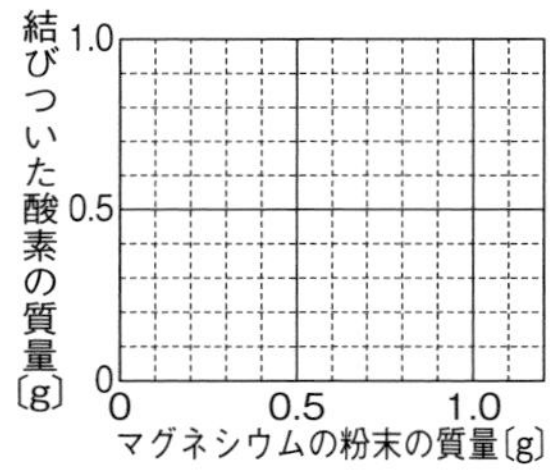

(4) マグネシウムの粉末を2.8 g用いて同様の実験を行ったところ，加熱後の物質の質量は3.2 gであった。このとき，酸素と結びついていないマグネシウムの質量は何gか。

(1)	(2)	(3) 図にかく	(4)

6

図1のように，真空放電管（クルックス管）に高い電圧を加えると，蛍光板に光った線が現れた。次の問いに答えなさい。 (3点×4)

図1

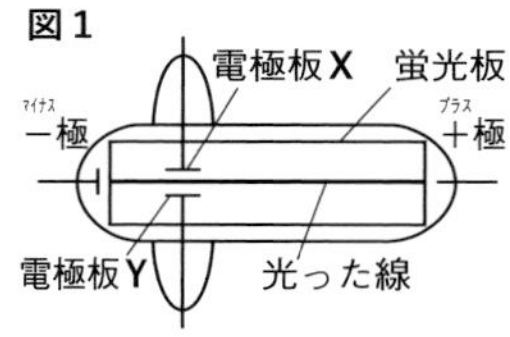

(1) このとき現れた光った線を何というか。

(2) 光った線は電気を帯びた小さな粒子の流れである。この粒子として適するものを，次の**ア**～**エ**から1つ選べ。

ア ＋の電気を帯びた陽子の流れ　**イ** ＋の電気を帯びた電子の流れ
ウ －の電気を帯びた陽子の流れ　**エ** －の電気を帯びた電子の流れ

(3) 別の電源で電極板**X**，**Y**に電圧を加えると，光った線が図2のように変化した。このとき，電極板**X**は＋極，－極のどちらにつないであるか。

図2

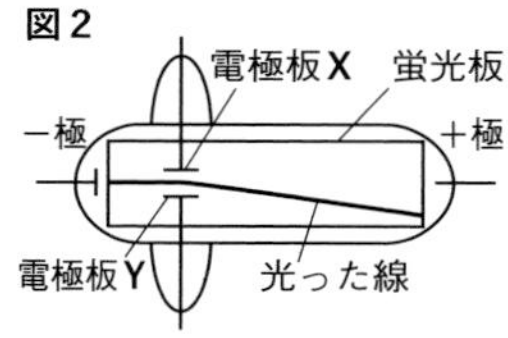

(4) 図で観察された現象は，空間を電流が流れることによって生じている。これと同じように，気圧を低くした空間に電流が流れる現象を利用しているものとして適するものを，次の**ア**～**エ**から1つ選べ。

ア 豆電球　**イ** 発光ダイオード
ウ 蛍光灯　**エ** 電気ストーブ

(1)	(2)	(3)	(4)

7

図１のように，重さ 4.0 N の直方体の物体をばねばかりにつるし，物体の下面が水平になるようにしながら，物体を少しずつ水に入れた。図２は，そのときの水面から物体の下面までの距離とばねばかりの示す値の関係をグラフに表したものである。次の問いに答えなさい。　(3点×4)

図１

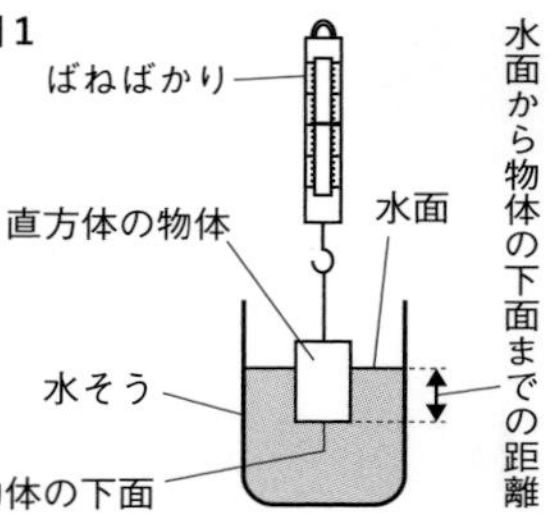

図２

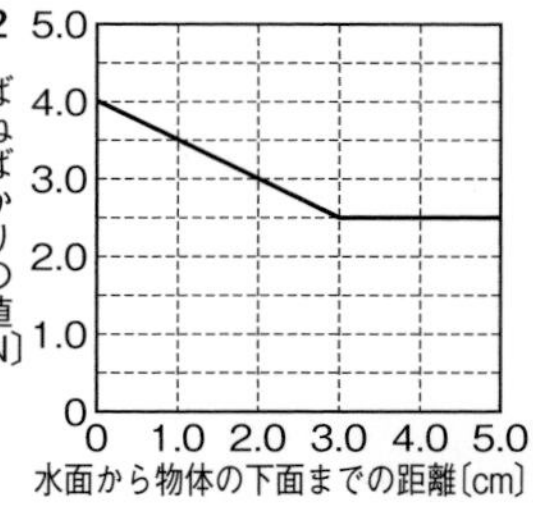

(1) 物体の下面が，水面から 2.0 cm 沈んだときの物体にはたらく浮力は何 N か。

(2) 物体がすべて水中にあるのは，物体の下面が水面から何 cm 以上沈んだときか。

(3) 物体がすべて水中にあるとき，物体にはたらく水圧を表したものとして最も適するものを，次の**ア**～**エ**から１つ選べ。

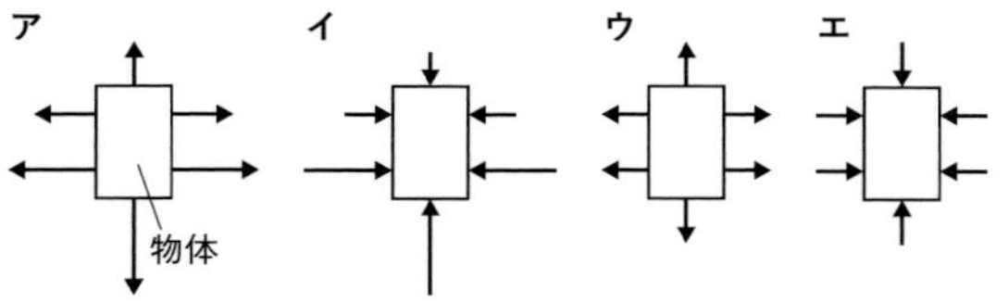

(4) 水面から物体の下面までの距離が 3.0 cm より大きくなると，ばねばかりの示す値が変わらないのは，物体にはたらく浮力の大きさが変わらないからである。その理由を述べた次の文の（　　　）にあてはまる適切な語句を書け。

　物体の下面と上面にはたらく（　　　）が変わらないから。

(1)	(2)	(3)	(4)

8

ある日の夕方，南西の空に金星と月を観察することができた。このとき，金星は月より高い位置にあり，金星より月の方が先に地平線に沈んで見えなくなった。図は，金星の公転軌道，地球に対する月の公転軌道，地球と太陽の位置関係を模式的に表したものである。次の問いに答えなさい。　(3点×4)

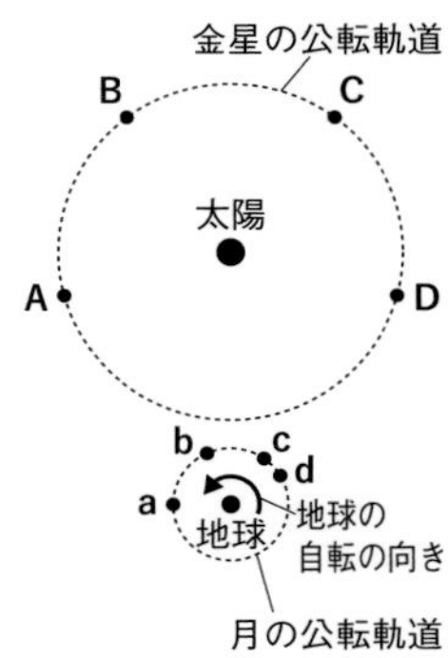

(1) この日の月の位置を，図の **a** ～ **d** から１つ選べ。

(2) この日の金星の位置を，図の **A** ～ **D** から１つ選べ。

(3) この日の月はどのような形に見えたか。次の**ア**～**エ**から１つ選べ。

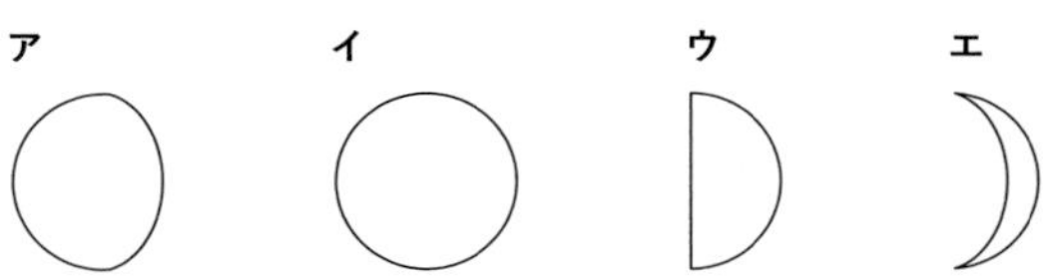

(4) 真夜中に，月は見ることができるが金星は見ることができない。その理由を，上の図を参考に，「公転」という語句を用いて簡単に書け。

(1)	(2)	(3)	(4)

社会

高校入試

模擬学力検査問題

制限時間：40分　配点：100点　目標：80点

得点：　　点

答えは決められた解答欄に書き入れましょう。

1

右の地図は，日本の主な世界遺産（自然遺産・文化遺産）を表している。これを見て，次の各問いに答えなさい。

（(3)②は5点，他は3点×15。(5)は完答）

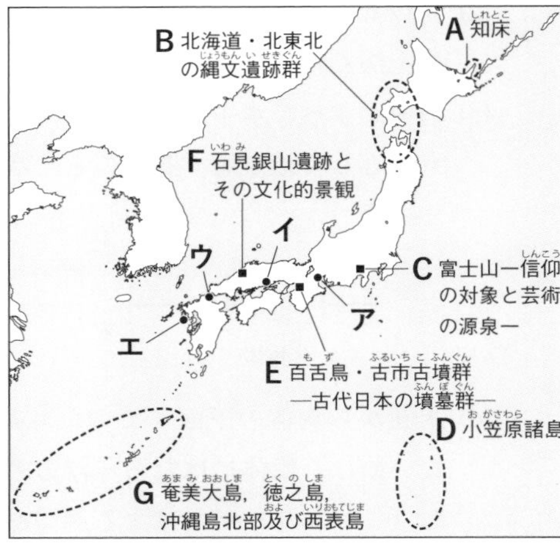

(1) 世界遺産の登録は，国際連合の専門機関であるUNESCOが行っている。国際連合の機関のうち，世界の平和と安全の維持に主要な責任をもつ機関を何というか，書きなさい。

(2) **資料Ⅰ**は，**A**の登録地に，植物を守るために設置された，観光客用の高架木道である。こうした環境保全と観光を両立させる取り組みを何というか，カタカナで書きなさい。

資料Ⅰ

（ピクスタ）

(3) **B**の登録地について，次の各問いに答えなさい。

① **B**の登録地にある，縄文時代の遺跡を，次の**ア**～**エ**から一つ選びなさい。

ア 吉野ヶ里遺跡　**イ** 岩宿遺跡　**ウ** 板付遺跡　**エ** 三内丸山遺跡

② 縄文時代の遺跡では，貝塚が発見されている。貝塚から，どのようなことがわかるか，簡潔に書きなさい。

(4) **C**の登録地について，次の各問いに答えなさい。

① **C**は，古くから，信仰，文学や絵画の対象となっていることから文化遺産に登録されている。江戸時代に**C**を浮世絵に描き，化政文化で活躍した人物を，次の**ア**～**エ**から**二人**選びなさい。

ア 歌川広重　**イ** 狩野永徳　**ウ** 雪舟　**エ** 葛飾北斎

② **資料Ⅱ**は，世界遺産である富士山に関する観光業務を行っている市の部署名である。地方自治を行う都道府県や市（区）町村を何というか，書きなさい。

資料Ⅱ

富士山世界遺産課	静岡県富士宮市
富士山課	山梨県富士吉田市

(5) **D**の登録地である小笠原諸島は，関東地方に含まれる。**資料Ⅲ**の**ア**～**エ**は，関東地方の4つの都県に関する統計である。小笠原諸島は，関東地方のどの都県に属しているか，書きなさい。また，その都県の統計として当てはまるものを，**資料Ⅲ**の**ア**～**エ**から一つ選びなさい。

資料Ⅲ

	面積 (km^2)（2020年）	工業生産額（億円）（2018年）	年間商品販売額（億円）（2015年）	昼夜間人口比率（2015年）
ア	5158	132118	125632	89.7
イ	3798	143440	169090	88.9
ウ	2194	78495	1860027	117.8
エ	2416	185700	210090	91.2

（2021/22年版「日本国勢図会」）

(6) **E**の登録地について，次の各問いに答えなさい。

資料Ⅳ

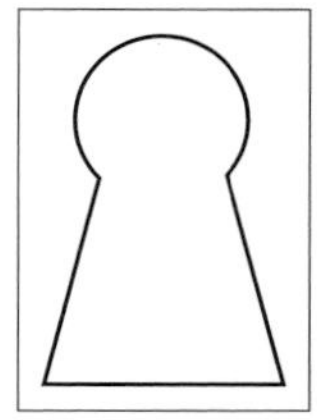

① **資料Ⅳ**は，**E**の登録地の代表的な古墳である大仙（大山）古墳の形を表している。このような形の古墳を何というか，書きなさい。

② 古墳がつくられたころの時代について述べた，次の文中の［ **X** ］に当てはまる語句を書きなさい。

> 朝鮮半島から一族ごと日本へ移り住んだ人々は，［ **X** ］と呼ばれた。

③ **E**の登録地がある府県の農業について述べた文を，次の**ア**～**エ**から一つ選びなさい。

ア 大消費地に近いことから，新鮮な野菜や花を栽培する近郊農業がさかんである。
イ 冬は積雪が多いことから水田単作地帯となっており，銘柄米の栽培がさかんである。
ウ 火山灰が積もってできたシラス台地が広がる地域では，野菜や茶の栽培がさかんである。
エ 夏でも涼しい高原の気候をいかして，キャベツやレタスの抑制栽培がさかんである。

(7) **F**の登録地について，次の各問いに答えなさい。

① **F**の登録地がある都道府県が含まれる地域区分を，次の**ア**～**エ**から一つ選びなさい。

ア 北陸　　**イ** 東海　　**ウ** 山陰　　**エ** 山陽

② **F**の登録地は，戦国大名の保護を受けた商人が開発した。戦国大名が活躍した時期を示した ━━ の位置として正しいものを，次の**ア**～**エ**から一つ選びなさい。

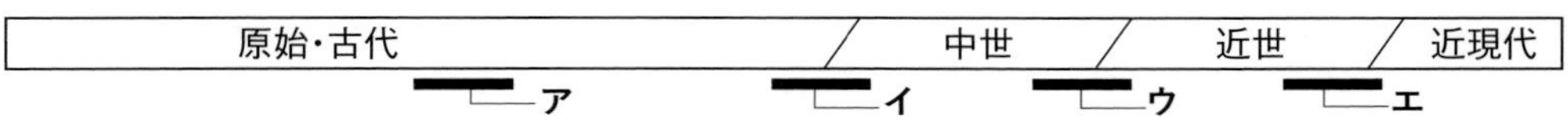

(8) **G**の登録地について，次の各問いに答えなさい。

① **G**の登録地でみられる気候を，次の**ア**～**エ**から一つ選びなさい。

ア 亜寒帯　　**イ** 亜熱帯　　**ウ** 乾燥帯　　**エ** 高山気候

② 次の文中の［ **Y** ］に当てはまる語句を，**漢字3字**で書きなさい。

> **G**は，固有の生物が，互いに関係し合って生きている「生物［ **Y** ］」の保全において重要な地域であることから自然遺産に登録された。

(9) **資料Ⅴ**は，1901年に操業を開始した八幡製鉄所で，世界遺産「明治日本の産業革命遺産　製鉄・製鋼，造船，石炭産業」として登録されている。この場所を，地図中の**ア**～**エ**から一つ選びなさい。

資料Ⅴ

（学研資料課）

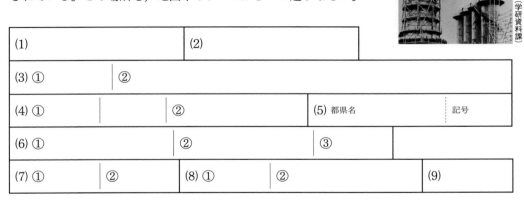

(1)	(2)			
(3) ①	②			
(4) ①	②	(5) 都県名	記号	
(6) ①	②	③		
(7) ①	②	(8) ①	②	(9)

2 次のカードⅠ～Ⅲは，「持続可能な社会」を目指すための課題についてまとめたものである。これを見て，あとの各問いに答えなさい。

（⑽③は5点，他は3点×15）

> **Ⅰ** 途上国の貧困問題と飢餓状態を解決するために，自立に向けた取り組みを行う
>
> ・貧困と飢餓の原因…**a** 人口急増に **b** 食料生産が追いつかない。**c** 社会資本の未整備。
>
> ・さまざまな取り組み…先進国による **d** 途上国への支援，**e** 健康的な生活の確保。

> **Ⅱ** 持続可能な社会を実現するための知識や技術を身につける
>
> ・必要な内容…質の高い **f** 教育を受けることで，**g** 人権や男女の平等を学び，**h** 平和で暴力のない世界をつくる意識を高める。

> **Ⅲ** 誰一人取り残さないために，私たちができる行動を考える
>
> ・持続可能な **i** 生産と消費…つくる責任と使う責任の意識をもった行動を行う。
>
> ・**j** 資源・エネルギー問題の解決…省資源・省エネルギーへの取り組みを進める。

(1) 下線部 **a** について，世界人口の約6割を占めている州を，次の**ア～エ**から一つ選びなさい。

ア　アフリカ州　　**イ**　アジア州　　**ウ**　ヨーロッパ州　　**エ**　北アメリカ州

(2) 下線部 **b** について，次の各問いに答えなさい。

① かつて，ヨーロッパの国々が植民地に開いた，商品作物を栽培する大農園を**カタカナ**で何というか，書きなさい。

② 右のグラフの **X～Z** は，米，小麦，とうもろこしのいずれかの国別生産割合を表している。**X～Z** の組み合わせを，次の**ア～エ**から一つ選びなさい。

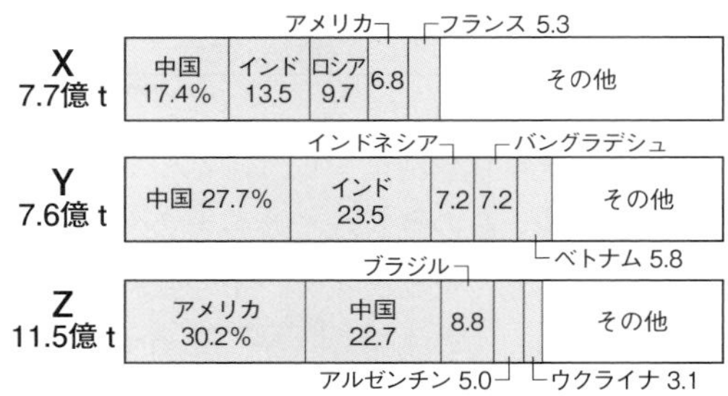

（2019年）（2021/22年版「日本国勢図会」）

ア　**X**－米　　**Y**－小麦　　**Z**－とうもろこし

イ　**X**－小麦　　**Y**－とうもろこし　　**Z**－米

ウ　**X**－とうもろこし　　**Y**－小麦　　**Z**－米

エ　**X**－小麦　　**Y**－米　　**Z**－とうもろこし

(3) 下線部 **c** について，途上国で不足している社会資本に関する資料を，次の**ア～エ**から**二つ**選びなさい。

ア　国別の国内総生産　　**イ**　国別の安全な水を利用できる人の割合

ウ　国別の難民発生数　　**エ**　国別の電気を利用できる人の割合

(4) 下線部 **d** について，国境を越えて活動する非政府組織のアルファベットの略称を書きなさい。

(5) 下線部 **e** について，次の文中の［ **X** ］に当てはまる語句を，下の**ア～エ**から一つ選びなさい。

> 日本の社会保障制度は四つの柱から構成されている。このうち，生活環境の改善や感染症の予防など，人々の健康や生活を守る内容は，［ **X** ］に当てはまる。

ア　公的扶助　　**イ**　公衆衛生　　**ウ**　社会福祉　　**エ**　社会保険

(6) 下線部 f について，日本の近代的な教育制度は，1872 年の学制の公布から始まった。同じころに行われた土地と税の政策を何というか，次の**ア**～**エ**から一つ選びなさい。

ア 公地・公民　**イ** 農地改革　**ウ** 地租改正　**エ** 太閤検地

(7) 下線部 g について，次の各問いに答えなさい。

① 日本では，大正時代に女性差別からの解放を目指す運動がさかんになった。青鞜社を結成し，女性解放運動を進めた人物を，次の**ア**～**エ**から一人選びなさい。

ア 津田梅子　**イ** 樋口一葉　**ウ** 平塚らいてう（ちょう）　**エ** 与謝野晶子

② 社会の変化により，日本国憲法に明記されていない新しい人権も認められるようになってきた。そのうち，私生活や個人の情報を守るための権利を何というか，書きなさい。

(8) 下線部 h について，日本国憲法で，戦争放棄と交戦権の否認が明記されているのは第何条か，書きなさい。

(9) 下線部 i について，次の各問いに答えなさい。

① 利潤を追求することを目的に，ものやサービスの生産，流通，販売を行う企業を何というか，書きなさい。

② 消費者の保護のため，訪問販売などで商品を購入したあと，一定期間内であれば無条件に契約を取り消すことができる制度を何というか，書きなさい。

(10) 下線部 j について，次の各問いに答えなさい。

年	できごと	
1914	第一次世界大戦が始まる	
		ア
1929	世界恐慌が起こる	
		イ
1950	朝鮮戦争が始まる	
		ウ
1973	第四次中東戦争が起こる	
		エ
1989	ベルリンの壁が崩壊する	

① 日本の資源・エネルギー源は，高度経済成長のころに石炭から石油へ転換した。高度経済成長の時期を，年表中の**ア**～**エ**から一つ選びなさい。

② 日本では，再生可能エネルギーの比率を高めるために，内閣がさまざまな政策を進めている。三権のうち，内閣がもつ権力を何というか，書きなさい。

③ 右の写真は，風力発電所の様子である。再生可能エネルギーである風力発電は，二酸化炭素の排出量が少ない利点がある一方で，どのような課題があるか，一つあげなさい。

（ピクスタ）

(1)　(2) ①　②

(3)　(4)　(5)　(6)

(7) ①　②　(8) 第　条

(9) ①　②

(10) ①　②

③

(1) ――線部①「他人を羨ましいと感じるときがある。」はいくつの単語からできているか。単語の数を答えなさい。（2点）

(2) [　　] A・Bに当てはまる言葉として最も適切なものを、次の**ア**〜**カ**からそれぞれ選びなさい。（4点×2）

ア だから　**イ** すると　**ウ** そして
エ しかし　**オ** つまり　**カ** ところで

(3) ――線部②「それ」の指し示す内容を文章中から書き抜きなさい。（4点）

(4) ＝線部a〜cの「の」と同じ用法の「の」を含む文を、次の**ア**〜**ウ**からそれぞれ選びなさい。（2点×3）

ア 先生の教えを胸に深く刻み込む。
イ 先生の好きな色は青と緑だそうだ。
ウ 繰り返し先生が説いたのは、考えを言語化することの大切さだ。

(5) 〰〰線部a〜cの熟語と同じ構成の熟語を、次の**ア**〜**ク**からそれぞれ選びなさい。（2点×3）

ア 御社　**イ** 国営　**ウ** 皮膚　**エ** 知性
オ 国旗　**カ** 延期　**キ** 無理　**ク** 断続

(6) ――線部③「自分の……限らない」とあるが、羨ましいという感情はどんな場合に生じるのか。次の文の[　　]に当てはまる言葉を、文章中から三十五字で書き抜きなさい。（6点）

●羨ましいという感情は、[　　]がある場合に生じるものである。

(7) ――線部④「そこにXが存在している。」とあるが、筆者はXとは端的に言うとどんなものだと考えているか。文章中から七字で書き抜きなさい。（6点）

(8) ――線部④「そこにXが存在している。」とあるが、筆者が例に挙げた人物の場合、a「そこ」とはどんなところか。また、bどんなXが存在していたか。aは文章中の言葉を使って簡潔に書き、bは次の**ア**〜**エ**から選びなさい。（7点×2）

ア 自分が病弱なために好きなスポーツができなかったこと。
イ 自分が不利な職場に就職したことが悔やまれること。
ウ 自分が職場でやらねばならないことをやっていないこと。
エ 自分が職場でどれだけ努力しても一向に報われないこと。

(9) 次の文は、文章中のある段落の最後に書かれていたものである。その段落の番号を答えなさい。（6点）

そして、可能性を開発してゆくとき、多くの場合に困難や苦しみはつきものだと言っていいだろう。

(1)		
(2)	A	B
(3)		
(4)	a	b	c
(5)	a	b	c
(6)		
(7)		
(8)	a	b
(9)	第　　段落	

2 次の文章を読んで、あとの問いに答えなさい。

①他人を羨ましいと感じるときがある。羨ましいなどと思ってはいけないと言う人もあるが、このような感情は勝手に生じてくるので、いかんともし難いものである。それはいけないというので、一所懸命に抑えこもうとしたり、羨ましいなどと感じる自分は悪い人間であると、自分を責めたり、卑下したりして、余計に問題を大きくしてしまう人もある。……**第一段落**

羨ましい気持ちが起こったら、それは自然に生じてきたことだから、よしあしを言う前にそれはそれと認めることにしよう。［A］、いったい②それがどのあたりから来ているか、考えてみることにしてはどうだろう。あんがいなことが見つかるものである。……**第二段落**

羨ましいというのは、物にしろ能力にしろ、ともかく自分の持っていないものを他人が持っている、というところに生じてくる感情である。［B］、③自分の持っていないものを他人が持っているときに必ず生じるとは限らないところに、その不思議さがある。……**第三段落**

たとえば、自分は数学の才能が無いときに、知人のなかに数学のできる人が居たとする。そんなとき、別にそれだからと言って、何も感じないときもある。つまり、自分の生きてゆくこととあまり関係がないのである。また、その人を尊敬することもある。羨ましいと感じるよりも、偉い人だと感じて尊敬の気持ちが湧いてくる。このような場合のことを考えると、羨ましいというのは、他人が何か自分の持っていないものを持っているという事実にプラスされるXがないと生じない、ということがわかる。それでは、そのXは何なのだろうか。……**第四段落**

カウンセリングの場面で、「羨ましい」ということは比較的よく語られる。時には、自分の不幸を嘆く形で表現される。自分は若いときに病弱だったのでスポーツができなかった。それに比して、自分の弟はスポーツがよく出来て、そのために有利な就職まで見つけてきた。同じ兄弟でありながらどうしてこんなに違うのだろう。弟に比べて自分は何と不幸なのだろうか、と嘆きは続くのである。ところで、この人の場合、スポーツのできる人や、健康な人すべてに羨ましいと感じるのではなく、特に弟に対してそれを強く感じるというところに、何かヒントがあるように思われる。④そこにXが存在している。……**第五段落**

カウンセリングのなかで「羨ましい」気持ちが表明されるとき、その話に耳を傾けながら、その人と共にそのXの正体を見出そうと努力する。それはなかなかうまくゆかぬときもあるが、結論を言ってしまえば、その人の心のなかの何らかの未開発の可能性を見出すことになってくるのである。……**第六段落**

先程の例で言えば、スポーツマンの弟を羨ましがっていた人が、弟は有利な就職ができたので羨ましいという話に変わり、そのうちに、自分は弟のことばかり言っているが、自分は現在の職場でやり抜かねばならぬことがあるのに、それが嫌でやっていない。これは自分が弟に比べて不利な職場に就職したので、それほど頑張らなくともいいという理由づけをして逃げていたことなのだ、というところまで話が進んでくる。……**第七段落**

未開発の可能性などというと口あたりがいいが、人間というものは、なるべくなら難しいことや苦しいことは避けたいと願っているところがある。……**第八段落**

しかし、自分にとって実に多くの未開発の部分があるなかで、特に何かが「羨ましい」という感情に伴って意識されてくるのは、その部分が特に開発すべきところ、あるいは、開発を待っているところとして、うずいていることを意味しているのである。……**第九段落**

ある個人にとって、やらねばならぬことややれることは山ほどあるはずである。そのなかで「羨ましい」という感情は、どの「方向」に自分にとっての可能性が向かっているかという一種の方向指示盤としての役割をもって出現してきているのである。そして、はじめは困難や苦痛を伴うにしろ、自分が発見したことをやり抜いてゆくと、ある程度経てば、その面白さもわかってくるし、その頃には「羨ましい」感情も弱くなってきているのがわかるだろう。……**第十段落**

（河合隼雄「心の処方箋」〈新潮社〉より。一部表記を改めたところがある）

ある——かもしれない。

　あれは何年生だっただろう、男子の数が偶数だったクラスに転入したことがある。体育の授業で二人組をつくるとき、出席番号がいちばん最後だった少年は「余り」になってしまった。先生が気をつかってクラス委員の奴とコンビにしてくれて、代わりに、クラス委員と組になっていた奴が「余り」になった。そのときには自分が「余り」にならなくてよかったとしか考えなかったが、いまは、割り込まれて「余り」になってしまった奴の気持ちがわかる。

「俺さあ、転校が決まったあと、すごいたくさんマンガ読んだんだ。転校生が主人公になるマンガ、みんなに教えてもらって、ぜんぶ読んだ。カッコいいんだよな、ぜんぶ。なんかさ、ヒーローなんだよな、そういうのいいなあと思って、けっこう楽しみにしてたんだけど……ぜーんぜん違うんだもんなあ……」

　大野はそう言うと、いきなりポテトチップスを口いっぱいに頬張り、コーラをがぶ飲みして、「ぜんぜん違うよなあ、ほんと……」と繰り返した。

　少年は大野から目をそらした。正面の山に沈む夕陽を、にらむように見つめた。やがて、③大野が洟をすする音が聞こえてくる。

　なにか言いたい。黙ったままではなくて、なにかを大野に言ってやりたい。でも、言葉が浮かばない。バッターボックスはからっぽだった。海にe漂うボートのように、誰もいないベンチがグラウンドに、ぽつん、とあった。

（重松清「きよしこ」〈新潮社〉より）

(1) ══線部a～eのうち、漢字は読み方を、片仮名は漢字に直して書きなさい。（2点×5）

(2) 〰〰線部「割」の**ア**部首名と、**イ**総画数を答えなさい。（3点×2）

(3) ——線部①「テレビドラマによくある、サラリーマンが居酒屋に寄る場面みたいだ。」とあるが、少年はどんな状況に対してそう感じたのか。適切なものを、次の**ア**～**エ**から選びなさい。（6点）

ア　落ち込んでいる大野を元気づけるために駄菓子屋に寄って、無理にでも明るい話題を見つけ出そうと苦心している状況。

イ　落ち込んでいる大野と気分転換のために駄菓子屋に寄り、今日はどちらがおごるかなどというやりとりをしている状況。

ウ　最近の父親がうさ晴らしに酒を飲んでから帰宅するのをまねして、自分も駄菓子屋に寄って気分転換しようとしている状況。

エ　父親の転勤がまたあるかもしれないことを感じ取り、転校したくないという気持ちを紛らすために大野と話している状況。

(4) ——線部②「転校生がほんとうにつらいのは、そういうことではないんだ」とあるが、ほんとうにつらいのはどんなことだと考えられるか。次の文の□に当てはまる言葉を、文章中からAは二字で、Bは六字で書き抜きなさい。（6点×2）

●転校生は［A］のような存在で、以前からいた人たちの［B］をおびやかすこともあること。

(5) ——線部③「大野が洟をすする音が聞こえてくる」とあるが、少年はそんな大野に対してどうしたいと思ったか。十字程度で書きなさい。（8点）

(1)		(2)		(3)	(4)		(5)
a		ア			A		
b		イ	画		B		
c							
d							
e							

国語

模擬学力検査問題

高校入試

制限時間：40分　配点：100点　目標：80点

得点：　　点

1 次の文章を読んで、あとの問いに答えなさい。

> 少年（白石）は中学三年生で、野球部に所属している。中三の六月に転校してきた大野は、先生に実力を買われて重要なポジションを任せられるようになったが、部員たちからは、あとから入ってレギュラーの座を奪ったとして反感を買っている。少年は毎日一緒に帰り、駄菓子屋でお菓子をおごるなどして、落ち込む大野を気遣っていた。

いつもの駄菓子屋に寄った。大野は「今日は俺がおごるから」と自動販売機で缶コーラを二本買った。「なんか、お菓子も買おうか」と一人で店に入っていった。

少年は店の前のベンチに座って、大野を待ちながら、何度か首をかしげた。背中がむずがゆい。①テレビドラマによくある、サラリーマンが居酒屋に寄る場面みたいだ。

会社まで自家用車で通っている父親は、会社帰りに酒を飲むことはめったにない。[a]愚痴や泣き言は嫌いだ、といつも言っている。そんな父親が、ここ何日かつづけて会社に車を置いて帰ってきた。一人で歩けないぐらい酔っている夜もあったし、びっくりするぐらいご機嫌な夜も、声もかけられないほど機嫌の悪い夜も、ある。

そろそろ転勤が近いのだろうか。いままでの[b]ケイケンが、そう教えてくれる。去年の夏にも転勤の話はあったらしい。父親は「息子もやっと中学校に慣れてきたところですから」と断ったのだという。あとで母親から訊いた。支店長に出世する転勤だったんだ、とも。

大野はポテトチップスを買ってきた。ポテトチップスの代金ぐらい割り勘にしようと財布を出すと、「いいって、いいって」と――ほんとうに、サラリーマンみたいだ。

ベンチに[c]ナラんで座り、ポテトチップスを頬張って、コーラを飲んだ。最初は黙っていた大野は、コーラが残り半分になった頃、「俺、転校って初めてなんだよなあ」と夕暮れの空を見上げて言った。「白石って、転校すごくたくさんしてきたって、ほんと？」

「うん……小学校で、五回」

「すげえな」

「……まあ、小学生だから」

最近、ほんとうにそう思う。小学生の頃は、転校して最初の自己紹介が嫌で嫌でしょうがなかった。「きよし」の「キ」がつっかえて、みんなに笑われるのが怖かった。でも、②転校生がほんとうにつらいのは、そういうことではないんだ、といまは思う。

「俺、おふくろに言われてたんだ、野球部に入るのってやめたほうがいいんじゃないか、って。受験のこともあるし、どうせすぐに引退だし、やっぱり、途中から割り込むわけだろ？　ほんとにおふくろの言うとおりになっちゃったから……なんか、親に相談もできなくてさあ……」

大野は、『ウルトラマン』や『仮面ライダー』の話をした。怪獣や宇宙人や怪人は、どこからともなく[d]アラワれて、ひとびとの平和な暮らしをおびやかす。でも、途中で必ずヒーローがあらわれる。ヒーローは決して負けない。怪獣や宇宙人はヒーローに退治され、街はまた平和な日々に戻るのだ。

「転校生って怪獣みたいなものだと思うんだよな。俺が野球部の平和を乱したようなものじゃん。白石はそういうこと、考えたことない？」

高校入試 合格BON!

わかるまとめと
よく出る問題で
合格力が上がる

5科

編集：小縣宏行・(有)アズ・(株)奎文館・鈴木瑞穂・坪井俊弘・須郷和恵・東正通・たくみ堂
キャラクターイラスト：茂苅 恵　イラスト：下田麻美　英文校閲：Joseph Tabolt
図版：(株)アート工房・ゼム・スタジオ　写真：写真そばに記載
録音：一般財団法人英語教育協議会（ELEC）・Dominic Allen・Karen Haedrich・桑島三幸
アートディレクター：北田進吾　デザイン：畠中脩大・山田香織（キタダデザイン）・堀 由佳里
DTP：(株)明昌堂 データ管理コード 24-2031-1025(CC2020)

この本は下記のように環境に配慮して製作しました。
・製版フィルムを使用しないCTP方式で印刷しました。
・環境に配慮して作られた紙を使っています。
⑤

高校入試―合格

GOUKAKU

BON!

わかるまとめと
よく出る問題で
合格力が上がる

別冊

解答と解説

5科

Gakken

＊軽くのりづけされているので、外してお使いください。

高校入試実戦力アップテスト

解答

英語

1 現在・過去・未来・進行形 p.10 - 11

1 (1) エ (2) イ (3) ウ (4) ウ
2 (1) stood (2) were (3) using
3 (1) When will you come back
(2) club has twelve members
4 (1) ウ (2) イ
5 (1) that she'll like[she will like]
(2) starts[begins] at eight thirty in the morning
6 例 (1) I enjoyed it a lot[very much].
(2) ① I got home last night.
② I learned many[a lot of] things through studying abroad[in your country].

解説

1 (1) ミス対策 主語は These girls で複数。「舞台の上で踊っているこれらの女の子たちは私の姉妹です」。
(2) What で始まる一般動詞の過去の疑問文。
(3) ニュースを見なかった理由は「そのとき私は風呂に入っていた」という過去進行形の文。
(4) when ～が過去の文なので，drank を選ぶ。

2 (1) 1 文めから過去の文と判断する。
(2) 20 years ago（20 年前に）は過去を表す。
(3) 前に was があるので「主審は特別なコインを使っていました」という過去進行形の文。

3 (1)「いつ日本に帰ってきますか」という未来の疑問文にする。
(2)「あなたのクラブには何人の部員がいますか」の問いに「私たちのクラブには 12 人の部員がいます」と答える。

4 (1) 空所のあとで A は「彼女の名前はタカコです」と歌手の名前を言っているので，No の答えが適する。
(2) コウジが，昨夜電話できなかったことを謝ったあと，空所のあとで，「母の具合がよくなかったので手伝わなければならなかった」と言っているので，「忙しかったの？」が適する。

5 (1) will の文を続ける。
(2) 現在の文。「8 時半に」は at 8:30 としてもよいが，8 や 30 などの数は英語で書けるようにしておくこと。

6 (2) ①「自宅に到着した」は「家に帰った」と考える。got home のほかに，came home や arrived home［at my house］などでもよい。
②「留学」は studying abroad や，「あなたの国で勉強すること」と考えて，studying in your country などとする。

2 疑問詞・いろいろな文型 p.14 - 15

1 (1) イ (2) エ (3) ア (4) ア
2 (1) ア (2) ウ (3) イ
3 (1) What food do you like(?)
(2) you give me a hand
(3) long are you going to stay
(4) bring it to you
(5) looked happy when she was eating
4 (1) How many English classes
例 (2) There are many[a lot of] old temples
(3) Who is your favorite author?
(4) How do they use them at home?

解説

1 (1) あとの rice or bread（ごはんかパンか）から Which を選ぶ。
(2) エミは「市バスに乗っていくのはどうですか」と応じているので，そこへ行く方法をたずねる How を選ぶ。
(3) あとに great（すばらしい）が続くので，「～に見える」という look を選ぶ。
(4) あとに me a good idea（私によいアイデアを）と〈人＋物〉が続くので，give を選ぶ。

2 (1) タカシは「英和辞典を引いて日本語の意味を書く」と英単語を覚える方法を答えているので，How の疑問文が適する。
(2)「試験が終わるまで，見たい DVD を自分から離れたところに置いておく」となるように，keep the DVDs I want to watch away from me とする。
(3) 次のショウタの「新しい ALT と話した。いい人だよ！」という応答から，わくわくしている理由をたずねている Why ～? の疑問文が適する。

3 (1) What food（何の食べ物）をたずねる疑問文にする。

(2) Can you ～? は「～してくれますか」。give me a hand で「私を手伝う」の意味。

(3) are going to に気づくと，How long のあとに are you going to ～の形を続けられる。

(4) to があるので，bring it to you にする。

ミス対策 ***bring you it* という形にはならない。**

(5) eating があるので she was eating のまとまりを作れば，happy は looked happy（幸せそうに見えた）の組み合わせにできる。

4 (1) Yuji の「4 時間の英語の授業がある」の答えから，How many と「数」をたずねる疑問文にする。

(2)「～があります」は There is[are] ～. の文。「たくさんの古いお寺」は複数なので，There are で始める。

(3) 短縮形の Who's で始めてもよい。

(4)「どのように」は How でたずねる。「家で」は at home。

3　不定詞・動名詞・分詞

p.18 - 19

1 (1) エ　(2) エ　(3) ア　(4) ウ
(5) ① エ　② イ

2 (1) talking　(2) going　(3) use　(4) seen

3 (1) me something to drink
(2) looking at the boy playing
(3) wants me to come
(4) teaches them how to
(5) ask farmers to give some oranges
(6) be too difficult to make

4 例 (1) I want to leave home in the morning to stay there for a long time.
(2) I have many[a lot of] things to learn.
(3) I'll enjoy showing people wonderful things[wonderful things to people].
(4) I think (that) it's[it is] important to understand other cultures. / I think (that) understanding other cultures is important.

解説

1 (1) working in other countries（ほかの国で働いている）が前の three Japanese people（3 人の日本人）を修飾する形にする。

(2)〈It … for 人 to ～.〉の文。

(3) be happy to ～（～してうれしい）の文。

(4) called *Pochi*（ポチと呼ばれる）が前の a dog を修飾する形にする。

(5) ①「それ（ギター）の弾き方」となるように how to ～の形にする。
②〈ask 人 to ～〉の形にして「母にも私たちに加わるように頼みます」とする。

2 (1) enjoy のあとの動詞は -ing 形。

(2) 前置詞 before のあとの動詞は -ing 形。

(3)「アヤはそのとき携帯電話を持っていなかったので，私は彼女に私のを使わせてあげました」。〈let＋人＋動詞の原形〉の形。

(4) painting と see の関係を考えて，過去分詞 seen ～ France（フランスの博物館で見られる）が前の painting を修飾する文にする。

3 (1) give のあとは〈人＋物〉の語順。ここの to は to me ではなく，something to drink という不定詞の表現をつくる to。

(2) I'm には，looking も playing も続くが，あとの soccer との関係を考えて，looking at と playing soccer というまとまりになるようにする。「私はむこうでサッカーをしている男の子を見ています」とする。

(3)〈want 人 to ～〉の文にして「母は今日は，私に早く帰ってほしいと思っています」。

(4)〈teach 人＋物〉の「物」に how to ～がくる形にする。

(5)〈ask 人 to ～〉の文。「農場経営者たちに私たちにオレンジをくれるように頼みましょう」。

(6) will のあとの動詞は原形なので be が続く。あとは〈too … to ～〉の形にして「よいスピーチは作るのがあまりに難しすぎるでしょう」とする。

4 (1)「～したい」は want to ～。「家を出発する」は leave home。「滞在するために」は不定詞で表す。「長い間」は for a long time。

(2)「学ぶべきことがたくさん」は不定詞を使って，many things to learn[study] とする。

(3)「～することを楽しむ」は enjoy ～ing。「(人) に（物）を見せる」は〈show ＋人＋物〉の形か〈show ＋物＋ to ＋人〉の形。

(4) I think (that) のあとに，〈it … to ～〉の文を続ける。「異文化」は different cultures も可。

4 比較・受け身 p.22 - 23

1 (1) ア (2) イ (3) イ (4) ウ (5) イ

2 (1) known (2) hotter (3) oldest
(4) best (5) spoken

3 (1) the best tennis player of
(2) was not as impressive as
(3) he is respected by
(4) sport do you like the best
(5) was built more than 50 years ago
(6) was as important as learning about other countries

4 例 (1) I think (that) Kiyomizu-dera Temple is the most famous temple in Japan.
(2) This song is sung by many[a lot of] young people.
(3) Japan is one of the most popular countries for visitors from abroad[foreign countries].

解説

1 (1) 場所や範囲を表す語の前には in。
(2) あとの than ～から比較級と判断する。
(3) It (*Kusamakura*) が主語で, more than 100 years ago (100 年以上前に) から, 過去の受け身の文にする。ミス対策 **主語と動詞の関係をよく考える。**
(4) party が主語で, next month (来月に) から未来の受け身の文。
(5) あとの than から比較級と判断する。much は比較級を強調している。「彼女は白いドレスのほうが好きでしたが, それは赤いのよりはるかに高かったです」。

2 (1) It's と by ～から受け身の文と考える。know の過去分詞は known。
(2) hot の比較級は hotter。つづりに注意。
(3)「それはこの市でいちばん古い家です」。
(4) 最上級の文。good の最上級は best。「今までに見た中でいちばんいいものでした」という文。
(5)「その国では何語が話されていますか」。spoken のつづりに注意。

3 (1)「5 人の中でだれがいちばん上手なテニスの選手ですか」という疑問文。「5 人の中で」は of the five。in が不要。
(2)「私たちが先週見た映画ほど感動的ではなかった」という not as ～ as …の文にする。
(3)「だから, 彼はまわりの人々に尊敬されている」という受け身の文にする。
(4)「何のスポーツがいちばん好きですか」とたずねる文にする。
(5)「建てられた」は was built。「～以上」は more than ～。
(6)「…と同じくらい大切」は as important as …。「他の国について学ぶこと」は, 前半部の learning about our own country (自分自身の国について学ぶこと) を参考にする。

4 (1)「～だと思う」は I think that ～. で, that は省略できる。「最も有名な寺」は the most famous temple。
(2) 現在の受け身の文。sung のつづりに注意。「若者」は young people とする。
(3)「～の 1 つ」は one of のあとに複数形の名詞を続ける。ここでは「最も人気のある国」なので, the most popular countries がくる。「外国からの訪問者」は visitors from abroad か visitors from foreign countries とする。

5 現在完了形・関係代名詞・間接疑問文 p.26 - 27

1 (1) エ (2) エ (3) エ

2 (1) been (2) tried

3 (1) ウ (2) エ (3) ウ (4) イ

4 (1) a boy who couldn't speak
(2) long have you been swimming
(3) never watched such an exciting
(4) know when he will arrive
(5) Do you know where this place is(?)
(6) The pen I am looking for must

5 例 (1) I finished reading the book (which/that) my father gave (to) me.
(2) I've[I have] never met him (before).
(3) I saw many[a lot of] people (who[that] were) speaking different languages.

解説

1 (1) あとの for two months (2 か月間) から現在完了形の継続の否定文。「私の祖父は大阪に住んでおり, 私は 2 か月間彼に会っていません」。
(2) since last month で「先月以来(ずっと)」。
(3) *noren* (のれん) を修飾する関係代名詞の節。

2 (1) be の過去分詞は been。have been to ～で「～へ行ったことがある」。
(2) I've は I have の短縮形。現在完了形の文。try

の過去分詞は tried。

3 (1) The boy を「コンテストで2度勝った」という関係代名詞の節が修飾する形。

(2) 間接疑問文は〈疑問詞（how many hours）＋主語（that singer）＋動詞（practices)〉の語順になる。「あの歌手が毎日何時間練習しているか知りたい」という意味。

(3) she gave me が The present を，また I wanted to get for a long time が the one を修飾する文にする。「彼女が私にくれたプレゼントは私が長い間ほしかったものでした」。

(4) タケシが空所のあとで「海のごみについて書くつもりだ」と言っているので，理科の宿題は「まだしていない」を選ぶ。

4 (1) who があるので，a boy を who couldn't speak ～が修飾する形にする。「英語の授業で，あなたは英語を上手に話せない男の子を見つけて，彼を手伝いました」。

(2) How long で始まる現在完了進行形の疑問文（have you been swimming）にする。

(3) I've と never から，現在完了形の否定文にする。〈such a[an] ＋形容詞＋名詞〉の語順にも注意。「私は以前にこれほどまでにわくわくする試合を見たことが1度もありません」。

(4)「彼がいつ到着するか知りません」という間接疑問文。when のあとは he will arrive の語順。

(5)「この場所がどこか知っていますか」という間接疑問文。

(6) I am looking for が The pen を修飾する形。「私がさがしているペンは私の部屋にあるにちがいない」という文。この must は「～にちがいない」の意味。

5 (1)「父にもらった」は「父が私にくれた」(my father gave me) として，それが「本」を修飾する形にする。I got from my father や given by my father でもよい。「～し終える」は finish ～ing で表す。

(2)「私は一度も～したことがない」は〈I have never ＋過去分詞〉。met は seen でもよい。

(3)「私は多くの人々を見ました (I saw many people)」のあとに関係代名詞 who [that] を使って「異なる言語を話している (who [that] were speaking different languages)」が many people を修飾する形にする。who [that] were のない形でもよい。また，I saw many people who[that] speak different languages. としてもよい。

6 いろいろな品詞・仮定法

p.30 - 31

1 (1) イ (2) ウ (3) ウ (4) イ
(5) ウ (6) ア

2 イ→ウ→ア→エ

3 (1) daughter (2) language(s) (3) famous

4 (1) think you'll have enough
(2) can't get there without a map of
(3) call you when I leave

5 例 (1) It rained yesterday, so I stayed (at) home. / I was at home because it was rainy[raining] yesterday.
(2) If I were you, I would talk[speak] with[to] him in English.

解説

1 (1)「そのテレビ番組を見たかった」と「見る時間がなかった」をつなぐ接続詞は but。

(2)「日本ではふつう冬は12月（December）から2月（February）までです」。

(3)「だれの自転車？」への答えなので，mine（私のもの）で答える。

(4)「私には兄[弟]がいない」から，「もし兄[弟]がいたら」は事実に反することなので，動詞は過去形にして仮定法の文にする。「もし私に兄[弟]がいたら，彼に私の宿題を手伝ってくれるように頼むのになあ」。

(5)「週末に」は on weekends。

(6)「7時に勉強し始めて，9時半に風呂に入る」から「勉強したあとで風呂に入る」とする。

2「理由がいくつかある」→「その1つについて話す」のあとに，「いきなり」の意味の説明→「だから，突然だれかが訪ねてきても，いきなり団子を簡単に料理して出すことができる」の順。

3 (1)「息子」は son，「娘」は daughter。

(2)「何語」は What language。

(3)「～で有名だ」は be famous for ～。

4 (1) have enough time to ～で「～するのに十分な時間がある」。many が不要。

(2) get there で「そこに着く」。without a map は「地図なしで」。

(3)「家を出るときにあなたに電話します」という

文にする。

5 (1)「～なので…」は～, so …. または… because ～. などで表す。

(2) 現在の事実に反することなので，仮定法で表す。

7 助動詞・会話表現

p.34 - 35

1 (1) エ (2) エ (3) ウ (4) ア (5) エ
2 (1) ウ (2) イ (3) turn
3 (1) ウ (2) イ (3) ア (4) エ
4 例 (1) May[Can] I ask you a question?
(2) Where shall we meet tomorrow afternoon?

解説

1 (1) 傘が見つからないので貸してほしいという願いに対する応答のあと，「ありがとう」とあるので，**エ**の「2つあるので今日はこれを持っていっていいよ」が適する。

(2) 道案内の会話。「地図のどこにいるか」には**エ**の「私たちはこの寺の近くにいます」が適切。

(3)「日本では英語を使うとは思わない」という主張に対して，空所のあとで「他の国から日本を訪れる人がたくさんいる。もし英語を話せば，彼らと話すことができる」と反論しているので，**ウ**の「私はあなたに賛成しません」が適する。

(4)「友達がすぐに来ます」という応答に合うのは，**ア**「この席を使ってもいいですか」。

(5)「私たちの野球チームがトロフィーを取った」に対して，驚きを表す**エ**「驚きだね！」が適切。

2 (1) don't have to bring anything で「何も持ってくる必要はない」。

(2)「彼の質問にうまく答えられなかったのでとても悲しかった」とする。

(3) 道案内の会話。「右に曲がる」は turn right。

3 「あなたはどうですか」→「手伝ってくれる？」→「どう手伝おうか？」→「いっしょに選ぼう」の順にする。

4 (1)「～してもいいですか」は May I ～? か Can I ～? で表す。「あなたに1つ質問する」は ask you a question。

(2)「私たちはどこで～しましょうか」は Where shall we ～?。

8 リスニング

p.38 - 39

1 (1) ア (2) エ (3) ア (4) ウ (5) ウ
2 (1) イ (2) ウ (3) イ
3 (1) エ (2) ア (3) ウ
4 (1) イ (2) 例 (I like) going to the park better. I want to play tennis. / (I like) spending time at home because I like playing the guitar and singing songs with you.

1 読まれた英文と意味

(1) My mother is riding a bike.
(私の母は自転車に乗っています。)

(2) Look at this picture. (この絵を見て。)
In this library, we cannot eat or drink.
(この図書館では，飲食できないんだ。)

(3) This is the picture of Sayaka's favorite animal.
(これはサヤカの大好きな動物の絵です。)
It is small and has long ears.
(それは小さくて耳が長いです。)
Question : Which is Sayaka's favorite animal?
(質問：どれがサヤカの大好きな動物ですか。)

(4) A: What time is it? (何時ですか。)
B: It's 2:30. (2時30分です。)
A: We have one hour before the movie.
(映画まで1時間あります。)
B: Let's have tea, then.
(では，お茶にしましょう。)
Question : What time will the movie start?
(質問：映画は何時に始まりますか。)

(5) A: John, are you busy now? (ジョン，今忙しい？)
B: No, I'm just watching TV.
(いや，テレビを見ているだけだよ。)
A: I'm cooking dinner now.
(今，夕食を作っているの。)
Can you clean the table?
(テーブルをきれいにしてくれる？)
B: Sure. (わかった。)
Question : What is John going to do?
(質問：ジョンは何をしますか。)

2 読まれた英文と意味

(1) Today is Tuesday, November 24.
(今日は11月24日，火曜日です。)
My sister Yuzuki went to Kyoto yesterday.
(私の姉[妹]のユズキは昨日，京都に行きました。)
Question: When did Yuzuki go to Kyoto?
(質問：ユズキはいつ京都に行きましたか。)

(2) Mary: Hi, Tom. (こんにちは，トム。)

Let's go to the hamburger shop together.
（いっしょにハンバーガー店に行きましょう。）
Tom: Sorry, Mary.（ごめん，メアリー。）
I'm going to the hospital to see Lisa.
（リサを見舞いに病院に行くんだ。）
Mary: Oh, I want to see Lisa, too.
（ああ，私もリサに会いたいわ。）
May I go with you?（いっしょに行ってもいい？）
Tom: No problem.（いいよ。）
Mary: Let's go to the flower shop to buy flowers for her.（彼女に花を買うために生花店に行きましょう。）
Tom: That's a good idea.（いい考えだね。）
After visiting Lisa, I want to go to the library.
（リサのお見舞いのあと，図書館に行きたいんだ。）
Would you like to come with me?
（いっしょに行かない？）
Mary: Sure.（いいわ。）
Question: Where will Tom and Mary go before visiting Lisa?（質問：トムとメアリーはリサのお見舞いの前にどこに行きますか。）

(3) A: Look at that woman.（あの女の人を見て。）
I think I have seen her before, but I can't remember who she is.（前に会ったことがあると思うんだけど，だれだか思い出せないの。）
B: Are you talking about the woman wearing a red sweater, Nancy?（赤いセーターを着ている女の人のことを言ってるの，ナンシー？）
A: No, Steve.（違うわ，スティーブ。）
I'm talking about the woman who is walking with a boy wearing glasses.（メガネをかけた男の子と歩いている女の人のことを言ってるの。）
B: Oh, we saw her at our favorite restaurant when we ate dinner there last week.（ああ，ぼくたちが先週夕食を食べたときにお気に入りのレストランで見たよ。）
She sometimes works there.（彼女はときどきそこで働いているよ。）
Question: Who are Nancy and Steve talking about?（質問：ナンシーとスティーブはだれについて話していますか。）

ミス対策 **名詞をうしろから修飾する表現を聞きとる。**

3 読まれた英文と意味

(1) Clerk: May I have your name, please?
（お名前をうかがえますか。）
Ms. Suzuki: My name is Suzuki Yukiko.
（私の名前はスズキ・ユキコです。）
Clerk: Could you say it again?
（もう一度言っていただけますか。）
Ms. Suzuki:（チャイム）

(2) A: Have you ever been to Hiraizumi?
（平泉に行ったことがありますか。）
B: Yes.（はい。）
And I want to visit Hiraizumi again.
（それに，もう一度平泉を訪れたいです。）
A: How many times have you been there?
（そこには何度行ったことがありますか。）
B:（チャイム）

(3) A: Excuse me.（すみません。）
I'd like to go to the library.
（図書館に行きたいのです。）
Can I go there by train?（電車で行けますか。）
B: Well, you can go there by train.
（そうですね，電車で行けます。）
But you have to walk for about 20 minutes from the station.
（でも，駅から 20 分ほど歩かなければなりませんよ。）
A: Oh, really?（ほんとうですか。）
Are there any good ways to get there?
（何かそこへのよい行き方はありますか。）
B:（チャイム）

4 読まれた英文と意味

I'll tell you about our house rules.
（私たちの家のルールについて話します。）
You should clean your room twice a week.
（あなたは週に 2 回部屋を掃除してください。）
Please take a bath between 5 p.m. and 9 p.m.
（午後 5 時から 9 時の間にお風呂に入ってください。）
I want you to come back home before 7 p.m.
（午後 7 時前には帰宅してほしいです。）
It's OK for you to play your instrument in your room.（部屋で楽器を演奏するのはかまいません。）
If you have any questions, please ask me.
（もし何か質問があれば，私にたずねてください。）
By the way, if you are free this weekend, let's do something together.（ところで，今週末ひまであれば，いっしょに何かをしましょう。）
Which do you like better, going to the park or spending time at home?（公園に行くのと家で過ごすのでは，どちらのほうが好きですか。）
（解答例）私は公園に行くほうが好きです。私はテニスをしたいです。／私は家で過ごすのが好きです。なぜなら，私はギターを弾いて，あなたたちと歌を歌うのが好きだからです。

数学

1 数と式の計算

p.42 - 43

1 (1) 4　(2) 6　(3) $-\frac{9}{10}$　(4) 24

(5) 28　(6) -11

2 (1) $2a-1$　(2) $\frac{4x+21y}{15}$

(3) $6a^2$　(4) $12x^2y$

(5) $2a+1$　(6) 4

3 (1) $(x+3)(x-4)$　(2) $(x+2y)(x-2y)$

(3) $3(a-4)^2$　(4) $(x+9)(x-2)$

4 (1) $\sqrt{3}$　(2) $3\sqrt{6}$

(3) $9+6\sqrt{2}$　(4) $-3+\sqrt{2}$

5 (1) $\frac{a}{60}+\frac{b}{100}\leqq 20$　(2) $n=15$

(3) 4

(4) n を整数とし，小さい奇数を $2n-1$ とすると，大きい奇数は $2n+1$ と表せるから，

$(2n+1)^2-(2n-1)^2$

$=4n^2+4n+1-(4n^2-4n+1)$

$=4n^2+4n+1-4n^2+4n-1=8n$

n は整数だから，$8n$ は 8 の倍数である。

よって，2 つの続いた奇数では，大きい奇数の平方から小さい奇数の平方をひいた差は，8 の倍数となる。

（解説）

1 (5) $(-2)^2-(-6^2)\times\frac{2}{3}=4-(-36)\times\frac{2}{3}$

$=4-(-\overset{12}{\cancel{36}})\times\frac{2}{\underset{1}{\cancel{3}}}=4-(-24)=4+24=28$

（ミス対策） $(-2)^2$ は，-2 を 2 個かけ合わせたものだから，$(-2)^2=(-2)\times(-2)=+(2\times2)=4$

-6^2 は，6^2 に－の符号をつけたものだから，

$-6^2=-(6\times6)=-36$

3 (4) $(x+6)^2-5(x+6)-24$

$=A^2-5A-24=(A+3)(A-8)$　← $x+6=A$ とおく。

$=\{(x+6)+3\}\{(x+6)-8\}$　← A を $x+6$ にもどす。

$=(x+9)(x-2)$

4 (4) $\frac{6-\sqrt{18}}{\sqrt{2}}+\sqrt{2}(1+\sqrt{3})(1-\sqrt{3})$

$=\frac{(6-3\sqrt{2})\times\sqrt{2}}{\sqrt{2}\times\sqrt{2}}+\sqrt{2}\{1^2-(\sqrt{3})^2\}$

$=\frac{6\sqrt{2}-6}{2}+\sqrt{2}(1-3)=3\sqrt{2}-3-2\sqrt{2}$

$=-3+\sqrt{2}$

5 (2) 540 を素因数分解すると，$2^2\times3^3\times5$ だから，

$\frac{540}{n}=\frac{2^2\times3^3\times5}{n}$

これより，$n=3\times5$ のとき，

$\frac{540}{n}=\frac{2^2\times3^3\times5}{3\times5}=2^2\times3^2=(2\times3)^2=6^2$

となり，$\sqrt{\frac{540}{n}}$ は自然数 6 になる。

よって，最も小さい自然数 n の値は，$3\times5=15$

(3) $x+y=\frac{\sqrt{5}+1}{\sqrt{2}}+\frac{\sqrt{5}-1}{\sqrt{2}}=\frac{2\sqrt{5}}{\sqrt{2}}=\frac{2\sqrt{10}}{2}=\sqrt{10}$

$xy=\left(\frac{\sqrt{5}+1}{\sqrt{2}}\right)\left(\frac{\sqrt{5}-1}{\sqrt{2}}\right)=\frac{5-1}{2}=2$

$x^2-xy+y^2=(x^2+2xy+y^2)-3xy$

$=(x+y)^2-3xy=(\sqrt{10})^2-3\times2=10-6=4$

2 方程式

p.46 - 47

1 (1) $x=-3$　(2) $x=-7$

(3) $x=3$　(4) $x=\frac{3}{2}$

2 (1) $x=1,\ y=-1$　(2) $x=2,\ y=7$

(3) $x=\frac{5}{2},\ y=-\frac{1}{2}$　(4) $x=9,\ y=-1$

3 (1) $x=-2\pm\sqrt{7}$　(2) $x=4,\ x=7$

(3) $x=\frac{7\pm\sqrt{37}}{6}$　(4) $x=-1,\ x=4$

(5) $x=\frac{5\pm\sqrt{17}}{2}$　(6) $x=-1\pm\sqrt{2}$

4 (1) 36 人

(2) $\begin{cases} x+y=40 & \cdots\cdots ① \\ 5x+3y+57=7x+4y & \cdots\cdots ② \end{cases}$

②を整理すると，$2x+y=57$　……③

③　　$2x+y=57$

①　$-)\ \ x+y=40$

　　　$x\ \ \ \ =17$

$x=17$ を①に代入して，$17+y=40$, $y=23$

この解は問題にあっている。

大きい袋は 17 枚，小さい袋は 23 枚。

(3) 学校から休憩所までの道のりを x km，休憩所から目的地までの道のりを y km とすると，

$\begin{cases} x+y=98 & \cdots\cdots ① \\ \frac{x}{60}+\frac{20}{60}+\frac{y}{40}=2\frac{15}{60} & \cdots\cdots ② \end{cases}$

②の両辺に 120 をかけて，整理すると，

$2x+3y=230$　……③

③　　　$2x+3y=230$

①×2　$-)\ 2x+2y=196$

　　　　　　$y=34$

$y=34$ を①に代入して，$x+34=98$，$x=64$
この解は問題にあっている。
学校から休憩所までの道のりは 64 km，
休憩所から目的地までの道のりは 34 km

(4) **方程式は，$2(x+4)(x+7)=28(x+2)$**
これを解くと，$2x^2+22x+56=28x+56$，
$2x^2-6x=0$，$2x(x-3)=0$
x は正の数だから，$x=3$

解説

2 (3) $\begin{cases} 2x+4y=3 & \cdots\cdots① \\ \dfrac{3}{10}x-\dfrac{1}{2}y=1 & \cdots\cdots② \end{cases}$

②の両辺に 10 をかけると，$3x-5y=10$ ……③

$$\begin{array}{lr} ①\times3 & 6x+12y=9 \\ ③\times2 & -)\ 6x-10y=20 \\ \hline & 22y=-11 \\ & y=-\dfrac{1}{2} \end{array}$$

$y=-\dfrac{1}{2}$ を①に代入して，$2x+4\times\left(-\dfrac{1}{2}\right)=3$，

$2x-2=3$，$2x=5$，$x=\dfrac{5}{2}$

ミス対策 **分母をはらうときは，両辺に同じ数をかける。右辺に 10 をかけ忘れないように。**

~~$\left(\dfrac{3}{10}x-\dfrac{1}{2}y\right)\times10=1$~~

3 (6) $(x+4)^2-6(x+4)+7=0$　$x+4=A$ とおく。
$A^2-6A+7=0$

$A=\dfrac{-(-6)\pm\sqrt{(-6)^2-4\times1\times7}}{2\times1}$

$=\dfrac{6\pm\sqrt{36-28}}{2}=\dfrac{6\pm2\sqrt{2}}{2}=3\pm\sqrt{2}$

$x+4=3\pm\sqrt{2}$，$x=3\pm\sqrt{2}-4$ ←A を $x+4$ にもどす。
$x=-1\pm\sqrt{2}$

4 (1) 自転車通学している生徒の人数を x 人とすると，徒歩通学している生徒の人数は$(126-x)$人と表せる。
よって，$(126-x):x=5:2$
これを解くと，$(126-x)\times2=x\times5$，
$252-2x=5x$，$-7x=-252$，$x=36$(人)
この解は問題にあっている。

(4) 直方体 Q の体積は，
$\underset{縦}{\underline{(4+x)}}\times\underset{横}{\underline{(7+x)}}\times\underset{高さ}{\underline{2}}=2(x+4)(x+7)(\text{cm}^3)$
直方体 R の体積は，
$\underset{縦}{\underline{4}}\times\underset{横}{\underline{7}}\times\underset{高さ}{\underline{(2+x)}}=28(x+2)(\text{cm}^3)$

3 関数

p.50 - 51

1 (1) $\dfrac{1}{4}\leqq a\leqq3$　(2) 6 個
(3) $a=\dfrac{3}{8}$，$b=\dfrac{27}{2}$　(4) $a=\dfrac{6}{5}$

2 (1) P$(-2,\ 3)$
(2)① 18　② $t=3+\sqrt{5}$

3 (1) 800 L　(2) 130 L
(3) 250 時間後

4 (1) $a=\dfrac{1}{4}$　(2) $0\leqq y\leqq\dfrac{9}{4}$
(3)① D$(4,\ 3)$　② $y=\dfrac{5}{2}x$

解説

2 (1) 2 直線の式を**連立方程式**として解く。
$\dfrac{1}{2}x+4=-\dfrac{1}{2}x+2$，$x=-2$
y 座標は，$y=\dfrac{1}{2}\times(-2)+4=3$

(2) ② $\triangle\text{ABP}=\dfrac{1}{2}\times(4-2)\times2=2$
点 P から RS へ垂線 PH をひくと，PH$=t-3$
点 R の x 座標は，$t=\dfrac{1}{2}x+4$，$x=2t-8$
点 S の x 座標は，$t=-\dfrac{1}{2}x+2$，$x=-2t+4$
だから，RS$=(2t-8)-(-2t+4)=4t-12$
$\triangle\text{PRS}=\dfrac{1}{2}\times(4t-12)\times(t-3)=2(t-3)^2$
$\triangle\text{PRS}=5\triangle\text{ABP}$ より，$2(t-3)^2=2\times5$
これを解くと，$(t-3)^2=5$，$t=3\pm\sqrt{5}$
$t>4$ だから，$t=3+\sqrt{5}$

3 (2) 20 時間後から 35 時間後までに，燃料 A が 1 時間あたりに増えた量は，
$(1700-200)\div(35-20)=100$(L)
1 時間あたり消費された量は 30 L だから，補給された量は，$100+30=130$(L)

(3) $35\leqq x\leqq80$ における燃料 A のグラフの式は，
$y=-30x+2750$
よって，$x=80$ のときの燃料 A の残量は，
$y=-30\times80+2750=350$(L)
このときの燃料 B の残量は，$350+700=1050$(L)
$0\leqq x\leqq80$ における燃料 B のグラフの式は，
$y=-5x+1450$
燃料 B がはじめて補給されるのは $y=200$ のときだから，
$200=-5x+1450$，$5x=1250$，$x=250$

4 (3) ①点 C の座標は，C(6, 9)
点 D は，点 A から右へ 6，上へ 2 進んだところにある点だから，D(4, 3)

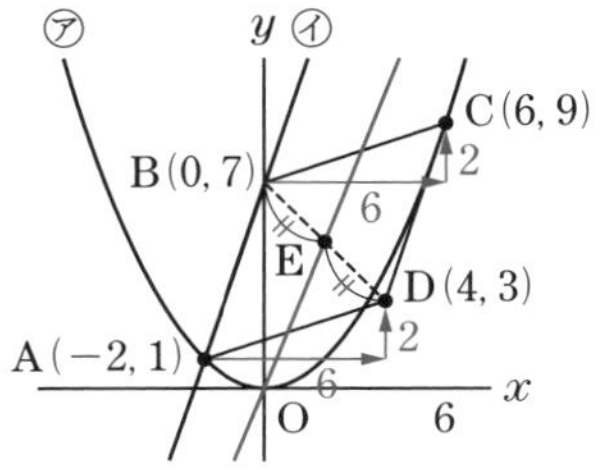

②平行四辺形 ADCB の対角線の交点を E とすると，点 O を通り，平行四辺形 ADCB の面積を 2 等分する直線は直線 OE である。
E は線分 BD の中点だから，E(2, 5)
よって，直線 OE の式は，$y=\frac{5}{2}x$

4　図形の計量　p.54 - 55

1 (1) ① 116°　② 17°　(2) $x=72$
2 (1) ① 48°　② 72°　(2) 54°　(3) 40°
3 45°
4 (1) 16π cm²　(2) 6 cm
(3) 300 cm³　(4) 189π cm³

解説

1 (2) 正五角形の 1 つの内角の大きさは，
$\angle BCD=\frac{180°\times(5-2)}{5}=108°$
CB=CD だから，
$\angle CDB=(180°-108°)\div 2=36°$
同様にして，$\angle DCE=36°$
よって，$x°=36°+36°=72°$

2 (1) ②$\angle DAC=\angle DBC=34°$
$\angle CAE=40°$
これより，
$\angle DAF=34°+40°=74°$
AD∥BC だから，$\angle ADF=34°$
よって，$\angle x=180°-(74°+34°)=72°$

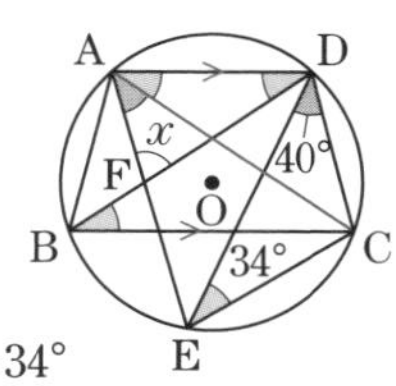

(2) $\angle COD=360°\times\frac{2\pi}{2\pi\times 5}=72°$
$\angle CAD=\frac{1}{2}\times 72°=36°$
$\angle ADB=90°$ だから，
$\angle CED+36°=90°$
$\angle CED=90°-36°=54°$

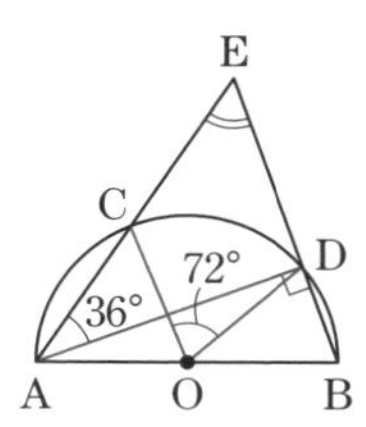

(3) 点 O と A，B をそれぞれ結ぶと，
$\angle AOB=70°\times 2=140°$，$\angle PAO=\angle PBO=90°$
$\angle x=360°-(140°+90°+90°)=40°$

3 2 点 B，C は直線 AD について同じ側にあって，
$\angle ABD=\angle ACD$ だから，
4 点 A，B，C，D は 1 つの円周上にある。
△ABC で，
$\angle DBC=180°-(75°+25°+35°)=45°$
$\overset{\frown}{DC}$ に対する円周角だから，$\angle x=\angle DBC=45°$

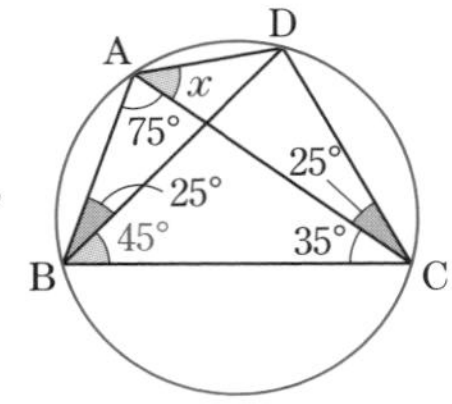

4 (4) できる立体は，右の図のようになる。

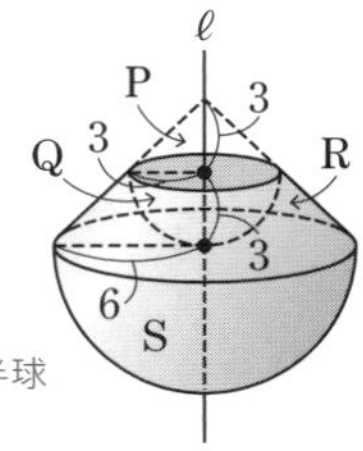

P の部分の体積は，
$\frac{1}{3}\pi\times 3^2\times 3=9\pi(\text{cm}^3)$
Q の部分の体積は，←小さな半球の体積
$\frac{4}{3}\pi\times 3^3\times\frac{1}{2}=18\pi(\text{cm}^3)$
R の部分の体積は，
$\frac{1}{3}\pi\times 6^2\times(3+3)-9\pi-18\pi=45\pi(\text{cm}^3)$
S の部分の体積は，←大きな半球の体積
$\frac{4}{3}\pi\times 6^3\times\frac{1}{2}=144\pi(\text{cm}^3)$
求める立体の体積は，$45\pi+144\pi=189\pi(\text{cm}^3)$

5　図形と証明　p.58 - 59

1 (1)

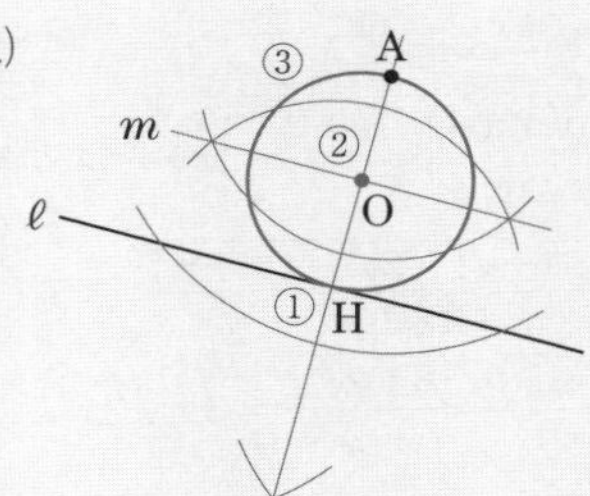

(2) ①

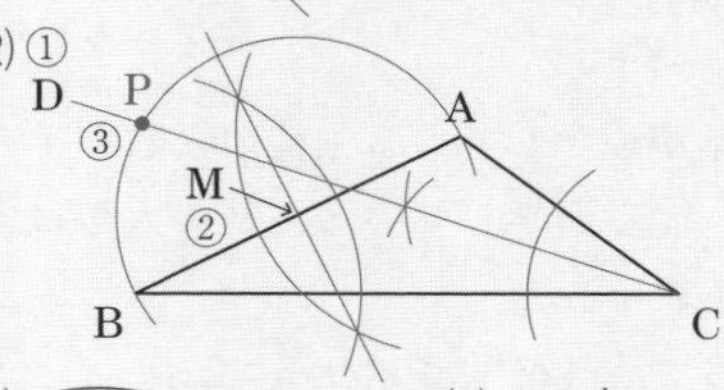

2 (1)

(2)

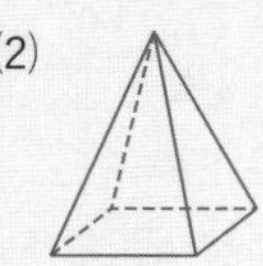

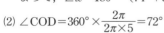

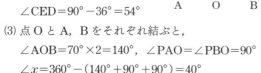

3 (1) 112°　(2) 30°
4 【証明】△AED と△HFB において，
仮定から，DE=BF　……①
AD∥BC で，錯角は等しいから，
$\angle ADE=\angle HBF$　……②

対頂角は等しいから，

∠AED＝∠CEB ……③

AC∥GH で，同位角は等しいから，

∠CEB＝∠HFB ……④

③，④より，∠AED＝∠HFB ……⑤

①，②，⑤より，1 組の辺とその両端の角がそれぞれ等しいから，△AED≡△HFB

よって，合同な図形の対応する辺は等しいから，AD＝HB

5 【証明】△ABE と △CDF において，

AE⊥BD，CF⊥BD だから，

∠AEB＝∠CFD＝90° ……①

平行四辺形の対辺は等しいから，

AB＝CD ……②

AB∥DC で，錯角は等しいから，

∠ABE＝∠CDF ……③

①，②，③より，直角三角形で，斜辺と 1 つの鋭角がそれぞれ等しいから，

△ABE≡△CDF

6 【証明】仮定から，AE＝CF ……①

平行四辺形の対角線はそれぞれの中点で交わるから，AO＝CO ……②，BO＝DO ……③

①，②より，

EO＝AO－AE＝CO－CF＝FO ……④

③，④より，四角形 EBFD は，対角線 BD，EF がそれぞれの中点で交わるから平行四辺形である。

解説

1 (1) ①点 A から直線 ℓ へ垂線 AH を作図する。

②線分 AH の垂直二等分線 m を作図し，AH と m との交点を O とする。

③点 O を中心として，半径 OA(OH) の円をかく。

(2) ①∠ACB の二等分線 CD を作図する。

②線分 AB の垂直二等分線を作図し，AB との交点を M とする。

③点 M を中心として，半径 MA(MB) の円をかき，直線 CD との交点のうち△ABC の外部にある点を P とする。

3 (1) **平行四辺形の対角は等しい**から，∠B＝∠D＝70°

∠x＝42°＋70°＝112°

(2) CD＝CE だから，∠CED＝∠D＝50°

AD∥BC だから，∠ECB＝∠CED＝50°

よって，∠x＝50°－20°＝30°

6 相似な図形と三平方の定理

p.62 - 63

1 (1) $\frac{3}{2}$cm (2) $\frac{27}{7}$cm (3) 18°

2 【証明】△CPE と △QDE において，

共通な角だから，∠CEP＝∠QED ……①

OA＝OC だから，∠OAC＝∠OCA ……②

円の接線は，接点を通る半径に垂直だから，

∠ABP＝90° より，

∠CPE＝180° －∠ABP－∠OAC

＝90° －∠OAC ……③

半円の弧に対する円周角は90° だから，

∠CAD＝90° より，

∠ADC＝180° －∠CAD－∠OCA

＝90° －∠OCA ……④

②，③，④より，∠CPE＝∠ADC ……⑤

対頂角は等しいから，∠ADC＝∠QDE …⑥

⑤，⑥より，∠CPE＝∠QDE ……⑦

①，⑦より，2 組の角がそれぞれ等しいから，

△CPE∽△QDE

3 (1) $\frac{\sqrt{5}}{2}$ cm (2) 4：5

(3) $\frac{29}{45}$ cm^2

4 (1) $r=\frac{3}{2}$ (2) $3\sqrt{2}$ cm

(3) $4\sqrt{2}\pi$ cm

解説

1 (1) AE∥GD だから，AF：FD＝AE：DG，

4：2＝3：DG，4DG＝2×3，DG＝$\frac{3}{2}$(cm)

(2) **AB：AC＝BD：DC** だから，

6：8＝BD：(9－BD)，6(9－BD)＝8BD，

54－6BD＝8BD, 14BD＝54, BD＝$\frac{54}{14}$＝$\frac{27}{7}$(cm)

(3) △ABD で，中点連結定理より，

EF∥AB，EF＝$\frac{1}{2}$AB

EF∥AB だから，∠EFD＝∠ABD＝20°

△BCD で，中点連結定理より，

FG∥DC，FG＝$\frac{1}{2}$DC

FG∥DC だから，∠BFG＝∠BDC＝56°

∠GFD＝180° －56° ＝124° より，

∠EFG＝20° ＋124° ＝144°

また，AB＝DC より，EF＝FG だから，

∠FEG＝(180° －144°)÷2＝18°

3 (1) △AEC∽△DCA だから，

AE：DC＝AC：DA，AE：1＝$\sqrt{5}$：2，

2AE＝$\sqrt{5}$，AE＝$\dfrac{\sqrt{5}}{2}$(cm)

(2) EB＝$\sqrt{\left(\dfrac{\sqrt{5}}{2}\right)^2-1^2}=\sqrt{\dfrac{5}{4}-1}=\sqrt{\dfrac{1}{4}}=\dfrac{1}{2}$(cm)

これより，EC＝$\dfrac{1}{2}+2=\dfrac{5}{2}$(cm)

FB∥DC だから，FB：DC＝EB：EC，

FB：1＝$\dfrac{1}{2}$：$\dfrac{5}{2}$，5FB＝1，FB＝$\dfrac{1}{5}$(cm)

これより，AF＝$1-\dfrac{1}{5}=\dfrac{4}{5}$(cm)

AF∥DC だから，

FG：GD＝AF：DC＝$\dfrac{4}{5}$：1＝4：5

(3) (台形 FBCD の面積)＝$\dfrac{1}{2}\times\left(\dfrac{1}{5}+1\right)\times2=\dfrac{6}{5}$$(cm^2)$

(2)より，AG：GC＝FG：GD＝4：5

△GCD＝$\dfrac{5}{4+5}$△ACD＝$\dfrac{5}{9}\times1=\dfrac{5}{9}$$(cm^2)$

よって，四角形 FBCGの 面積は，

$\dfrac{6}{5}-\dfrac{5}{9}=\dfrac{54}{45}-\dfrac{25}{45}=\dfrac{29}{45}$$(cm^2)$

4 (1) 右の図 1 で，

図 1

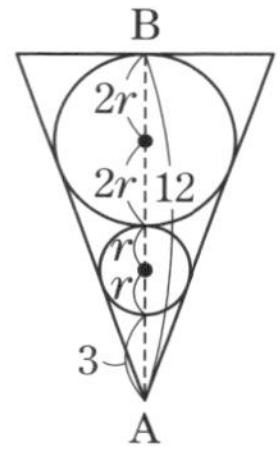

AB＝$2r+2r+r+r+3$

＝$6r+3$

よって，$6r+3=12$，$6r=9$，

$r=\dfrac{9}{6}=\dfrac{3}{2}$

(2) 右の図 2 で，

図 2

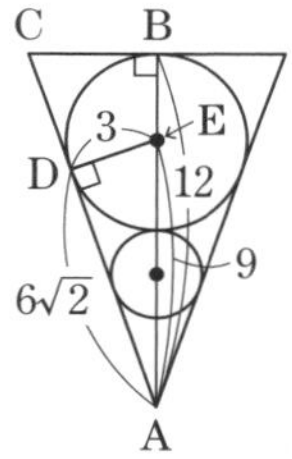

AD＝$\sqrt{9^2-3^2}=\sqrt{72}$

＝$6\sqrt{2}$(cm)

△ABC∽△ADE だから，

BC：DE＝AB：AD，

BC：3＝12：$6\sqrt{2}$，

BC×$6\sqrt{2}$＝3×12，

BC＝$\dfrac{3\times12}{6\sqrt{2}}=\dfrac{6\sqrt{2}}{2}=3\sqrt{2}$(cm)

(3) 右の図 3 で，

図 3

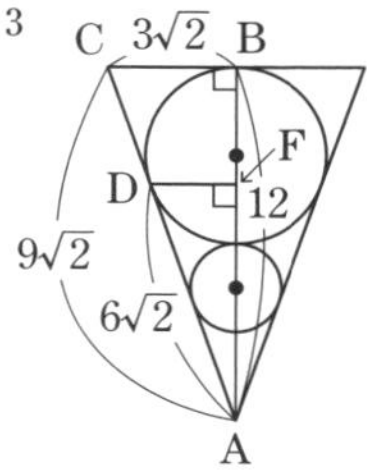

AC＝$\sqrt{12^2+(3\sqrt{2})^2}$

＝$\sqrt{162}=9\sqrt{2}$(cm)

CB∥DF だから，

DF：CB＝AD：AC，

DF：$3\sqrt{2}$＝$6\sqrt{2}$：$9\sqrt{2}$，

DF×$9\sqrt{2}$＝$3\sqrt{2}\times6\sqrt{2}$，

DF＝$\dfrac{3\sqrt{2}\times6\sqrt{2}}{9\sqrt{2}}=2\sqrt{2}$(cm)

求める長さは，DF を半径とする円の円周だから，$2\pi\times2\sqrt{2}=4\sqrt{2}\pi$(cm)

7　確率とデータの活用

p.66 - 67

1 (1) $\dfrac{7}{8}$　(2) $\dfrac{2}{5}$　(3) ① $\dfrac{1}{3}$　② $\dfrac{7}{18}$

(4) ① $\dfrac{1}{10}$　② $\dfrac{2}{5}$

2 (1) $a=9$　(2) 21分　(3) 1 人

3 イ，ウ

4 およそ400個

(解説)

1 (2) (ミス対策) **取り出した玉をもどさない場合，2 回目の玉の取り出し方は 4 通り，取り出した玉をもどす場合，2 回目の玉の取り出し方は 5 通り。この 2 通りの取り出し方のちがいに注意する。**

(3) ① $a+b$ の値が 3 の倍数になるのは，右の表の■の場合で12通りだから，求める確率は，$\dfrac{12}{36}=\dfrac{1}{3}$

a＼b	1	2	3	4	5	6
1		■			■	
2	■			■		
3			■			■
4		■			■	
5	■			■		
6			■			■

② $\dfrac{b}{a}$ の値が整数になるのは，右の表の■の場合で 14 通りだから，求める確率は，

$\dfrac{14}{36}=\dfrac{7}{18}$

a＼b	1	2	3	4	5	6
1	■	■	■	■	■	■
2		■		■		■
3			■			■
4				■		
5					■	
6						■

2 (2) (45＋135＋25×8＋175＋180)÷35＝735÷35

＝21(分)

(3) 欠席者 5 人のうち，通学時間が 40 分以上 50 分未満の生徒を x 人とすると，30 分以上 40 分未満の生徒は$(5-x)$人だから，

$735+35(5-x)+45x=23\times40$

これを解くと，$x=1$(人)

3 (1) **ア**…A の最頻値は 18 分，B の最頻値は 21 分。

イ…B の 6 分未満の生徒は 5 人，A の 4 分未満の生徒は 4 人だから，4 分以上 6 分未満の生徒は，5−4＝1(人)

ウ…B の 12 分以上 18 分未満の生徒は 7 人，A の 8 分以上 12 分未満の生徒は 2 人より，9 分以上12分未満の生徒は最大で 2 人だから，9 分以上 18 分未満の生徒は最大で，7+2=9(人)

エ…12 分以上 24 分未満の階級の相対度数の合計は，A もB も $\dfrac{17}{40}$

4 取り出した 20 個の玉における白玉と赤玉の個数の比は，4：(20−4)＝4：16＝1：4

はじめに箱の中に入っていた赤玉を x 個とすると，100：x=1：4，100×4＝x×1，x=400(個)

理科

1　身のまわりの現象と物質　p.70 - 71

1 (1)①**反射**　②**ウ**

③右の図

(2) 例 **物体が凸レンズと焦点の間にある。**

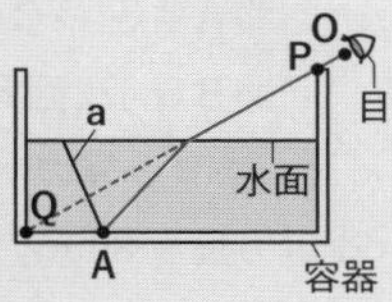

2 **ア**

3 (1) **体積…イ　質量…ウ**　(2) **ア**

4 (1) **40 g**　(2) **50 g**　(3) **再結晶**　(4) **28%**

(5) 例 **物質Bは温度による溶解度の変化が小さいから。**

解説

1 (1) ①水中から水面に向かう光はすべて屈折して空気中に出るわけではなく，一部は反射する。

②ミス対策 **光が空気中から水中に進む場合，**
（空気）入射角＞屈折角
光が水中から空気中に進む場合，
入射角＜屈折角（空気）
となり，どちらも空気の側の角度が大きい。

③点**A**から出て屈折して目に届いた光は点**Q**から出たように見える。したがって，2点**P**，**Q**を結んだ直線が水面と交わる点で，点**A**から出た光が屈折して点**O**に届く。

(2) 虫めがねで拡大されて見える像は虚像である。虚像は，物体を焦点の内側に置いたときに見られる。

2 高い音は振動数が多いから，振動数の多い音は**A**が短くなる。また，大きい音は振幅が大きいから**B**は大きくなる。

3 (1) ふつう，液体が固体に変化すると体積は小さくなるが，ろうをつくっている粒子の数は変わらないので質量は変化しない。

(2) エタノールの沸点は約78 ℃なので，この温度付近でエタノールが多く出てくる。よって，1本目の試験管に最も多くエタノールがふくまれているから最も長い時間燃える。

4 (1) 80 ℃の水200 gに物質**A**は，170 g × 2 ＝ 340 gとけるから，あと，340 g － 300 g ＝ 40 gとかすことができる。

(2) ㊁で，水溶液にとけている物質**A**の質量は，300 g － 228 g ＝ 72 g　30 ℃での物質**A**の溶解度は48 gだから，水の質量は，100 g × 72 g ÷ 48 g ＝ 150 g　蒸発させた水の質量は，200 g － 150 g ＝ 50 g

(4) 物質**B**は60 ℃の水200 gに，39 g × 2 ＝ 78 gとける。よって，質量パーセント濃度＝ 78 g ÷ (78 ＋ 200) g × 100 ≒ 28%と求められる。

2　生物の観察と分類，大地の変化　p.74 - 75

1 (1) **②エ　④ウ**　(2) **A…ア　B…ウ　C…イ**

(3) **オ**

2 (1) **①ウ　②ア　③イ**　(2) **外骨格**　(3) **㋑，㋒**

3 **エ**

4 (1) **凝灰岩**　(2) 例 **流れる水のはたらきで，角がとれるから。**(3) **南**

解説

1 (1)(2) タンポポ，イチョウ，イネは種子でふえ，ゼニゴケ，スギナは胞子でふえるから，①の特徴は**ア**となる。タンポポ，イネは子房がある被子植物，イチョウは子房がない裸子植物なので，②の特徴は**エ**とわかる。よって，**C**はイチョウになる。タンポポは子葉が2枚の双子葉類，イネは子葉が1枚の単子葉類だから，④の特徴は**ウ**になる。これより，**A**はタンポポ，**B**はイネ。

(3) ゼニゴケに花弁や花粉のうはない。また，葉・茎・根の区別がなく，維管束もないから葉脈もない。胞子のうは雌株にある。

2 (1) 観点①…外とう膜はカブトムシにはないがイカにはある。観点②…コウモリは哺乳類だから胎生で，それ以外は卵生である。観点③…両生類のイモリは親のとき肺と皮膚で呼吸するが，魚類のメダカは一生えらで呼吸する。

(3) トカゲはは虫類，イモリは両生類で，は虫類は殻のある卵，両生類は殻のない卵を産む。

3 **A**地点の初期微動継続時間は，10時10分20秒－10時10分18秒＝2秒　初期微動継続時間は震源からの距離に比例するので，震源からの距離が90 km地点での初期微動継続時間は，2 s × 90 km ÷ 36 km ＝ 5 sとわかる。よって，主要動の始まった時刻は初期微動の始まった時刻の5秒後の，10時10分27秒＋5秒＝10時10分32秒となる。

4 (2) 砂岩は土砂が流水に運ばれて海底などに堆積してできた堆積岩で，土砂が流水に運ばれる途中で川底でこすれたり，土砂どうしがぶつかったりして角がとれ，粒は丸みを帯びてくる。

(3) 東西方向の**A**地点と**C**地点で，**P**の層の上面の標高は，**A**地点は，10 ＋ 5 ＝ 15 m　**C**地点は，20 − 5 ＝ 15 m　➡東西方向の傾きはない。
南北方向の**A**地点と**B**地点で，**B**地点の**P**の層の上面の標高は，20 − 1 ＝ 19 m ➡この地域の地層は南に向かって下がっていることがわかる。
ミス対策　**A地点の露頭のスケッチは地表からの高さ，B，C地点の柱状図は地表からの深さを表していることに注意。**

3　電流と磁界　p.78 - 79

1 (1) 右の図
(2) 100 Ω

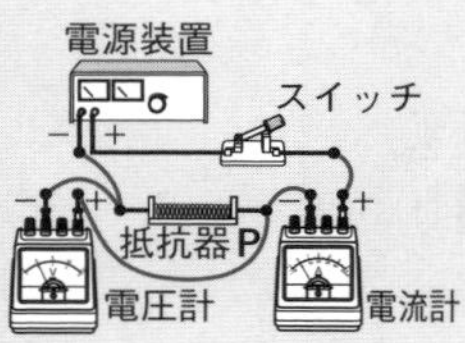

2 (1) 200 mA
(2) 20 Ω
(3) 2.4 V
(4) 500 mA　(5) 0.36 倍
3 (1) イ　(2) エ
4 (1) ウ　(2) 24 kWh　(3) 3 分 20 秒

解説

1 (1) 電流計は抵抗器に直列につなぎ，電圧計は抵抗器に並列につなぐ。
(2) 図 2 より，電圧計の − 端子は 15 V に接続してあるので 6.00 V。電流計の − 端子は 500 mA に接続してあるから 60.0 mA。60 mA ＝ 0.06 A なので，抵抗 ＝ 6.00 V ÷ 0.06 A ＝ 100 Ω となる。

2 (1) 電流 ＝ 6.0 V ÷ 30 Ω ＝ 0.2 A ＝ 200 mA
(2) 実験 2 で，回路全体の抵抗 ＝ 6.0 V ÷ 0.12 A ＝ 50 Ω　よって，抵抗器 **b** の抵抗 ＝ 50 Ω − 30 Ω ＝ 20 Ω
(3) 抵抗器 **b** に加わる電圧 ＝ 20 Ω × 0.12 A ＝ 2.4 V
(4) 電流 ＝ 6.0 V ÷ 30 Ω ＋ 6.0 V ÷ 20 Ω ＝ 0.5 A ＝ 500 mA
(5) 実験 2 で抵抗器 **a** が消費する電力 ＝(6.0 − 2.4) V × 0.12 A ＝ 0.432 W　実験 3 で抵抗器 **a** が消費する電力 ＝ 6.0 V × 0.2 A ＝ 1.2 W　よって，0.432 W ÷ 1.2 W ＝ 0.36 倍

3 (1) 電流の向きに対して右回りの磁界ができる。
(2) 図 3 は図 2 と比べて，電流の向き，磁界の向きの両方が逆になっているので，導線が動く向きは図 2 と同じになる。

4 (1) 回路**A**と回路**B**で，電流は，回路**A**＞回路**B**　電圧は，回路**A**＝回路**B**　よって，電力は，回路**A**＞回路**B**
回路**A**と回路**C**で，全体の電流は，回路**A**＜回路**C**　電圧は，回路**A**＝回路**C**　よって，電力は，回路**A**＜回路**C**　これより，電力は，
回路**B**(***b***)＜回路**A**(***a***)＜回路**C**(***c***)
ミス対策　**電力＝電圧×電流であることに注意。**
(2) 電力量 ＝ 800 W × 30 h ＝ 24000 Wh ＝ 24 kWh
(3) ノートパソコンを 80 分間使用したときの電力量 ＝ 50 W ×(60 × 80) s ＝ 240000 J　したがって，アイロンの使用時間 ＝ 240000 J ÷ 1200 W ＝ 200 s ＝ 3 分 20 秒

4　化学変化と原子・分子　p.82 - 83

1 (1) ①水上置換法　②ア　(2) ウ　(3) 例 水にとけると酸性を示す。
2 (1) 単体　(2) Fe ＋ S → FeS
3 (1) ①イ　②エ　(2) ウ　(3) 2Cu ＋ CO_2
(4) 二酸化炭素…0.44 g　酸化銅…0.40 g
4 イ

解説

1 (1) ①気体を水と置き換えて集める方法で，水にとけにくい気体を集めるのに適している。
②塩化コバルト紙で確かめることのできる物質は水で，水に青色の塩化コバルト紙をつけると，桃色に変化する。
(2) アルカリ性の水溶液にフェノールフタレイン溶液を加えると赤色に変化する。白い粉末の水溶液の方が赤色が濃いので，アルカリ性が強い。
(3) 酸性の水溶液に青色リトマス紙をつけると，赤色に変化する。したがって，試験管**B**に集めた気体の水溶液は酸性を示すことがわかる。なお，試験管**B**に集めた気体は二酸化炭素である。

2 (1) 1 種類の原子（元素）からできている物質を単体，2 種類以上の原子（元素）からできている物質を化合物という。
(2) 鉄（Fe）と硫黄（S）が結びついて硫化鉄（FeS）ができる。

3 (1) 酸化銅が炭素によって還元されて銅と二酸化炭素ができる。よって，試験管**P**の赤色の物質は銅で，電気をよく通すという金属の性質を示す。
ミス対策　**磁石につくのは鉄などの一部の金属。**
(2) 石灰水に二酸化炭素を通すと，炭酸カルシウム

という水にとけにくい物質ができるので，白くにごる。

(3) 2個の酸化銅が炭素1原子によって還元され，2個の銅原子と二酸化炭素1分子ができる。

(4) 二酸化炭素の質量＝酸化銅の質量＋炭素の質量－試験管**P**に残った酸化銅と銅の混合物の質量＝2.00 g＋0.12 g－1.68 g＝0.44 g
酸化銅から除かれた酸素の質量＝発生した二酸化炭素の質量－炭素の質量＝0.44 g－0.12 g＝0.32 g　0.32 gの酸素と結びつく銅の質量＝0.32 g×4＝1.28 g　よって，試験管**P**に残った酸化銅の質量＝1.68 g－1.28 g＝0.40 g

4 化学反応式で表すと，$2Ag_2O \rightarrow 4Ag + O_2$

5　生物のからだのつくり，気象　p.86 - 87

1 (1) あ…エ　い…例 **引火しやすい**　(2) **ア**
(3) 例 **光合成でとり入れられた二酸化炭素の量の方が呼吸によって出された二酸化炭素の量より多かったから。**
2 **①ア　②カ　③ク　④サ**
3 **2.5倍**
4 **3 g**
5 (1) **C→A→D→B**　(2) **ア，ウ**　(3) **停滞前線**

解説

1 (1) 葉が緑色のままでは，ヨウ素液による反応が見えにくいから，エタノールで葉の緑色を脱色しておく。エタノールは引火しやすいので，直接あたためると危険である。
くわしく **葉の緑色(葉緑素)はエタノールにとける。**

(2) 葉にもともとデンプンがあった状態だと，光合成によってデンプンができたのかを確かめることができない。よって，実験前にデンプンをなくす操作を行う必要がある。その操作として，実験の前日，タンポポの葉を暗室に置いて，葉のデンプンを除いておく。

(3) 試験管に息をふきこんだのは，息にふくまれている二酸化炭素をBTB溶液中にふやすためである。二酸化炭素の水溶液は酸性を示すから，青色のBTB溶液に加えると，中性の緑色になる。各試験管の色の変化は，以下のような理由による。
試験管**A**…光が十分当たっているから，
光合成量＞呼吸量　よって，二酸化炭素が減り，BTB溶液は青色にもどる。
試験管**B**…光の量が不十分だから，
光合成量＝呼吸量　と考えられ，BTB溶液は緑色のまま。
試験管**C**…光が当たっていないので，呼吸だけを行う。溶液中の二酸化炭素がふえて酸性になり，BTB溶液は黄色を示す。
試験管**D**，**E**…光が当たっても当たらなくてもBTB溶液の色は変化しないことを確かめるための対照実験である。

2 肝臓でつくられる胆汁は消化酵素をふくんでいないが，脂肪を消化されやすい物質に変えるはたらきがあり，胆のうに蓄えられる。分解されやすくなった脂肪はリパーゼのはたらきでさらに消化される。脂肪は最終的に脂肪酸とモノグリセリドに分解され，小腸の柔毛から吸収される。

3 圧力〔Pa〕＝面を垂直に押す力〔N〕÷力がはたらく面積〔m^2〕　で求められ，圧力は面積に反比例することがわかる。面積の比は，**A**：**B**＝(6×4)：(6×10)＝2：5　よって，圧力の比は，**A**：**B**＝5：2となる。

4 11℃での飽和水蒸気量はグラフより10 g/m^3と読みとれるから，空気1 m^3にふくまれる水蒸気量＝10 g×30÷100＝3 gとなる。

5 (1) 偏西風によって台風の進路は西から東に移動する。**C**で九州の南の海上にあった台風の中心が，**A**で四国に達し，**D**で日本海に移動し，**B**で温帯低気圧になって北海道の北にある。
(2) 台風は低気圧だから，中心に向かって反時計回りに風がふきこむ。また，前線は伴っていない。
(3) 寒気と暖気の勢力がつり合って動かない前線で，停滞前線という。

6　運動とエネルギー，化学変化とイオン　p.90 - 91

1 (1) **75 cm/s**　(2) **1.2秒**　(3) **①ア　②エ**
2 (1) **0.9 J**　(2) **ア**
3 (1) **Na^+**　(2) **X…水素イオン　Y…弱く　Z…中和が起こった**
4 **①** 例 **アルミニウムがイオンとなって電子を放出し，その電子が導線を通って備長炭の方へ移動した　②イ**

解説

1 (1) 平均の速さ＝(13.5 − 6.0) cm ÷(0.3 − 0.2) s ＝ 75 cm/s

(2) 球は水平面上を，(36.0 − 24.0) cm ÷(0.5 − 0.4) s ＝ 120 cm/s の速さで等速直線運動をしている。よって，移動距離が 120.0 cm になるまでにかかる時間は，0.8 s ＋(120.0 − 72.0) cm ÷ 120 cm/s ＝ 0.8 s ＋ 0.4 s ＝ 1.2 s

(3) 0.1 秒から 0.3 秒までの間は，球にはたらく重力の斜面方向の分力がはたらき続けている。

ミス対策 **等速直線運動をしている 0.4 秒から 0.8 秒までの間は進行方向に力ははたらいていない。**

2 (1) 仕事＝ 3 N × 0.3 m ＝ 0.9 J

(2) 図 2 は動滑車を使っているから，ひもを引く力の大きさは図 1 の 2 分の 1 になる。その分，ひもを引く距離は図 1 の 2 倍になり，その仕事が図 1 と等しくなる。

3 (1) BTB 溶液は酸性で黄色，中性で緑色，アルカリ性で青色を示す。塩酸（塩化水素の水溶液）と水酸化ナトリウムは次のように電離している。

HCl 塩化水素	→	H^+ 水素イオン	＋	Cl^- 塩化物イオン
NaOH 水酸化ナトリウム	→	Na^+ ナトリウムイオン	＋	OH^- 水酸化物イオン

酸性の塩酸にアルカリ性の水酸化ナトリウム水溶液を加えていくと，$H^+ + OH^- \rightarrow H_2O$ の中和が起こり，イオンの数は次のように変化する。
水素イオン➡しだいに減少し，中性（試験管 **F**）になったとき 0 になる。
塩化物イオン➡変化しない。
ナトリウムイオン➡しだいに増加する。
水酸化物イオン➡中性になるまで 0，その後増加。
試験管 **G** は中性になったあと，さらに水酸化ナトリウム水溶液を加えたものだから，ナトリウムイオンが最も多くふくまれている。

(2) 酸の性質が強いほど，マグネシウムを加えた際，水素がさかんに発生する。

4 アルミニウムはくに穴があいたり，厚さがうすくなったりしたのは，アルミニウムが電子を失ってアルミニウムイオンになり，食塩水にとけ出したからである。電子はアルミニウムはくから備長炭へ移動しているので，アルミニウムはくが－極，備長炭が＋極になる。

7 遺伝と自然界，地球と宇宙 p.94 - 95

1 (1) (a)→ f → d → e → c → b　(2) イ
2 (1) 対立形質　(2) ウ　(3) 5：1
3 (1) 太陽系　(2) A　(3) イ
4 (1) ウ　(2) ①衛星　②D　③例 太陽，地球，月がこの順に一直線上に並び，月が地球の影に入る現象。

解説

1 (1) 体細胞分裂の順序は，染色体のようすに着目する。染色体が現れる➡中央に集まる➡両端に移動。

(2) 体細胞分裂は根の先端付近で行われる。

ミス対策 **分裂した細胞の大きさは分裂前の半分になり，染色体の数は変わらないことに注意。**

2 (2) ①で丸い種子としわのある種子が 1：1 の割合でできたのだから，親の遺伝子の組み合わせは **Aa** と **aa** とわかる。これより，子の丸い種子の遺伝子の組み合わせは **Aa** となる。よって，生殖細胞で遺伝子 **A** と **a** をもつ数の割合は 1：1 になる。

子の代の遺伝子の組み合わせ

	A	a
a	Aa	aa
a	Aa	aa

(3) 孫の代の遺伝子の組み合わせは右の表のようになり，**AA**：**Aa** ＝①：②になる。**AA** を自家受粉させたときにできる遺伝子の組み合わせと数の割合は，**AA**：**Aa**：**aa** ＝ 4：0：0。**Aa** を自家受粉させたときの遺伝子の組み合わせと数の割合は，**AA**：**Aa**：**aa** ＝ 1：2：1　よって，丸い種子としわのある種子の数の割合は，{4 ×①＋(1 ＋ 2)×②}：(1 ×②)＝ 5：1 となる。

孫の代の遺伝子の組み合わせ

	A	a
A	AA	Aa
a	Aa	aa

3 (2) 北極が太陽と反対側を向いている **A** が北半球の冬至の地球の位置になる。

(3) **C** は夏至の地球の位置である。地軸が公転面に垂直であるとすると，太陽の動きは春分や秋分の日と同じになり，夏至の日と比べて，太陽の南中高度は低くなる。また，日の出は遅くなり，日の入りは早くなって昼間の時間は短くなる。

4 (1) 3 か月後の午後 10 時には，30° × 3 ＝ 90° 反時計回りに回転した**イ**の位置に見え，その 3 時間前の午後 7 時には，15° × 3 ＝ 45° 時計回りにもどった**ウ**の位置に見える。

(2) ②日食は新月のときに起こることがある。

社会

1 世界と日本の姿 p.98 - 99

1 (1) 太平洋 (2) 本初子午線
(3) A，D（順不同） (4) F (5) ウ

2 (1) D (2) エ (3) イ
(4) 例 自然災害による被害を予測するため。
または，例 災害発生時の避難場所や防災関連施設などの情報を示すため。
(5) 季節風（モンスーン）

解説

1 (1) **太平洋**は，3大洋の一つ。
ミス対策 太平洋と大西洋，「太」と「大」を書き間違えないようにしよう。

(2) **本初子午線**は，イギリスの首都ロンドンにある旧グリニッジ天文台を通る。
くわしく 子午線とは，十二支で北を指す「子」と，南を指す「午」を結んだ線のこと。

(3) **地図Ⅱ**は中心の**X**（東京）とほかの地点との距離と方位が正しい地図。**X**と**Y**（ロンドン）を結んだ直線が最短距離。**A**の範囲のシベリアや**D**の範囲のスカンディナビア半島を通る。

(4) 緯度0度の赤道は，インドネシアやブラジル，アフリカのギニア湾を通ることから，**地図Ⅰ**上で南緯20度はその下の緯線となる。東経20度と交差する地点は，アフリカ大陸上にある**F**となる。

(5) **資料**の衣服は，アラビア半島の伝統的な衣装。**乾燥帯**の雨温図を選ぶ。

2 (1) 東京の反対側の地点は，南アメリカ大陸のブラジルの南，アルゼンチンの東の大西洋上。

(3) 火山は，下の**造山帯（変動帯）**の地域に集中。
くわしく 世界の二つの造山帯

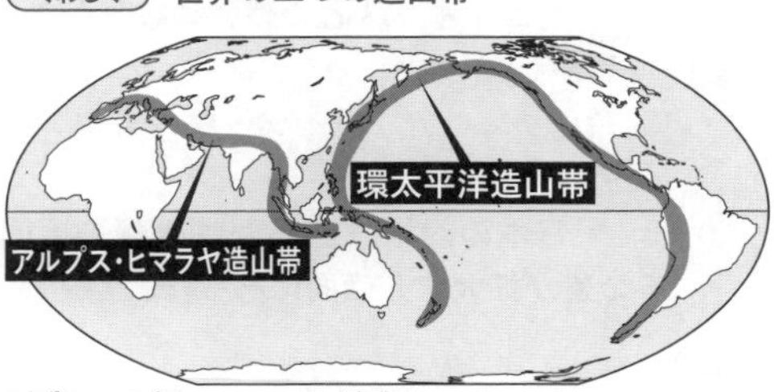

(4) 洪水，津波，火山の噴火など，自然災害による被害予測区域や，避難所が記されている。

(5) **季節風（モンスーン）**は，季節ごとに向きが変わる風。

2 世界の諸地域 p.102 - 103

1 (1) B→D→C→A
(2) ①例 燃やしてできた灰を肥料として活用するため。
②例 石油などの限りある資源の使用を減らすことができる点。
例 地球温暖化や酸性雨などの原因となる物質の増加を抑えることができる点。
(3) ウ
(4) 例 東ヨーロッパの国々は，賃金が安いから。
(5) イ (6) ア

2 (1) 例 外国企業を受け入れて，資本や技術を導入するため。
(2) 例 輸出の割合が最も高いカカオ豆の価格が不安定である

解説

1 (1) ほぼ180度の経線に沿って引かれている**日付変更線**のすぐ西側にある**B**国のニュージーランドが最も時刻が早い。

(2) ② **A**国のブラジルでは，植物の**さとうきび**を原料として**バイオ燃料（バイオエタノール）**がつくられている。
くわしく バイオ燃料を生産して消費しても，下の図の流れのように，大気中の二酸化炭素の排出と吸収がプラスマイナスでゼロになると考えられている。

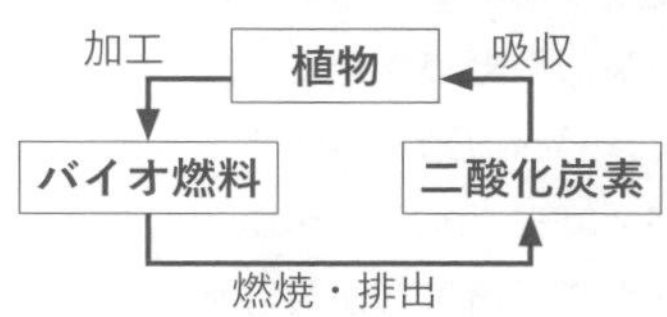

(4) 東ヨーロッパは，人件費のほかに地価も安いため，生産費を安く抑えることができる。

(5) **ア**…木材や天然ゴムは鉱産資源ではない。**ウ**…219億ドル× 0.533 = 116.7…（億ドル）。**エ**…グラフだけでは読み取れない内容である。

(6) **C**国のフランスは，農業がさかんで，EUの穀倉と呼ばれる。農地の割合が高く，自動車保有台数が多い**ア**を選ぶ。また，人口密度が最も低く，羊の頭数が多い**イ**は，**B**国のニュージーランド。人口密度が最も高い**エ**は，**D**国のインドネシア。残る**ウ**は**A**国のブラジルで，熱帯林が多いため農地の割合が低い。

2 (2) **資料Ⅰ**から，コートジボワールの輸出品で最も多い品目がカカオ豆であること，**資料Ⅱ**から，カカオ豆の価格の変動が激しいことを読み取る。

3 日本の諸地域 p.106 - 107

1 (1) ①イ　②1500 m
(2) ハザードマップ（防災マップ）
(3) 位置 エ　県庁所在地名 広島市
(4) ウ
2 (1) イ　(2) 促成栽培　(3) ウ→ア→イ
(4) ウ

解説

1 (1) ①**A** は郵便局，**C** は病院，**D** は神社。
②下の方法で，実際の距離を計算する。
ミス対策 **地図上の距離の求め方**
地図上の長さ×縮尺の分母　→単位に注意。
6(cm)× 25000 = 150000(cm) = 1500(m)
(3)「1996 年に登録された世界遺産」とは，原爆ドームのこと。
(4) 農業生産額が最も多い**ア**が**O**の北海道。**P**の千葉県は東京湾岸に京葉工業地域が形成されていることから，工業生産額が最も多い**ウ**と判断できる。
2 (1) 半導体や科学光学機器がある**イ**を選ぶ。
ミス対策 **貨物輸送の特徴**
・海上輸送…重くてかさばる貨物→石油，自動車。
・航空輸送…軽くて高価な貨物→半導体など。
(2) 促成栽培は，九州地方の宮崎平野や，四国地方の高知平野でさかん。
(4) 東京都へ通勤・通学する人口の割合は，茨城県が 2.3%，埼玉県が 12.9%，神奈川県が 11.7% となり，埼玉県が最も高い。

4 古代～中世の日本 p.110 - 111

1 (1) ①ア　②平城京
③問 1 例 調・庸・雑徭の負担から逃れようとしたから。
または，例 男子の税負担が重かったから。
問 2 例 死ぬと口分田（班田）を返さなければならなかったから。
(2) ①御家人　②ア→ウ→イ
(3) ①イ
②例 徳政を要求しており，寺院が高利貸しをしていたから。
または，例 借金の帳消しを要求しており，寺院がお金の貸し付けを行っていたから。
2 (1) ①埴輪　②エ　(2) 紫式部　(3) 禅

解説

1 (1) ③問 1　**資料Ⅱ**にある**調**は，絹や糸，綿，地方の特産物。**庸**は，都での労役の代わりに布を納める税の負担。**租**以外の税は，男子のみに課せられている。
問 2　**班田収授法**では，6 歳以上のすべての人々に口分田を与え，死ぬと国に返させた。
(2) ①鎌倉幕府の**御恩**と**奉公**の関係は下の図の通り。
くわしく **将軍と御家人の主従関係**

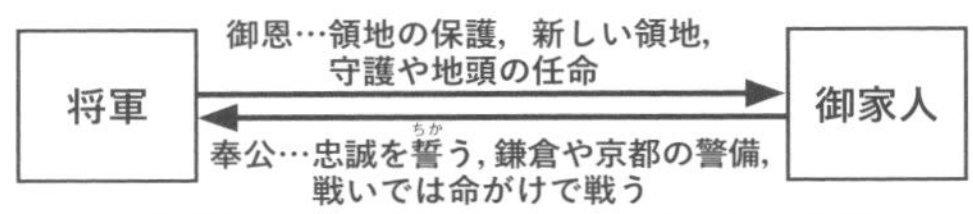

②**ア**の保元の乱は 1156 年→**ウ**の守護と地頭の設置は 1185 年→**イ**は 1221 年に起こった承久の乱。
(3) ①**ア**の座は，中世の商工業者が結成した同業者組合。**ウ**の町衆は，室町時代に，京都や堺の裕福な商工業者たちが呼ばれた名称。**エ**の惣は，室町時代の農村の自治組織。
② **C** は借金の帳消し(徳政)を求めて馬借が中心となって起こした，**正長の土一揆**。
2 (1) ②**ア**は戦国時代，**イ**や**ウ**は弥生時代。
(2)『源氏物語』は仮名文字で書かれた長編小説。
ミス対策 **『枕草子』を書いた清少納言と間違えないようにしよう。**
(3) **資料Ⅲ**の**書院造**は，現在の和風建築のもとになっている。また，**禅宗**は，鎌倉時代に栄西や道元が中国から伝えた。座禅により悟りを開く教えであることから，武士の気風に合い，幕府の保護を受けた。

5 近世～近現代の日本 p.114 - 115

1 (1) ア，ウ（順不同）　(2) 寺子屋
(3) 例 年貢が増える
(4) 例 清がイギリスとの戦いに敗れたこと。
2 (1) 長州　(2) ウ
(3) イギリス…ア　ドイツ…ウ
(4) ア→ウ→イ
(5) 例 日本の対米輸出額が輸入額を上回り，その差が拡大する傾向にあった。

解説

1 (1) **イ**は 1839 年の蛮社の獄，**エ**は江戸幕府第 5 代将軍徳川綱吉が出した。
(3) **資料Ⅱ**から，**寛政の改革**後に年貢収納量が増えた点に着目する。

(4) 1840～42年，イギリスと清の間で**アヘン戦争**が起こり，清が敗れた。この情報を知った幕府は，日本沿岸に近づく，オランダ・中国（清）以外の外国船の砲撃を命じた異国船打払令を緩和し，**薪水給与令**を出して，外国船に燃料のまきや水を与えて追い返す方針に改めた。

2 (2) 下の年表で，世界のできごとを確認する。

ミス対策 **19世紀の世界のできごと**

年代	できごと
1804	ナポレオンが皇帝になる（ウ）
1857	インド大反乱→イギリスが直接支配（エ）
1861	南北戦争（～65）（イ）
1871	ドイツ帝国の成立（ア）

(3) 植民地の多いイギリスやフランスは，**ア**のような**ブロック経済**を行った。一方，海外領土が少ないドイツやイタリアは，**ウ**のような**ファシズム**を進めた。また，**イ**はアメリカ，**エ**はソ連について述べた文。

(4) **イ**は**アメリカ，イギリス，中国，オランダ**による経済封鎖で，**ABCD包囲陣（網）**という。

ミス対策 **戦争の流れ**

年代	できごと
1931	満州事変
1937	日中戦争（～45）
1939	第二次世界大戦（～45）
1940	日独伊三国同盟
1941	太平洋戦争（～45）
1945	ポツダム宣言を受諾

(5) 日米**貿易摩擦**について，日本は貿易黒字に，アメリカは貿易赤字になった点を説明する。

6 現代社会，日本国憲法，政治　p.118 - 119

1 (1) イ　(2) ア，イ（順不同）　(3) ウ
(4) 象徴　(5) エ　(6) Z→X→Y

2 (1) ア　(2) ア，エ（順不同）
(3) ①ア　②違憲立法審査権（違憲審査権，法令審査権）　(4) ①エ　②イ，オ（順不同）

解説

1 (2) **ウ**と**エ**は，効率について述べた文。

ミス対策 **効率と公正**

効率	・より多くの利益を得るために，時間や費用の無駄を省くこと。
公正	・誰にとっても，手続き，機会や結果などが一人一人尊重していること。

(3) **憲法改正の手続き**が定められているので**X**は誤り。

(4) 大日本帝国憲法では天皇に主権があったが，日本国憲法では日本国と国民統合の**象徴**となった。

(5) **A**の役割は，内閣がもつ行政権。**C**は，1890年から1925年までの**制限選挙**について述べた文。

(6) **条例**とは，地方公共団体（地方自治体）が法律の範囲内で定めるきまり。住民の直接請求権で，条例の制定や改廃を求めることができる。

2 (1) 財産権の保障は，**経済活動の自由**に含まれる。なお，**イ**は精神の自由，**エ**は身体の自由。**ウ**の黙秘権は，裁判で被告人に認められている権利。

(2)「**小さな政府**」とは，国の仕事を安全保障や治安維持などの最小限にとどめた政府のこと。**ア**や**エ**のような**行政改革**は，「小さな政府」に向かうことに当てはまる。

(4) ②有罪の方が多いのは，**ア**，**イ**，**オ**。このうち，**ア**は裁判官の有罪の票が0なので，有罪とならない。

7 経済，国際社会　p.122 - 123

1 (1) ①ア　②例 需要量と供給量が一致する
(2) イ
(3) 例 国債などを売買することによって通貨の量（19字）　(4) ウ

2 (1) イ　(2) ウ　(3) エ
(4) 例 労働に見合う公正な価格
(5) 内容 例 自然分解するまでに時間がかかり，また，量が増えていく
具体例 例 マイボトルを使用する。

解説

1 (2) **イ**…株主総会では，経営方針の決定，配当の決定，役員の選任などを行う。

(4)「医療費の自己負担の割合を大きくする」と，社会保障費が減ることになる。したがって，税などの国民負担が小さく，社会保障給付費が少ない**ウ**に当たる。

2 (1) **イ**は**内政不干渉の原則**。

(2) **ア**…国連の本部はニューヨークにある。**PKO**は**平和維持活動**であり，専門機関ではない。**イ**…総会は，全会一致ではなく多数決で採決する。**エ**…**5常任理事国**と10非常任理事国。

(5) 具体例…このほか，レジ袋の有料化はすでに行われ，プラスチック製のストローやスプーンを削減する取り組みが進んでいる。

国語

1 漢字・語句 p.148 - 149

1 (1)①4（四） ②キ (2)13（十三） (3)ウ
2 (1)ウ (2)イ (3)イ (4)①エ ②イ ③ア
3 (1)ウ (2)夢
4 (1)①ア ②イ (2)人工
5 (1)拍 (2)胸 (3)エ

解説

1 (1)①「丶 ⺈ 扌 才」で4画目。②「技」の部首は，「扌（てへん）」。**キ**の楷書体は「挒」。**ウ**にも「扌」の形があるが，この漢字の部首は「言（いう）」。
(2) 楷書で書くと「微」。「夂」は4画で書く。
(3) **ア**「緑」**イ**「複」**エ**「閣」が14画。**ウ**「潮」が15画。

2 (1) 接頭語の「未」が下の漢字の意味を打ち消している。(4)②「不作」も同じ構成。
(2)「真に迫る」で，下が上の目的・対象になる関係。
(3)「覚悟」は二字とも「さとる」の意味。
(4) ①「長い⇔短い」で対になる関係。③「船出」は「船が出る」で，主語・述語の関係。

3 (1) **ウ**「意気→気持ち」「投合→一致する」に注目。
(2)「無中」と誤りやすいので注意。

4 (1)・(2) 対義語は，「感情⇔理性」「相互⇔一方」「自然⇔人工」など，セットにして覚えておこう。

5 (2) **A**「胸を借りる」は「力のある人に相手になってもらう」，**B**「胸のつかえがおりる」は「心のわだかまりがなくなる」の意味。
(3) **エ**「棚に上げる」は「(あることにわざと) ふれないでおく」の意味なので文意がとおらない。

2 文学的文章 p.144 - 145

1 (1) 例 **じゃまをしないように，アサガオの花を見ているつぐみに寄りそおうと考えたから。**（38字）
(2) **朝焼け色の花**
(3) 例 **つぐみもしっかりとした自分の時間の流れを持って，ゆっくりと着実に成長している**（38字）
(4) **ウ**

解説

1 (1)「そっと」から，「ぼく」が静かに「座りなおし」ていることがわかる。ひたすらアサガオのつぼみを見ているつぐみのじゃまをしないように，そばにいてやろう，という思いやりが感じられる。
(2) 設問文中の「ここで表現されている色彩」に注目しよう。ここに描かれているのは，朝日が昇ってきてその光が空に広がっている様子，つまり「朝焼け」の様子である。
(3) ——線部③に続く部分の内容をふまえてまとめる。［　　］の前に「アサガオと同じように」とあるので，「アサガオは咲いた。」で始まるまとまりの中の「ゆっくりと，（そして）しっかりと」などの表現を利用しよう。解答例の「成長している」の部分は，「生きてきた」でもよい。
(4) 朝食風景が，「……朝ごはん。」という体言止めや簡潔な表現を積み重ねて淡々と表現されることで，「ぼく」の決意をきわ立たせている。**ア**・**イ**の表現上の工夫は使われていない。

3 説明的文章 p.140 - 141

1 (1)エ (2)イ (3)思考 (4)ア
(5)a 論理的思考 b 妥当

解説

1 (1) ［ A ］で始まる段落とその前の段落の内容が，——線部①を説明するための具体例であることをおさえる。前の段落は「菜の花」の例，［ A ］で始まる段落は「うろこ雲」を例に挙げている。つまり二つの例が並んでいる関係である。並立・累加を表す接続語は，**エ** **A**の「また」。［ B ］は前の「豊かな広がりを持ちリアリティのある」に付け加えて「論理的妥当性の高い思考」と述べているので，［ A ］と同様，並立・累加の**エ** **B**「しかも」が適切。
(2) ——線部①の直後で「思考の対象と……正確に表す言葉を探し，選択することである」と定義している。この内容に合うのは**イ**。
(3) この文章の話題が，「論理的思考を良く行うためには，考える（思考）対象の意味内容を適切に言語化すること」だという点に注目。
(4) ——線部②は「豊かでかつ論理的に妥当性の高い思考を実現するために」必要なこと。同じ内容を前の段落で説明している。
(5) 第五段落までで論理的思考成立のために必要な条件を挙げ，そのあとの段落で，論理的妥当性の高い思考を行う方法について述べている。

4 古文・漢文 p.136 - 137

1 (1) わずらいなかりけり
(2) 例 おがくずの用意（7字） (3) ウ
2 X 例 死んだ鹿がいたはずの Y ア
3 (1) 立₌天下之正位₋ (2) 得
(3) イ

（解説）

1 (1)「わづらひ」の「づ」は「ず」と，「ひ」は語中にあるので「い」と読む。

くわしく **語頭にあるハ行の音はそのまま読むが，語中にある場合には「わ・い・う・え・お」と読むことをおさえておこう。**

(2) ――線部②の前までの内容を把握する。鎌倉中書王（宗尊親王）の庭が雨のあと乾かなくて困っていたので，佐々木隠岐入道が「鋸の屑を車に積みて，多く奉」ったのである。

(3) 古文では主語が省略されていることも多いが，ここでは「　　」の前に「吉田中納言の（＝が)」と明示されていることに注目。

口語訳 宗尊親王のお住まいで，蹴鞠が行われようとしたところ，雨が降ったあと，まだ庭が乾かなかったため，どうしたらよかろうかと相談があったので，佐々木隠岐入道が，おがくずを車に積んで，たくさん差し上げたところ，庭全体に敷いて，泥土で苦労することがなくなった。「(多くのおがくずを）集めた用意がありがたいことだ。」と人々は感心し合った。

このことをある者が語り出したところ，吉田中納言が，「乾いた砂の用意はなかったのだろうか。」とおっしゃったのは，立派だった。〈【以降，省略部分】すばらしいと思われたおがくず（を敷くことは）は，下品で，風変わりなことなのだ。庭の整備を取り仕切る人が，乾いた砂を準備するのは，昔からのならわしなのである。〉

2 X「因りて盗人を顕しき」の前の部分に「鹿には非ず。唯銭五貫なり。」とあることに注目して答える。Y「是れ奇異しき事なり。」の直前の文「定めて知る，是れ，実の鹿に非ず。菩薩の示せる所なることを。」から考える。実際に鹿が死んでいたのではなく，菩薩によって弟子のしたことが顕著になったのである。

口語訳 河内国安宿郡の地域に，信天原の山寺があった。妙見菩薩にろうそくの火をお供えしていた。都の近隣の国である機内では毎年，ろうそくを奉っていた。女帝，阿倍の天皇の時代に，信者たちは機会があって，ろうそくを菩薩に献上し，一緒に山寺の僧にお金や財宝を与えた。そのお布施のお金のうち五貫を，山寺の僧の弟子が，こっそり盗んで隠した。あとで，お金を取ろうとして，行ってみるとお金は無い。ただ鹿が，矢を受けて倒れて死んでいるだけだった。そこでその鹿を（別の場所に）運ぶために，河内の市場の近くの井上寺の実家に帰って，人々を連れて来て見ると，鹿ではない。ただお金が五貫あるだけだった。こんなわけで盗人（がその弟子であること）が明らかになった。まさしくわかったことだが，これは実物の鹿ではない。菩薩の表したことであったということだ。これは不思議なことである。

3 (1)「天下」以降をすべて読んでから「立」に返って読むので，一・二点が補える。

ミス対策 **レ点は下の一字を先に読んでから上に返るもの。下の二字以上を先に読んでから，上に返る一・二点との違いをしっかり覚えよう。**

(2) 直前の「得ㇾ志（志を得れば)」に対応していることをとらえる。

(3) 書き下し文を頼りにして考える。一文目で仁や礼をもとに「大道（義）に立つ」ことについて，二文目で地位について，三文目で貧しさについて，四文目で権威や武力について挙げ，それらには影響されることがないことを「大丈夫と謂ふ」と述べている。

口語訳 （仁という）天下の広い住居に住み，（礼という）天下の正しい位置に立ち，（義という）天下の大きな道に立つ。志していた地位に就くことができれば民と共に大道に従い，志していた地位に就くことができなければ一人で大道に従って行動する。裕福であることは，心をかき乱すことはできない。貧乏であることは，（大道を行うという心を）変えることはできない。権威や武力に屈することもない。こういう人物のことを大丈夫というのだ。

5 文法

p.132 - 133

1 エ
2 ウ
3 修飾語
4 イ
5 イ
6 イ
7 エ
8 ア
9 ア
10 （品詞名）助動詞（活用形）エ

解説

1 ——線部を文節に分けると「真綿に／包まれたように」と二文節になる。それぞれの文節にある自立語「真綿」「包ま（包む）」を中心に，その自立語に付いている付属語を考えよう。

ミス対策 **「ように」は助動詞「ようだ」の連用形なので一単語。**

2 **ア**，**エ**は修飾（しゅうしょく）・被（ひ）修飾の関係，**イ**は並立の関係。

3 ——線部「不利な」は，文節「ルールに」と修飾・被修飾の関係になっている。

4 ——線部「とても」，**ア**「少し」，**ウ**「カアカア」，**エ**「にっこりと」は副詞。**イ**「大きな」は連体詞。

5 ——線部「単なる」は，活用しない自立語で，「好き嫌（きら）いでは」という体言（名詞）を含（ふく）む文節を修飾している連体詞。

6 ——線部「好きな」，**ア**「立派な」，**ウ**「はるかな」，**エ**「大切な」は形容動詞。**イ**「おかしな」は連体詞。

7 ═══線部「見る」，**エ**「起き」は，上一段活用。**ア**「読む」は五段活用，**イ**「捨てれ（ば）」は下一段活用，**ウ**「来（よう）」はカ行変格活用。

8 ——線部「読んで」，**ア**「脱（ぬ）いで」は接続助詞。**イ**「立派で」は形容動詞の活用語尾（ごび），**ウ**「自転車で」，**エ**「五分で」は格助詞。

9 ——線部「他者に」，**ア**「友人に」は対象を示す格助詞。**イ**「きれいに」は形容動詞の活用語尾，**ウ**「特に」は副詞の一部，**エ**「週末に」は時点・時期を示す格助詞。

10 ——線部「踏（ふ）まれる」は受け身の助動詞「れる」。「こと」という体言（名詞）が続いているので，連体形。

6 敬語

p.128 - 129

1 イ
2 イ
3 読まれて
4 例 いただけますか
5 例 父が言いました
6 ウ
7 ウ

解説

1 ——線部「伺（うかが）って」には，「聞く」の謙譲（けんじょう）語「伺う」が使われている。「伺う」は，「聞く」のほかに「行く」「来る」の謙譲語でもある。

2 ——線部「お聞きしたい」には，「お〜する」という謙譲語の表現が使われている。ここでは，「詳（くわ）しいことを聞きたい」ということを電話の相手に伝える上で，自分の動作である「聞く」に謙譲語を使っている。

ミス対策 **「お〜する」という謙譲語の表現は，「お〜になる」という尊敬語の表現と間違（まちが）えやすいので注意しよう。**

3 ——線部「読んで」を尊敬語に直すには，「読む」に対応する特別な形の尊敬語はないので，「お〜になる」の形にするか，尊敬の助動詞「れる」を使うかのいずれかになる。問題文に「一文節で」という条件があるので，二文節になる「お〜になる」は使えないことに注意。

4 ——線部「もらえますか」を謙譲語に直すには，「もらう」の特別な形の謙譲語の動詞「いただく」を使う。同じく「もらう」の特別な形の謙譲語の動詞である「頂戴（ちょうだい）する」を使って，「頂戴できますか」としてもよい。

5 自分の家族の動作について家族以外の人に話す場合には，「お父さん」のような言い方はせず，「言う」の特別な形の尊敬語「おっしゃる」も使わない。ここでは「言う」の受け手が自分なので，受け手に対する謙譲語を使うのは不適切だが，聞き手への敬意を表す謙譲語を使って「父が申しました」としてもよい。

6 「行く」の特別な形の謙譲語は「うかがう（伺う）」。

7 「いたす」は謙譲語なので，動作主に敬意を表す場合には使えない。ここでは，動作主が「お客様」なので，尊敬語の「なさる」を使う。

1 例

私は、Aのことばが最も効果的に伝わると考えます。それは、Aのことばは、清潔にしようとする気持ちの大切さに気づかせてくれると思うからです。教室を清潔に保つためには、一人ひとりの心がけが、何よりも大切です。Aのことばを見ると、教室を清潔に保とうと努めることで自分自身の心も美しくなるような気持ちにさせられて、自分の行動を見直すきっかけになると思います。

2 例

私はこの発言に賛成だ。なぜなら、昔から続いている言葉の意味や使い方を乱してしまうのはよくないと考えるからだ。言葉の意味や使い方は、昔の人々が大切に使い育てて、現在まで伝えてきた文化の一つだと思う。確かに、言葉の意味や使い方は時代によって変化していくものだと思う。しかし、文化の一つとして、言葉の意味や使い方を守っていくことのほうが大切だと私は考える。

3 例

資料を見ると、「チームやグループに求められること」として、「困ったときに助け合えること」が最も多い。私は、この結果と同じく、チームやグループでは、一人ひとりが協力し合い、困難に遭遇したときに助け合えることが最も大切だと考える。

私は、中学の三年間、吹奏楽部でコンクールでの優勝を目指して努力してきた。練習のときに最も大切に感じたのは、他のパートの演奏をよく聴くということだ。他のパートの演奏を聴き、欠点を指摘し合い、または良い点を認め合うことで、一人ひとりがグループ全体のことを考えられるようになるのだと思う。そのようにして、互いのことを理解していれば、失敗をしたときに、すぐに補い合うことができるようになるのだ。

私は、この資料の結果や吹奏楽部での経験を生かして、高校生活でも、自分のことだけを考えるのではなく、互いに助け合えるような関係を大切にしていきたいと思う。

(解説)

1 この作文では，選んだことばについて，そのことばで呼びかける良さを明確に示して，その理由を述べることが求められている。解答例では，Aのことばを選び，そのことばが効果的だと思う理由として，教室を清潔に保とうとする気持ちの大切さに気づき，一人ひとりが行動を見直すきっかけになるということをまとめて述べている。そのほかのことばを選んだ場合も，それぞれのことばの良い点と，それによる効果を考えてまとめよう。

2 この作文では，まず初めに，この発言に対して賛成か反対かを明確に述べることが重要。賛成の立場の場合には，その理由として，解答例のように，言葉の意味や使い方を文化の一つとして守ることの重要さを挙げるとよい。反対の場合には，言葉が時代とともに変化していくことに対応する重要さを挙げるとよい。

3 資料としてグラフが与えられていて，その資料を見て気づいたことを書く場合には，そのグラフの中で特徴的な，最も数値が高いものや低いものに着目するとよい。このグラフでは，数値が最も高いのは「困ったときに助け合えること」の四七・〇%で，最も低いのは「リーダーの統率がとれていること」の一三・九%なので，そのどちらかに着目して，自分の意見をまとめるとよい。または，それらを比較して，その差についての意見をまとめてもよい。そして，その意見についての理由を自分の経験や見聞したことから考えて述べ，最後に今後自分がどうしたいと思うのかをまとめる。

高校入試

模擬学力検査問題

解答

英語 p.152 - 155

1 (1) ア　(2) イ　(3) エ
2 (1) イ　(2) イ　(3) ウ
3 (1) イ　(2) ア　(3) ウ
4 (1) is talking on the phone
(2) told me to stay home
(3) you have anything to
(4) tell me the way to the nearest
(5) you know where he lives
5 (1) イ　(2) ア　(3) エ
6 (1) ① エ　② イ
(2) using
(3) Ⓐ there are other simple things we can
Ⓑ time to change how we live
(4) 例 （順不同）
・明かりを使っていないときには消す。
・紙やビン［ボトル］をリサイクルする。
・ごみを減らす。
・衣服を再利用する。
(5) ウ
7 (1) held　(2) ① ウ　② ア
(3) エ　(4) イ
8 例 I think studying is important, but making friends or trying hard in club activities is the most important. (18語)

解説

1 読まれた英文と意味

(1) I found a book under the chair in the science room.
（私は理科室のいすの下で本を見つけました。）
under the chair と science room を聞き取る。

(2) A: Koji, what sport is the most popular in your class?（コウジ，あなたのクラスでは何のスポーツがいちばん人気なの？）
B: Soccer is. It's more popular than any other sport.（サッカーだよ。それはほかのどのスポーツより人気だね。）
A: Oh, is it? I like basketball the best. How about basketball?（そうなの？　私はバスケットボールがいちばん好きなの。バスケットボールはどう？）
B: It's more popular than tennis, but it is not as popular as baseball.（それはテニスより人気だけど，野球ほどではないよ。）
まず，サッカーがいちばん人気であることを聞き取り，バスケットボールが，テニスより人気だが野球ほどではないということを聞き取る。〈比較級＋than any other＋単数名詞〉（ほかのどの…より～）や，not as ～ as …（…ほど～でない）という表現に注意する。

(3) A: Two hamburgers and a coffee, please.
（ハンバーガー2つとコーヒーをください。）
B: Sure. Anything else?
（はい。何かほかにございますか。）
A: Do you have tomato salad?
（トマトサラダはありますか？）
B: Yes.（はい。）
A: I'll take one. That's all.
（1つください。それで全部です。）
B: That'll be six dollars in total.
（全部で6ドルになります。）
品目名と数をしっかり聞き取る。

2 読まれた英文と意味

(1) It was rainy today, so Jack didn't walk his dog. He did his homework in the morning, and watched a DVD in the afternoon. Tomorrow is Sunday. He is going to play tennis in the afternoon. He hopes it will be sunny tomorrow.
（今日は雨だったので，ジャックは犬を散歩させませんでした。彼は午前中に宿題をして，午後はDVDを見ました。明日は日曜日です。彼は午後にテニスをする予定です。彼は明日，晴れることを願っています。）
Question: What did Jack do this morning?
（質問：ジャックは今朝，何をしましたか。）
順を追って，ジャックの行動をメモしていこう。
ア 彼は犬を散歩させた。
イ 彼は宿題をした。
ウ 彼はDVDを見た。
エ 彼はテニスをした。

(2) A: Hi, Kate. How long have you been in Japan?
（こんにちは，ケイト。日本に来てどれくらいになりますか？）
B: Hi, Ken. I've been in Japan for two years.
（こんにちは，ケン。日本に2年います。）
A: Where have you been in Japan?
（日本のどこに行ったことがありますか。）
B: I've visited Kyoto twice and Osaka once.
（京都に2回，大阪に1回行ったことがあります。）
A: How about Tokyo?（東京はどうですか。）
B: No, I've never been there. I want to visit it someday.（いいえ，一度も行ったことがありません。いつか行きたいと思っています。）

Question: How many times has Kate been to Kyoto?（質問：ケイトは京都に何回行ったことがありますか。）

現在完了形の経験の表現。地名と回数を聞き取るようにする。

ア 1回。　**イ** 2回。　**ウ** 3回。　**エ** 一度もない。

(3) A: Mom, I can't find my dictionary. Do you know where it is?（お母さん，僕の辞書が見つからないんだ。どこにあるか知らない？）

B: No. Did you use it last night?

（知らないわ。昨夜使ったの？）

A: Yes, I used it on the table in the living room, but there's nothing on the table.

（うん。リビングのテーブルの上で使ったけど，テーブルの上には何もないんだ。）

B: Oh, your father moved it somewhere else. There's something by the sofa.

（ああ，お父さんがどこかほかの所に移動させたわ。ソファーのそばに何かあるわ。）

A: Yes. That's it. Thank you, Mom.

（あった。それだ。ありがとう，お母さん。）

Question : Where has the boy found his dictionary?

（質問：男の子はどこで彼の辞書を見つけましたか。）

ア テーブルの上で。　**イ** 彼の机の上で。

ウ ソファーのそばで。　**エ** テーブルの下で。

3 読まれた英文と意味

(1) A: Miki, do you have a smartphone?

（ミキ，スマートフォンを持ってる？）

B: No, I don't. How about you, Max?

（いいえ。あなたは，マックス？）

A: I got one last week.（先週，手に入れたんだ。）

B: That's nice. What color is it?

（いいわね。何色？）

A:（チャイム）

What color（何色）を聞き取る。

ア それは兄［弟］のものです。

イ それは黒です。

ウ あとで電話します。

エ それはあなたのより古いです。

(2) A: Bob, are you free this afternoon?

（ボブ，今日の午後はひま？）

B: Yes. I have nothing to do after school.

（うん。放課後はすることがないよ。）

A: I want to finish my English homework. Can you help me with it?（英語の宿題を終わらせたいの。手伝ってくれる？）

B:（チャイム）

Can you ～?（～してくれますか）という依頼に対する応じ方をマスターしておこう。

ア いいですよ［問題ありません］。

イ いいですね。別の予定があります。

ウ いいえ，私は持っていません。

エ はい，彼は元気です。

(3) A: Kana, you left school early yesterday.

（カナ，昨日は早く下校したね。）

B: Yes, Mark. I had a fever and felt sick.

（そうなの，マーク。熱があって，気分が悪かったの。）

A: Oh, did you? Did you go to see a doctor?

（そうなんだ。医者にみてもらいに行ったの？）

B:（チャイム）

ア いいえ，私は医師になりたくありません。

イ いいえ，私はあなたを手伝えません。

ウ はい，薬をもらいました。

エ はい，早く家に帰りました。

4

(1) is と -ing 形があるので，〈**be 動詞＋動詞の -ing 形**〉の進行形の文にする。talk on the phone で「電話で話す」。

A「ケイトは今何をしていますか」。

B「彼女は電話で話しています」。

(2)〈**tell ＋人＋ to ＋動詞の原形**〉で「(人）に～するように言う」。

A「あなたは昨夜パーティーに行きましたか」。

B「いいえ，行きませんでした。母が私に家にいるように言いました」。

(3) anything to eat で「何か食べるもの」。

A「私は今おなかがすいています。何か食べるものを持っていますか」。

B「はい。スナックを少し持っています」。

(4)〈tell ＋人＋ the way to ～〉で「(人)に～へ行く道を教える」。the nearest は「いちばん近い」。

A「すみません。最寄りの駅へ行く道を教えてくださいますか」。

B「いいですよ。まっすぐ行って，あの銀行のところで左に曲がってください」。

(5) where で始まる疑問文が Do you know のあとにきて，know の目的語になる間接疑問文。know のあとは〈疑問詞＋主語＋動詞〉の語順になることに注意する。

A「あなたは彼がどこに住んでいるか知っていますか」。

B「はい。彼は私の家のとなりに住んでいます」。

5 (1) How about you? は「あなたはどうですか」とたずねるときの表現。
A「私はジョンは正しいと思います。あなたはどうですか」。
B「私はそうは思いません。私は彼と意見がちがいます」。
(2) Go ahead. は「さあ，どうぞ」の意味で，許可を表す。
A「あなたの電話を借りてもいいですか，メグ」。
B「いいですよ。さあ，どうぞ」。
(3) What's wrong? は「どうしたのですか」「何かあったのですか」とたずねるときの表現。
A「どうしたの？　とても疲れているようだけど」。
B「昨晩，よく眠れなかったのです」。

6 (1) ①「もし私たちが今行動を変えなければ」の意味で，接続詞 if が入る。
②「使っていないときは，明かりを消す」の意味で，接続詞 when が入る。turn off は「〜(明かりなど）を消す」。
(2) after のあとに we などの主語がないので，この after は前置詞。前置詞のあとの動詞は動名詞（-ing 形）にする。
(3) Ⓐ there と are があるので，there are 〜（〜がある）の形を考える。また，あとの do は we can のあとに続くと考えて，other simple things を we can do がうしろから修飾する形にして「私たちにできるほかの簡単なこと」とし，there are のあとにつなげる。
Ⓑ It's で始まっているので，It's time to 〜（〜するときです）という形容詞的用法の不定詞の文を考える。次に，to のあとには動詞の原形が続くので change か live がくる。残った how と we と，change か live との意味のつながりを考える。how we 〜を目的語にできるのは change なので，how we live（私たちがどう生活するか）という〈疑問詞＋主語＋動詞〉の間接疑問の形を change のあとに続ける。
(4) 第２段落，３文めの For example（たとえば）のあとに書かれている４つの例を答える。いずれも CO_2 を減らすために私たちが日常生活で簡単にできることの例としてあげられている。
(5) **ウ**「もし私たちの日常の習慣を変えれば，私たちは CO_2 を減らすことができます」で，本文の内容に合っている。ほかの選択肢の意味は，
ア「多くの科学者たちは，私たちの行動を今すぐには変えるべきではないと言っている」。
イ「新しい科学技術の開発は，CO_2 を減らす唯一の方法である」。
エ「私たちは地球温暖化の原因を知らない」。
〈英文の意味〉
私たちはどうすれば環境を守ることができるでしょうか。多くの科学者は，私たちの地球は危険にさらされていると言っています。もし私たちが今，行動を変えなければ，私たちは将来たくさんの問題をかかえるでしょう。最も大切なことの１つは，CO_2 を減らすことです。CO_2 は地球温暖化を引き起こします。
新しい科学技術の開発は，CO_2 を減らすのにとても大切です。しかしながら，ほかにも私たちの日常生活の中で私たちにできる簡単なことがあります。たとえば，私たちは明かりを使っていないときは消すことができます。私たちは紙やビン［ボトル］をリサイクルすることができます。私たちはごみを減らすことができます。衣服を再利用することができます。これらはすべて CO_2 を減らすのによい方法です。
また，私たちはプラスチックについても考える必要があります。使ったあとにプラスチックの製品を捨てる人がいます。それが環境に重大な問題を引き起こしています。
地球温暖化やほかの環境問題は私たち自身の行動によって引き起こされています。私たちがどのように生活するかを変えるときです。私たちは私たちの地球を救う責任があります。

7 (1) 前の are と，traditional festivals と hold の関係を考えて受け身の文にする。hold の過去分詞は held。
(2) ①「花見は桜の花を見る慣習です」。cherry blossoms は「桜の花」の意味。ほかの選択肢の意味は，
ア 美しい写真[絵]　**イ** 異なる種類の花々
エ 美しい山々
②「秋には，たくさんの人が外出して，赤や黄色の葉（＝紅葉）を楽しみます」。leaves は leaf（木の葉）の複数形。
イ 海で泳ぐことを楽しむ　**ウ** 山でスキーを楽

しむ　**エ** 彼らが作ったケーキを食べて楽しむ

(3) Exactly. は「その通りです」と相手の言ったことに応答する表現。

(4) サクラの最後のことばに述べられている。

〈対話文の意味〉

サクラ：日本には四季があり，それぞれの季節を祝うたくさんの行事があります。

アン：いくつか例をあげてくれますか。

サクラ：わかりました。たとえば，春には，たくさんの人が花見をします。花見は桜の花を見る慣習です。夏には，日本中の神社やお寺で伝統的なお祭りが行われます。秋には，多くの人が出かけて，紅葉を楽しみます。

アン：なるほど。これらの行事を通して日本の人たちは季節の違いを楽しむのね。

サクラ：その通りです。四季についての考えは私たちの文化の大切な一部なのです。

8 質問は，「あなたの学校生活で最も大切なことは何ですか」という意味。解答例は，「勉強することは大切ですが，友達を作ったり，一生けんめいクラブ活動をしたりすることが最も大切だと思います」。ほかに，I'm interested in many things, so I think it's the most important to try new things.（16語）（私はたくさんのことに興味があるので，新しいことを試みることがいちばん大切だと思います。）など，自分がいちばん大切だと思うことを，動名詞を主語にして表したり，〈It is the most important (for me) to ～.〉の形で表したりすればよい。

1 (1) $-\frac{4}{15}$　(2) $\frac{11}{2}$　(3) $-\sqrt{2}$　(4) -3

2 (1) $x=\frac{-5\pm\sqrt{17}}{4}$　(2) 2
(3) $y=\frac{5}{2}$　(4) 2.5 点
(5) $\frac{5}{9}$　(6) 30°

3 (1) ア 10, イ 13, ウ 0.28, エ 0.26
(2) 17.5 m　(3) 40 人　(4) 80 %

4 ［説明］ ②より，$10b+c=7n-2a$…③
①に③を代入すると，
$100a+10b+c=100a+(7n-2a)$
$=98a+7n=7(14a+n)$
a，n は整数より，$14a+n$ は整数だから，
$7(14a+n)$は 7 の倍数となる。

5 (1) $a=\frac{3}{4}$　(2) (0, 10)　(3) $a=\frac{1}{2}$

6 (1)【証明】△ABD と △FCE において，
$\overset{\frown}{\mathrm{AE}}$ に対する円周角だから，
∠ABD＝∠FCE ……①
半円の弧に対する円周角は 90° だから，
∠BAD＝90° ……②
仮定から，DO∥EG ……③
点 D は辺 AC の中点，点 O は辺 BC の中点だから，中点連結定理より，
AB∥DO ……④
③，④より，AB∥EG ……⑤
⑤より，同位角は等しいから，
∠BAD＝∠GFC＝90° ……⑥
⑥より，∠CFE＝180°－90°＝90° ……⑦
②，⑦より，∠BAD＝∠CFE ……⑧
①，⑧より，2 組の角がそれぞれ等しいから，△ABD∽△FCE
(2) $\sqrt{2}:1$　(3) ① $\frac{3\sqrt{7}}{7}$ cm　② $\frac{10}{7}$ cm

7 (1) 10 cm　(2) 56π cm²
(3) 96π cm³
(4) 表面積… 36π cm²，体積… 36π cm³

解説

2 (6) 右の図で，
∠BCD＝∠A＝100°
∠EBC＝∠ECB
＝∠DEC＝∠DCE＝50°
∠D＝180°－50°×2＝80°
∠ABC＝∠D＝80°
∠ABE＝80°－50°＝30°

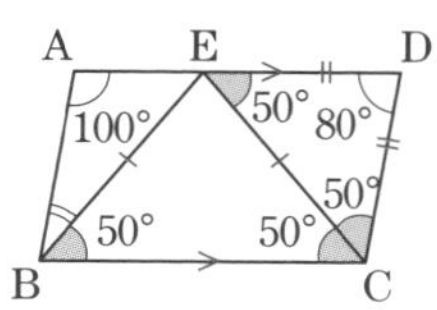

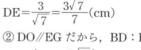

5 (1) AB＝$16a-4$，AD＝$4-(-4)=8$
AB＝AD だから，$16a-4=8$，$a=\frac{12}{16}=\frac{3}{4}$
(2) B(4, 16)，D(−4, 4)より，直線 BD の式は，
$y=\frac{3}{2}x+10$
よって，y 軸との交点の座標は (0, 10)
(3) 点 E から AD へ垂線 EF をひく。
DF : DA＝DE : DB，
DF : 8＝1 : 8，
DF＝1 より，点 E の x 座標は－3
EF : BA＝1 : 8，
EF : $(16a-4)$＝1 : 8，
EF＝$2a-\frac{1}{2}$ より，E の y 座標は $2a+\frac{7}{2}$
よって，E$\left(-3,\ 2a+\frac{7}{2}\right)$
点 E は $y=ax^2$ のグラフ上の点だから，
$2a+\frac{7}{2}=a\times(-3)^2$，$2a+\frac{7}{2}=9a$，$a=\frac{1}{2}$

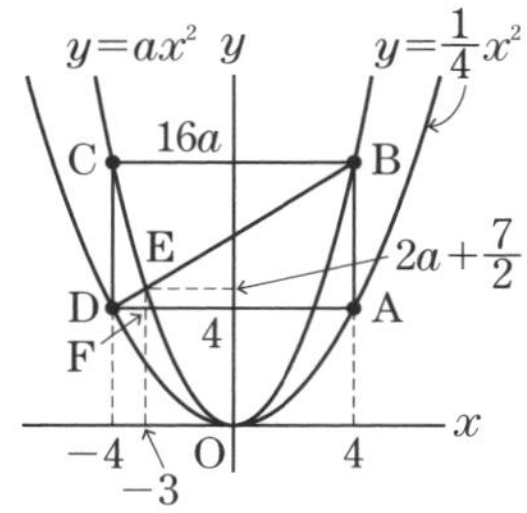

6 (2) △ABD，△ECD はどちらも直角二等辺三角形で，△ABD∽△ECD だから，
AB : EC＝BD : CD＝BD : AD＝$\sqrt{2}:1$
(3) ① △ABD∽△ECD だから，
DA : DE＝BD : CD，
$\sqrt{3}$: DE＝$\sqrt{7}:\sqrt{3}$，
$\sqrt{7}$DE＝3，
DE＝$\frac{3}{\sqrt{7}}=\frac{3\sqrt{7}}{7}$(cm)
② DO∥EG だから，BD : BE＝DO : EG，
$\sqrt{7}:\left(\sqrt{7}+\frac{3\sqrt{7}}{7}\right)=1$: EG，$\sqrt{7}$EG＝$\frac{10\sqrt{7}}{7}$，
EG＝$\frac{10}{7}$(cm)

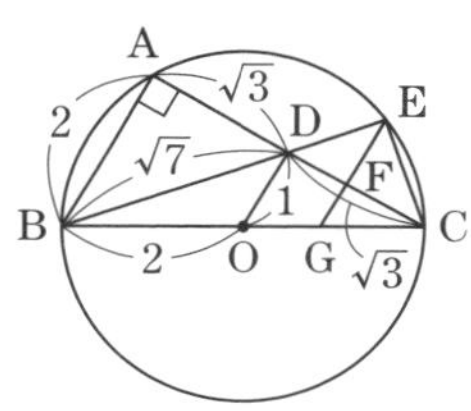

7 (1) 円 O の円周は，円錐 A の底面の円周と円錐 B の底面の円周の和だから，
$2\pi\times4+2\pi\times6=20\pi$(cm)
よって，円 O の半径は，$20\pi\div2\pi=10$(cm)
(4) 右の図は，円錐の頂点と球の中心を通る平面で切った断面図である。
球の半径を r cm とすると，△PQR∽△PST だから，PQ : PS＝QR : ST，
$10:(8-r)=6:r$，$10r=6(8-r)$，$10r=48-6r$，
$16r=48$，$r=3$(cm)

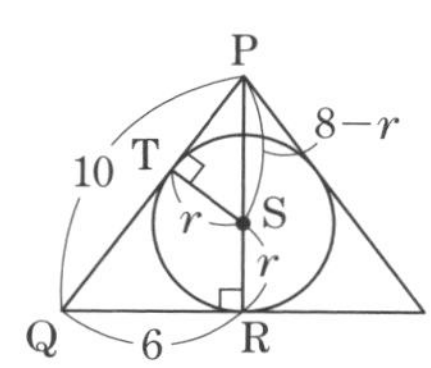

理科 p.160 - 163

1 (1) A (2) a，c (3) 師管 (4) イ (5) 例 胚珠が子房の中にある。
2 (1) イ (2) 等粒状組織 (3) 斑晶 (4) ウ
3 (1) 例 水にとけにくい性質 (2) エ (3) (熱)分解
(4) $2Ag_2O \rightarrow 4Ag + O_2$
4 (1) ①例 デンプンがだ液によってなくなった。
②例 デンプンがだ液によって麦芽糖などに変化した。 (2) アミラーゼ (3) ブドウ糖
5 (1) 酸化 (2) 7.0 g
(3) 右の図 (4) 2.2 g

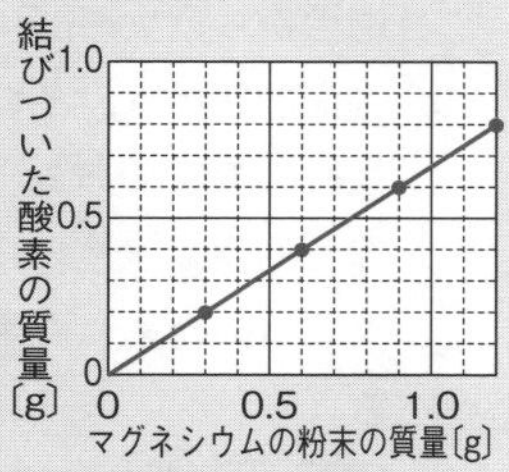

6 (1) 陰極線（電子線）
(2) エ (3) －極
(4) ウ
7 (1) 1.0 N (2) 3.0 cm
(3) イ (4) 水圧の差
8 (1) b (2) A (3) エ (4) 例 金星は地球より内側を公転しているから。

解説

1 (1) ホウセンカは双子葉類だから維管束は輪の形に並んでいる。
(2) 道管は維管束の内側にある。
(4) トウモロコシは単子葉類である。サクラ，アブラナは双子葉類，マツ，イチョウは裸子植物。

2 (1)(2) 火成岩**A**は，ほぼ同じ大きさの鉱物がたがいに組み合わさってすき間なく並んだ等粒状組織をしているから深成岩である。深成岩はマグマが地下深くでゆっくり冷え固まってできる。
(4) 火成岩**B**は斑状組織をしているので火山岩である。せん緑岩，斑れい岩，花こう岩は深成岩である。

3 (1) 水にとけにくい気体を集める水上置換法である。
(2) **ア**では水素，**イ**では二酸化炭素，**ウ**ではアンモニアが発生する。
(4) 2個の酸化銀が分解して，4個の銀原子と1個の酸素分子ができる。

4 (1) ①デンプンにヨウ素液を加えると青紫色に変化する。ヨウ素液による反応は，試験管**A**では変化なく，試験管**C**では青紫色に変化したのだから，だ液によってデンプンがなくなったことがわかる。
②麦芽糖などにベネジクト液を加えて加熱すると赤褐色の沈殿ができる。ベネジクト液による反応は，試験管**B**では赤褐色に変化し，試験管**D**では変化しなかったので，デンプンがだ液によって麦芽糖などに変化したことがわかる。

5 (2) マグネシウムと加熱後の物質の質量の比は3：5だから，$4.2\ g \div 3 \times 5 = 7.0\ g$
(3) 結びついた酸素の質量＝加熱後の物質の質量－マグネシウムの粉末の質量
(4) 結びついた酸素の質量＝ $3.2\ g - 2.8\ g = 0.4\ g$
ここで，マグネシウムの質量：マグネシウムと結びついた酸素の質量＝3：(5 － 3)＝3：2だから，0.4 gの酸素と結びつくマグネシウムの質量＝ $0.4\ g \div 2 \times 3 = 0.6\ g$ よって，酸素と結びついていないマグネシウムの質量＝ $2.8\ g - 0.6\ g = 2.2\ g$ と求められる。

6 (1)(2) 陰極線（電子線）は－の電気を帯びた電子の流れである。
(3) 陰極線が電極板**Y**の方に曲がっているから，電極板**Y**は＋極。よって，電極板**X**は－極につながれている。

7 (1) $4.0\ N - 3.0\ N = 1.0\ N$
(2) 物体がすべて水中にあると，浮力の大きさは変わらない。
(3) 水圧は水の深さに比例し，物体のあらゆる面に垂直にはたらく。
(4) 浮力は，物体の上面と下面にはたらく水圧の差によって生じる。物体がすべて水中にあると，物体の上面と下面にはたらく水圧の差は変わらない。よって，浮力も変わらない。

8 (1)(3) 月が夕方に南西の空に見えたのだから，三日月が見えたことになる。

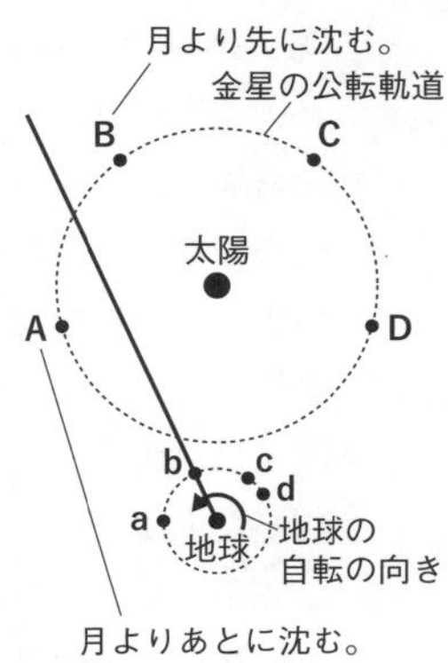

(2) 金星が夕方に南西の空に見えたのだから，金星の位置は**A**か**B**となる。右の図のように，地球と月**b**を結んだ直線を金星の公転軌道までのばすと，月より西（右）側にある金星**B**は月より先に沈み，月より東（左）側にある金星**A**は月よりあとに沈むことがわかる。
(4) 金星は地球より内側を公転しているから，太陽―地球―金星という位置関係になることはなく，真夜中には地平線の下にある。

社会 p.164 - 167

1 (1) 安全保障理事会（安保理）
(2) エコツーリズム（エコツアー）
(3) ①エ ②例 縄文時代の人々の生活の様子。
(4) ①ア，エ（順不同）
②地方公共団体（地方自治体）
(5) 都県名…東京都 記号…ウ
(6) ①前方後円墳 ②渡来人 ③ア
(7) ①ウ ②ウ (8) ①イ ②多様性 (9) ウ

2 (1) イ (2) ①プランテーション ②エ
(3) イ，エ（順不同） (4) NGO (5) イ
(6) ウ (7) ①ウ ②プライバシーの権利
(8) 第9条
(9) ①私企業 ②クーリング・オフ（制度）
(10) ①ウ ②行政権
③例 発電量が気候に左右される。
例 立地条件が限られる。
例 発電費用が高い。 などから一つ

解説

1 (1) **UNESCO**（**国連教育科学文化機関**）は，世界遺産の自然や文化財の保護のほかに，識字教育などの活動も行っている。また，**安全保障理事会**（**安保理**）は，5か国の常任理事国と10か国の非常任理事国から構成される。

くわしく **常任理事国は，アメリカ，ロシア，イギリス，フランス，中国。**

(2) 知床の植物を守るため，観光客が踏み荒らさないように高架木道を敷いている。

(3) ①**ア**は弥生時代，**イ**は旧石器時代の遺跡。**三内丸山遺跡**は，青森県にある約5500年前から1500年ほど続いた大集落跡。
②**貝塚**は，住居の近くに，食べ終わった貝殻や魚の骨などを捨てた場所。縄文時代の人々がどのようなものを食べていたかなど，当時の生活の様子を知ることができる。

(4) ①**イ**は桃山文化，**ウ**は室町時代の東山文化で活躍した人物。

(5) **小笠原諸島**は，**東京都**に属する。ほかにも，日本の**最東端の南鳥島**や，**最南端の沖ノ鳥島**も東京都に属する。東京都は，周辺の県からの通勤・通学者が多いため，**夜間人口よりも昼間人口が多く**，昼夜間人口比率は100を超える点に着目し，**ウ**と判断できる。

(6) ①**前方後円墳**は，前が方形で後ろが円形。
②**須恵器**，養蚕や機織り，ため池などの土木技術，**漢字**や儒学（儒教），**仏教**を伝えた。
③**E**は大阪府にあり，**ア**のような**近郊農業**がさかん。**イ**は中部地方の北陸，**ウ**は九州の南部，**エ**は群馬県や長野県の高地の農業の様子。

(7) ①**F**は島根県。中国地方は中国山地を境に，北側は**山陰**，南側は**山陽**に区分される。
②**戦国大名**は，室町時代に起こった応仁の乱以降，約100年間続いた**戦国時代**に活躍した。中世から近世の間に位置する**ウ**を選ぶ。

(8) ①南西諸島は，冬でも温暖で，降水量の多い**亜熱帯の気候**である。
②「生物多様性」については，保全と持続可能な利用のために，生物多様性条約が発効している。

くわしく **生物の多様性のほかにも，文化・社会の面で互いの違いを認める多様性（ダイバーシティ）が重要視されている。**

(9) **八幡製鉄所**は，福岡県北九州市にある。

2 (1) アジア州やアフリカ州の人口が増加している。

(2) ①東南アジアで天然ゴムやバナナ，アフリカ州でカカオ豆，南アメリカ州でコーヒーの**プランテーション農業**が行われた。
②**X**はフランスが上位にあることから小麦，**Y**はアジア州の国々で占められていることから米，**Z**はアメリカやブラジルが上位にあることからとうもろこしと判断できる。

(3) サハラ以南のアフリカの地域では，上下水道や電気などの**社会資本**（**インフラ**）の整備が不十分であるため，先進国との格差が広がっている。

(4) **政府開発援助**（**ODA**）と間違えないように。

(5) **ア**は生活保護，**ウ**は高齢者や障がい者，子どもへの福祉，**エ**は年金や医療保険，**介護保険**など。

(6) **ア**は古代の土地制度，**イ**は第二次世界大戦後の民主化政策の一つ，**エ**は豊臣秀吉が行った政策。

(7) ①**ア**は岩倉使節団とともにアメリカへ渡り，帰国後は女子教育の発展につくした人物，**イ**は明治時代の小説家，**エ**は日露戦争に反対する詩を発表した歌人。

(10) ①**高度経済成長**は，1950年代半ばから1970年代前半まで続いた。
③**風力発電**や**地熱発電**などは，自然の力を利用するため，風が強い地域や火山の多い地域など，自然条件に合った場所に限定される。

国語 p.168 - 171

1 (1) **a** ぐち **b** 経験 **c** 並 **d** 現 **e** ただよ
(2) **ア** りっとう（かたな） **イ** 12（十二）（画）
(3) イ
(4) **A** 怪獣（怪人） **B** 平和な暮らし
(5) 例 なにかを言ってやりたい。（12字）

2 (1) 8（八） (2) **A** ウ **B** エ
(3) 羨ましい気持ち
(4) **a** ウ **b** イ **c** ア (5) **a** キ **b** カ **c** ウ
(6) 他人が何か自分の持っていないものを持っているという事実にプラスされるX（35字）
(7) 未開発の可能性
(8) **a** 例 特に弟に対して羨ましいと感じるところ。
b ウ
(9)（第）八（段落）

解説

1 (1) **a**「愚痴」の「愚」の読み方は「**グ**」。同じ部分をもつ「遇」「偶」「隅」の「**グウ**」という音読みと間違えないように。「痴」は「知」と同じ音読みと覚えるとよい。「愚痴」のほか「音痴」などの熟語がある。**b**「経験」の「験」は同じ部分と同じ音読みをもつ「検」「険」「倹」「剣」と混同しないように注意する。**c**「並」の書き順は「丶 丷 䒑 䒑 ⺷ 並 並」。**d**「現（れる）」は同訓異字の「表（れる）」と書き分ける。「現れる」は「**隠れていた姿や形が見えるようになる。わからなかった事柄などが形になってわかる**」，「表れる」は「考えや気持ちなどが自然に表に出る」場合に使われる。**e**「漂う」は送り仮名も一緒に覚える。「漂よう」としないように。「漂う」は「水中や空中に浮かんで揺れ動く」という意味である。

(2) **ア**「割」の部首の「りっとう」は，**「刀」や「切る」などの動作**に関係する部首である。「刊」「列」「判」「制」「刻」「刷」など，りっとうを部首にもつ漢字は数多くある。

(3) 場面の状況を把握する問題である。いつもの駄菓子屋に寄って，大野が「今日は俺がおごるから」と飲み物とお菓子を買っているのを待っているときに，——線部①「テレビドラマ……みたいだ。」と少年が感じたことを押さえる。さらにあとの部分で，再び大野と割り勘にするかどうかでやりとりしているときに「ほんとうに，サラリーマンみたいだ」と感じていることにも注目。また，——線部①のあとの部分で，父親が最近酒を飲んで帰ってくることを取り上げていることから，愚痴や泣き言を言いたいときなどにサラリーマンが居酒屋に寄って飲んで帰ることと，自分たちが駄菓子屋に寄ることとを重ね合わせていることが読み取れる。したがって，**イ**が適切である。

(4) 文脈を把握する問題である。——線部②の「そういうこと」とは，直前に書かれている，小学生の頃に転校して自己紹介をする際に，自分の名前をつっかえてみんなに笑われることを指す。少年は小学生の頃はそれが嫌だったが，中学生となった今では，つらいのはもっと別のことだと思っているのである。ここでは，このあとに続く大野の話した内容の箇所から該当する言葉を抜き出すこと。大野は『ウルトラマン』や『仮面ライダー』に出てくる**怪獣や宇宙人や怪人がひとびとの平和な暮らしをおびやかす**ことを取り上げ，「転校生って怪獣みたいなものだと思うんだよな。」と話している。

(5) 登場人物の心情を把握する問題である。最後の部分に注目。「なにか言いたい。黙ったままではなくて，なにかを大野に言ってやりたい。でも，言葉が浮かばない。」とある。少年は、自分の経験上、大野の気持ちがわかるので、**その気持ちに寄り添う言葉**をかけてあげたいのだが、言葉がうまく浮かんでこないのだ。そのときの少年の状態を，最後の二文のバッターボックスがからっぽである情景や，（海に漂うボートのように，）誰もいないベンチがグラウンドにぽつんとある情景で表現しているのである。

2 (1) 単語は，意味がある言葉としての最小の単位。それだけで意味の通じる言葉（**自立語**）と，自立語のあとに付いて文節の一部になる言葉（**付属語**）がある。——線部①では，自立語は「他人」「羨ましい」「感じる」「とき」「ある」，付属語は「を」「と」「が」である。

(2) 接続語を選択する問題である。[　　]の前後の文の内容に注目して考える。[A]の前では羨ましい気持ちを認めようということ，あとではそれを受けて，その気持ちがどこから来ているのか考えることについて述べているので，**並立・累加**を表す**ウ**「そして」が入る。

B の前では羨ましいという感情が「自分の持っていないものを他人が持っている」ときに**生じる**こと，あとではそのときに**必ず生じる訳ではない**ことについて述べているので，逆接を表す**エ**「しかし」が入る。

(3) 指示語の内容を問う問題である。指示語の指し示す内容は，**直前の部分**に注目して探す。ここでも，——線部②の直前の一文「羨ましい気持ちが起こったら……」を受け，「羨ましい気持ち」が「どのあたりから来ているか……」という内容に続く。ここでは「羨ましい気持ち」という言葉を繰(く)り返し使うことを避(さ)けるために，あとの文では「それ」と言い換(か)えている。

(4) ═══線部 **a** の「の」は体言の代用，**b** の「の」は**部分の主語**，**c** の「の」は**連体修飾(しゅうしょく)語**を表す。体言の代用の「の」は「こと」「もの」などに，部分の主語の「の」は「が」に言い換えられる。連体修飾語の「の」は体言に挟(はさ)まれている。

(5) 〰〰線部 **a**「不幸」と**キ**「無理」は**上が下を否定する**構成，**b**「就職」と**カ**「延期」は**下が上の動作の対象**となる構成，**c**「健康」と**ウ**「皮(ひ)膚(ふ)」は**上下が似た意味**の構成である。このほか，**ア**「御社(おんしゃ)」は否定以外の接頭語が付く構成，**イ**「国営」は上が主語で下が述語の構成，**エ**「知性」は接尾(せつび)語が付く構成，**オ**「国旗」は上が下を修飾する構成，**ク**「断続」は上下が反対の意味の構成の熟語である。

(6) 文脈を把握(はあく)する問題である。次の第四段落に，羨ましいという感情が生じない場合の例が挙げられ，それを受けて「このような場合のことを考えると……」と，どういう場合に羨ましい気持ちが生じるのかが説明されていることに注目する。文章中では，「……がないと生じない」と述べられているのを，問題の文では「□がある場合に生じる」と言い換えて，同じ内容を述べていることに注意。字数の指定がある場合には，字数もヒントになるので確実におさえておく。

(7)「X」というキーワードとなる言葉の内容を把握する問題である。第四段落の最後で「それでは，そのXは何なのだろうか。」と問題提起し，第五〜七段落では，ある人物がカウンセリングの際に語った羨ましいという気持ちを例として説明している。例に挙げた人物の場合の「Xの正体」について述べながら，Xと筆者が名づけたものはどんな意味合いのものなのかを説明した箇所(かしょ)をとらえる。第六段落で，Xの内容について説明されていることに注目。「結論を言ってしまえば……」と，「Xの正体」について端(たん)的(てき)に述べていることをおさえる。

(8) 具体例として挙げられた内容を把握する問題である。**a**——線部④の直前の文に，「特に弟に対してそれを強く感じるというところに，何かヒントがあるように思われる。」とあることに注目する。「ヒント」とは「Xの正体」についてのヒントである。「特に弟に対してそれを強く感じるというところ」の**「それ」の内容が明らかになるように**まとめるとよい。**b 第七段落**に，筆者が例に挙げた人物の「Xの正体」が書かれていることに注目する。その人がスポーツマンの弟が羨ましいと語ったことから発展して，最後に「**自分は現在の職場で……逃(に)げていたことなのだ**」というXの存在にまで「話が進んでくる」とあるのである。したがって，**ウ**が適切である。

(9) 脱文(だつぶん)をどこに入れるのが適切か，文脈を把握する問題である。脱文の「可能性」「開発」や「困難や苦しみ」などを手がかりに，同じような内容が書かれた段落を探す。「未開発」「可能性」という言葉がある段落は第六・八段落，「未開発」「開発」とあるのは九段落，「難しいことや苦しいこと」とあるのは第八段落である。脱文の言葉とほぼ同じ内容の言葉をすべて含(ふく)んでいる**第八段落**の最後に当てはめてみて，文脈に沿う内容かどうかを確認する。「**難しいこと**や**苦しいこと**は避けたいと願っている」という文を受けて，脱文の「そして，……多くの場合に**困難**や**苦しみ**はつきものだと言っていいだろう。」が続くことを理解する。